아나뱁티스트 시리즈 ❷

아나뱁티스트 성서해석학

지은이   스튜어트 머레이 Stuart Murray
옮긴이   문선주
초판발행 2013년 4월 12일

펴낸이   배용하
책임편집 배용하
등록   제364-2008-000013호
펴낸곳   **도서출판 대장간**
        www.daejanggan.org
등록한곳 대전광역시 동구 삼성동 285-16
편집부   전화 (042) 673-7424
영업부   전화 (042) 673-7424 전송 (042) 623-1424

ISBN   978-89-7071-288-8

이 책의 한국어판 저작권은 Pandora Press와 독점 계약한 대장간에 있습니다.
기록된 형태의 허락 없이는 무단 전재와 복제를 금합니다.

 값 16,000원

아나뱁티스트 성서해석학

스튜어트 머레이 지음

문 선 주 옮김

옮긴이 문선주

대학가에 기독학생운동이 한창 뜨거웠던 80년대와 90년대에 학교(강원대 사범대 영어 교육과)를 다녔다. 20대는 IVF의 간사로 온통 대학생들과 성경공부를 하면서 지냈고, 30대는 그 공부한 것이 실제 믿음인가 지식인가에 대한 도전 앞에 가난한 목회자의 아내로서 가열찬 고민을 하기도 했다.

미국 인디애나에 있는 아나뱁티스트의 줄기인 메노나이트신학교에서 목회학석사를 하고, 텍사스의 Southern Methodist University에서 신약학을 공부하던 차에 귀국하였다. 지금은 원주에 있는 기독대안학교에서 남편과 함께 영적인 파워를 가진 후진을 양성하기 위해 고군분투하고 있다.

Biblical Interpretation
in the Anabaptist Tradition

Stuart Murray

차례

추천의 글

권종선 | 전 침례신학대학교 신약학 교수
『신약성서 해석과 비평』 저자

이 책은 학위 논문을 책으로 저술한 것으로서 수준도 높으며 장별 주제를 따라 잘 정리 되어 있다. 각 장은 나름대로 논리적으로 잘 서술 되었고 각 장의 마지막에는 요약 진술로 논지를 다시 한번 정리하고 있다.

1장에서 저자는 과거에서 현재까지 성서해석의 역사를 간단히 정리하면서, 아직도 진행 중인 다양한 성서해석학들은 너무 다양하며 일관성도 부족하며 실제 교회와 사이를 더 벌어지게 하는 한계를 지니고 있음을 지적한다. 이러한 상황에서 과거 16세기 소수 집단이었던 아나뱁티스트의 성서해석을 다루는 이유는 바로 그들의 해석은 역사적-비평적 방법과 종교개혁자들의 해석을 포함한 해석 방법들의 한계에 대안을 제공해 주며, 학자들과 교회의 거리를 좁혀 주며, 소외 계층에게 관심을 보임으로써 21세기 그리스도인들과 교회의 필요에 공헌할 수 있다는 것 때문임을 제시한다.

2장에서 저자는 아나뱁티스트의 성서해석학이 사려 깊고, 독특하며, 일관된 것이었다고 평가한다. 아나뱁티스트의 해석학을 제한적인 의미에서 '성서주의'라고 할 수 있는데, 성서 자체보다는 그리스도 중심이며, 교리의 이론적 체계화보다는 성서에 대한 실천적 순종에 중심을 둔 성서주의라고 할 수 있다고 본다. 또한, 그들의 성서해석은 종교개혁자들의 성서해석과 같은 주요 주제들에 관심을 보이면서도 종교개혁자들과는 구별되는 독특한 해석 원리를 따랐음을 제시한다. 그리고 아나뱁티스트나 그들의 해석이 다양했다는 것을 인정하면서도 그들은 여전히 여섯 가지의 중요한 원리를 추구했다는 점에서 성서해석에 일관성이 있었다고 주장한다.

본론 격인 3장부터 8장까지의 여섯 장에서 아나뱁티스트의 여섯 가지 해석 중심을 하나씩 다루는데, 주로 그들의 해석이 유사한 원리를 지니고 있던 종교개혁자들의 해석과 어떻게 다른지 비교 설명하고 있다. 3장은 우선 '스스로 해석하는 성서'의 원리로서, 즉, 성서의 의미는 명백하기 때문에 성서해석은 성서로 충분하다는 것이다. 저자는 아나뱁티스트가 이러한 원리를 추구하는 데에서 종교개혁자들과 같은 처지에 있었지만 실제로는 종교개혁자들과는 달리 아나뱁티스트는 교리와 전통의 영향력에서 자유롭게 되는 방향으로 이러한 원리를 적용했음을 강조한다. 이러한 원리 때문에 아나뱁티스트들이 학문적 접근을 무시하거나 성서의 문맥을 무시하는 해석을 하기도 했지만, 오히려 평범한 그리스도인들도 성서를 이해할 수 있다는 확신을 주는 공헌을 했다고 강조한다.

4장은 두 번째 원리인 '그리스도 중심론'을 다룬다. 아나뱁티스트들은 그리스도 중심론에 따라 성경 중 복음서에 더욱 집중했으며, 예수의 가르침과 삶은 성서해석의 중심이었다. 그들에게 있어서 그리스도는 그가 '구세주'였다는 교리나 고백의 대상으로서가 아니라 그분의 삶이 그리스도인이 따라야 할 모범이라는 면에서 중요했다. 이러한 점에서 아나뱁티스트가 관심을 보이는 예수는 죽음과 부활 이후에 그리스도와 주님으로 고백 되는 예수가 아니라 살아계셨던 시대의 역사적 예수다. 저자는 이런 원리에서도 아나뱁티스트는 종교개혁자들과는 달리 교리에 집착하지 않고 윤리를 실천하는 것에 중점을 둠으로써 종교개혁자들보다 더 높고 완성된 기독론을 추구했음을 강조한다.

5장은 세 번째 원리인 '두 개의 언약'을 다루고 있는데, 즉, 구약과 신약의 관계에 대해 다루고 있다. 그리스도 중심론을 강조했던 아나뱁티스트들이 구약보다 신약에 중점을 둔 것은 당연한 일이다. 그들은 구약을 신약의 가르침을 지지하는 이차적인 것으로, 또는 격려와 위로와 영감을 위한 것으로 사용했다. 사실상 신약에 우선을 둔 불균형한 성서 사용이라고 할 수 있다.

6장은 네 번째 원리인 '성령과 말씀'을 다룬다. 여기서는 아나뱁티스트가 '문자주의'인지 아니면 '신령주의spiritualism'인지에 관해서 다루고 있다. 아나뱁티스트는 성령에 대한 이해에서도 교리적인 관심을 보이지 않고 체험과 삶의 관점에서 관심을 보였다. 또한, 교육이나 학문보다 성령께 의존하는 것을 더 중요하게 여겼다. 그들은 성서해석에서 개인에게 역사하는 성령을 중시했을 뿐만 아니라, 성서의 의미가 최종적으로 공동체에 의해서 확인되어야 함을 강조함으로써 교회에 역사하는 성령도 강조하고 있다. 저자는 이러한 것이 바로 그들이 단순한 '신령주의'와 구별되는 점이라는 것을 지적한다.

7장은 다섯 번째 원리인 '공동체가 함께 하는 성서해석학'을 다룬다. 아나뱁티스트들은 신령주의자spiritualist들과 달리 개인주의적 성서해석에 머무르지 않았고 교회의 해석 공동체로서의 기능을 강조했다. 그들은 공동체적 해석을 강조했지만, 그것은 가톨릭 교회와 달리 교회 전통의 권위에 개인이 복종해야 하는 것을 의미하지는 않았다. 즉, 그것은 통제되고 획일화된 해석을 강요하는 것이 아니었다. 개개인은 공동체의 일원으로서 성서의 이해와 적용에 자유롭게 참여하고 공헌할 수 있었다. 이러한 점에서 아나뱁티스트의 해석 공동체는 모든 사람이 참여하며 언제나 교정될 수 있는 개방적이었다는 점이 두드러진다.

8장은 마지막인 여섯 번째 원리인 '순종의 해석'을 다룬다. 아나뱁
티스트는 성서의 적용과 실천을 강조했다. 이러한 순종과 실천에 대한
그들의 강조는 성서를 강조했음에도 불구하고 실천하는 데에 실패했다
고 평가되는 종교개혁자들에 대한 불만에서 왔다고 할 수 있다. 순종과
실천을 강조하는 아나뱁티스트는 자연스럽게 그리스도인들이 고난을
받아야 함을 강조했다. 다른 원리들과 함께 이 원리도 역시 이러한 점
에서 해석자에게 지적 또는 학적 역량이 중요하지 않다는 것을 보여 주
고 있다. 해석자에게는 복종의 의지와 실천하는 윤리가 더 요구된다.

9장에서 저자는 이제까지 다루었던 여섯 개의 원리를 다시 한 번 요
약하면서 실제로 아나뱁티스트의 해석학을 일관된 것으로 제시할 수
있는지를 평가한다. 아나뱁티스트 운동 자체가 산발적이며 다양한 것
이었기 때문에 그들의 해석학을 일관된 것으로 제시하기는 쉽지 않은
것이 사실이다. 하지만, 그럼에도 저자는 아나뱁티스트 운동이 커다란
원리에서 이상적인 사회를 추구하며 농민운동에 관심을 보였다는 점,
묵시적 종말론적 틀을 지닌 점, 다양한 아나뱁티스트 집단들에서 똑같
은 확신으로 공동체적 아나뱁티즘 운동이 나왔다는 점에서 일관성이
있는 것으로 평가한다.

마지막 10장에서 저자는 16세기의 아나뱁티스트 해석학이 어떻게
현대의 해석학들과 계속 대화하고 있는지를 보여 주며 미래의 전망을
제시한다. 저자는 이것이야말로 아나뱁티스트 해석학의 가장 주된 역
할임을 역설한다. 저자는 특히 라틴 아메리카의 해방신학과 은사주의
운동을 예로 들어 아나뱁티스트 해석학이 그들과 어떻게 교류되고 있

는지 보여 준다. 저자는 이 두 운동과 아나뱁티즘이 많은 공통점이 있음을 보여 주는데, 그들과 아나뱁티즘과의 차이도 간과하지 않는다. 저자는 아나뱁티스트 해석학이 현대 여러 해석과 대화할 수 있으며 현대 해석학에서 무시된 통찰을 줄 수 있다고 확신한다. 결론적으로 저자는 적극적으로 성령에 의존하며 단호하게 제자도를 지향하는 공동체적 해석학의 현대적인 등장에서 아나뱁티스트 해석학이 제 역할을 다 할 것으로 전망한다.

전체적으로 저자는 아나뱁티스트 운동 자체의 다양성과 문서 자료의 단편성에도 불구하고 세심한 연구를 통해서 아나뱁티스트 성서해석학을 여섯 개의 원리를 중심으로 설명해내고 있다. 저자가 정리해서 제시한 여섯 개의 원리들은 표면적으로는 독특하게 보이지 않는 일반적인 것들이라고 할 수 있다. 하지만, 저자는 여섯 개의 원리들을 설명하면서, 주로 같은 원리를 추구했다고 평가되는 종교개혁자들이나 가톨릭 교회나 은사주의자들 등의 집단들을 예로 들어 비교하면서 실제로 아나뱁티스트들이 이 원리들을 구현하고 실천하는 데 있어서 그들과 얼마나 다르며 독특했는지를 잘 보여 주고 있다. 성서해석에서 아나뱁티스트 자료들에서도 완전한 일치나 일관성을 보이지 않고 있지만, 저자는, 한편 그 다양성과 차이 때문인 일관된 서술의 어려움을 외면하지 않고 솔직히 인정하면서, 다른 한편 전력을 기울여서 일관된 서술을 제시하려고 노력하고 있다. 이점은 저자의 큰 공헌이라고 할 수 있다. 저자는 단순히 과거 16세기의 소수 집단의 잊혀가는 해석학을 21세기에 다시 꺼내서 정리하는 데 그치지 않고, 과거 그들의 해석학이 현재 해석학들과 어떻게 대화할 수 있고 어떻게 공헌할 수 있는지를 보여주고 있다. 이것은 아나뱁티스트 해석학의 공헌이며 동시에 16세기와 21세기 해석학에 다리를 놓으려고 애쓴 저자의 공헌이라고 할 수 있다.

이 책은 저자의 박사 학위 논문을 저술로 옮긴 것이라는 점에서 전문성과 수준을 지녔으며 잘 짜였고 잘 정리되었다는 장점을 지니고 있다. 그러나 그 내용이 난해하지는 않지만, 수많은 자료의 인용으로 일반 독자라면 독서 중간에 가끔 길을 잃을 수도 있을 것이라는 염려도 있다. 그럼에도, 저자는 각 장의 마지막에 그리고 논문의 결말에 중요한 논지들을 요약해 주고 있기 때문에 전체적으로 저자의 생각은 독자에게 분명히 전해질 것으로 믿는다. 본서를 통해 독자는 과거 16세기의 아나뱁티스트의 성서해석을 잘 이해하게 될 것이다. 그뿐만 아니라 독자는 아나뱁티스트의 성서해석과 비교되는 당시 종교개혁자들의 성서해석에 대해서도 더욱 분명한 지식을 얻을 수 있을 것이다. 무엇보다도, 저자 자신이 언급한 바와 같이, 독자는 오늘날 우리가 어떠한 해석학을 지녀야 할지에 대한 전망을 얻게 될 것이다.

아나뱁티스트 성서해석학

1장. 아나뱁티스트와 성서해석

시대 흐름에 따른 성서해석의 변천

기독교회사는 성서해석의 역사[1]라고 말해도 과언이 아니다. 비록 교회의 역사적 상황과 성서해석학을 상호관계성 가운데 논의하는 것이 중요하지만, 해석학이 교회의 역사, 신앙, 실천의 모든 방면에 심오한 영향을 끼쳐온 것은 의심의 여지가 없다. 해석학사건과 문화가 현재 우리의 상황 가운데서 어떻게 이해되며 실존적이 될 수 있는가를 생각하는 과학[2]은 석의 exegesis: 성서 본문의 원래 의미를 찾아가는 시도와 해석interpretation: 그 본문에서 현재에 적용될 중요성을 발견하는 시도을 둘 다 포함한다. 적어도 종교개혁 이후의 학자들은 석의exegesis에 더욱 집중해 왔다. 그 결과로 성서 본문의 원래 의미, 문화적, 역사적 배경과 정경 본문을 설명할 수 있는 해석자들의 능력을 엄청나게 배가시키는 방법론이 발전하게 되었다.

그렇지만 해석학의 범위는 언어학과 철학, 사회과학과 같은 분야에서 얻은 새로운 접근법과 통찰력의 도전을 통해 최근 몇 년 사이에 더욱 확장되었다. 소위 신해석학New Hermeneutic은 예측과 해석을 할 수 있는 문화적, 사회적 상황 뿐만아니라 '본문과 해석자'에게도 집중한다.[3] 다양한 해방신학은 해석자들로 하여금 성서 본문보다는 현재상황에서 시작하도록 도전하며, 학문적인 훈련이나 행동을 위한 선각자로서의 역할보다 현실 사회 참여를 위한 신학과 해석학을 하도록 종용하

기도 한다. 이는 선교학적 토론에서부터 상황화와 세계교회의 통찰력
을 귀 기울이는 데까지 나아가는 것이다.[4]

이런 영향들은 그 초점을 석의 자체에서, 해석의 전체 과정과 본문
의 본래 의미를 이해하면서, 오늘날을 위한 그 본문의 중요성을 이해하
는 과정으로 옮겼다. 3가지 중요한 운동이 지난 반세기에 일어났다.

첫째, 본문의 배경에 대한 관심에서 본문 자체로,

둘째, 본문에 대한 관심에서 독자에 대한 관심으로,

셋째, 독자에 대한 관심에서 해석의 전체 과정에 대한 관심으로 옮
겨졌다.[5]

본문의 의미를 명쾌하게 해 주는 수단이 구조주의, 후기 구조주의,
해체주의 및 수사비평, 정경비평, 장르비평, 독자반응비평과 더불어,
서사신학, 담화분석에 비추어 보는 끊임없는 평가에 영향을 받음으로
성서해석 연구는 발전했다. 하지만, 여기엔 또 다른 변화가 있다. 성서
학자들이 지금 인식의 변이paradigm shift를 하는 것으로 보인다는 것이
다. 비록 필적할 만한 다른 변화도 발생했지만, 종교개혁 이래로 우리
는 해석학에서 가장 중요한 변화를 경험하고 있다.[6]

16세기 해석학 발달은 교회의 변화와 긴밀하게 관계되어 있었다. 이
처럼 오늘날 해석학적 논쟁은 전세계 교회의 변화와 관계없이 생각될
수 없다. 20세기 동안 전세계 교회의 변화는 유럽과 북미에서 아시아,
아프리카, 남미로 기독교의 중추적인 중심의 변화를 포함하고 있다.[7]
오순절과 은사주의 운동의 놀라운 성장[8]과 크리스텐덤Christendom:기독
교제국: 수 세기동안 이어진 콘스탄틴주의와의 통합이라고 불리는 교회와 국가 사이의
충성관계의 붕괴 혹은 변이라고 불리는 것 등이다.

비서구사회서구는 유럽을 말하며, 서양은 동양의 반대어로 유럽과 아메리카와 호
주 등을 통틀어 일컫는다의 학자들은, 한때는 객관적이라고 생각되었지만,
지금은 자기 민족 편향적이며 관념적이라는 비난을 받는 서구의 해석

학적 전제조건과 방법에 대한 비판을 자세히 조사하고 있다. 제3세계 기독교는 성서해석에서 학자와 학문적인 방법론에 대한 서구의 독점에 도전하면서 해석학의 저변 확대를 자극하며 떠오르고 있다. 급성장하는 오순절 계열과 은사주의 교회는 아직 충분히 검토되지 않은 해석학적인 의미와 함께 새로운 강조점을 성령론에 두려고 한다. 이렇게 급변하는 세계교회를 위해 적합한 해석학적 계발과 설명은 아주 중요하다.

유럽과 북미에서 크리스텐덤의 시대는 끝이 보이며, 대부분의 나라에서 기독교의 미래는 필연적으로 교회와 국가가 분리된 자유교회Free church의 도입이 시급해 보인다. 이런 변화는 과거 1,500여 년 동안 대부분의 해석자가 콘스탄틴의 전제조건에 영향을 받아 콘스탄틴의 구도 안에서 해석해 왔기 때문에 해석학적 변화가 요청된 것이다. 크리스텐덤의 소멸은 이 시대에 영향을 끼쳤던 해석학에 대한 비판적 재검토가 요구되며 후기콘스탄틴니즘post-Constantinian 해석자들에게 좀 더 적합한 해석학적 접근 계발이 절실히 필요함을 뜻한다.[9]

새로운 접근과 방법론의 확산은 교회에 대한 이해 변화와 여전히 진행 중인 해석학의 중요성을 반영한다. 이것은 또한 그전 시대의 접근법에 대한 불만을 상당히 나타내는 것이다. 개혁주의자들의 유산 위에 세워졌으며, 오랜 시간 점령했었고, 지난 2세기 동안 유럽학자들에 의해 발전하였던 역사비평 방법은 새로운 접근방법뿐 아니라 이제 그런 옛 방법은 끝이 났다고 생각하는 자들에게 상당한 도전을 받고 있다. 비록 아무 비평가도 이것이 사장되길 원하지 않았지만, 많은 사람이 그것의 한계를 인정했고, 그것의 공헌이 좀 더 넓게, 좀 더 적합한 상황 가운데에 있기를 원하고 있다.

비평은 접근방식의 증가와 그들의 부족한 상호작용에 대한 관심을 포함한다.

- 철학과 언어학적 전제의 검증되지 않은 내용의 영향, 역사 비평

적 방법에 대한 적절한 자기비판의 실패, 본문을 정확하지 않은 의심과 회의적 관점으로 다루는 경향

- 기존의 해석법이 이런 해석들을 판단하는 표준이 되는 방법에 대한 뚜렷한 호소력 없이 쉽게 다음 세대에 의해 전복된다는 사실
- 현재보다는 과거에 대한 지나친 관심
- 기존의 이해에 어떤 다른 접근도 더할 수 없는 무능력, 대신 성서를 모호하게 만들거나, 그 의미를 신비롭거나, 복잡한 언어로 표현하는 것[10]
- 종종 사변적이고 평가가 쉽지 않은 본문 이면의 이야기를 향한 집요한 연구[11]
- 그리고 해석은 실제적인 적용을 하지 않은 채 가치중립적인 위치에서 행해진다는 전제

아든 오트리Arden Autry는 "오랜 기간 지배적이었던 역사비평 방법이 해석학의 전체 과제와 비교하면 부적절한 것일 뿐이었다는 중론을 주목하고, 해석학에서 지금 일어나는 동요는 일반적으로 이런 인식에 기인한 이유"[12]라고 주장한다.

이런 해석학에 대한 불만족과 새로운 접근의 탄생 이유는 의심의 여지없이 현대의 합리주의에서 포스트 모더니즘의 다원주의와 상대주의로의 문화 이동에 기인하고 있다. 또 다른 이유는 학자들에 의해 사용되던 방법과 교회에서의 해석 사이에 있는 차이를 인식했기 때문일 수도 있다. 대부분 그리스도인은 여러 세대 학자들의 전문적 지식에도 불구하고 성서를 비평적으로 연구하지 않고 대부분 개인의 영성생활을 위한 것으로 성서를 꾸준히 해석했다. 어떤 새로운 접근은 예전의 전통적인 방법보다 대부분 교인에게 다가가기가 더 어렵게 될 것이다. 이러한 접근들의 확산과 복잡성은 성서학자들과 교회의 사이를 더 벌어지게 하고 있다. 실제로, 바벨탑의 이미지는 다른 사람과 소통되지 않는

여러 목소리를 묘사하고 있거나, 혹은 성서 해석의 전체 과제에 일관성을 보여주지 못하는 여러 다른 소리와 흡사하다.[13]

아나뱁티스트 전통 안에서의 성서해석

이미 다른 접근법들이 많은 마당에 아나뱁티스트적 관점을 끼워넣는 것은 특별히 매력적인 것으로 보이지 않을 수도 있다. 지금까지 성서해석자들에게 미미한 영향만을 끼쳐 온 아나뱁티스트의 관점을 갑자기 왜 중요한 공헌이라도 한 것이 있는 것처럼 생각해야 하는가? 여기에는 8가지 이유가 있다.

1) 아나뱁티스트적 해석은 역사비평 방법에서 유래한 종교개혁주의자들의 해석학과 같은 시대에 발전하였다. 개혁주의자들의 방법론에 많은 빚을 지고 있긴 하나, 아나뱁티스트들은 개혁주의자들의 한계를 발견하고 다른 접근법을 주장했다. 이 16세기의 대안에 대한 재검토는 개혁주의 뿌리의 한계를 드러내며, 현대 비평가들이 주장한 것과 비슷한 관점을 제공하고 있다. 이렇게 함으로써, 역사비평 방법의 한계를 설명해 주는 오늘날의 시도에 역사적인 지지를 제공해 주는 셈이다.

2) 종교개혁의 중요한 해석학적 주제가 아나뱁티스트들과 개혁자들 사이의 토론, 아나뱁티스트들과 신령주의자들의 토론, 그리고 다른 아나뱁티스트 지도자들 간의 토론에서 드러나기 시작했다. 이름하여
   - 구약과 신약의 관계,
   - 성서해석에서의 성령의 역할,
   - 해석학에서의 교회의 위치,
   - 순종의 인식론적인 중요성,

- 그리고 어떤 성서가 명료한가에 대한 범위

　종교개혁자들의 승리와 아나뱁티스트아나뱁티스트 해석학에 대한 억압은 종교개혁자들의 해석학적인 시야가 다음 세대들에게도 수용되었음을 확실시한다. 그러나 이런 주제들은 아직 논쟁의 여지를 둔 채 중요하게 남아 있다.[14]

　만약 종교개혁주의자들에 의해 발전한 해석 전통이 위의 질문들에 적합한 답을 주는 것에 실패했다면 오랫동안 박해받은 아나뱁티스트 해석학이 주창한 대안들을 다시 재검토하는 일은 가치가 있으며, 아나뱁티스트 해석학은 전통적인 종교개혁 이후의 성서접근 방법에 흥미있는 대안을 제공하고 있다.

3) 현대적 운동이 제안한 많은 도전 안에는, 아나뱁티스트들이 같은 주제들을 어떻게 다루어왔는지에 대한 반향resonance들이 있다. 그 예 중에는 성서 해석과 적용 사이의 전통적인 관계에 도전하는 해방신학이 포함되고, 성서 해석에서 성령의 역할을 무시하는 전통에 대한 은사주의 운동의 도전도 포함된다. 비록 아나뱁티스트 해석학운동도 유럽에서 나타난 현상 중의 하나이지만, 아나뱁티스트 해석학운동은 유럽사회에 널리 퍼진 관념적 헌신을 거부했고, 가난하고, 힘없고, 억눌린 자들을 위한 해석을 개발했다. 이런 해석은 현대의 해방주의자들과 유사하며, 이런 해방신학과 유럽의 반응에 대한 평가에 유리한 점을 제공해 준다.

16세기 성서해석에서, 아나뱁티즘은 말씀과 성령의 관계를 널리 탐구하고 토론한 은사주의 운동으로서, 은사주의 교회를 위한 자료들을 제공하고, 은사주의 교회와 말씀주의 교회 사이의 긴장 관계에 통찰력을 제공해 주기도 한다.

4) 아나뱁티스트들의 성서연구 접근법은 지역교회에서 계발한 것이지, 신학교에서 계발한 것은 아니다. 그렇게 그들은 대안적인 역사적 패러다임과 유산을 학술적인 접근법들이 제공하는 만큼 제공하고 있다. 이런 접근법에 대한 자세한 연구와 이런 가치에 대한 평가는 학자들과 교회 사이의 차이를 줄이는 데 크게 이바지했다.

5) 종교개혁가들이나 대부분의 주류 학계의 해석학자들과 달리, 아나뱁티스트들은 대부분 교육을 잘 받지 못한, 박해받은 사람들이었다. 이런 경험은 그들의 성서를 보는 통찰력이 그들의 편안했던 동시대인들보다는 초대교회의 경험과 오늘날 많은 그리스도인 공동체와 더 유사했음을 말하고 있다. 3번째 맞는 천 년21세기이 출발하는 이 시점, 그리스도인 대부분이 가난하다. 더군다나, 박해가 지구촌 교회 전역에서 놀라운 비율로 경험되고 있다. 아나뱁티스트의 관점은 바로 이런 현실적 문제에 관계가 있는 것이다.

6) 수세기 동안의 무시와 해산과 반대자들의 말에 기초한 평가 그리고 잘못된 해석 뒤에, 아나뱁티즘은 재건과 회복의 잠재적인 자원으로서, 적절한 역사적 운동으로서 재발견되고 있다. 신학적, 교회학적, 윤리적 주제에 대한 아나뱁티스트적 관점 대한 관심의 증가는 그들이 가진 관점으로 성서를 해석할 수 있도록 격려하고 있다.

7) 성서해석에 대한 아나뱁티스트적 접근법은 교회역사와 병행했고, 역사적 운동의 시발로서뿐 아니라 교회역사를 통해 소외당한 계층을 특징화 해 온 성서를 다루는 한 방법으로서도 중요하다.[15] 이런 그룹을 공부하는 것은 상당한 정도의 다양성을 드러내는 것이며, 그뿐만 아니라 다른 사람들에 의해 무시되었지만 중요한 가치를 지닌

대안들에 근본적인 동의를 나타내는 것이다.

8) 교회와 국가 간의 연합관계의 콘스탄티니즘의 영향을 받은 가톨릭과 개신교에 의해 계속 수용된 크리스텐덤적 시스템에 대한 아나뱁티스트들의 거부는 그들의 성서해석에 영향을 미쳤다. 다른 종교개혁자들과 달리, 아나뱁티스트들은 콘스탄티니즘의 가정과 그 가치를 거부했고, 그러한 새로운 전제, 방법 그리고 결론 안에서 자신들의 견해를 반영하는 해석학을 채택했다. 그것은 깊은 역사적 뿌리를 제공하고 또 거기에 접근했으며, 오늘날과 같은 후기콘스탄틴 교회와 사회에 더욱 적합한 것이 되었다.

16세기 초의 사회정치적, 교회적 그리고 해석학적 혼란과 문제를 일으킨 아나뱁티스트의 성서해석접근은 21세기에 비슷한 혼란과 이슈에 직면한 사람들에게 통찰력을 제공해 준다. 비록 윌라드 스와트리 Willard Swartley는 아나뱁티스운동 자체에서 서로 다른 점이 많다는 점과 16세기 사회적 정치적 환경의 특정한 주제에 관련된 성서연구를 했다는 점을 지적하였지만, 그는 결국 "여왕 에스더의 말을 바꾸어 말하자면, 아나뱁티스트의 성서 연구는 21세기인 지금까지 이어져 왔으며 이는 우리에게 미래의 장소를 제공할 것이다"[16]라고 결론을 지었다.

이 책은 아나뱁티스트 운동이 형성되던 시기대략 1525-1560에 성서가 어떻게 이용되고 해석되었는지를 살필 것이다. 우리는 이 운동에서 성서해석의 논쟁과 아나뱁티스트와 다른 동시대 사람들 사이의 토론에 대해서도 귀를 기울일 것이다. 또한, 아나뱁티스트들이 해석학을 구성하는 원리들을 소개할 것이다. 그리고 아나뱁티스트 전통의 성서해석이 21세기 그리스도인들과 교회의 필요에 공헌하는 바에 대해서도 소개할 것이다.

1) Gerhard Ebeling의 작품이며 David Bosch의 책 *Witness to the World*(London: Marshall, Morgan & Scott, 1980), 44에 인용된 진술.

2) Carl E. Braaten, *New Directions in Theology Today*, Volume II: *History and Hermeneutics* (London:Lutterworth Press,1968),131.

3) 예를 들어 Anthony C. Thiselton, *The Two Horizons* (Exeter: Paternoster, 1980); Donald A. Carson and John D. Woodbridge, *Hermeneutics Authority and Canon* (Leicester:IVP,1976)를 보라. John Levison and Priscilla Pope-Levison은 이러한 패러다임의 변이를 다음과 같이 요약했다: "해석의 이런 모델은 대화의 형식이다. 해석자들은 대화의 파트너로서 그나 그녀의 상황에서부터 나온 질문들을 다룬다…. 본문과 상황의 관계는 두 한계의 통합으로서 이해될 수 있다…. 대화로서 해석하는 이 모델의 궁극적인 목표는 과거에는 진실되고 현재에는 연관된 방식으로 이런 한계들을 통합하는 것이다: "Global Perspectives on New Testament Interpretation", in Joel Green: *Hearing the New Testament* (GrandRapids: Eerdmans, 1995), 330을 참고하라.

4) Charles Kraft, *Christianity in Culture* (Maryknoll, NY: Orbis,1979); 르네 빠딜라, 『복음에 대한 새로운 이해』*Mission Between the Times*(대장간 역간, 2012); David J. Hesselgrave and Edward Rommen, *Contextualization* (Leicester: Apollos,1989); Harvie M. Conn, "Contextualization: Where Do We Begin?" ,in Carl E. Armerding, ed., *Evangelicals and Liberation* (Nutley ,NJ: Presbyterian & Reformed Publishing Co., 1977),90 .

5) David Clines은 그렇게 주장한다: "Possibilities and Priorities of Biblical Interpretation in an International Perspective" *Biblical Interpretation* 1.1(1993):82.

6) Peter W. Macky, "The Coming Revolution: The New Literary Approach to the New Testament", in Donald K. McKim, *A Guide to Contemporary Hermeneutics* (Grand Rapids: Eerdmans,1986),263-64을 참조하라.

7) David Barrett, *World Christian Encyclopedia* (Oxford: OUP, 1982) and Patrick Johnstone, *Operation World* (Bromley: STL Books, 1978)에 이를 위한 광범위한 증거가 있다.

8) *Global Church Growth* (Oct-Dec 1991)에 있는 다양한 논문들을 보라. 또한 Jimmy Maroney, "Significant Christian Megatrends for the 90's and Beyond" *The Link*, 1. 4(1990)을 보라. Maroney는 2000년까지 562,000,000개의 세계적인 은사주의 안에 투영된 모습들을 보여준다. .

9) 어떤 나라, 특히 미국에서는 교회와 국가를 이론적으로 분리했음에도, 콘스탄틴적 경향이 어떤 정치적인 타협도 불사하면서 콘스탄틴적인 사고방식을 보급하며 번영하고 있다. 이밖에도, "신콘스탄티니즘(neo-Constantinianism)"이 특히 동유럽과 라틴아메리카에서 부상하고 있다. 확신할 수 있는 대안적인 해석학의 부재가 적어도 부분적으로 크리스텐덤의 생존과 변형에 책임이 있어 보이는 것이다.

10) "학문의 목표는 성서를 이해할 수 있게 만드는 것이다. 그러나 모호함을 명확하게 하려는 그런 시도의 현대 비평주의는 성서를 읽는 평범한 독자들이 혼란 속에서 물러서게 하는, 복잡하게 얽히고설킨 생각의 망을 구성해 왔다. 많은 경우 그것은 단지 추측이고, 성서의 기본 메시지는 그 추측 없이도 이해될 수 있다." Arthur Wainwright,

Beyond Biblical Criticism (London: SPCK, 1982),9.

11) Phyllis Bird는 역사비평 방법이 일반적으로 인식된 것보다 알레고리화(allegorising)
와 더 많은 공통분모를 가지고 있다고 말한다: "[그것은] 성서의 서사 이야기 이면의
이야기를 발견했으며, 역사를 재구성하는 관점에서 서사를 읽었다. 그렇기에 새로운
접근법은 본문의 진정한 의미나 그 의미의 핵심을 찾는 데 있어서 알레고리적인 견
해를 닮았다. 본문 이면의 실상에서, 그것은 영적인 설명보다 역사적인 설명 자체를
추구함으로 시대의 새로운 정신을 반영했다.:" Bird, *The Bible as the Church's Book*
(Philadelphia: Westminster press, 1982), 50-1.

12) Arden Autry: "Dimensions of Hermeneutics in Pentecostal Focus", *Journal Of Pentecostal*
3(1993), 32.; David Scholar, "Issues in biblical Interpretation", *Evangelical Quarterly* 60, 9;
Linda Mercadante, "Response to Pinnock", in Mark Branson and C. René Padilla, *Conflict
and Context* (GrandRapids :Eerdmans, 1986), 58; Douglas Moo, "The Problem of Sensus
Plenior", in Carson and Woodbridge, *Hermeneutics*, 195.

13) Autry, "Dimensions", 29.

14) 두 성서의 관계에 대해는 David L. Baker, *Two Testaments, One Bible* (Leicester: IVP,
1976); James D. Smart, *The Interpretation of Scripture* (London:SCM Press,1961), 65; W.
Ward Gasque and William S. LaSor (eds.) *Scripture, Tradition and Interpretation* (Grand
Rapids: Eerdmans, 1978), 260; Donald A. Carson, *Biblical Interpretation and the church*
(Exeter: Paternoster Press, 1984), 27. On interpretation and application, see Hans D Betz, *The
Bible as a Document of the University* (Chico, CA: Scholars Press, 1981),43. On the role of the
Woodbridge, *Hermeneutics*, 220ff; Thiselton, *Two*, 92를 보라. 성서의 명확성에 대해서는,
Gerhard Maier, *The End of the Historical-Critical Method* (St. Louis: Concordia,1977), 48를
보라.

15) 이런 그룹들은 많은 다른 그룹들 안에 포함될 것이다, the Waldenses, the Lollards, and
the Unitas Fratrum.

16) Swartley, in Carl Bowman and Stephen Longenecker (eds.), *Anabaptist Currents*
(Bridgewater: Penobscot Press, 1995), 74-5.

2장. 일관성 있고 특징적인 해석학

어떤 사람들은 '아나뱁티스트들은 성서주의자biblicists들이며 고로 그들은 성서를 가장 유치한 방법론으로 읽어왔다' 라고 말한다. 또 어떤 사람들은 아나뱁티스트들은 종교개혁자들의 가르침에 대한 급진적인 버전이라고 말하므로, 그들의 해석학이 종교개혁자들과 유사하거나, 거기서 유래했다고 본다. 또 다른 어떤 사람들은 대표적인 해석학의 형태를 찾는데 있어 여전히 잠재적인 장애가 되는 초기 아나뱁티스트들의 다양한 모습에 집중하고 있다.

이번 장에서 우리는 이런 도전들을 점검하고 아나뱁티스트 성서해석의 섬세함과 특유함과 일관성에 대한 증거들을 제공할 것이다.

성서의 사람들

성서의 재발견과 보급이 유럽사회와 종교계와 지식층의 삶에 큰 변화를 가져올 무렵, 아나뱁티스트들의 지지자들이나 적대자들이나 똑같이 그들을 성서의 사람들로 이해한다. 얼마나 많은 사람이 성서를 스스로 읽을 수 있었는지를 가늠하거나, 성서읽기가 종교개혁자들이 가르친 원리를 얼마나 수용하도록 사람들에게 동기부여 했는지를 알아내기는 어려운 일이다. 그러나 역사학자들은 이미 50년 전에 인쇄 기술이 소개된 점과 자국의 언어로 성서가 배포된 것은 평신도 사이에서 종교개혁이 얼마나 퍼져 나갔으며 그들 사이에 얼마나 뿌리를 내렸는가에 대해 상당히 중요한 시사점이 된다.[1] 혼자서 성서를 읽지 못하는 사람들은 그들이 이해할 수 있는 언어로 읽어주는 성서의 내용을 들을 수 있게 되었다.

아나뱁티스트들은 단지 열정을 가진 채, 매료된 상태로 성서를 읽은 자들만은 아니다. 그들은 성서에 대한 특별한 열심에 의해 구별되는 사람들이다. 성서는 개인에 의해, 가족들과 함께 혹은 교회 공동체에서뿐만 아니라 사적인 모임에서도 큰소리로 읽혔으며, 연구되고, 암기되고, 암송되었으며, 토론되었고, 적용되었다. 개혁교회에서 행해진 것처럼 설교와 가르침은 그들의 모임에서 아주 중요한 역할을 했다. 그러나 스위스 자료의 증거에 의하면 그들은 모임 안의 많은 구성원이 단순히 수동적으로 그들 지도자의 말을 듣기보다는 질문하고 발견한 통찰력들을 서로 나누는 데 이바지했다는 것을 알 수 있다.

스위스 아나뱁티스트들 사이에서 인기있던 성서구절은 고린도전서 14장 26-33절이었다. 그들은 바울의 명령너희가 모일 때에 각각 찬송시도 있으며, 가르치는 말씀도 있으며, 계시도 있으며, 방언도 있으며, 통역함도 있나니을 진지하게 받아들였다. 그들은 바울의 조언예언하는 자는 둘이나 셋이나 말하고 다른 이들은 분별할 것이요 만일 곁에 앉아 있는 다른 이에게 계시가 있으면 먼저 하던 자는 잠잠할지니라에 주목했다. 1527년의 영향력 있는 책, 『교회질서 Congregational Order』[2]는 교회의 다양한 구성원들이 성서구절들을 돌아가면서 해석하는 장면을 보여준다. 결과적으로 보통의 스위스 아나뱁티스트들은 성서를 연구하고 해석하는 데 있어서 개혁주의자들보다 훨씬 더 많이 참여했음을 알 수 있다. 그들은 성서를 스스로 찾아 연구했고, 그것의 의미와 적용을 분별하는 과정에 적극적으로 참여했다. 이 모든 구성원의 성서에 대한 쉬운 접근은 아나뱁티스트적 해석학에 심오한 영향을 주었다.

아나뱁티스트 지도자 중, 특히 교육 받은 자들의 공헌은 상당하지만, 그들이 성서의 모든 본문에 대한 교리적 질문에 또는 결정적인 성서해석에 권위 있는 답을 주지는 않았다. 그들의 설교와 글들은 기초적인 가르침을 주었고, 법정에서의 일반 아나뱁티스트들의 심문에서 종종 언급된 중요 본문과 논쟁점은 교리문답의 지식을 나타내어준다. 그런 교리문답의 예들이 지금까지 남아있다.[3] 그들은 또한 그들의 형제, 자매들이 개인적인 차원에서나 그룹형태의 공부를 하는 데 도움이 되는, 성서를 스스로 연구할 수 있는 도구를 제공하는데도 노력했다. 이것들은 종종 그룹공부를 위해 사용된 성서인용 본문의 체계적인 모음집이었던 관주concordance라고 불린 것이다.[4]

이런 관주들은 단순한 색인들 그 이상이었다. 이 관주 목록들은 성서독자들로 하여금 이해하기 힘든 본문을 이해할 수 있도록 도와주었다. 이런 가이드는 중요했고, 의심할 여지없이 그것을 이용하는 사람들에게 영향을 미쳤고, 그들을 건전한 해석으로 이끌어 주었다. 그러므로 아나뱁티스트 지도자들의 이런 글들은 아나뱁티스트적 해석을 이해하기 위한 중요한 자료가 되었다. 그러나 관주의 구성 방식은 그것을 이용한 사람들이 제공된 자료에서 그들만의 결론을 이끌었다는 것도 포함한다. 비록 교육도 제대로 받지 못한 무식한 사람들이었지만 성서에 깊이 침잠하여 연구하고, 그들의 믿는 바 성서의 원리를 위해 살고 죽었던 남자와 여자들의 공로를 무시할 수는 없다.

아나뱁티즘의 이런 모습들이 그들의 일관성 있는 해석학에 흠집을 내고 있는가? 대부분의 아나뱁티스트들의 글과 그들의 법정조사 가운데서의 설명들은, 가끔 해석적 구도에 맞추려는 시도가 없는 성서의 인용과 성서의 참조문헌으로 구성되어 있어서, 종교개혁자들의 체계적인 문서들과는 거리가 멀다. 아나뱁티스트들을 심문하던 사람들의 놀라움과 격정이 『순교자의 거울』Martyrs' Mirror 5)에 잘 드러났다. 그들의 논리적이고 이성적인 대답 때문이 아니라 성서를 속사포처럼 쏟아내는 모습 때문에 말이다.6) 전통적인 해석법에 대한 무지를 포함한 그들의 성서 지식은 아나뱁티스트 해석학 특유의 특징들을 만들어냈다. 교육받은 지도자들이 제공한 지침은 아나뱁티스트들이 성서를 순진한 주관적 안목에 기인하여 잘못된 오해를 낳는 것을 금해왔다. 동시에 평회원들ordinary members의 공헌은 지도자들의 성서 연구를 면밀히 살펴야 할 때에도, 비판 없이 전통적이거나 개혁주의적인 해석학을 그대로 받아들이는 것을 막아주었다.

아나뱁티스트들은 성서주의자들인가?

아나뱁티스트들이 성서주의자들이라는 사실은 논쟁의 여지가 없다. 비록 아나뱁티스트들에 대한 몇몇 대중적인 관점은 그들이 영적조명 illuminism와 내면의 빛에 일차적으로 의존했음을 보인다 할지라도, 그런 면을 강하게 강조한 지도자들조차도 기록된 성서에 높은 가치를 둔 것으로 알려졌다.7) 그렇다고 아나뱁티스트들이 성서주의자들로 지칭되어야만 하는가? 그 대답은 이 용어가 실제 언어기술적인 면으로, 찬성하는 쪽에서, 혹은 반대하는 쪽에서 어떤 의미로 정의되느냐에 따라 달라진다.

어떤 사람들은 '성서주의자' 라는 말을 단지 아나뱁티스트들이 성서를 과도하게 알고 과도하게 인용했다는 의미로만 사용했다.8) 성서주의는 성서지식과 같다는 등식은 단지 우리가 이미 본 것-아나뱁티스트들이 성서에 대한 특별한 애정을 가지고 있었으며 그 성서에 매우 익숙했다는 점-에 강조점을 둔 것이다. 단지 이것이 이 단어가 말하는 전부라면 어떤 아나뱁티스트들도 이 말을 반박할 필요가 없을 것이다. 이 말은 그것의 중요성을 일축시킨 존 요더에 의해 약간 다른 의미로 사용되고 있다. "아나뱁티스트들이 성서주의자들이라고 보고되었을 때, 이 말은 과장된 것이 아니다. 16세기에는 모든 사람이 성서주의자들이었다."[9] 이 의미는 아나뱁티스트들은 종교개혁시대의 모든 그룹이 그랬듯이, 성서에 대한 비평 이전pre-critical의 소박한 접근을 똑같이 지녔다는 뜻이다.

분명한 것은, 성서주의 시대에서도 아나뱁티스트들은 별나게 성서에 푹 빠져 있었다. 그렇다고 해서 후대의 좀 더 비평적인 시대에 제기된 문제들에 대해 더 나은 답변을 했으리라 여겨지지는 않는다.종교개혁의 해석학도 마찬가지다 하지만, 그들은 당대 동시대인의 원칙들과는 아주 다른 원칙들을 채택했다. 그러나 "성서주의"란 말은 아나뱁티스트들을 성서숭배주의자, 근본주의자, 혹은 체계적이지 않은 사람들이라는 혹평을 하려고 사용되었던 것이다. 동시대 사람들은 그들이 성서에 대해 이런 견해를 가졌다고 비난했으며, 후대 작가들은 아나뱁티스트들의 단순하고 율법적이고 순진하며, 언어학적 배경이나 성서의 역사적 배경에 대해 무지하며 본문 문맥에서 벗어난 성서구절을 쉽게 이용하는 점을 비난해 왔다.

아나뱁티스트들은 성서에 너무 많은 영광과 관심과 경외감을 부여했었는가? 그들은 성서의 권위 아래 살기로 작정했기에 해석학의 발전을 위해 필요한 질문조차 하지 않았었는가? 잘 알려진 성서에 대한 그들의 사랑과 지식과 그들이 어떻게 성서를 암기하고 인용했는지를 고려할 때무명의 아나뱁티스트는 "나는 성서 백 장을 암기할 수 있길 원한다"[10]라고 말했다 그들이 성서숭배자들이라고 불리지 않는 것이 오히려 이상하다.

더 놀라운 사실은 아나뱁티스트들이 가끔은 종교개혁자들의 성서숭배사상을 비난했다. 그 예로 잘 알려지지 않은 한스 움라우프트Hans Umlauft가 변증하는 말이 있다. 그의 말은 격언처럼 인용되기도 하는데, "더 많은 것들이 성서에 속한 것임을 알기에, 우리는 성서에 영광을 돌리며 성서가 등이요, 말씀의 칼집인 것을 인정한다. 즉 하나님의 말씀이 빛을 발하고, 날선 검과 같이 잘라내는 일을 할 때, 그 말씀은 칼집의 칼이며, 등불 속의 빛이 된다. 우리가 이 말을 할 때, 어떤 사람들은 우리가 성서를 경시하는 것이며, 성서를 너무 모른다고 할 수도 있다. 이것은 마리아를 숭배하는 문제와 비슷하다. 마리아가 하나님이기 때문에 존경을 받아왔다면 마리아처럼 성서를 우상으로 만드는 것이다."[11] 움라우프트는 종교개혁자들이 성모 숭배를 성서 숭배로 대치한 것을 비난하고 있는 것이다. 그는 성서의 중요성을 인지하면서도, 그것이 하나님인양 영광을 돌리는 것을 거절했다. 다른 아나뱁티스트들과 함께, 특별히 신령주의자spiritualist라는 측면에서, 그는 종교개혁자들은 성서를 미신의 대상으로 만들었으며, 그들은 살아있는 하나님의 말씀이 아닌, 종교적인 성서구절에 묶여 있다고 느꼈다.

아나뱁티스트들이 성서를 지나치게 강조하지 않은 이유는 실천적/신학적 쟁점이 있었기 때문이다. 실천적 쟁점에 대한 관심은 유럽 전역에 걸쳐 부흥된 교회를 위한 아나뱁티스트 지도자들의 목회적 책임에서 흘러나왔다. 이들의 교회와 그들 주변의 모든 사람은 성서를 읽을수 없는 사람이었다. 문자로 된 성서를 지나치게 강조하는 것은 아나뱁티즘 운동으로 자유롭게 된 사람들의 권리를 종교적이고 학문적인 독점이 다시 빼앗는 것이었다. 한스 뎅크Hans Denck는 "하나님에 의해 선택된 사람은 설교나 성서 없이도 구원받을 수 있다"[12]라고 주장했다.

움라우프트Umlauft의 주장에서 예시되었던 것처럼, 신학적인 주제는 성서가 하나님의 말씀과 같이 이해되어서는 안 된다는 것이다. 성서는 하나님의 말씀을 포함한 것으로 이해되어야지, 하나님 말씀 자체로 이해해서는 안 된다. 이 용어와 이 주제에 대한 아나뱁티스트들의 강조는 처음에는 다소 다양한 면이 있었다. 특히 문자 그대로의 본문에 순종하는 것을 강하게 확신했던 스위스인들의 글이 있는가 하면, 남독일 지도자들은 움라우프트와 비슷한 언어를 사용하는 경향이 있었고, 종교개혁자들이 하듯이 스위스식 방법에 비판적이기도 했다. 어떤 사람들[필그림 마펙이 주요한 예]은 정지된 본문을 살아 있는 하나님의 말씀으로 고정하는 것에 대해 머뭇거리는 경향과 주관적인 경험을 통해 성서의 권위에 확신하는 중간의 태도를 보이기도 했다.

성서를 절대적인 하나님의 말씀이라고 정의하는 것에 대해 침묵하는 태도 때문에 종교개혁자들에게서 '오직 성서'라는 원리를 희석시킨다는 의심을 샀다. 그들의 이런 반대 성향의 정당화 여부와 무관하게, 아나뱁티스들의 입장은 성서숭배주의라고 일컬어지기는 어렵다. 아나뱁티스트들은 성서 숭배의 개혁자들에게나, 학문적 입장에서 성서에 종속된 개혁자들에게나 다 괴롭힘을 당했다.[13] 이 시기에 모든 사람은 한편에서는 학문과 전통에 관하여 성서의 역할을 정의하려고 애썼고, 또 다른 한편에서는 성령의 조명하심에 관하여 정의하려고 분투했다. 아나뱁티스트들은 그들 내에서, 또는 종교개혁자들과, 때로는 신령주의자들과 이 주제에 대해 논쟁하면서 이 부분에 대해 고민하며 싸웠다. 도달한 결론 만큼이나 이러한 논의들 역시 말씀과 성령 사이의 관계와 관련된 그 문제들을 계속해서 직면하게 만드는 쟁점들을 부각시켜 준다.

아나뱁티스트들이 성서숭배자들이고, 해석이라는 주제에 관심이 없었기에 그들이 해석학에 이바지한 바가 없다는 결론은 정당하지 않다. 사실, 윌리엄 에스텝William Estep이 결론을 내렸듯이, "성서에 대한 아나뱁티스트들의 관점은 고정된 개념과는 거리가 멀다. 반면, 전통과 학문에 얽매이지 않았으므로 성서적이며 창의적인 신학의 역동적인 중심이 되었다."[14]

아나뱁티스트들이 21세기 근본주의의 선구자란 말인가? 만약 우리가 근본주의를 '오직 성서'라는 원리에 헌신한 것을 의미한다면 모든 개혁가는 근본주의자들이다. 아나뱁티스트들도 전적으로 이것에 헌신했다. 그러나 만약 우리가 이 근본주의라는 말을 16세기 운동과 지난 150년간의 북미지역과 유럽지역의 근본주의운동과 비교하는 말로 쓴다면, 개혁자들도 아나뱁티스들도 여기에 해당하지 않는다.[15] 이런 분류는 시대착오적이며, 지지받을 수 없는 것이다.

'근본주의자'라는 말은 가끔 편협한 성서에 대한 이해를 말한다. 어떻게 성서가 해석되어야 하는가 고민하는 것을 거절하고 성서가 주는 감화력 뒤에 숨어버리거나, 성서의 명확성을 지나치게 단순화하고 만다는 것이다. 이런 관점에서 본다면 아나뱁티스트들을 근본주의자들의 선구자로 간주하는 것은, 일반사람들의 삶과 확신 속에서 그들에 의해 이해될 수 있는 성서의 유일한 권위를 지켜내려는 열심 때문에, 그들이 해석학적 여러 이슈를 염두에 두지 않았다는 것을 암시하는 말이다. 티모시 조지Timothy George는 아나뱁티스트들을 '오직 성서'에 헌신한 사람이라기보다는 '성서만으로nuda scriptura'에 헌신한 사람들이라고 성격을 규정지었다.[16] 이것에 의해, 그는 아나뱁티스트들이 성서에 지나치게 관심을 두므로, 성서를 더 잘 이해하도록 해주며 성서를 극도로 단순화시키는, 도움이 되지 않는 시도를 피하게 하는 광의적 통찰력을 상실했다고 말한다. 이 주장은 약간의 설득력이 있다. 대부분의 아나뱁티스트들은 보통 사람들도 성서를 이해할 수 있다고 믿는다고 말하며 그들을 비난하는 사람들과 싸우지 않았다. 그들은 학문과 성서가 요구하는 메시지를 약하게 만드는 외적인 신학적 틀에 대해 의심의 눈초리를 보내었다.[17] 그러나 이것이 아나뱁티스트들이 해석의 문제에 전혀 관심이 없었다는 뜻은 아니다. 사실은 해석학이야말로 아나뱁티스트들로 하여금 종교개혁자들이 비판 없이 받아들이는 전통의 틀을 배제하도록 하는 데 중요한 역할을 했다. 아마 그런 전통에 대한 그들의 자유가 그들로 하여금 신선하고 새로운 해석학의 통찰력을 낳도록 도왔을 것이다.

아나뱁티스트의 해석적 접근의 또 다른 측면은 그들이 전형적인 근본주의자로 낙인찍히는 것을 막았다. 위에서 말한 것처럼, 근본주의적인 생각과는 사뭇 다르게, 많은 아나뱁티스트들은 성서 자체와 하나님의 말씀 사이의 분명한 구별을 지었다. 게다가 근본주의자들에게는 상식인 영감에 대한 기계적인 관점을 그들은 고수하지 않았다. 토슨 버그스텐Torsten Bergsten은 마펙이 "정통의 축어적 영감을 나타내지는 않았고 오히려 실질적이며 인격적 영감에 대한 이론의 조화"[18]를 표현했다고 썼다. 영감에 대한 이런 이해는 어떻게 성서가 해석되어야 할지에 대한 포문을 활짝 열어준다.

아나뱁티스트들은 예수 그리스도보다 성서를 더 높이 두지 않는다. 근본주의자들은 이론상으로는 아니지만, 실제로는 그렇게 하는 경향이 있다. 위르겐 몰트만Jurgen Moltmann에 의하면, '오직 성서'라는 종교개혁 원리는 '오직 예수'라는 기본 원칙의 자리를 대신 차지했다고 한다.[19] 이 말은 예수를 가장 우위에 두고 예수께 초점을 맞추어 온 대부분의 아나뱁티스트들에게 해당되지 않는 말이다. 아마 16세기에 다른 어떤 그룹보다 더 많이 아나뱁티스트들이 '그리스도 중심론'에 의해서 전형적인 근본주의에서 빠져나올 수 있었을 것이다. 예를 들어서, 더크 필립스Dirk Philips의 글을 소개하는 글에 보면, 편집자는 "더크의 신학은 두 개의 초점을 가지고 있다는 것을 발견한다. 하나는 성서의 말씀이고, 다른 하나는 예수 그리스도 안에 구체화한 말씀이다. 이 두 개의 초점 때문에 가끔 그는 율법 정신에서 문자만을 골라내는 데에 어려움을 겪었다. 그러나 그는 대체로 성서를 그리스도중심적인 해석을 함으로 이 둘 사이의 갈등을 잘 해결했다. 그는 자신의 신학적 사고 안에서 그리스도를 최고의 우위에 두었다."[20]

"성서주의"도 아마 교리적 고백, 신학적 체계 그리고 철학적 숙고를 회피하는 것으로 언급될 수 있다. 이런 의미에서 성서숭배주의가 아나뱁티스들을 논리적인 해석을 하지 못하도록 방해했는가? 윌렘 발크 Willem Balke는 칼뱅의 견해인 "그들의 성서숭배주의와 교리적 관심에 대한 부족함은 교리의 불순물에 대해 문을 열어 놓는 통풍문과 같은 것이다"[21]라고 말했다. 이것은 계속 반복되는 논쟁이다. 아나뱁티스트들이 신학적 체계에 대해 머뭇거리는 이유 중의 하나는 신학적 체계들이 그것을 계속 영속시키기 위해 성서의 급진적인 내용을 피하고 있기 때문이었다. 그들은 성서를 정리되고 체계화된 신학적 관점에서 읽어 나가는 것이 석의exegesis보다는 자의적 해석eisegesis과 사람의 철학과 이성과 신학적 사고에 종속시키는 결과를 가져오는 것을 염려했다.

아나뱁티스트 해석학은 여러 주제에 관련된 아나뱁티스트적 이해와 두 가지 특징을 함께 공유한다. 하나는 전통적인 권위로부터의 급진적인 자유이며, 다른 하나는 체계화한 진리에 대한 혐오이다. 첫 번째 특징은 종교개혁자들이 무책임하다고 판단하고 버린 것으로서 종교개혁자들과는 조금 다른 해석학을 발전시키도록 도왔다. 이런 판단을 지지하기보다는 우리는 각각의 강점과 약점을 제대로 평가하기 위해 두 종류의 해석학을 비교 대조할 수 있다.

두 번째 특징은 좀 더 깊은 연구를 요구한다. 아나뱁티스트들은 루터나 칼뱅과 같은 조직신학자들을 배출하지는 않았다. 그들의 관심은 교리를 분석하고 분류하는 대신에 성서에 순종하는 것에 무게를 두면서 지적이기보다는 실제적이었다. 그들의 주요한 고백은 신학적인 문제가 아니라, 교회적이며 윤리적인 부분에 집중되어 있었다. 그들은 많은 신학적 문서를 만들 기회도 없었다. 대부분의 명석한 사색가들은 그들의 체계적 생각을 계발하기도 전에 순교했고, 혹은 긴 글을 쓸 시간이나 자유 없이 요절하였다. 그렇기에 성서해석에 대한 결정적인 아나뱁티스트들의 진술이 없다는 것은 당연한 일이다.

그러나 우리는 그들의 글에서 일관된 성서해석학을 발견할 수 있다. 사실 아나뱁티스트들의 제2세대 지도자들에 의해 해석학적 주제에 대한 상당히 중요한 토론들이 있었다. 메노 사이몬스와 더크 필립스 둘 다 적용을 위한 상당한 양의 실례를 가지고 성서해석의 방법론에 대해 심오한 진술들을 하였다. 필그림 마펙의 800페이지 분량의 관주, 『신구약 해설*Explanation of the Testaments*』[22]은 그의 해석학적 원칙을 정확히 말한 서문을 포함한다. 다른 아나뱁티스트들의 글도 알레고리를 제대로 사용한 부분과 그렇지 못한 부분, 성령의 성서해석 역할과 신약과 구약 사이의 관계와 같은 구체적인 주제에 대해 언급하고 있다.[23]

그렇지만, 우리는 아나뱁티스트 회중들이 어떻게 역할을 했는가와 성서본문이 실제로 어떻게 사용되었는가를 고려함으로 이런 자료에 근거한 아나뱁티스트들에 대한 평가를 덧붙여야 한다. 해석학에서, 다른 많은 다른 분야와 마찬가지로, 아나뱁티스트들은 조직적으로나, 신학적으로가 아닌 실제적이며 직관적이며 상황적으로 기능을 했다. 이런 해석학을 모으는 것은 권위적인 문서가 그 주제에 대해 쓸모 있을 때보다 더 많은 시간을 필요로 하며 적지 않은 논쟁의 여지를 준다. 하지만, 이것은 똑같이 중요한 결과를 낳는다. '성서주의'라는 용어는 매우 제한된 방식으로 아나뱁티스트들에게 적용된다. 그들은 명확한 해석학적 원칙을 가지고 성서에 접근했다. 그들의 원칙이 얼마나 종교개혁자들의 원칙과 동떨어져 있으며 얼마나 다르게 발전하였는지에 대한 것은 우리의 다음 관심이다.

뚜렷이 구별되는 해석학?

성서해석을 하는 실제에 있어, 종교개혁자들에게 어느 정도의 결정적인 영향을 미쳤는가에 따라 학자들은 몇 가지로 분류된다. 중세는 좀 더 문자적인 해석을 강조한 안디옥 접근법에 의해 도전을 받은 알렉산드리아의 지배적인 알레고리적 방법과 더불어 교부적인 해석에서 점진적인 변화가 생기는 것을 보았다. 중요한 인물로 토마스 아퀴나스Thomas Aquinas, 피터 롬바드Peter Lombard, 오캄의 윌리암William of Occam, 리라의 니콜라스Nicholas of Lyra, 파버 스타풀렌시스Faber Stapulensis, 르페브르Lefevre 그리고 종교개혁의 전조, 에라스무스Erasmus를 포함한다. 종교개혁이 물려받은 이 시스템은 복잡하고, 잘 확립되었고 가톨릭의 교리적이고 교회적인 요구에 단단하게 연결되어 있다.

종교개혁자들은 '오직 성서'라는 구호 안에서 교회교리와 전통에의 복종에서 자유로운 성서에 대한 확신을 표현했다. 하지만, 성서는 여전히 해석되어야 할 필요가 있었고, 종교개혁자들은 그것을 위해 기준을 만들었다. 중요한 열쇠가 되는 것은 1) 성서의 명료성에 대한 헌신, 2) 모든 신자가 성서를 읽고, 토론하고 해석할 수 있는 권리 강조, 3) 성서 해석이 교회 전통에 의해 좌우되는 것 거절, 4) 알레고리한 의미가 아닌, 성서의 문자적 의미에 대한 관심 등이다. 이런 요소들은 개별적으로 각각 이해되면서도 서로 겹치는데, 그것이 우리로 하여금 이런 원리들이 어떻게 실행되었는지, 어떤 한계가 그들에게 설정되어 있는지, 그 원리들이 중세의 해석학과 어떻게 다른지를 이해하는데 도움을 준다.

첫 번째 주제 '명료성에 대한 헌신'은 아나뱁티스들이 종종 개혁주의자들에 동의하면서도 그들이 이 원리를 일관되지 않게 적용한다고 비난했기에 중요하다. 두 번째 주제 '모든 신자가 성서를 읽고, 토론하고 해석할 수 있는 권리 강조'는 아나뱁티스트들의 해석학을 평가하는 것과 관련이 있다. 이 아나뱁티스트 해석학은 중심줄기에서 나온 곁가지인가? 아니면 종교개혁의 혁신과 어깨를 나란히 할 수 있는 중세의 해석학에서 갈라져 나온 것인가?

성서의 명료성

'오직 성서'의 원칙은 단지 삶과 교리를 위한 성서의 권위만을 강조하는 것이 아니라, 그래서 전통의 역할을 축소하지만 성서가 성서 안에서, 성서에 의한, 성서만으로도 충분하다는 사실을 포함하고 있다. 그러나 어떤 종교개혁자들도 해석학을 불필요하다고 말하지 않는다. 왜냐하면, 성서의 권위가 승인한 많은 부분이 반드시 이해되어야 한다고 인식했기 때문이다. 루터에 의해 인용된 유명한 표현은 이 주제를 이렇게 요약해 놓았다. "성서는 밀랍 코를 가지고 있다."[24] 루터와 몇몇 사람들은 성서의 권위를 인정하면서도 그것의 메시지가 자의적인 해석을 통해 왜곡될 수 있다는 사실을 깨닫고 있었다.

그럼에도, 종교개혁자들은 복잡한 과정을 거치지 않고도 성서의 명백한 의미를 발견할 수 있다고 자신 있게 믿었다. 츠빙글리는 성서가 가진 자기 해석과 자기 진정성으로 이해되는, 성서의 '우선적 명확함'에 대해 언급했다. "나는 성령에 의해 스스로 해석되는 방법으로만 성서를 이해한다. 성서는 다른 어떤 사람의 의견이 필요하지 않다"[25]라고 말했다. 이런 자신감은 어느 정도는 성서를 보는 사람들이 이성과 상식 그리고 진정성과 열린 마음을 가지고 있다면 그것의 의미를 분별할 수 있을 것이라는 기대에 근거한 것이었다. 그는 이 의미를 자신이 안다고 믿었고, 다른 사람들도 그에게 동의하게 될 것이라고 진심으로 믿었다. 그리고 성령의 역할에 어느 정도 근거해서 한 말이다. 티모시 조지Timothy George는 츠빙글리의 확신을 이렇게 다른 말로 표현했다. "성서를 쓰도록 선지자들과 사도들에게 영감을 불어넣으신 성령은 똑같이 성서의 진실을 우리가 확신하도록 설득하려고 함께 하고 계신다."[26]

비록 츠빙글리보다 남아 있는 문제점에 대해 더 정확히 인식하고 있었으나, 루터도 이런 확신을 나누었다. 게르하르트 에벨링Gerhard

Ebeling은 "그는 하나님의 뜻이 이해되고 사람들이 이해할 수 있도록 도와주는 길은 '오직 성서'를 통해서라는 사실을 의심하지 않았다. 이 말은 이 모든 과정이 어떻게 그렇게 되었는가를 그가 확신했다는 것을 의미하지는 않는다. 형식적인 성서의 원칙에는 여전히 많은 어려움이 있다"라고 논평을 달았다.[27] 그렇지만, 루터의 법칙은 애매한 본문을 설명하기 위해 좀 더 분명한 본문을 이용해서, 성서가 성서를 해석하는 것을 허락하는 것이었다. 부처Bucer 또한 성서는 자신의 해석을 위한 지침을 제공하기에 충분하다고 믿었다. 그는 자신의 신학적 프로그램을 진실한 자료, 즉 성서로 돌아가는 시도이며, 기존의 틀과는 구별되는 성서만의 조건에서 성서를 해석하려는 시도로 이해했다. 대부분 종교개혁자보다 그는 성서의 해석자로서 성령의 역할을 더 많이 강조했다.

원리는 그러했다. 그러나 아나뱁티스트들은 실제에서 그것을 어떻게 활용해야 하는지를 질문했다. 이성에 근거한 확신이 정당화될 수 있는가? 무슨 근거로 종교개혁자들은 자신들이 정확하게 성서를 해석하고 있다고 주장하면서 반대의견을 물리칠 수 있었는가? 어떻게 성령이 실제 삶에서 성서의 이해를 돕고 계신가? 교리적 전제와 성서 이외의 요인들에서 얼마만큼이나 영향을 받을 수 있는가? 중세의 해석학과 비교했을 때, 종교개혁자들은 이성의 역할과 더불어서 교회의회councils와 학자들의 의견에 대한 도움 없이 성서를 이해할 가능성에 많은 무게를 두었다. '우선적 명확함'이라는 문구는 자연스럽게 중세해석자에게 다가갈 수는 없었을 것이다. 아마도 이 말은 종교개혁자들의 성숙한 의견이라기보다도 새로운 운동의 열정과 자신감을 더 많이 반영한 것이었다. 그러나 이 말은 성서는 모든 믿는 자들에게 이해할 만하며, 접근이 쉬운 것이라는 확신을 정확하게 표현했다. 그 때문에 해석의 어려움이 옆으로 살짝 밀려나갔지만, 이것은 태도의 주요한 변화였다.

개인적인 성서해석의 권리

일단 성서가 자체 해석자로서 충분하며, 성서 이외의 다른 자료가 필요하지 않다는 것을 선언하면, 모든 신자는 성서를 이해하고 적용할 수 있다는 사실을 인정하게 된다. 종교개혁자들은 실제로 성서를 자국어로 번역하는 과정과 그것을 널리 퍼트리는 것을 통해 그들의 말과 행동에서 이런 관점을 지지하는 인상을 많이 주었다. 루터는 개인의 성서해석 권리를 변호했고[28], 츠빙글리는 성서의 해석은 어떤 개인이나 단체의 승인에 쉽게 영향을 받아서는 안 된다고 주장했다. 그러나 개인 성서해석의 권리에 대한 한계는 곧 확연해졌다. 한계는 처음부터 아마 있었을 것이다. 그러나 아나뱁티스트들과 이런 원리를 따르는 또 다른 사람들그러나 서로 다른 결론에 도달했지만에게서 받은 도전에 반응하면서 더욱 명확해 졌다.

3가지 상호 연결된 이견이 개인 성서해석의 권리의 발목을 잡았다. 1) 개인이 내린 결론은 반드시 승인된 교회 지도자에 의해 교육받은 사람과 일치해야 한다. 2) 정확한 이해를 이루는 데 있어서 학문은 중요하다.[29] 3) 성서가 쓰인 본디 언어, 즉 원어로 읽을 필요는 강조되어야 한다. 앨리스터 맥그래스Alister McGrath가 관찰했듯이, 이 운동이 표면상, "성서의 원어로 본문에 접근할 필요가 있다고 주장을 하면서 바로 그 가능성을 유산으로 물려받은"[30] 모든 믿는 자에게 성서는 열려 있다고 말하는 것은 아이러니하다. 어떤 아나뱁티스트에 의하면, 이런 한계의 결과는 성서해석이 단지 설교자와 학자들에게 순종하기 위해 교황과 사제에게서 자유롭게 되었다는 것이다. "우리의 새로운 복음주의자들, 젊은 사본 필사가들은 교황, 사제들 그리고 파슨스Parsons를 그들의 왕좌에서 쫓아냈다"라고 한스 후트Hans Hut는 『세례의 신비』 *The Mystery of Baptism*에서 불평했다. 그들은 불쌍한 사람에게 전보다 더 나쁜 가톨릭오! 주님, 우리에게 자비를 베푸소서을 세웠다.[31]

우리는 중세해석학에서 영향을 받은 종교개혁자들의 변화를 중요한 변화로 간주하거나, 가장 간결한 원리가 있다면 별로 중요하지 않은 변화로도 볼 수 있다. 만약 그 한계만 고려한다면 어떤 학자들은 종교개혁자들이 이 부분에서 좋은 균형을 이루었다고 결론을 짓는다.[32] 하지만, 많은 아나뱁티스트들은 새로운 자유가 실제에서는 그렇게 가치가 있다고 생각하지 않는다. 비록 아나뱁티스트들은 성서해석이 교회의 통제에서 자유롭게 된 것에 대해 동의하고, 억제되지 않은 개인주의가 유익한 결과를 낳을 것이라고 말하지는 않았지만, 그들은 종교개혁자들이 정당하게 균형을 갖추었다고 보지 않았다. 상대적으로 종교개혁자들의 변화가 취약해 보이는 것과 대조적으로, 아나뱁티스트들은 분명한 대안을 가지고 있었다.[33]

교회 전통으로부터의 자유

계속해서 종교개혁자들은 교회의 독재보다는 성서에 순종하는 것을 선택했다. 성서와 교회전통 사이의 관계가 전에 없이 비판적인 연구의 대상이 되었다. 성서의 명료성에 대한 강조는 성서해석에 대한 교회의 승인이 필요하지 않으며 개인 해석의 권리에 대한 헌신은 그런 교회의 승인을 정당화하지 않는다는 것을 의미한다. 교황이나, 학자들이나 신부와 같은 승인된 해석의 공식적인 채널을 없애자는 것과 관련해서 츠빙글리는 "하나님의 말씀은 어떤 인간적인 지도 없이 이해될 수 있다"[34]라고 주장했다. 이처럼, 멜란히톤Melanchthon은 성서 이외 어떤 전통에도 매이지 않는 성서의 특징에 대해 매우 확신했다. 칼뱅은 인간의 전통보다 우위에 있는 성서를 주장했고, 믿는 자들을 조명하시는 성령의 역할을 강조했다.

우리가 이미 언급했듯이 다시 말하면, 이 자유의 한가지 한계는 일반신자를 가르치는 데 있어서 학자와 목사들의 역할에 대한 종교개혁자들의 주장이다. 종교개혁자들은 전적으로 전통의 역할을 버리지는 않았다. 비록 그들이 성서가 가장 중요하며, 그 성서에 반대되는, 어떤 것도 버릴 각오가 있었지만, 비록 유서깊은 것일지라도 그들은 여전히 성서가 해석되는 방법에 심각하게 영향을 주는 교회의 전통을 소중히 여겼다. 왜냐하면, 그들은 자신들이 인정하는 것보다 그런 전통에 훨씬 더 매여 있었기 때문이다.

그들의 더 깊은 한계는 그들이 정치적인 권위에서 받는 인정을 유지하고 싶은 소망이 있었다는 것이다. 아나뱁티스트들은 성서의 가르침을 잘 못 해석하거나, 엉뚱한 곳에 갖다 놓을 수 있는 권위에 책임을 떠맡긴 종교개혁자들의 행동을 비난했다. 이것은 츠빙글리와 1520년대 그의 급진적인 제자들의 불일치 중 가장 중심부에 있었던 문제이다. 아나뱁티스트들은 때때로 국가교회 설교자들이 진리를 가르칠 수 없는 고용된 사람이라고 간주하고 내쫓기도 했다.35) 특별히 취리히Zurich에서, 성서해석의 결론을 결정짓는 책임을 정하는 정치적 권위의 중심부 센터에서 앨리스터 맥그래스는 "종교개혁의 초기 신학적 제안자의 해석학이 어떠했든지 간에 정치적 성격을 띤 제2위의 해석학이 경우에 따라서는, 적어도 이 운동의 보급에 도움이 된다"36)라고 말했다. 아나뱁티스트들은 이 제2위의 해석이 제1위가 되려고 위협한다고 두려워했고 그들은 이런 것은 옳지 않다고 확신했다.

일반적인 중세의 관습practice에서 왔으나, 교회의 자유에 대해 더 많은 적용상의 한계를 가진 다른 부분은 교리와 성서 사이의 관계이다. 교부신학은 성서를 교리적 신앙의 관점으로 성서를 다루는 경향이 있다. 그러나 교리와 성서적인 해석의 관계는 중세에 이미 느슨해졌다. 종교개혁자들은 이 발전에 대해 동의하지 않으며, 교리에의 헌신과 연관하여 성서를 해석하는 중요성을 재확인했다. 성서는 반드시 신앙과 예수의 사역에 의해 정당화된 관계에서 이해되어야 한다. 해석학은 교리적 전제 이전의 것과 연결되어 있다. 루터는 성서는 그 해석의 틀을 제공해 주는 교리 문답이라는 필터를 통과하여 접근되어야 한다고 주장했다.[37] 멜란히톤 역시 신학은 성서를 이해하는 데 중요한 열쇠를 제공하는 교리를 중심으로 조직화될 수 있어야 한다고 가르쳤다. 루터와 같이, 그에게 있어서 그 교리는 이신칭의의 교리였다. 칼뱅은 교리적 신학을 무시하거나 거절하면서 성서로 돌아가는 시도는 순진하면서도 위험한 결과로 이끌게 될 것이라고 주장했다.

아나뱁티스트들에게 있어서, 그런 교리적 필터를 이용하는 것은 종교개혁자들의 주요관심사와는 달랐지만 그들에게는 중요하다고 생각하던 주제들이 배제된다는 것을 의미한다. 그런 필터는 진정한 해석을 하는데 방해가 된다. 왜냐하면, 이것은 조금은 다를지 모르나 전통적인 교회론과 교리의 권위를 다시 회복하는 데 있어서, 도움이 되지 않는 방법이기 때문이다. 이런 면에서 볼 때는 아나뱁티스트들의 해석이 종교개혁자들보다 더 급진적이었으나 중세의 접근법과 더 가까운 것이었다.

문자적 의미의 승리

많은 사람은 종교개혁의 해석학에 있어서 가장 눈에 띄는 점이 그들의 성서의 문자적 의미에 대한 헌신이라는 점에 관하여 논쟁을 벌여왔다.[38] 존 벵거John Wenger의 논평이 그 전형적인 예이다. "역사적인 알레고리 해석은 16세기 종교개혁자들 안에서 당연히 그것의 종국을 맞이했다. 하나님은 루터가 불렀듯이 알레고리의 속임수를 제거하기 위해, 그리고 교회를 더 나은 해석학으로 이끌기 위해, 루터나 츠빙글리나 칼뱅 같은 사람을 사용하셨다."[39] 그러나 우리는 어떤 단서들을 이 승리 위에 얹어 두어야 한다. 첫째, 무엇이 문자적 의미인지가 항상 분명하지 않았다는 점이다. 아마 이것은 저자의 원래 의도일 것이며 이것은 토마스 아퀴나스나 다른 이들로 말미암아 그렇게 사용되었을 것이다. 종교개혁시대에 어떤 사람에게 있어서는, 저자의 의도가 성서를 이해하는데 중요한 것이었으나[40], 다른 이들에게는 문자적 의미는 실제로 쓰인 것, 즉 본문 자체가 연구의 주요한 대상이지, 저자의 의도가 아니었다. 이것은 급진적인 칼슈타트의 관점으로서 그 당대의 많은 사람에게 호소력 있는 관점이었기에, 많은 지지자를 당대에 얻을 수 있었다. 비록 이 관점을 루터나 다른 주요 종교개혁자들의 덕분으로 돌리는 사람도 있지만, 이 관점은 그들이 접근했던 방법이 아니다.

종교개혁자들에게, 문자적이라는 것이 항상 칼슈타트가 제안한 엄격한 의미를 내포하는 것만은 아니었다. 또한, 어떤 종교개혁자들은 적어도 어느 정도는 '4중 의미Quadriga'[41]을 계속 사용하고 있다. 비록 츠빙글리가 이 용어를 사용하지는 않았지만, 그는 성서의 비유적인 tropological 센스에 매료되었다. '성서의 전통적인 4중 의미를 확신했던'[42] 루터는 성서의 주요 주제는 기독론이라고 주장했다. 루터에게 문자적 의미란 본문의 기독론적 의미만큼 역사적 의미를 언급하는 것은 아니었다. 성서의 근본적인 의미와 표현 내용으로서 예수 그리스도에서 시작하는 것은 루터의 해석학의 기본 원리가 되었다.[43] 그러나 루터나 멜란히톤이나 다른 사람들에게 있어서, 기독론이라는 것은 일차적으로 그리스도의 사역과 이신칭의의 원리를 지칭하는 것이었다. 이것은 성서의 중심의미로 받아들여졌고, 모든 본문의 해석학적 열쇠가 되었다.

공식적으로 종교개혁자들은 알레고리적인 접근은 거절했다. 그러나 실제에서 기독론적인 생각과 심지어는 비유적인 생각에 따라 영향을 받았다. 그들은 이 주제에서 중세 해석학으로부터의 변화에 중대한 영향을 주었지만 아마도 생각만큼 결정적인 것은 아니었다. 아나뱁티스트들은 그들이 종교개혁자들특별히 츠빙글리에게 의존하고 있음을 솔직히 인정했다.때때로 매우 분하게도 그러나 칼슈타트와 비슷하게 가면서 문자적 의미를 이행했다. 그들은 종교개혁자들이 가장 급진적이고 도전적인 신약의 가르침을 문자적으로 해석하는 데 일관성이 없고, 실패한 것에 대해 비난했다.[44] 그러나 그들 또한 구약을 해석하는데 있어서는 알레고리적 방법을 사용했다. 양쪽 진영이 서로 과도한 문자주의와 알레고리화를 비난했다. 알렉산드리아 접근법그리스의 사변적 철학과 접목하여 성서 자체보다 성서를 알레고리적으로 해석하여 주석을 달았으며, 성경적 영지주의를 확립했다(필로, 클레멘트, 오리겐)–편집자주과 안디옥 접근법알레고리적 해석을 철저하게 배격하고 성서의 깊은 의미는 '문자' 위에 세워졌다는 관점으로 문자적 역사적 해석으로 접근하였다(제롬, 크리소스톰)–편집자주 사이에 서 오랫동안 지속된 논쟁은 아직도 진행형이었다.

우리의 연구조사는 해석학에 대한 원칙에, 종교개혁자들이 가져 온 중요한 변화를 보여주나, 실제 적용에서는 그렇게 상당한 변화가 아니었음도 알려준다. 나는 이 주제에서 다른 사람들이 하는 듯이, 우리도 아나뱁티스트들을 종교개혁자들의 의붓자식처럼 봐야 하는가에 대한 문제를 제기이다. 아나뱁티스트들은 종교개혁자들에게 많은 빚을 졌다. 그러나 그들은 단순히 종교개혁의 과격한 버전이 아니다. 그들은 성서해석에서 종교개혁 이전의 접근과 훨씬 더 가까운 자신들 나름의 관점을 낳았다. 종교개혁자들과 아나뱁티스트들이 중세해석학의 어떤 면을 수용했다는 것은 놀라울 것도, 비판할 것도 아니다. 그들이 새로운 관점을 함께 공유했다는 것은 잘 정립된 것이며 그들의 공통된 시대적 상황과 잦은 교류가 있었다는 측면에서 이해가 되는 바이다. 중세의 해석학이나, 종교개혁의 해석학과 차별되는 통찰력을 소유한 아나뱁티스트들의 특징은 나중에 더 다루어질 것이다.

일관된coherent 해석학

우리가 종교개혁자들을 기본적으로 동질적인 해석을 하는 그룹으로 간주하는 반면, 아나뱁티스들을 그렇게 간주할 수는 없다. 한 가지 다른 점은 루터나, 츠빙글리나 칼뱅에 필적할 만한 대표적인 아나뱁티스트 신학자가 없다는 점이다. 아나뱁티스트 중 가장 중요한 신학자 둘후브마이어(Balthasar Hubmaier)와 필그림 마펙(Pilgrim Marpeck)은 종교개혁운동의 다소 주변부적 존재들이었다. 비록 그들의 글에서 그들의 관점이 동시대에 영향을 주었다는 확신을 얻지만 마펙을 권위의 주체나 근원으로 보는 교회가 16세기에는 없었고, 여전히 어떤 주제에 대한 후브마이어의 관점 때문에 그를 전형적인 아나뱁티스트라고는 간주하지도 않는다.[45] 이런 역할을 해 주던 사람들은 아마 순교자로 죽었든지, 긴 글을 쓰기 전에 병으로 죽었다.[46] 자신의 당대와 후대에 상당한 영향력 있는 글을 쓴 한 사람은 메노 사이먼스Menno Simons이다. 그러나 그도 충분히 잘 알려지지 않았고 아나뱁티스트의 스위스, 남독일/오스트리아 분파 안에서도 이 운동의 대변자로서 인정되지 않았다.

그러므로 우리는 한 두 명의 대표적인 사람의 글을 통해 아나뱁티스트들의 해석학을 통달할 수는 없다. 충분한 자료가 설령 있다 할지라도, 그것은 아나뱁티스트운동과 일치하는 것이 아닐 수도 있다. 다른 어려운 점은 아나뱁티스트 운동은 지리적으로 여러 개의 그룹으로 나뉘어져 있다는 점이고 그들은 서로 영향력 있는 지도자를 중심으로 모였고, 다른 지역과의 교류가 거의 없었다. 그렇기에 그들의 강조점이나 접근방법이 상당히 차이가 있다는 점은 놀랄 일이 아니다. 우리는 이 점을 일관된 아나뱁티스트적 해석학의 부재를 가지고 온 걸림돌로 볼 수도 있다. 동시에 해석을 풍성하게 분석하는 변수를 가진, 그러면서도 단순히 지역적 표현으로서가 아니라 전체 운동의 전형으로 확신하게 해 주는 긍정적인 요소로도 볼 수 있다.

또 다른 문제는 초기 아나뱁티스트 운동의 유동성fluidity이다. 단지 가장 중요한 주제만을 언급할 시간밖에는 없었고, 결과적으로 많은 해석적 그리고 신학적 문제가 그들이 다른 분야에서 그러했듯이 체계적으로 탐구되지 못했다. 그러나 우리는 확실한 해석의 원리가 중요하게 생각된다는 점에서 이것을 다시 긍정적으로 간주할 수 있다. 더군다나, 고통과 무력함에 대한 아나뱁티스트들의 경험은 그들에게 해석학에 대한 특별한 관점을 주었다.[47]

게다가 아나뱁티스트들의 해석학은 자신들 그룹 내의 사람들과 혹은 반대자들과의 토론을 통해 발전하였다. 이것은 종교개혁자들에게 있어서도 어느 정도까지는 사실이다. 그러나 그들은 종종 위협과 강제에 맞서 자신들의 입장을 변호할 이유를 느끼지 못할 만큼 지배적인 위치를 차지하고 있었다. 아나뱁티스트 지도자들은 종교개혁자들과 가톨릭교회에서 적대를 당했으며, 신령주의자들과 같은 또 다른 급진적인 그룹으로부터도 배척을 당했다. 어떤 주제에 관한 아나뱁티스트의 입장은 그들이 대치한 어떤 반대편에 의존하는가에 따라 달라 보였다.[48] 우리는 그들의 해석학의 기준을 분별하기 위해 노력하면서도 이 현실을 잘 인식하고 있어야 한다.

실제로, 아나뱁티스트들의 글은 상당한 해석학적 다양성을 보여준다. 몇 가지 문서자료편지와 소책자는 아나뱁티스트 지도자들이 서로를 향해서 비판하는 것을 담고 있다.[49] 또 거기에는 서로에게 의존하는 예도 있고, 서로 공유하는 통찰력에 대한 인식도 있다.[50] 1527년 결정적인 슐라이트하임Schleitheim 회의는 몇몇 지도자들이 서로의 다름을 경험하면서도, 중요한 주제에 대해서는 공통된 견해에 도달했다는 것을 보여주는 좋은 예이다. 그러나 이 모임에 의해 확정된 조항들이 다양한 운동 안에서 보편적인 지지를 이끌어 냈다는 것은 아니다.

그럼에도, 거기에는 일관되고 특징적인 아나뱁티스트의 해석이 발견된다. 그들의 글에서 나온 증거로서, 그것들은 우리에게 이 관점에 대한 확증이 두 개의 서로 다른 사실에서 나왔음을 보여준다. 1) 많은 동시대의 반대자들은 다양한 아나뱁티스트 그룹이 기본적인 해석학의 원리에는 동의했다고 가정했다.[51] 2) 공통된 원리에 따라 움직인, 교육받지 못한 아나뱁티스트들은 이 운동이 함께 공유된 해석학 견해가 있었다는 강력한 증거이다. 한스 위르겐 괴르츠Hans-Jurgen Goertz는 성령과 말씀에 대한 주제와 신구약의 관계에 대한 다양한 이해가 너무 커서 "누구도 아나뱁티스트의 성서에 대한 이해를 공통분모로 담을 수 없다"[52]고 결론을 내렸지만, 그럼에도 그의 결론은 상세히 인용할 가치가 있다:

> 특징이 특별히 뚜렷하지 않은, '보통' 아나뱁티스트 눈에는, 다양성 때문에 야기된 아나뱁티스트의 분리 경향은 그렇게 중요하지 않다. 법원의 기록과 공문서의 보고에 전해진 바로는, 그런 '단순한' 아나뱁티스트들의 진술들은 다른 신학적 논문이나 다양한 저자들에서 유래한 것보다 전체 아나뱁티스트 운동의 유사성을 훨씬 더 많이 그리고 있다. 보통 아나뱁티스트들의 관점에서는, 스위스, 중부 독일, 그리고 남부 독일 아나뱁티스트 사이의 명확한 경계선은 없었던 것이다. 경계선이 조금 남아 있었다면, 그것은 지도자들이 강조했던 그런 뚜렷한 차이점이 틀렸다는 것으로 나타나는 정도다. 신학적 용어로는, 아나뱁티스트는 이질적이었다. 그러나 그 추종자들에 의해 표현된 바로 보면 그들은 동질적인 경향이 있다.[53]

학자들은 그들의 해석접근법에 기초하여 아나뱁티스트들을 분류하려고 시도해왔다.[54] 그리고 우리는 아래에서 이 분류들을 점검할 것이다. 그들은 일관성 있는 아나뱁티스트 해석학이 이 운동 전반에 걸친 광범위한 통일성을 포함하는 것은 아니라고 지적한다. 그러나 일관성은 여전히 존재하며, 접근법과 강조점에 대한 이 운동의 다양성은 아나뱁티스트 해석학을 발견하고 분석하는데 방해가 된다기보다는 도움이 되고 있다. 특별히 수용된 해석학적 원리에 대해 점진적인 일치성을 고려할 때, 아나뱁티스트 운동의 주요 분파들 사이의 충분한 동의는 우리가 연구해 볼 가치가 있는 것이다.

다음 장에서 우리는 아나뱁티스트 해석의 6가지 중요한 원리에 집중할 것이다. 1) 스스로 해석하는 성서 2) 그리스도 중심론 3) 두 개의 언약(신 · 구약) 4) 성령과 말씀 5) 공동체의 해석학 6) 순종의 해석학

이런 측면들의 정체성 확인은 넓게 수용되었고, 이 연구도 독자적인 것은 아니다. 몇 개는 표면상 종교개혁주의 해석과 연결되어 비슷하게 보인다. 그러나 각 경우에서, 우리는 아나뱁티스트의 접근이 특별하다는 것을 보게 될 것이다. 여기서 반드시 주목해야 할 것이 있다. 아나뱁티스트 해석학에 공헌한 힘은 학문적인 전문성이나, 성서해석의 뛰어남에 있지 않다.

아나뱁티스트들이 뭔가를 제공할 수 있는 분야는 해석자들의 지적 지평과 성서를 대하는 독자들의 상황에 대한 동시대적 관심과 연관된 것이다.

- 성서를 이해하는 열쇠이신 예수에서 시작하려는 아나뱁티스트들의 결정
- 성서의 명백한 의미와 문자적 의미에 대한 그들의 접근법
- 성서가 명확하다는 것

과 같은 것이 우리가 다음 장에서 연구할 내용성서가 스스로 해석하는 기능이다.

1) Alister E. McGrath, *The Intellectual Origins of the European Reformation* (Oxford: Basil Blackwell,1987), 129; Louise Holborn, "Printing and the Growth of a Protestant Movement in Germany from 1517 to 1524", *Church History* 2(1942), 123-37을 보라. 종교개혁의 아이디어가 어떻게 소통되었는지에 대한 Arnold Snyder의 논평을 참조하라, in Snyder, *Anabaptist History and Theology* (Kitchener, Ontario: Pandora Press, 1995), 101.

2) AIO, 120. 아래 chapter 7.

3) 이들은 특별히 발타자르 후브마이어의 글 속에서 명백하다.

4) 예를 들어, John C. Wenger, "An Early Anabaptist Tract on Hermeneutics", *MQR* 42, 26-7을 보라.

5) Thieleman J. van Bright, 『순교자의 거울』*Martyrs' Mirror* (Scottdale, PA: Herald Press, 1950).

6) 월터 클라센은 "심문관들은 종종 학식 없는 자들 조차 가지고 있는 아나뱁티스트들의 성서에 대한 지식의 부요함에 놀랐다"라고 썼다. 이것이 특히 그가 그들이 성서의 사람들이라고 칭하는 기초가 되었다: AIO, 141.

7) 한스 뎅크의 내면의 말씀에 대한 강조는 어떤 이로 하여금 자신이 아나뱁티스트로 부름받아야 했는지에 대해 의문이 들도록 했다. 그는 다음과 같이 썼다: 비록 이 세상의 모든 것에 대하여 "살아있고, 강하며, 영원하고 자유로운 하나님의 말씀만큼 고귀한 것은 아니지만", "나는 사람의 모든 보물 중에서 성서를 으뜸으로 붙잡는다"라고 했다. Edward J. Furcha and Ford L. Battles, *Selected Writings of Hans Denck* (Pittsburgh: The Pickwick Press, 1975), 123-24을 보라.

8) Henry Smith는 다음과 같이 기록했다: "종교개혁 당시 아나뱁티스트 만큼 성서의 내용을 아는 사람은 없었다. 그들은 가끔 성서주의자라고 불렸다." Myron S. Augsburger, "Conversation in Anabaptist Thought", *MQR* 36, 252.

9) EBI, 15에 인용되었다.

10) Wenger, in Guy Hershberger, ed., *The Recovery of the Anabaptist Vision*(Scottdale, PA:Herald Press, 1957), 167.

11) 월터 클라센, *Sixteenth Century Anabaptism: Defences, Confessions and Refutations* (Waterloo, Ontario: Conrad Grebel College, 1981), 116.

12) Furcha and Battles, *Denck*, 124.

13) 예를 들어, 월터 클라센, "Speaking in Simplicity: Balthasar Hubmaier", *MQR* 40, 139; and William Klassen and Walter Klaassen: *The Writings of Pilgram Marpeck*(Scottdale, PA: Herald Press, 1978), 71ff.

14) 윌리엄 에스텝, *The Anabaptist Story*(Grand Rapids:Eerdmans, 1975), 144.

15) "현대에 와서는 아나뱁티스트의 성서주의는 성서의 근본주의적 관점과 동일시 되었다"라고 Paul Peachey가 "The Modern Recovery of the Anabaptist Vision", in Hershberger, *Recovery*, 333에 기록했다. John Horsch, *Mennonites in Europe*(Scottdale, PA: Herald Press, 1950)는 아나뱁티즘을 근본주의의 한 형태라고 해석했다. 그러나 Norman Kraus는 아나뱁티즘이 근본주의와 자유주의 둘 다의 대안이라고 주장했다.

Kraus, "A Brief Autobiographical Account", in R.A. Kauffman, *A Disciple's Christology: Appraisals of Kraus' Jesus Christ Our Lord* (Elkhart: Institute of Mennonite Studies, 1989), 2-3을 보라.

16) Timothy George, *Theology of the Reformers* (Nashville, Tennessee: Broadman Press, 1987), 198.

17) 예를 들어, Peter Riedeman, *Confession of Faith 1545* (Rifton, NY: Plough Publishing House, 1970), 198을 보라.

18) EBI, 84.

19) Jürgen Moltmann, *The Crucified God* (London: SCM Press, 1974), 116.

20) Cornelius Dyck, William Keeney, and Alvin Beachey, *The Writings of Dirk Philips* (Scottdale, PA: Herald Press, 1992), 38.

21) Willem Balke, *Calvin and the Anabaptist Radicals* (Grand Rapids: Eerdmans, 1981), 326-27.

22) 1544년과 1550년 사이에 마펙과 그의 동료들에 의해 제공되었으며 그 목표가 Schwenckfeld의 접근법을 도전하려는 것이었던 The *Testamentserleutterung*은 주요 주제에 대한 마펙의 해석학적 접근에 대한 중요한 문구로 남아 있다.

23) 예를 들어, Hubmaier in Rollin Armour, *Anabaptist Baptism* (Scottdale, PA: Herald Press 1966), 28; Adler in Peter J. Klassen, *The Economics of Anabaptism* (The Hague: Mouton & Co., 1964), 124; Sattler in C. Arnold Snyder, *The Life and Thought of Michael Sattler* (Scottdale, PA: Herald Press, 1984), 164를 보라.

24) Gerhard Ebeling, *Luther* (London: Collins, 1972), 95ff.

25) George, *Theology*, 128.

26) 앞의 책.

27) Ebeling, *Luther*, 95ff.

28) 초기 시절, 루터는 'Herr Omnes'('모든 사람'을 위한 그의 용어)에 의해 읽힌 성서의 중요성과 그것에 의해 계발된 신학의 중요성을 강조했다: McGrath, *Intellectual*, 138. 또한 그는 일반인(layman)들이 그의 해석이 옳다고 할 것이고 교황이 틀렸다고 할 권리가 있다고 말했다. EBi, 46를 보라.

29) 예를 들어 츠빙글리는 상식뿐만 아니라 "성서의 진실한 해석을 위한 필수 조건으로 최고의 학문"도 의지했다: James Wood, *The interpretation of the Bible* (London: Duckworth & Co., 1958), 94(저자 강조).

30) McGrath, *Intellectual*, 138.

31) Hut, in Michael Baylor, *The Radical Reformation* (Cmabridge: CUP, 1991), 54.

32) 루터와 칼뱅은 "한편으로는 성서해석에 대한 질문에 대해 교회의 빡빡한 견제에서 가까스로 자유롭게 되었고, 또 다른 한편으로는 사적인 개인의 자의적인 판단으로부터도 자유로워졌다." Wood, *Interpretation*, 87.

33) 월터 클라센에 의해 "계시의 민주화"라고 묘사된 접근법, *Living at the End of the Ages* (New York: University Press of America, 1992), 105.

34) George, *Theology*, 128. 또한 W. Peter Stephens, *The Theology of Huldrych Zwingli* (Oxford: Clarendon Press, 1986), 53-5에 있는 츠빙글리의 비성서적인 작가들에 대한 냉소적인 해고통보의 요점을 보라.

35) 예를 들어, Weninger, in AIO, 307를 보라.

36) McGrath, *Intellectual*, 173.

37) 루터는 해석은 하나님의 말씀의 "일반적인 기준"과 일치해야 한다고 주장했다. 그러나 누가 무엇을 근거로, 어떤 것이 기준이라며 무엇을 기초로 하여 그 기준이 구성된다고 말할 수 있는가?

38) "명백한 의미"와 "문자적 의미" 사이의 구별은 성서의 **명확성과 관점**을 그것을 보는 것에 따라 분리시켜놓았다. 알레고리적인(allegorical) 의미가 중요하다는 것과 이것이 성서의 "명료한 의미"로서 파생될 수 있다는 것이 주장될 수 있다. 그 대신에, 문자적 의미는 해석학을 위한 도구가 그것을 설명하는 데 필요하다는 점을 제외하고는 매우 중요하다고 주장될 수 있다.

39) John Wenger, *Even Unto Death* (Richmond, VA: John Knox Press, 1961), 56. 또한, George, *Theology*, 81ff; McGrath, *Intellectual*, 171-72을 보라.

40) 예를 들어, Gerson에 대한 논평을 McGrath, *Intellectual*, 165-66에서 보라.

41) 성서 본문 속에서 4가지의 다른 의미를 찾는 성서해석의 전통적인 체계: 역사적/문자적 의미(sensus literalis/historicus, 주어진 본문에서 저가가 의도한 바가 무엇인가?), 알레고리적(sensus allegoricus, 본문에서 우리가 믿어야 할 가르침은 무엇인가?), 도덕적/비유적(sensus moralis/tropoligicus, 본문에서 우리가 행해야 할 것은 무엇인가?), 그리고 영적/신비적 의미(sensus spritualis/anagogicus)본문에서 우리가 소망해야 할 것은 무엇인가?) (괄호 안의 세부적 설명은 편집자가 추가함)

42) Ebeling, *Luther*, 102.

43) 앞의 책, 108.

44) 아나뱁티스트들은 신약성서는 문자적으로 해석하고, 구약성서를 해석할 때 알레고리화하는 것으로 제한했지만, 어떤 개혁자들은 신약성서도 알레고리화했다.

45) 특별히 전체 교구를 아나뱁티즘으로 개종시키려는 시도와 전쟁과 그 밖의 윤리적 주제에 대한 그의 관점들.

46) 분명한 후보자들로서 슐라이트하임 고백의 확실한 저자이며 순교한 자틀러(Michael Sattler)와 병으로 사망한 콘라드 그레벨을 포함할 것이다.

47) 아마도 라틴 아메리카의 해방신학에 있는 "가난한 사람들의 해석학적 특권"과 유사할 것이다.

48) 예를 들어, 마펙은 개혁자 마틴 부처와 격렬하게 토론했다. 그러나 또한 Silesian 귀족이며 신령주의자들을 이끈 Caspar Schwenckfeld에 반대하여 방대한 글을 쓰기도 했다.

49) 예를 들어, 스위스 형제단에게 보낸 마펙의 서신과 그들의 답장들이다. 또한 Werner Packull, *Mysticism and the Early South German-Austrian Anabaptist Movement* (Scottdale, PA: Herald Press, 1977), 104에 있는 스위스 형제단에 대한 후브마이어의 비평에 대한 설명을 보라.

50) 스위스 형제단은 명백히 후브마이어를 이해했고 취리히에서 있었던 논쟁에서 그의 공헌을 높이 샀다.

51) 예를 들어, 아나뱁티스트의 해석학에 대한 칼뱅의 논평을 보라: Balke, *Calvin*, 326-27. 가끔 개혁주의자들은 무의식적으로 혹은 고의적으로 아나뱁티스트들을 다른 급진

적인 사람들과 똑같이 취급했다. 그러나 아나뱁티스트를 잘 아는(부처나 츠빙글리같은) 사람들은 아나뱁티스트들을 다른 급진 그룹과 구별했으며 아나뱁티스트를 일관성있는 그룹으로 다루었다.

52) Hans-Jürgen Goertz, *The Anabaptist* (London: Routledge, 1996), 59.

53) 앞의 책, 114.

54) Alvin Beachey, *The Concept of Grace in the Radical Reformation* (Nieuwkoop: B De Graaf, 1997), 130ff는 세 개의 주요 그룹을 제안했다: 내적인 말씀과 외적인 말씀의 해석학을 실천하는 사람들, 문자와 성령의 해석학을 사용하는 사람들, 그리고 구약과 신약의 해석학으로 작업하는 사람들. Cornelius J. Dyck, "The Anabaptist Understanding of the Good News", in Wilbert Shenk, ed., *Anabaptism and Mission* (Scottdale, PA: Herald Press, 1984), 25은 네 개의 그룹, 호프만, 뎅크, 마펙, 그리고 스위스 형제단으로 구분 짓는다. 아놀드 슈나이더는 성령보다 우위에 있는 문자, 문자보다 우위에 있는 성령, 그리고 예언적인 성령과 예언적인 문자로서 특성화하는 세 개의 주요 그룹을 제안한다: Snyder, *Anabaptist*, 162-64을 보라.

3장. 스스로 해석하는 성서

아나뱁티스트 해석학에서 중요한 구성요소는 성서가 스스로 해석하는 것이 가능하다는 확신이다. 그렇기에 과연 평범한 그리스도인들도 확신을 가지고 성서에 접근할 수 있는가에 대해 많은 사람이 논쟁했다. 16세기에는 아나뱁티스트뿐 아니라 다른 사람들에게도 받아들여진 "성서는 성서 자체가 해석자이다Scriptura sui ipsius interpres"라는 모토 때문에, 우리는 아나뱁티스트들이 이 신념성서의 명료성과 충분성(sufficien-cy)과 밀접히 관계된을 얼마나 사용했는지 연구해야만 한다.

간단, 명료, 그리고 분명함

"그리스도의 말은 명료하고, 분명하게 그리고 명확하게 표현되었다"[1]라고 클레멘스 아들러Clemens Adler가 1529년에 기록했다: "다른 부수적인 설명 없이, 그들의 가치와 진리 안에 서 있도록 해야만 한다." 아들러는 똑같은 방법으로 성서의 다른 면에도 접근했다. 그는 성서의 언어는 그 자체로 충분하다는 사실에 확신이 있었다. "주석(gloss)은 필요하지 않다"라고 그는 충고했다.[2] 그리고 진리에서 벗어난 채, 신뢰할 만한 것으로 인간적인 요소를 덧붙이는 것과 성서의 진리와 능력을 명쾌하게 설명하지 못하고 그것에서 이탈되게 만드는 인간적 한계에 대한 아나뱁티스트의 일반적인 회의를 드러내기도 했다. 다양한 아나뱁티스트 지도자들의 진술은 자신들 운동 내에서 널리 퍼진 성서의 명확성과 자기충족성self-sufficiency에 대한 확신을 표명했다.

스위스 형제단은 초기시절부터 이 확신을 말했다. 콘라드 그레벨 Conrad Grebel은 성 갈렌Saint Gallen의 종교개혁자 발라디안에게 글을 쓰면서, "나는 하나님의 말씀을 인간적인 기교가 아닌, 은혜로 단순하게 믿는다"[3]라고 선언했다. 그의 동료, 펠릭스 만쯔는 자신의 순교 직전에 "만약 오직 말씀만으로 자유롭고 단순하게 말할 수 있다면 아무도 그 사실에 저항할 수 없음을 나는 안다"[4]라고 짧은 글을 남겼다. 만쯔의 재판기록을 보면, 다음의 진술이 성서의 명료성에 대한 그의 생각과 확신과 더불어 성서의 주요역할을 확증해 주고 있다. "펠릭스 만쯔는 성서에 대한 기본이 너무 확실하여 성서가 다른 것에 뒤처지거나, 다른 것에 정복될 수 있는 것이 아니라고 대답했으며, 성서를 제외한 그 어떤 것도 그가 유아세례를 부정하고 반대하게 할 수 없다."[5] 법정에서 아나뱁티스트들은 반복하여 자신들의 관점이 성서 이외 다른 어떤 것에서 유래하지 않았으며, 성서는 자신들의 관점을 정당하게 해 줄 수 있는 충분한 것이라고 선언했다.

주요한 주제에 대한 스위스 형제회들의 합의를 가져온 슐라이트하임 고백에서도 문자 그대로의 성서를 가르치는 것을 강조했다. 맹세에 대한 토론을 보면, 마태복음 5장에서 예수의 가르침인 맹세하지 말라는 명령을 자명한 것으로 인용하였다. "그리스도는 단순하게 '예'이며 '아니요'이시다. 그를 좇는 모든 사람은 그의 말을 이해할 것이다."[6] 이 구절을 다르게 해석하게 가르치는 사람은 '하나님의 단순한 명령'[7]을 믿지 않는 것으로 간주하여 추방당하였다.

가장 해박한 신학적 훈련을 한 스위스 지도자, 발타자르 후브마이어는 하나님의 말씀은 우리가 충분히 이해하고, 순종하기에 용이하도록 직접적이다는 자신의 확신을 가지고 성서의 개인 해석의 권리를 강하게 확신했다. 그는 "너의 양심으로 판단하라. 말씀이 스스로 중재자로, 판단자로 있을 수 있도록 하라. 그러면 너희가 길을 잃지 않을 것이다" [8]라고 단순한 하나님의 말씀에 근거하여 그의 책 『신자의 기독교적 세례On the Christian Baptism of Believers』에 썼다. 학자나 목사들의 권위 있는 가르침 없이 평신도가 성서를 해석하면 길을 잃기 쉽다고 가르친 종교개혁자들과는 달리[9], 후브마이어는 성서 이외의 권위와 의견을 첨가하면 사람들을 더 헷갈리게 할 가능성이 크다고 생각했다. 그에게 있어서 성서는 "명확하고, 투명하고, 순전하고, 이해하기 쉽고, 단순한 것" [10]이었다.

실제로, 후브마이어는 자신의 글을 포함하여 성서 이외의 자료에 의존하는 것을 심히 걱정스러워했다. 그리고 그의 독자들에게 "당신은 성서를 철저하게 연구해야 합니다. 왜냐하면, 내가 여러분을 위해 아무것도 쓰지 않았어도, 성서는 진리에 대해 증거하고 있기 때문입니다. 그러나 만약 여러분이 나의 부족한 글이라도 읽고 싶은 마음이 있다면 사람들이나, 그들의 직위나, 과거의 사용용례와 전통에 매이지 마십시오. 여러분으로 진리를 거부하게 하는 어떤 요인에도 영향받지 말고 읽도록 하십시오." [11] 후브마이어는 다른 사람에게 해석법을 배우는 것을 막지는 않았다. 하지만, 지나친 권위를 부여하면서까지 그렇게 하는 것에 대해 경고했다. 성서는 그 자체로 권위가 있으며 충분했기 때문이다.

필그림 마펙Pilgrim Marpeck은 독일교회에서 이와 비슷한 성서에 대한 이해접근법을 지지하고 옹호했다. 그의 설교에서 세례침례에 대해 논쟁하면서, 그는 "여러분이 성서의 간단한 본문을 취해서 읽는다면 그것을 믿음으로 보시기 바랍니다. 그리고 모든 미묘하고 복잡한 사색은 뒤로하십시오. 그리하면 많은 의문이 곧 쉽게 풀릴 수 있을 것입니다"[12]라고 했다. 이 확신은 그의 성만찬에 대한 글에서도 다시 나타난다. "성서에 기록된 그리스도와 바울의 말에 의하면 성만찬의 의미는 너무나 명확하게 표현되어서 성서에 만족하는 모든 사람과 성서의 의미로 성서의 뜻을 깨닫는 모든 사람은 성만찬을 향한 주님의 의도를 쉽게 이해할 수 있다."[13] 후브마이어과 마찬가지로 마펙도 성서를 있는 그대로 수용하지 않고 복잡하게 이야기하는 것을 경계했다. 그는 그 복잡성이 너무나 많은 신학적 논쟁을 낳고, 성서를 평가절하시키는 것이라고 믿었다. 이것은 또한 일반 그리스도인들에게 문제를 일으키는 소지가 되었다. 그는 "많은 사람이 그들의 이성만을 이용했으며, 간단하고 분명한 성서 본문의 설명을 간과했으며, 성서를 그들의 이해에 끼어맞추려고 했고, 그 의미 자체에는 덜 집중했기에 단순한 사람들이 성서를 쉽게 이해하지 못하도록 훨씬 헷갈리고, 혼동되게 만들어 놓았다"[14]라고 결론을 지었다.

다른 아나뱁티스트지도자들처럼, 마펙은 성서를 해석하기 위해 해석학적인 틀을 올려놓아 기존의 신학적 입장과 맞추려고 하는 인간적인 노력에 대해 저항했다. 그는 개인의 성서해석 권리를 옹호했고, 성서는 그 자체로 충분하다고 가르쳤다. 후브마이어처럼 그는 지도자들에게 해석을 위한 지침보다 성서본문 자체에 집중하라고 충고하였다. 『신구약 해설Explanation of the Testaments』이라는 책의 서문에, 그는 "그러므로 정말로 성서의 단순한 본문 자체를 집중해서 읽고자 하는 사람은 부가적인 설명이 필요없다. 그렇게 하여 자신의 판단력을 만들어 간다."[15] 그가 헬레나 본 스트라이허Helena von Streicher에게 "단순한 본문 자체가 명확하므로 당신이 해 온 것처럼 요한복음과 베드로전후서를 해석할 수 없다"[16]라고 말한 것처럼, 잘못된 해석은 성서 본문 자체에 의지하지 않아서 생기는 문제이다. 그는 "우리는 성서에 만족한다. 그리고 우리를 반대하는 사람들이 있더라도 성서에서 멀어지지 않을 것이다. 성서는 우리를 바르게 가르치며, 우리는 다른 그 어떤 것도 부가해야 할 필요를 느끼지 않는다"[17]라고 결론지었다.

똑같은 확신을 하고 있었던 후터라이트 공동체에서도, 피터 리드만 Peter Riedeman이 그의 책 『신앙고백1545』에 표현했듯이 "진실로 여기 있는 누구도 사람의 생각이나 견해에 부합하기 위해 이성이 성서를 좌우하게 하거나, 왜곡시키게 할 수 없다. 왜냐하면, 그것은 헛된 것이기 때문이다. 누구든지 하나님께 영광을 돌려야 하며, 그의 명령을 변질하지 않게 지켜나가야 한다[18]"라고 말했다. 맹세에 대해 쓴 글에서 그는 슐라이트하임 고백 안에서 다룬 마태복음 5장을 언급하면서 맹세를 피하라고 했듯이 리드만도 맹세에 대해 그렇게 주장했다. 왜냐하면, 이것이 모든 사람을 향한 하나님의 소원인 것이 확실했기 때문이다.[19]

네덜란드 아나뱁티스트들은 유력하고 우세한 지도자들 안에서 강조되는 해석적 권위에 의존하는 것의 위험성과 성서를 해석하는 데 불필요한 복잡하고 사색적인 체계에 의존하는 위험성을 인지한 후에야, 성서의 명료성과 적합성에 대한 확신을 공유하게 되었다. 그의 초기 사역 시절, 멜키오르 호프만Melchior Hoffman은 그의 책 『하나님의 규례The Ordinance of God』에 모든 믿는 신자들은 성서를 해석할 수 있다는 그의 관점을 피력했다. "주 예수 그리스도는 신랑이 신부를 솔직하고 쉬운 말로 대하는 것처럼 그의 백성을 대하여오셨다…. 그래서 나는 진리를 사랑하는 모든 사람에게 충고한다. 감당하기 너무나 어려운 현학적 논쟁에 자신을 내어주지 말고, 오직 단순성 속에 계신 하나님의 직설적인 말씀에 자기 자신을 붙잡아 매라고…."[20] 그러나 그의 후기 사역을 보면, 그는 주로 종말론적인 본문에 집중했고, 신뢰받는 해석을 하려고 인지도가 있는 사도와 선지자들에 대한 의존도를 높였다. 자신이 쓴 『하나님의 규례』라는 책에서 "[오직] 진실한 사도적 전령사들만이 성서의 매듭을 풀도록 갈라진 발톱과 뿔을 가질 수 있다. 왜냐하면 [해석에 관한 한] 성서는 모든 사람을 위한 것이 아니기 때문이다. [권위]를 부여받은 사람들만을 위한 것이다." 하지만, 여기에서조차, 그는 곧바로 일반 신자들에게 유명한 해석자들을 의지하지 말고, 성경을 이해하기 위한 통찰력을 위하여 기도하라고 조언한다. "그 안에서 사도로서, 교사로서 부족함을 깨달은 사람들약1:5, 그들로 하여금 기도하게 하라. 그들을 급하게 서두르게 하지 말라."[21]

비록 종종 호프만의 관점은 전형적인 아나뱁티스트의 성서해석법과는 다르다고 말하여지지만, 그의 성서적 해석의 관점은 모든 사람에게 성서가 명확하고 솔직하게 열려 있다는 것을 보여준다. 그러나 그도 어떤 본문은 해석의 전문가가 필요하다는 것을 인정하고 있다. 스트라스부르의 그의 제자들은 그와 똑같은 해석적 관점을 가지고 있었다. 1538년에 스트라스부르에서 있었던 토론에서 그들은 이런 확신으로 지혜를 열심히 찾으며 하나님을 두려워하는, 연약하고 겸손한 사람들이 결국은 구원에 대해 알아야 할 모든 것을 분별할 수 있게 된다는 통찰력을 데이비드 조리스David Joris에게 주었다. 모든 사람이 성서를 해석할 수 있다는 것은 죽은 말이 아니라는 멜키오르파의 강조점을 언급하면서. 그러나 "하나님을 경외하는 모든 사람이 구원에 대해 말하는 성서와 그 본문을 잘 설명할 수 있는 은사를 가진 것이 아니며, 모든 사람이 가르칠 수 있는 것은 아니라는 자신들의 입장을 분명히 밝혔다."[22]

그리고 종말론을 더 강조하는 아나뱁티스트들은 모든 사람이 다 성서를 해석할 수는 있지만 모든 사람이 다 똑같이 해석을 잘할 수 있는 것은 아니며, 모든 본문이 다 쉽게 해석될 수 있는 것도 아니라는 자신들의 기본적인 확신을 굳게 붙잡았다. 그러나 이런 복잡한 본문들이 결정적으로 중요하다면 성서해석 전문가를 의존하는 것은 필수적인 것이 되며, 모든 사람이 성서를 해석할 수 있다는 사실도 힘을 잃게 마련이다. 그의 종말론적인 관심과 알레고리의 사용오베 필립이 호프만의 성서해석의 중요한 강조점이라고 말한 [23]이 아나뱁티스트들의 공통된 결론과 많이 다르지는 않았지만, 그의 접근법은 일반 신자들을 해석에서 소외시키고, 아나뱁티스트 운동과는 다른 동떨어진 성서해석의 결론을 내린 베른하르트 로트만Bernhard Rothmann과 뮌스터공동체 지도자들이 추구한 성서해석을 정당화하는 것처럼 보였다.

메노는 『성육신에 관한 짧은 고백 *Brief Confession on the Incarnation*』에서, 이러한 사색적인 구조를 반대하면서 성서의 명료성에 대한 자신의 생각을 피력했다. "형제들이여, 무엇보다 나는 사람의 교리와 영악한 이성을 받아들이지 않으며, 이 문제에 관해, 성서를 왜곡하는 것과 많은 주해와 많은 상상을 용납할 수 없으며, 성서는 단순하다는 것을 단지 믿고 있다는 것을 여러분이 아시기 원합니다."[24] 슐라이트하임고백과 리드만의 편에 서서, 그는 맹세에 관한 성서의 명확성과 단순성을 강조했다. 메노는 『고뇌하는 기독교인의 고백 *Confession of the Distressed Christians*』이라는 책에 "행정관들이 정의가 우리 편이라면 맹세를 하는 것이 허락되었다고 설득합니다. 그러나 우리는 복음은 그리스도인들이 맹세하는 것을 금하고 있음을 주님의 간단한 말씀으로 대답할 수 있어야 합니다…"[25]라고 썼다.

모든 측면에서 신학적 토론이 교만과 자기만족의 결과임이 드러나던 시대에 아나뱁티스트들은 종종 그들의 반대자들을 향해서 단순한 성서가 인간의 이성에 의해 사용되는 것이 아니라는 단서들을 가지고 그들이 틀렸다는 사실을 인정하라고 설득했다. 다음은 메노가 그들의 반대자들을 향해 쓴 도전이 담긴 본문이다: "여러분이 더 단순한 성서를 가지고 있다면 우리를 도우라. 그러면 나는 이 문제에 관해 하나님의 은혜로 내 마음을 바꿀 것이다. 그리고 당신들의 의견을 수용할 것이다."[26] 메노와 네덜란드 아나뱁티스트들이 항상 자신의 입장을 바꿀 준비가 되어 있을 만큼 이상적인 삶을 산 것은 아니지만, 성서는 모든 사람에게 본질적으로 명확하고 접근이 쉬운 것이라는 확신은 논리적 개연성이 있었다.

우리가 지금까지 살펴본 관점들은 아나뱁티스트들의 초기 운동의 지배적인 생각들이었다. 법정 재판에서 보여준, 아래의 아나뱁티스트들의 증언들은 신자들에게 성서를 읽을 권리를 준 지도자들에 대한 태도와 더불어 날카로운 질문과 혹독한 압력 앞에서도 엄청난 신앙과 자신감을 드러낸다.

1556년, 사제와 감옥에 갇힌 아나뱁티스트 클라스 디 프하에트Claes de Praet의 대화는 이러했다:

클라스: 나는 성서가 증거하지 않는 것은 말하지 않습니다.
사제: 쓰여있는 것 외에는 어떤 것도 믿지 않느냐
클라스: 그렇습니다.[27]

2년 뒤의 심문관과 자끄Jacques d' Auchy의 대화가 더 인상적이다.

심문관: 너는 너 자신의 이해로 너를 다스려서는 안 되고, 성인들의 가르침, 예를 들어 성 어거스틴, 암브로스, 그리고 옛 성현들의 가르침으로 너를 다스려야 한다.
자끄: 나는 바울 선생의 설명에 아주 만족합니다. 다른 어떤 설명이 없이도 말입니다.
심문관: 네가 지금 거절한 것은 교회의 거룩한 성인들의 말들이다. 이것 때문에 네가 지금 잘 못 되었다고 정죄 받는 것이다.
자끄: 저는 그들을 거절한 것이 아닙니다. 그들의 가르침을 건들지 않고 싶은 겁니다. 왜냐하면, 저는 하나님의 말씀 안에 아주 좋은 기초가 놓여 있으며, 시

내나 웅덩이로 빠져 흐르지 않고, 더럽혀지거나, 고여 있지 않은 순전한 샘물에서 솟아나는 생수가 있음을 발견했기 때문입니다.[28]

성서의 명확성과 충분성에 대한 아나뱁티스트의 글 속에 있는 많은 자료는 그들의 해석학적 관점의 중요성을 인지하게 해주는 무시될 수 없는 것들이다. 그러나 우리는 그 주장의 의미를 이해하는 것과 그들이 반대했던 것을 이해하는 것 모두 똑같이 중요시한다. 그들의 많은 글은 종교개혁자들이나 가톨릭교회의 심문관들이 던지는 도전에 대한 방어를 위해, 혹은 국가교회의 어떤 신앙과 예식에 대해 저항하기 위해 쓴 반론적인 글 속에서 만날 수 있다.

아나뱁티스트들은 성서를 이해하는 자신들의 능력에 대해 순진하리만큼 자신감이 있었다는 주장들은 논란이 될 소지가 있으며, 관련된 문제를 제대로 파악하는 데 실패로 이끌었다.[29] 혹은 이런 주장들이 단지 종교개혁자들이 주장한 '오직 성서'의 원리를 반영했을 뿐이며 성서의 단순한 의미에 헌신한 것을 표현한 것뿐일 수도 있다. 그러나 빈번한 이런 주장은 그들의 상황과 그들이 어떻게 평가되었는가를 살필 때, 그들에 대한 이런 설명보다 더 본질적이었다는 것을 알려준다.

아나뱁티스트들은, 종교개혁자들이 성서의 명백한 의미에 대해 그리고 개인적 해석의 권리에 대해 말로만 외칠 뿐이며, 실제에서는 이 원칙에 대해 너무 많은 조건을 갖다 붙이면서, 모든 권한을 개인들에게서 거의 박탈했다고 울분을 터뜨렸다. 성서의 단순성과 명확성, 평이함에 대한 그들의 계속된 강조는 종교개혁자들의 어정쩡한 태도에 도전하며, 더 급진적인 접근을 하도록 설득했다. 특별히 그들은 종교개혁자들이 이성에 의존하는 것과 성서의 해석을 목사들과 성서학자들에게 국한하는 태도를 조금씩 확대 적용한 것과 그들이 교리적이고 전통적인 해석에서 자유롭지 못한 것과 성서를 명확히 설명하기보다는 대충

얼버무리는 성서 외적인 자료를 사용하는 것에 대해 의문을 제기했다.

1) 이성과 학문의 위치

대부분의 아나뱁티스트들은 성서를 이해하는 보조자료로서 이성을 무시하지 않았다. 그러나 종교개혁자들이 했듯이 인간의 이성과 교육, 원어에 대한 지식과 철학이 성서를 설명하는 데 있어서 필수적이거나, 더 효과적이라는 데에는 깊이 확신하지 않았다.[30] 그들의 염려는 두 가지였다. 하나는 만약 성서를 이해하는 데 있어서 어느 정도 레벨의 교육과 이성적 능력이 필요하다면, 일반적인 그리스도인은 가톨릭교 밑에 있는 것보다 더 나은 곳이 없다. 그들은 아직도 성서가 의미하는 바를 말해주기 위해 특별한 기술을 가진 사람들에게 의존하고 있다. 다른 하나는 이성을 의존함으로 인해 본문 자체를 설명하기보다는 그 말씀 위에 인간의 생각과 철학을 덧붙이는 경향이 농후해지는 현상이었다.

존 요더John H. Yoder는 아나뱁티스트들 사이에서 "심각하게 공교육과 현학적 티가 나는 것을 분별하였다. 성서의 더 큰 의미를 놓치는 수단으로서 그러한 학문은 아나뱁티스트들에게는 쓸모없는 것들이었다"[31]라고 지적했다. 이것은 그들이 상식을 무시했다는 말이 아니다. 대신 그들은 이성과 학식은 도구이지 절대적인 것이 아니라고 말하는 것이다. 헨리 포트커Henry Poettcker가 말했듯이, "메노는 지도자에게 가르침에 있어서 '합리성'을 고려해달라고 부탁하는 것을 주저하지 않았다. 그러나 이것과 더불어 그는 이성은 하나님의 말씀에 부차적이어야 한다는 사실을 확실시했다."[32]

특별히, 메노는 어떻게 지식과 이성이 사용되고 있는가에 대해 많은 염려를 표현했다. 그의 책 『기독교 교리의 기초Foundation of Christian Doctrine』에서 "오, 하나님, 이 세상에서 지식이 있는 사람, 높은 학식을 갖춘 사람이 지금 무엇을 하고 있습니까? 그들은 하나님의 말씀과 지혜를 최소화하려고 애쓰고 있으며, 자신들의 바보 같은 이성과 지혜를 사악하게 충동질시키고 있습니다"[33]라고 언급했다. 그의 소책자 『기독교 세례1539』에서 이 주제로 다시 되돌아왔다: "자신들의 날카로움과 명철한 철학으로 높은 명성을 가진 사람들이 우리를 현혹하고 예수 그리스도와 사도들의 단순한 가르침을 왜곡할 때마다 우리는 사람과 거짓의 교리라는 관점을 가지고 그들의 가르침을 재고해야만 한다."[34]

더크 필립스Dirk Philips는 이성이라는 것이 가끔은 성서해석에 편견과 왜곡을 가져오게 하는 것으로 사용되고, 이성이 "그들 자신의 의견"[35]을 드러내는 데 사용될 뿐이라는 메노의 생각에 동의했다. 「우리 주의 예수 그리스도의 세례The Baptism of our Lord Jesus Christ」에서 유아세례에 대한 그 반대자들의 생각에 대해 토론할 때, 그는 이렇게 결론을 지었다: "그들이 눈먼 이성을 따랐고, 하나님의 말씀을 좇지 않았다는 사실에서 이 모든 잘못된 결론들이 나왔다."[36] 「설교자의 파송The sending of preacher」에서 더크 필립스는 "세상에서 높이 추앙받는 사람들, 자기들이 더 잘난 학교들에서 공부했기 때문에 자신들만 선생이며 성서를 통달한 대가들이라고 생각하고, 왜곡된 서기관들보다도 더 복음과 기독교와 참 신학과 성서 지식을 자랑하는 사람들에 대해 비난했다. 속담에 의하면, 더 많이 배운 사람이 더 많이 빗나간다고 한다. 그래서 그들 혼자서 성서의 교사와 마스터가 된다. 그러나 그들은 기본학교의 초급 독본인 하나님의 말씀을 받거나, 가르치지 않았다. 왜냐하면, 그들은 그리스도의 학교에 가 본 적이 없으며, 그들은 진실한 교사이신 성령을 경험해 본 적이 없기 때문이다."[37]

비록 더크와 메노는 이 주제 및 그 밖의 많은 주제에 대해 데이비드 조리스와 동의하지 않지만, 데이비드는 그들과 비슷한 생각을 표현했다. 1538년 스트라스부르 토론Strasbourg Disputation에서 그는 "하나님의 말씀은 자신의 이성을 멀리 던져버린 사람과 가난한 심령을 가진 사람을 제외하고는 아무도 이해할 수 없다. 왜냐하면, 하나님의 말씀은 작은 자에게 주어졌고, 순수한 사람들이 이해할 수 있고, 다른 나머지 사람들은 그렇게 말씀을 받을 수 없기 때문이다"[38]라고 주장했다. 조리스는 메노나이트 사람들 보다 성령의 통찰력과 선지자와 교회 지도자들의 역할에 대해 더 많은 무게를 두었을지라도 인간의 지혜에 대한 불신과 어린 아이라도 성서를 이해할 수 있다는 확신에 대한 메노나이트들의 생각에 공감했다. 실제로 그는 무지한 것이 지식보다 쓸모 있고, 인간적인 지혜를 포기하는 것이 성서를 이해하는데 필수 전제라고 말했다. "오직 겸손한 자만이 하나님 말씀을 이해할 수 있으며, 오직 그들만이 하나님의 말씀을 선포할 수 있다. 이들은 모든 기본적인 인간의 지혜를 포기하고 자신의 이성으로 말씀을 추측하고 이해하려고 하지 않으며, 하나님의 영으로만 이해하려고 했다. 그들은 가난한 심령, 의에 목마른 허기진 영혼과 같았다. 이들은 그들 자신의 지혜와 지성에 대해서는 죽었다. 이런 방법으로 그들은 성서를 알게 될 것이며 더 정확하게 이해하게 될 것이다. 그들은 성서를 옳게 분류할 수 있으며 그들은 죽음에서 생명을 찾게 될 것이다."[39]

레온하르트 쉬머Leonhard Schiemer는 지적인 언어의 가치와 철학적 방법에 대해 회의적인 사람이었다. 대학에 있었던 그는 '말'을 조소하는 글을 썼다: "전 세계는 입에서 입으로 짧은 단어인 '은혜'에 대해 말로 주고받는다. 그리고 특히 우리 학자들이 그렇게 많은 말을 하고 있다. 그리고 아리스토텔레스의 작품을 외우는 뛰어난 학생들처럼 그렇게 말을 많이 한다. 그 다음 그들은 그것을 실체ens reale라고 부르며 속, 종, 군, 종차, 명제, 분류genus, species, proprium, differentia accidens, proposition, categorical 사이를 구분한다. 그들은 독일어로 그것을 말하지 않는다. 왜냐하면, 독일어는 너무 비천하고 부족하다고 믿는 교만한

마음 때문이다."[40] 비슷하게 호프만은 인간 이성의 힘은 성서해석을
할 때는 따로 옆에 제쳐 두어야 한다고 주장했다.

"우리 가운데 있는 가장 명성이 있는 학교조차도 신성한 가르침을
위한 기초가 될 수는 없다. 단지 교황과 황제와 거짓교사들의 악마적인
삼위일체의 동요 밑에 있을 뿐이다"[41]라고 그는 말했다. 한스 후트도
세례침례에 대한 성서적인 가르침과 관련하여 인간의 이성에 대한 그의
비난조의 논평에 종교개혁자들과 함께 가톨릭을 포함했다: "그러므로,
시작에서부터, 즉 그리스도인 삶의 출발인 세례침례에 대한 판단을 연
구할 것이다. 우리는 그리스도가 어떻게 그것을 세우셨고, 명령하셨는
지 열심히 살펴볼 것이다. 그리고 사도들이 인간적 지혜의 자의적인 의
견으로 하지 않고, 또한 복음적이라고 스스로 자랑하는 사람에 의해서
가 아니라 성서의 신성한 증인의 증언으로 세례침례의식을 어떻게 지켜
왔는지를 주목할 것이다. 그것이 지금까지도 그렇게 지켜지는 것처럼
말이다."[42] 뎅크Denck는 하나님나라를 위한 교육을 받지 않은 해석가
들을 비난하면서 "어떻게 악마가 더 나은 메신저가 될 수 있겠느냐"[43]
고 물었다.

아나뱁티스트들에 의하면 유일한 합법적인 이성은 학문적인 기술보
다는 상식에 다소 가까운 것이다. 대부분의 아나뱁티스트들은 성서에
접근할 때, 감정적이거나, 신비적이거나, 신령한 접근법을 하지 않았고
단지 합리적인 사람이라면 누구나 다 성경을 이해할 수 있다는 확신을
가졌다.[44] 실제로 신령한 통찰력이라는 것을 의지하고 상식을 무시하
는 사람들은 상당한 반대에 부딪혔다. 1538년 스트라스부르 토론에서
얀 뽕Jan Pont는 "모든 신앙은 진리와 이성 위에 서 있다. 그러므로 당
신의 주장을 증명해 보라. 그러면 우리가 믿겠다. 그러나 이성적 사고
없는 믿음은 땅에 곤두박질한다. 우리는 이미 멜키오르 호프만을 인정
했다. 그리고 검토를 거쳐 다른 몇몇 사람도 받아들였다"[45]라고 논박

하면서, 데이비드 조리스의 주장을 거절했다. 단지 이성 하나로 성서해석을 하려는 것은 적합하지 않았다. 그러나 이성적이지 않은 성서해석도 받아들여질 수 없었다.

아나뱁티스트들은 배우지 못한 사람들은 성서를 해석할 능력이 없다고 믿는 종교개혁자들에게 동의하지 않았다. 그들은 또한 학문과 고등 교육의 영향에 대한 종교개혁자들의 신뢰도 동의하지 않았다. 그런 학문적인 훈련의 균형이 성서를 명확하게 보게 하기보다는 관점을 흐리게 하며, 유익보다는 해로운 점이 더 많다고 느꼈다.[46] 우리는 성서의 적합성과 합리적인 보통사람들성령이 인도하는이 성서를 잘 이해할 수 있다는 아나뱁티스트들의 기본적인 확신 속에서 아나뱁티스트 지도자들이 제공하는 해석학적 기준을 이해해야만 한다.

2) 교리와 전통의 영향력

아나뱁티스트들에게 '오직 성서'라는 말의 의미는 성서가 모든 다른 권위에 도전하는 데 자유로워야만 하지만, 성서자체는 확고하게 세워지고 영향력이 있어야 한다는 것이다. 특히 그들은 성서의 권위와 적합성이 교리적 신앙과 전통적 해석에 대한 많은 경외심 때문에 타협되어서는 안 된다는 사실을 강경히 지켰다. 종교개혁자들은 그런 견해에 헌신한 듯 보였지만 그들이 좀 더 모순 없이 일관적이어야 한다는 말에는 설득되지 않았다. 아나뱁티스트들의 눈에는 종교개혁자들이 말하는 성서는 전통적인 견해를 도전하도록 허락되어 있지 않았으며 몇몇 중요한 분야와 관련된 교리만 수용될 뿐이라고 느꼈다. 예정론에 대한 종교개혁자들의 강조는 답답한 성서공부처럼 보였고, 아나뱁티스트들이 중요하게 여기는 신선하고 개방된 열린 생각을 방해하는 것처럼 보였을 뿐이다.

메노는 종교개혁자들이 인간의 전통을 가지고 성서에 접근하는 것에 대해 비난했다. 『고뇌하는 그리스도인Distressed Christians』이라는 그의 고백에서 그는 루터와 멜란히톤이 말하는 성서외적인 전통에 매이지 않는 특성에 대한 논평을 호의를 가지고 인용했다. 그러나 곧이어 부연하기를 "여기 루터와 멜란히톤은 성서에 따라 정확하게 표현했다. 하지만, 슬프게도 성서의 조언을 따르지는 않았다"[47]라고 덧붙였다.

종교개혁자들은 종종 교부 해석자들이 그들의 결론을 지지했다는 것을 언급했다.[48] 아나뱁티스트들은 그렇게 하는 경향이 적은 편이었다. 때때로 권위를 인용하기도 했으나, 보통은 교부들의 견해는 권위가 있는 것으로 이해하기보다는 흥미로운 것이라는 단서를 붙였고, 성서만큼의 권위는 아니라고 했다. 몇몇 사람들은 그런 교부 해석자들에게 아예 관심을 두지 않기도 했다.

뮌스터의 신학자인, 베른하르트 로트만Bernhard Rothmann은 자신의 위치를 인정해 주는 교부 해석자들을 가끔 언급하는 것을 좋아했으나[49] 그 또한 이것에 대해 비난적인 글도 썼다: "우리는 고대나 현대 학자들이 써놓은 것을 가지고 할 게 없다. 우리는 그들에 대해 관심이 없다. 단지 하나님의 말씀과 하나님의 뜻이 들어 있는 성서 안에서 우리가 발견한 것에 관심이 있는 것이다. '오직 성서'만을 고수하는 사람은 다른 자료가 필요가 없다."[50] 같은 맥락에서 한스 쉴라퍼Hans Schlaffer는 "교황이나 교회 신부나, 의회가 뭔가 다른 것을 명령하고 결정하는 것은 중요하지 않다. 교회 신부나, 의회를 의존하기보다 그리스도와 그의 가르침 안에서 세워진다는 것이 더 확실하고 진실한 기초이다. 마지막 날에 교황이나 신부나, 의회가 아니라 그리스도가께서 심판대의 보좌에 앉으실 것이다. 얼마나 오래된 전통인가가 중요한 것이 아니다. 그리스도와 그의 말씀이 더 오래되었다. 왜냐하면, 그는 영원이신 하나님의 아들이시며, 영원히 계실 분이시기 때문이다."[51]

배움이 없는 그리스도인 중에서도 우리는 비슷한 입장의 태도를 본다. 1553년 주스 킨트Joos Kindt는 그의 심문관이 교부 자료에 의존하는 모습에 대해 비난하며 도전했다. "어거스틴에 대해 말하지 마시오. 왜냐하면, 나는 그를 모르오. 나는 사도들과 선지자들이 전해 주었으며, 높은 하늘에서 우리 구주가 가지고 오신 말씀의 교리, 그리고 그의 하늘 아버지의 입에서부터 나온 교리, 그리고 보배로운 피로 인친 교리 외에는 어떤 교리도 알지 못하오. 이것 때문에 내가 차라리 불로 들어가길 원하는 것이요. 그러나 어거스틴, 그레고리 암브로스 이런 사람을 나는 모르오."[52]

메노는 만약 초기신학자들의 의견이 성서와 동떨어져 있지 않으면 그들에게서 권위를 인정받고자 하는 호소의 정당성을 인정했다. 젤리우스 파버Gellius Faber에게 쓴 답장에 그는 이렇게 썼다. "터툴리안, 시프리안, 오리겐 그리고 어거스틴에 대한 그의 호소에 대해 나는 이렇게 쓰겠다: 만약 이런 사람들이 하나님의 말씀과 하나님의 법으로 자신의 주장을 호소한다면 나는 그들이 옳다고 인정할 것이다. 그러나 그렇지 않다면 이것은 사람의 교리이며, 성서에 의해 비난받아야 한다."[53] 교부신학자들에 대한 지식이 방대하고 그들을 누구보다 자주 언급했던 후브마이어는 그럼에도 불구하고 세례침례에 대한 토론에서 외코람파디우스Oecolampadisu를 비난했다: "당신은 내게 터툴리안, 오리겐, 씨프리안, 어거스틴, 의회, 역사 그리고 옛 관습에 대해 너무 많은 말을 합니다. 나는 당신이 익숙한 방법에서 안주하려는 태도 때문에 성서의 지식이 부족한가 생각해야만 합니다."[54] 1524년에 쓴 그의 『18개 논제』에서 후브마이어는 최근 학자들에게도 똑같이 적용되는 그의 염려를 말한다: "하나님이 직접 심어두시지 않는 모든 가르침은 헛되며, 금지되어야 하며, 근절될 것이다. 아리스토텔레스Aristotle의 학문, 토마스Thomas, 스코투스Scotus, 보나벤투라Bonaventure, 오캄Occam 같은 학자들 그리고 하나님의 말씀에서 나오지 않은 모든 가르침은 땅으로 추락

한다."[55] 아나뱁티스트들은 누가 어떤 주장을 했는가에 관심을 두지 않고 그 주장이 성서와 일치하는가에 관심을 뒀다.

말할 것도 없이 아나뱁티스트들의 반대자들에게는 그들의 태도는 교만해 보였다. 한 심문관은 1559년에 아나뱁티스트 여인, 클래스켄 Claesken에게 이런 질문으로 꾸짖었다: "너는 1,500여 년 전의 거룩한 신부들보다 더욱더 많이 알고 있느냐? 너는 네가 단순하고 무식하다고 생각해야 한다." 그녀의 대답은 학문이나, 지식이나, 신학적 평판이 정확한 해석학의 열쇠가 아니라는 전형적인 아나뱁티스트적인 확신이 있었다: "사람들에게 나는 비록 단순 무식한 사람이지만, 주님을 아는 지식만큼은 단순무식하지 않습니다. 주님은 하나님께서 지혜롭고, 분별력이 있는 자들에게는 이런 것을 감추시고, 단순하고 어린아이 같은 자들에게 그것을 드러내신 것으로 말미암아 그분의 아버지께 감사한 것을 당신은 기억하지 못하십니까?"[56]

아나뱁티스트의 주장은 그들이 옛 신학자들보다 더 유능한 성서해석자란 뜻이 아니라, 어떤 인간의 권위도 성서의 해석을 좌우해서는 안 된다는 것이다. 또한, 참신한 시각으로 성서적 진리에 다가가는 것을 방해하는 인간적인 권위에 지나친 경외심을 갖지 않겠다는 것이다. 그렇다고 아나뱁티스트들이 전통적인 자료를 모두 다 버린 것은 아니다. 그들은 다만 거기에 묶인 것이 아니라는 것이다. 윌리엄 키니William Keeney는 네덜란드 아나뱁티스트들을 관찰하면서 "메노와 더크는 예수와 사도들의 가르침과 행함을 기준이라고 받아들일 때, 루터나 칼뱅보다 더 급진적인 교회초대교회로의 회복의 원리를 제안했다…. 메노나이트들은 모든 후대의 교리와 교회 신부들의 가르침을 인간적인 견해라고 간주했다."[57]

교리에 대한 키니Keeney의 언급은 아나뱁티스트들의 두 번째 염려 즉, 교리적 헌신이 성서적 해석을 좌우했다는를 생각하기에 유용한 시작점이다.

교리에 대한 그들의 태도는 옛 신학자들에 대한 그들의 태도와 매우 흡사하다. 교리는 성서와 일치하는 한에서만 수용 가능한 것이다. 일반적으로 아나뱁티스트들은 교리의 내용에 대한 어떤 반대의견도 제시하지 않았고, 교리를 거절한다는 반대자들의 비난을 받지도 않았다. 그들은 반대자들에게 그들의 정통성을 확인시키기 위해 교리를 이용하기도 했다. 어떤 사람은 그것을 교리교육의 틀로써 사용했다.[58] 그러나 아나뱁티스트들이 성서의 가르침을 위한 간단한 요약 정도로 그것에 가치를 두었기에, 지나친 경외심으로 교리에 맞추려고 하는 태도는 거절했다.[59]

종교개혁자들은 아퀴나스나 다른 학자들과 달리 신학과 성서적 해설을 결합시키는 어거스틴의 방법을 추구하는 경향이 있다. 그들은 성서는 어떤 기초적인 교리의 관점에서 이해되어야만 한다고 주장했다. 특별히 이신칭의에 대해 그리고 아나뱁티스트들은 2가지 이유 때문에 그것을 거절했다. 성서보다 우위에 있는 교리적 기초를 만드는 것이고 그 때문에 성서의 위상은 격하되며, 그것은 성서에 대한 편협한 이해를 가져온다는 것이다. 이것에 대한 익숙한 예가 루터의 야고보서에 대한 혐오증이다. 그는 야고보서에서는 이신칭의에 대한 주제를 찾을 수 없었기 때문에 그 성서를 무시했다. 아나뱁티스트들에게 '오직 성서'는 교리의 관점에서 성서를 이해하는 대신, 성서가 교리적 헌신을 판단할 수 있다는 뜻이다. 그 결과가 초기 아나뱁티스트들의 교리의 부재이다. 그들은 제자도를 다루는 실제적인 이슈들을 몇 가지의 신앙고백으로 만들었다. 그러나 권위적인 교리적 주장은 아니었다. 이것은 성서에 대한 더 깊이 있는 공부를 함으로써, 그들 가운데 떠오르는 새로운fresh 계시에 대해 마음을 닫지 않았음을 보여주는 실례이다.[60]

그러나 실제에서 교리적 몰두와 성서해석은 변증법적으로 작용한다. 아나뱁티스트들의 거부에도 불구하고 어떤 교리적 확신은 그들의 성서 주해에 들어가 있다. 그리고 아나뱁티스트 운동이 시간이 흘러가면서 강화됨에 따라 그들의 고백과 함께 떠오르게 되는 해석학적 전통이 신선한 통찰력을 방해하는 것처럼 보이기도 했다. 물론 종교개혁자들과는 다리겠지만, 아나뱁티스트들의 전통도 후세대의 아나뱁티스트 성서해석자들에게 적지 않은 영향을 미쳤으며, 속박하고 눈을 멀게 하는 전통에 저항하는 초기 아나뱁티스트의 정신만은 도전적인 것으로서 계속 기억될 것이다.

3) 회피와 희석

"전통적이던 동시대의 신학자들과 그들의 신학 그리고 신학연구 자체에 대한 적대감으로 말미암아 16세기 아나뱁티스트들의 글들은 찾기가 쉽지 않다"라고 월터 클라슨은 말했다.[61] 우리는 이런 태도에 대한 몇 가지 이유를 이미 살펴보았다. 또 다른 염려는 종교개혁자들이 성서에 순종하는 데 진실한 마음으로 다가가려는 의사가 없었다는 것과 성서의 명령과 요구를 피하려고 신학적이고 지적인 술수를 사용했다는 점이다. 루터와 츠빙글리가 그들 개혁의 초기에는 성서적인 가르침에 바탕을 둔 원리와 실천에 집중하였으나 후에는 그들이 힘들게 깨달은 것에 순종하는 것을 거부하고 있음을 보고 종교개혁자들에 대한 아나뱁티스트의 회의는 더욱 가속화되었다.

이렇게 변화된 성서에 대한 입장을 정당화하려는 뒤이어진 종교개혁자들의 시도들은 아나뱁티스트들에게 결코 어떤 영향도 주지 않았고, 오히려 그들로 하여금 신학적 연구가 너무 자주 성서의 진실을 피하고 왜곡하려는 데 사용되고 있다는 확신을 줄 뿐이었다. 예를 들어 초기 아나뱁티스트들의 문서 중의 하나인, 『뮌쩌에게 보낸 편지』에서 그레벨은 이렇게 애도했다. "우리 주변에 하나님의 말씀을 제대로 믿는 사람은 20명도 되지 않는다. 지식을 좇아 성서 이외의 것을 좇는 츠빙글리, 레오 그리고 다른 사람들처럼 그들은 단지 인간을 믿는다."[62]

우리가 주목한 것처럼, 아나뱁티스트들은 하나님의 말을 최소화한 것에 대해 메노가, 성서를 왜곡한 것에 대해 리드만이, 그리고 성서를 억지로 푸는 것에 대해 마펙이 비판했다. 가끔 그들은 경멸적인 뜻으로 종교개혁신학자들을 "서기관"[63]라고 불렀는데, 그것은 예수 당시에 자신의 학문에 대해 심한 자부심을 품은 결과, 성서를 이해하고 순종하는 데는 실패한 서기관을 꼬집은 예수의 평가에서 나온 것이다. 아나뱁티스트들은 신학 교육의 과정과 학문의 명성을 의심했다. 왜냐하면, 그들의 지식과 관점이 성서를 왜곡시키는 것을 피할 길이 없다고 믿었기 때문이다.

이런 학문적 과정을 경험한 후브마이어는 신학자들 자신의 위치와 안락을 지키려고 성서의 분명한 가르침을 회피하는 것에 대해 비난했다. 『신자들의 기독교 세례On the Christian Baptism of Believers』에서는 후브마이어는 "그들의 '술수'와 복잡한 주해와 부가적인 설명"[64] 때문에 단순한 그리스도인들을 혼란스럽게 만들어 놓은 것에 대해 비난했다. 신자의 세례침례에 반대하는 솔직하지 못하고 궤변적인 종교개혁의 논쟁에 대해 비평을 달면서 아브라함 프리즌Abraham Friesen은 냉소적인 결론을 다음과 같이 내린다. "어떤 사람은 성서해석학이 당신의 예정론의 관점을 합리화하는 예술이라고 생각할 수 있다."[65] 아나뱁티스트들은 신학자들이 자신의 안락과 기호에 맞추려고 성서해석을 얼마나 뒤틀리게 하고 있는지 혹은 성서의 도전을 얼마나 고의로 피하고 있는지를 알지 못하고 있다고 성토했다. 그들은 "이런 학자들은 그들 자신의 필요에 맞추려고 성서를 왜곡시킨다. 그 때문에 성서의 과격한 도전을 완화하고 있다"[66]라고 결론을 내렸다.

성서의 명료성에 대한 아나뱁티스트들의 강조는 성서가 많은 부분에서 모호하다고 간주하는 종교개혁주의 신학자들의 생각과는 대조적이다. 아나뱁티스트들은 성서의 모호성은 성서의 도전을 피하기 위한 또 다른 장치로 이용된다고 생각했다. 종교개혁자들은 성서는 믿음에 대한 교리적 내용에는 명확하지만, 교회론이나 윤리를 다루는 데는 그렇게 단호하지 않다고 말했다. 아나뱁티스트들은 '오직 성서'라는 말에 일치되지 않는 이런 구분에 대해 거절했다. 그들은 종교개혁자들이 인정한 성서보다 훨씬 더 많은 주제가 이해하기 쉽다고 비록 순종하는데 희생을 치러야 하지만 믿었다.

4) 결론

아나뱁티스트들은 종교개혁자들이 '오직 성서'의 원리에 충실해지려 했지만, 종교개혁자들은 그 원리를 전적으로 이행하는 데는 실패했다고 확신했다. 아나뱁티스트들의 해석학적 접근은 그들의 토대에서 신학자들의 과거와 현재를 무너뜨리는 도전을 추구함에 따라 다소 인습 타파적인 것이 되었다. 아나뱁티스트들은 해석에서 교육과 이성의 효과에 대해 의문을 제시함에 따라 상대적으로 반지성적인 사람으로 보였다. 그리고 그들은 종교개혁자들의 진정성에 대해 의심했다. 왜냐하면, 종교개혁자들은 성서에 대한 신실한 순종 위에 오히려 자신들의 관심을 올려놓았기 때문이다. 아나뱁티스트들의 주장이 정당하든 아니든 간에 그들의 상황 속에서 다루어진 비판이라는 점에서 고려돼야 한다. 그러나 분명한 것은 그들의 주장은 종교개혁자들에게는 존재감 있는 진실한 도전이었다. 가끔 세련되지 못한 언어표현에도 불구하고, 아나뱁티스트들의 주장은 광신자들의 단순한 구호가 아니었다. 반대자들이 포기를 강요할수록 많은 아나뱁티스트들은 그들의 접근법이 지시하는 바대로 살아냈다.

신학적, 사회적 그리고 실제적인 요소들

앞장에서 우리는 아나뱁티스트들이 강조하는 성서의 명료성은 종교 개혁자들의 일관성 없는 '오직 성서'의 원리에 대한 반작용으로 전개 되었다는 것을 보았다. 츠빙글리의 보다 급진적인 제자들예를 들면 그레 벨, 만쯔 같은의 경우에, 증거자료들은 그들이 예전의 멘토와의 교제를 끊었다는 것을 보여 준다.[67] 그러나 함께 작용하는 여러 요소는 성서를 이해하기 위해서 보통신자들도 성서를 해석하는 권리가 있다는 것과 그것에 대한 확신에 헌신하도록 하였다. 우리는 이들 접근의 긍정적인 이유를 반드시 경청해야 한다.

1) 신학적 요인

성서적이고, 신학적인 기초는 성서가 무식한 사람들에게 접근이 쉽 다는 아나뱁티스트들의 주장을 확증한다. 이것을 지지하고자 어떤 사 람이 인용한 구절은 마태복음 11장 25절의 예수의 기도이다. 그것은 하 나님께서 그분의 진리를 단순한 사람과 어린아이에게 나타내시는 것을 기뻐하신다고 한다. 클라스켄Claesken은 이 구절에 근거하여 성서를 이 해하는 자신의 능력을 변호했고, 바디안Vadian은 이 구절을 종종 아나 뱁티스트들이 설교 전에 먼저 읽었다고 기록한다.[68] 이 구절은 초기 급 진적인 그룹들이 배움이 없는 사람도 성서를 이해할 수 있다는 자신들 의 논리를 지지하려고 사용해 왔었다.[69]

성서의 많은 저자가 학문이 깊지 않은 보통사람이었다는 사실에 근 거한 아나뱁티스트들의 입장이 있다. 그러므로 그들이 쓴 것을 해석하 기 위해 지나치게 복잡하고 잘 훈련된 철학자나, 신학자가 필요하다고 예상할 만한 아무런 이유가 없다.

메노는 그의 반대자, 젤리우스 파버에게 "세리 마태와 어부 요한의 평이하고 단순한 간증에 만족하라고 촉구했으며, 그렇게 함으로 그가 인간의 지혜와 이성으로 배우지 못한 사람을 속이지 않을 수 있으며, 그들을 진리의 길에서 벗어나게 하지 않을 수 있다"[70]라고 말했다. 그는 자신의 주장을 밀고 나가려고 이런 사람들의 천한 직업을 강조했다. 호프만이 초기에 성만찬을 설명하면서 성체성사를 제정한 말씀에 대한 단순함을 설명하기 위해 논쟁을 벌인 것처럼 말이다. "무식했던 어부들이 거듭나기 전에도 그러한 단순한 설명을 잘 이해할 수 있었다. 그러나 각자의 분야에서 지혜롭고 위대했던 성서학자들은 하나님의 말씀에 대해 바보가 되고 미친 사람이 되었다. 지금도 여전히 그렇다. 그들 학자들이란 작자들은 다른 어떤 사람들이 말하고 표현했듯이 아주 확실하게 발설되고 표현된 아주 간단한 말들을 놓고서 서로 이러쿵저러쿵 부닥치고 싸우고 난리를 낸다."[71]

후브마이어는 더 앞선 단계를 밟으면서 예수가 목수였고, 잘 훈련받은 학자가 아니셨다는 사실에 헌신했다. 외코람파디우스와 논쟁하면서, 그는 "나는 당신들이 고등교육을 받은 사람이라는 것을 인정합니다. 실제로 당신들은 그러합니다. 그러나 나는 무식하게 말해 왔습니다. 나의 말은 단순합니다. 앞으로도 계속 그렇게 단순할 것입니다. 결코, 대학을 가보지 못한 목수의 아들이 제가 그렇게 말하도록 명령하셨으며, 그분이 목수의 손도끼처럼 나의 펜이 움직이도록 하십니다."나의 글을 쓰게 하십니다-옮긴이주 [72]

월터 크라센이 말하기를 후브마이어는 "해석의 섬세한 모든 도구를 가지고 신학자들과 논쟁할 수 있었다. 왜냐하면, 그도 그것들에 아주 익숙했기 때문이다. 하지만, 목수의 손도끼는 섬세한 도구가 아니었다. 이것은 직접적이고 그것의 움직임은 비록 광택이 나지는 않지만, 결단력이 있다"[73]라고 생각했다. 이런 부류의 논쟁은 뎅크의 『하나님의 법에서On the Law of God』에도 나타난다. "가장 학식이 높은 사람들이 진리에 대해 가장 화를 내는 것은 자신들이 성서에서 뽑아낸, 지혜롭고 부드러운 이해가 결코 모자랄 일이 없다고 생각하기 때문이다. 만약, 학교에 다녀 보지 못한 목수의 아들이 그들에게 가야만 했고, 그들이 거짓말을 하고 있다고 비난했다면, 그는 어디에서 그 사실을 배웠겠는가?요한복음7장 그러므로 그들은 예수가 그들의 문자적인 불합리literal-istic unreason에 양보하기를 원하지 않았기 때문에 율법을 거절했다고 생각했다."74)

메노와 더크 필립스는 성서에 대한 이성과 지적 접근의 역할에 대한 그들의 보류를 다른 신학적 논쟁의 기저로 삼았다. 인간 타락의 결과, 인간의 이성도 타락했고, 믿을 만한 것이 되지 못한다고 그들은 역설했다. 일반적으로 아나뱁티스트들은 종교개혁자들보다는 타락의 영향에 무게를 덜 두는 편이다. 그러나 그들은 인간의 이성에 대해서 만큼만은 타락의 영향력이 치명적이라고 보는 것 같다. 아나뱁티스트들은 종교개혁자들이 너무 지나치게 이성에 의존하고 있다고 느꼈으며, 그래서 타락의 영향에 대해 가르치는 것이 일관성이 없다고 믿었다. 당연히, 종교개혁자들은 아나뱁티스트들이 인간의 이성만 특별히 타락된 것으로 집어내는 것을 신랄하게 꼬집었다.

아나뱁티스트의 입장에 대한 특별한 신학적 기초가 가장 완벽하게 설명된 것은 1544년 카스파르 슈벵크펠트Caspar Schwenckfeld에게 보낸 마펙의 편지에 드러난다. 이것은 몇몇 아나뱁티스트들에 의해 이런 주제들이 어떻게 이해됐는지를 잘 보여준다.

하나님은 지혜자들의 배신 때문에 그들의 지혜를 빼앗으셨다. 그는 자기 진리를 신실하고 순전한 사람들에게 맡기셨다. 그러나 유식하고, 지혜롭고, 교활하며, 완고하게 독립적인 사람에게는 감추셨다. 그는 그 진리를 단순하며, 교육을 받지 못하며, 천하지만 신실한 사람들에게 드러내셨다. 그들은 진리를 간소하고 무식하고 단순한 말과 언변으로 증명하며 세속적인 지혜자들에 대항하여 말해야 함을 느끼는 사람들이다.

이런 지혜자라는 자들이 처음과 나중을 뒤바꾸어 놓은 채, 쉽사리 진리를 왜곡할 때, 그 진리가 얼마나 혼란스럽게 변하게 되는지 모른다. 오늘날까지도 그런 지혜는 성서에 대해 기교를 부리는 지식을 기초로 하여 예수를 교육받지 못한 목수의 아들이라고 간주하고 있다. 그리고 마치 하나님이 항상 시작하고, 결론을 내리듯이 대단한 기술과 언어, 이성, 인간의 지혜로 고상한 예수를 만들어 놓았다. 그러므로 단순하고 신실하고 진실한 마음의 언어를 배우는 단순하고 신실한 사람들이 지금은 라틴어, 헬라어, 히브리어, 그 밖의 언어를 배우는 사람보다 수천 배나 더 필요해졌다.[75]

(2) 사회학적이며 실제적인 요인

단순한 사람들이 성서를 이해하는 권리와 능력을 강조한 아나뱁티스트 운동이 대개 배우지 못한 농부들과 장인들로 구성되어 있다는 것은 우연의 일치가 아니다.[76] 초기의 많은 지도자들이 어느 정도의 교육을 받았다 할지라도 이들은 대학과 신학적인 훈련을 거쳤다 대부분의 이런 지도자들은 잘 훈련된 학자나 신학자를 배출하지 못한 채, 새로운 교회를 남긴 채 요절했다. 그래서인지 아나뱁티스트의 입장이 필연적인 조언이었는가에 대해 당대의 학자들이나 후세대의 학자들에게 끊임없이 토론되어왔다.

그레벨과 친분이 있고, 스위스형제단 공동체를 잘 알았던 바디안 Vadian은 다음과 같이 말했다. "그들은 보통 평범한 사람들이었고 성서에 대해 많은 훈련을 받지 않았기 때문에 그들은 신학적 가이드의 필요를 거절하려고 했으며 마태복음 11장에 있는 말씀을 설교 초반에 인용함으로 그런 태도를 방어했다 : "그때에 예수께서 대답하여 이르시되

천지의 주재이신 아버지여, 이것을 지혜롭고 슬기 있는 자들에게는 숨기시고 어린 아이들에게는 나타내심을 감사하나이다."[77]

아나뱁티스트들이 별다른 대안이 없어서 성서의 명료성과 그리스도인들의 해석하는 능력에 대해 급진적인 입장을 취했다는 비난을 종종 받았다. 그들의 글들에 붙여진 꼬리표들은 이렇다: 미숙한,[78] 배우지 못한,[79] 무식한,[80] 단순한,[81] 조잡한[82] 등등. 그들은 그들 교회의 구조 때문에 자신들이 취한 입장을 위해 신학적 정당성을 고안해 놓았다고 비난을 받았다.

신학적 요소와 실제적 요소 사이의 상호 대화가 이루어지기는 쉽지 않다. 실제에 대한 반영으로서 신학의 현대적 관점은 억지로 이 둘 사이를 갈라놓거나, 이 둘 중에 순위를 매기는 일에 주의를 준다. 그들의 굳건한 신학적 입지가 목회적 경험과 실제적인 교회론에서 나왔다는 사실은 그들의 입지를 설득력 있게 해 준다. 종교개혁자들의 입장도 신학적 관심에서 나왔다기보다는 종교개혁이 대학에서 시작되었으며 교회와 국가의 힘과 영향력을 가진 사람들에게 목표를 두었다는 사실에서 유래하였다는 것과 똑같이 토론이 될 수 있다.

여기에서 아나뱁티스트적 사고전개에서의 중요한 요인은 성서를 다루는 종교개혁자들에 대한 그들의 경험이다. 아나뱁티스트들은 실망했고, 참을 수 없었고, 가끔은 종교개혁자들이 너무나 명백한 것까지 가르치지 않고 실천하지 않는다는 것에 분노했다. 그들은 이런 그럴 듯한 타협에 반대하는 반응을 보이면서 그 타협에 대한 이유를 생각함에 따라 아나뱁티스트 자신만의 입장을 계발해 낼 수 있었다. 성서적인 사람으로서 그들은 성서로부터의 지도를 구했으며 거기서 가난하고 단순한 사람들을 위한 하나님의 관심을 발견했다.

우리는 아나뱁티스트들에게 학자가 없다는 사실을 너무 부각해서는 안 된다.[83] 확실하게 그것은 훈련된 신학자들에게 구속되지 않은 해석학의 모델을 취하는 경우와 모든 학문에 대한 의심을 품는 한 요인이 되었다. 그러나 비록 그들에게 많은 훈련된 신학자들이 있었다 할지라도 그들은 여전히 비슷한 입장을 취했을 것이다. 아나뱁티스트 중 가장 높은 교육을 받은 후브마이어의 태도가 이 사실을 증명한다. 그는 자기 반대세력에 의해서 유능한 신학자로서 인정을 받았다. 그는 아나뱁티스트 운동의 교리 문답, 세례와 성찬의 순서, 그리고 그 밖의 좀 더 체계적인 신학적 자료를 제공했다. 그의 글들은 루터와 칼뱅의 글들과 함께 가톨릭교 지도자들에 의해 금지되었다. 그러나 우리가 보아 왔듯이, 후브마이어는 단순성의 원리에 헌신했고, 신학적 교육의 효과에 대해 크게 신뢰하지 않았다. 아나뱁티스트들 사이에서 신학적이고 지적인 궤변은 의심스러운 것이었다. 그들에게 신학자가 없어서가 아니라, 그들은 그런 궤변이 주는 결과를 좋아하지 않았기 때문이다.

비판

우리는 이미 두 가지 비판에 대해 살펴보았다. 하나는 아나뱁티스트의 입장은 필요에 의한 결과로 나타났다는 것과 또 다른 하나는 그들은 너무 순진한 과신을 드러냈다는 것이다.[84] 더 심한 비판은 아나뱁티스트들의 이성과 교육에 대한 언급은 그들이 이성과 배움 그리고 지성을 평가절하하는 반지성주의자들이라고 하는 말을 듣게 되었다. 윌렘 발크Willem Balke는 칼뱅이 "반복적으로 그리고 강하게 아나뱁티스트들의 반지성주의에 대해 반대했다"[85]라고 했으며, 발크는 "아나뱁티스트들은 당대의 문화와 학문을 영적인 차원에서 과소평가했다"[86]고 결론을 내렸다.

아나뱁티스트들이 문화와 학문을 과소평가했다는 것은 확실히 맞는 말이다. 그러나 발크의 설명은 잠재적으로 오해의 소지가 있으며 단지 이 운동의 어떤 부분에서만 그의 말이 사실이었다. 어떤 사람은 합리적이고 지적인 접근을 거부했으나 많은 그룹 가운데서 성서를 상식적으로 접근해서 이해할 수 있다는 확신이 있었다. 물론 보통의 신자들도 영적인 조명을 받을 수 있다고는 봤다. 그러한 확신 때문에 그들이 학문을 무시하거나 깎아내리는 일이 벌어졌다. 그리고 아나뱁티스트 운동은 인간의 합리화로 말미암아 생긴 오염된 영향력을 피하게 하면서 반지성주의는 더욱 강화하였다.

다른 비평은 지나친 궤변에 의해 성서의 명령이 모호해지는 것을 그들의 열심으로 막으려고, 아나뱁티스트들은 언어학적으로, 역사적으로, 고대문화에 대한 이해와 학문이 반드시 필요한 어려운 본문이 있다는 사실을 인식하지 못했다는 것이다.[87] 예를 들어, 맹세에 대한 그들의 접근을 보면 그들은 16세기 맹세에 대한 의미와 1세기 때의 맹세에 대한 의미가 똑같은 것인지에 대한 연구 없이 접근했다. 이것은 중요한 결론을 내리게 한다. 그러나 아나뱁티스트들의 '삶의 자리Sitz im leben'는 초대교회와 비슷하다는 확신은 그런 질문을 던지는 것을 거절하였다.

아나뱁티스트들이 학문을 완전히 버림으로 성서를 명료하게 해주는 도구를 포기한 것처럼 보인다. 예를 들어 상대적으로 고대역사에 대한 무지는 그들이 원래 저자가 의도했던 의미를 발견하는 대신 본문을 문자대로의 의미만을 취한다는 것을 말한다. 모든 신자의 성서해석에 대한 참여권에 대한 헌신은 모든 사람이 똑같이 성서를 잘 해석할 수 있다고 변호하는 어려운 위치에 그들을 위험스럽게 갖다 놓았다.

단지 성서에서 명시적으로 명령한 것만이 교회를 위한 규범이라고 주장하는 일부 아나뱁티스트들의 경향, 특별히 초기 스위스 형제단은 더 심한 문제들을 일으켰다. 초창기 예가 그레벨의 가르침이었다. "무엇이든지 명확한 말과 예를 들지 않고 가르쳐진 것을 우리는 금지한다. 마치 "이것은 하지 말라"라고 쓰여 있기라도 한 것처럼…."[88] 그리고 그는 뮌쩌에게 명확하고 확실하게 성서 안에서 발견된 것만 선하고 옳은 것으로 평가하라고 조언했다. 이것은 그들의 반대자들이 명백한 성서적 보증유아세례에 대한 신약의 기초 같은 것에 대해 주장하지 못하도록 도전하는데 효과적인 방법이었다. 하지만, 이것은 성서해석을 제한적이며, 상상력이 가미되지 않는 접근방법으로 이끌었다. 이것은 성서를 현대적 이슈와 연관시키는 범위를 심각하게 줄이는 결과를 가져 오기도 했다.

'성서주의자' 라는 말은 가끔 아나뱁티즘의 이런 경향에 적용되었던 것이다. 예를 들어, 베르너 팩쿨Werner Packull은 이런 꼬리표가 "단지 성서를 최종적인 권위로서 단호하게 주장했기 때문만 아니라, 스위스 아나뱁티스트들이 '오직 성서'에 명백히 명령한 것 혹은 그것의 예를 들어 설명한 것만 기독교 교회를 위한 규범이 되어야 한다는 원리에 충성하겠다고 선언했기 때문이기도 하다"[89]고 했다. 이 제한적인 접근은 다른 아나뱁티스트들에 의해 거부당했다. 아나뱁티스트들이 그토록 확신했던, 성서가 단순하기에 접근용이 하다는 점은 그들이 격렬히 반대하는 바로 그 크리스텐덤 안에 있을 때만 유효할 수 있다는 것 또한 사실이다.

수 세기 동안 기독교화되지 않은 문화에 대하여 어떤 사람들은 현대의 상황과 성서 속 상황의 차이가 너무 커서 문맥적 도움 없이 성서를 이해하려는 노력은 혼동과 오해를 낳기 십상이라고 말한다. 아나뱁티스트들이 그런 문화적 다양성을 인식하지 못했기에 이 비판은 16세기에만 있었던 타당성이 아닌, 오늘날 그들의 해석학과 관련되어 더 나은 길로 안내한다. 그러나 성서를 읽을 수 있었던 순전한 첫 세대는 기독교 제국 안에서 비판적으로, 학문적으로 읽는 것보다 성서의 진정한 의미에 더 많이 열려 있었을 것이다.[90]

더 추가된 비판은 비록 성서의 이해를 흐리게 하는 교리적 영향을 허락하는 것을 거절했지만, 윤리를 실천하기 위한 윤리적 고찰을 허락했다는 점이다. 만약 종교개혁자들이 교리적 확신과 일치하는 방법으로 성서를 해석하기로 작정했다면 아나뱁티스트들도 똑같이 그들의 윤리적 확신과 일치하는 방법으로 성서를 해석하기로 작정한 것이다. 이런 비판에 대해 있을 수 있는 반응은 그들의 윤리적 확신은 성서에서 나온 것이지, 성서에 부과한 것이 아니라는 것이다. 이런 반응은 종교개혁자들의 교리적 헌신도 성서에서 유래한 것이라는 주장과 비슷하다. 아나뱁티스트 운동이 점점 확산하면서 뚜렷해진 또 다른 약점은 성서 본문의 의미에 대한 논쟁거리를 해결하는 데 어려움이 있다는 점이다. 이런 어려움은 분명히 좀 더 복잡하고 세련된 접근법에 영향을 주었다. 실제로 여러 가지 의미로 이해될 가능성 있는 내용이 아주 많을 수도 있다. 그러나 이것은 성서가 단순하고 명료하다고 주장하는 사람들에게는 특별히 첨예한 문제이다.

예수의 가르침에 반대로 반응하듯이, 맹세를 하는 것을 반대하는 사람들도 아마 이 주제에 대해서 성서를 매우 명확하다고 생각하는 것 같다. 그러나 모든 아나뱁티스트가 동의하는 것은 아니다. 뎅크는 "무엇이든 진실을 말하는 사람은 실제로는 하나님을 그것에 대한 증인으로 부르는 것이다. 그는 이런 것을 하면서 그의 손을 든다든가 그 밖의 것을 하면서 설교자들과 함께 더 많은 것을 할 수 있다. 그리고 그것이 맹세라고 불리든 그렇지 않든 간에 별 차이가 없다. 이것을 금지하신 예수의 마음이 아니다."[91] 문맥을 통해서 보면 그가 예수의 가르침이 규범이라는 슐라이트하임의 입장을 취하고 있지만,[92] 그 가르침에 대한 해석을 수용한 것은 아니다. 한스 후트도 맹세하는 것을 강하게 금지하지는 않았다.

1527년 심문의 보고서에서는 그의 입장은 "정부의 끈질긴 요청에 대해 맹세하는 것은 하나님에게 대항하는 것이 아니다. 그러나 그는 하나님에게 대항하는 어떤 것에도 맹세하지 않았을 것이다"[93]라고 말한다. 마펙의 이 주제에 대한 글은 소실되고 없다. 스트라스부르 자료를 보면 그는 맹세에 대해서 반대하는 것처럼 보이지만 스위스 형제단의 입장을 취하지는 않았다. 그 실마리는 1550년 마펙 모임에 속해 있었지만, 스위스 형제단의 입장에는 동의하지 않은 스위스 아나뱁티스트, 요그르 말러Jorg Maler의 심문에서 발견된다. "그리스도인들은 형제를 위하여, 사랑을 위하여 그리고 정의와 진실을 지키도록 맹세할 수 있다고 그는 믿었다. 그리고 지금도 믿고 있다"[94]라고 보고했다.

윌리엄 키니의 기록에 따르면, "아나뱁티스트들이 성서해석에 대한 자신들의 가정 및 전제를 주의 깊게 관찰하지 않아서 그들은 서로 이해하는 데 실패했고, 가끔은 그들이 제안한 것이 아닌 다른 해석에 공감하는 일이 부족했다. 2세대에 와서 더 작고 관용성이 부족한 여러 그룹으로 나누어진 현상은 그들의 약점의 결과라고도 말하는 것이 부분적으로 옳다."[95] 이 약점은 적어도 어느 정도는 이론적인 면에서는 아나뱁티스트들이 새로운 계시에 대해 열려 있는 마음에 의해서 상쇄가 된다. 그러나 분명히 성서의 의미는 처음 독자들이 읽었던 것처럼 그렇게 명확한 것이 아니다.

한계 설정

우리가 비판을 고려하는 반면, 또한 반드시 아나뱁티스트들이 그들의 기본원리에 두었던 몇 가지 한계설정에 대해서도 주목해야 한다. 이것 중 몇몇은 비판에 대한 반응으로서 만들어졌고, 또 다른 것은 초기부터 자리를 잡고 있었던 것처럼 보인다. 비록 많은 공간을 할애하지는 않았지만, 이 한계설정들은 아나뱁티즘의 원리가 어떻게 실제에 적용되었는가에 대한 그들의 생각을 보여준다.

일부 아나뱁티스트들은 이성이 성서해석의 한 위치를 차지하고 있음을 조심스럽게 인정했다. 『명확하고 유용한 가르침*A clear and useful Instruction*』에서 마펙은 그의 "반대자들이 지지하는 높은 지성의 사용과 교활하고 자의적인 짜맞추기"[96]를 거절했다. 그는 자기 반대자들에게 이성을 포기하라고 조언한 것은 아니다. 하지만, 인간의 이성이 우리를 어둡게 한다는 에베소서의 말씀을 인용하면서 그들의 이성을 그리스도께 굴복시키는 것이 이성의 기능에 진정한 자유를 주는 것이라고 말했다.[97] 비슷하게, 후브마이어도 루터가 명백한 이성에 호소한 것처럼 하지는 않았지만, 성서에 대한 그의 이해를 확증하기 위한 실제에서는 이성에 의존했다. 이것은 모든 스위스 형제단에게 사실이며 성령의 역사는 이성을 자유롭게 하여 어둠에서 빛으로 인도하는 것이라는 그들의 믿음에 기초하고 있다.[98]

게다가, 어려운 본문을 해석하는데 일차적으로 도움을 주는 (고대 성서) 언어들의 지식이 필요하다는 것을 아나뱁티스트들도 인정했다. 후브마이어는 이렇게 말했다. "비록 나는 어려운 본문의 해설을 위한 고대 언어의 사용을 무시하지는 않지만, 성경의 밝고 명확한 말씀에까지 과하게 할 필요는 없다."[99] 마펙 또한 "성서언어라든가, 다른 자연스런 기술이 훌륭하지만 나는 단순한 마음의 언어를 배우는 것이 고대 언어에 숙달되는 것보다 더 필요하다고 믿는다"[100]라고 결론을 내린다. 어떤 사람들은 히브리어와 헬라어를 아는 것의 가치에 대해 덜 중요하게 느낀다. 데이비드 조리스는 성령과 독일어만 있으면 충분하다[101]고 말하면서 고대 언어에 능숙하다고 좋은 해석자가 되는 것이 아니라고 생각했다.

그의 책 『주리고 짐을 진 영혼을 위한 복된 지침서*A Blessed Instruction for the Hungering, Burdened Souls*』에서 "그들은 모든 것을 가졌다. 그러나 언어에 대한 지식을 가졌다한들 그들은 하나님의 말씀을 이해하지 못한다. 절대 못한다. 만약 그렇다면 아람어나 히브리어, 헬라어, 라틴어에 능통한 사람들은, 성서 원어에 대한 관심과 지식이 모자란 스위스 형제단에 대해 불평하는 대신에 지혜를 가지고 있어야 한다"[102]고 주장했다. 츠빙글리는 성서의 원어에 대한 관심이 없는 스위스 형제단에 대해 비난했다.[103]

당연히, 아나뱁티스트들은 학문의 다른 어떤 측면보다 고대 언어에 대한 지식의 가치를 인정하기가 더 쉽다는 것을 알았다. 왜냐하면, 성서의 원본을 공부하는 것이 성서를 정확히 해석하고자 하는 그들의 헌신과 상충하지 않았기 때문이다. 그들은 단지 그 문제에 한해 물러나 있었던 것이다. 그러나 언어적, 지적 기술에 의존하는 것이 성서에 다른 외적인 사상을 주입하는 결과를 가지고 올 수 있다는 것을 조심스럽게 보는 태도를 견지했다. 그리고 그들은 신학적 토론에서 더 많은 점수를 얻으려고 언어적 재간을 자주 부리는 것에 감동하지 않았다. 메노는 젤리우스 파버에게 글을 쓰면서 많은 사람이 느꼈던 경계심을 드러냈다. "성서가 순수하지 않고 육적인 마음을 가진 세상 사람 대부분에 의해 읽히는 것처럼, 언어의 지식과 기술을 통해서 한 언어가 다른 언어로 바뀌는 번역과정 없이도, 명백하게도 말씀은 육적인 마음으로 해석될 수 있다"[104]라고 말했다.

그들의 이런 성향에도 불구하고, 어떤 아나뱁티스트들은 철학과 신학을 성서를 설명하는 데 이용했다. 윌리엄 키니는 더크 필립스와 메노 사이먼스에 대해 이렇게 결론을 내렸다. "그들은 삶의 규범과 신학의 기초로 성서를 이용하려고 하면서도, 가끔은 성서가 노골적이라기보다는 단지 함축적이라는 그들의 입장을 확고히 하려고 철학적이며 신학적인 도구를 사용했다."[105] 두 사람 다 자신들이 수도사와 사제로서 받은 신학적 훈련에 빚졌다는 사실에 감사하지 못했다. 그리고는 그들이 생각하는 것보다 그것을 더 많이 사용했던 사람들이다.

게다가, 교회와 성령의 역할에 대한 아나뱁티스트들의 또 다른 하나의 측면에서, 평범한 사람도 성서를 해석할 수 있다는 그들의 확신을 우리는 보아야 한다. 성서해석은 모든 신자의 능력 내에 있는 것이다. 그러나 그것을 위한 장소는 신자들의 공동체이며, 성서 해석자로서 성령을 의지하는 것은 기본이다. 개인들은 그들의 이해에만 의존하지도 않고, 형제, 자매들의 헌신을 무시하지 않는다. 이상적인 아나뱁티스트 해석가는 교회 안에서 성령이 이끄시는 신자이다.

끝으로, 우리는 이 이상적인 아나뱁티스트 해석가들이 이 운동의 초기시절부터 생존하기 어려웠다는 것을 인식해야 한다. 종교개혁자들이 말하는, 신자들이 성서해석에 참여할 수 있다는 생각은 아나뱁티스트들이 볼 때는 현실 속에서는 모순이 많다고 본 것처럼, 아나뱁티스트들도 교회에서 성서해석의 역할을 임명받은 지도자들로 제한하였거나, 기존의 지식범위 안에서 이해하려는 경향이 있었던 것으로 보인다.

평가

위에 개괄된 원리에 대한 우리의 평가는 그 원리들이 아나뱁티스트 해석학의 다른 중요한 측면과 함께 이해될 때까지 시험적인 것으로 남겨둔다. 그러나 세 가지 논평은 여기에 둘 수 있다.

첫째, 아나뱁티스트적 접근법은 특징적이며 중요하다. 이것은 단순히 종교개혁자들이 품었던 생각의 적용이 아니라, 루터나 츠빙글리보다 더 급진적 개혁가인, 칼슈타트Karlstadt 와 뮌쩌와 더 많은 공통점을 가지고 있다. 이것은 장점과 더불어서 약점을 가지고 있다. 그러나 이 아나뱁티스트적 접근은 널리 퍼져 있는 해석학적 가정 및 전제에 대해 도전했고 일치되지 않는 영역을 분명히 밝혀주었다.

두 번째, 이 아나뱁티스트 운동이 형성되는 시기 동안 아나뱁티스트적 접근은 실제로 수천 명의 평범한 그리스도인들을 자유롭게 했다. 약점이나 불균형 또는 무정부상태의 끊임없는 위험이 있었지만, 종교개혁이 약속은 했으나 성취하지 못한 것을 아나뱁티스트는 평신도와 여성들을 참여케 함으로 가능케 했다. 결과적으로 평범한 그리스도인들이 성서 말씀과 씨름할 수 있게 한 믿음과 에너지는 심한 박해 가운데서도 생명력이 있던 아나뱁티즘 운동의 특징을 설명하는 데 큰 역할을 한다. 라 베른 루스츠맨La Verne Rustschman은 "그들의 시대에 이질감이 있었던 사회적, 정치적, 교회적 구도를 거절하게 이끌었던 성서공부를 통하여 그들은 해방되었다는 것을 관찰했다. 그들은 하나님의 말씀을 통해 새로운 방법으로 하나님께서 그들에게 말씀하신다는 확신 때문에 순교의 상황에서도 교회와 국가를 거절할 수 있는 용기를 찾았다."[106] 말씀의 내용만이 그들을 들뜨게 한 것은 아니었다. 새롭고 자유로운 해석학이 보통신자들도 말씀을 공부하고 반응할 수 있도록 지위를 부여해 준 것이었다.

셋째로, 아나뱁티스트적 성서접근 자체는 적절한 것은 아니다. 특별히 학문을 얕보는 태도와 성서 안에 있는 어려움을 인식하는 데[107] 실패한 것은 평신도의 참여가 정확하고 믿을 만한 성서해석을 할 수 없다는 결론을 내리게 할 뻔했다는 것이다. 많은 성서 독자가 성서의 단순함에 대해 전제하는 것이 원래 저자들이 경험했던 다른 역사적, 문화적 배경 속에서 의도한 것이 아닐 수 있다는 것이다. 어떤 아나뱁티스트들은 이런 부족한 점을 인식함으로 학자들의 공헌을 환영했고, 다른 해석학적 원리 또한 적절한 해석을 확실하게 하려면 사용되어야 한다고 주장했다.

성서로 성서를 해석하기

성서를 해석하도록 돕는 외부의 참고자료를 사용하는 것을 별로 좋아하지 않는 아나뱁티스트들의 경향은 성서가 그 안에 이미 제기된 문제를 풀 수 있는 충분한 자원들이 있다고 믿는 믿음과 조화가 된다. "우리는 성서가 더 확실하게 해석될 때, 그 의미가 더 명확해진다는 것에 동의한다. 왜냐하면, 성서는 서로서로 정확히 비교되고 해석되는 한, 절대로 모순되는 일이 없다"[108]라고 마펙이 그의 글 『신구약 해설 *Explanation of the Testaments*』의 서문에서 쓰고 있다.

아나뱁티스트들은 모호한 본문도 명확한 다른 본문과 비교함으로써 이해할 수 있다고 생각했다.[109] 후브마이어는 『간단한 가르침*A Simple Instruction*』에서 이렇게 썼다: "마치 많은 촛불이 함께 켜져 있듯이 성서가 말하는 것이 분명하지 않거나 매우 짧게 이야기하고 있어서 명확하지 않은 부분은, 다 동의하지는 않더라도, 더 명확하고, 더 단순한 다른 본문을 그 짧고 명확하지 않은 본문 옆에 둠으로써 그 어려움을 해결해 주어야 한다. 그렇게 함으로 성서의 밝고 명확한 빛이 확 비추어질 것이다."[110] 그에게 있어, 성서의 명쾌함은 어려운 본문이 있다고 해서 달라지지 않았다. 만약 명확한 본문이 이런 까다로운 부분에 빛을 비추어준다면 성서의 전반적인 명쾌 단순함은 보장된 것이었다.[111]

후브마이어의 두려움 중의 하나는 뚝 떨어진 본문 하나가 종종 '반쪽의 진리'가 되는 것이다. 『자유의지 *Freedom of the Will*』에서 그는 해석자들에게 성서를 가지고 조각조각 나누는 일을 하지 말라고 부탁했다. 그리고 대신에 반대되는 말씀과 비교하면서 전체 그림 속에서 그 두 개를 서로 묶으라고 조언했다. 그는 이렇게 하지 않을 때 "분파, 싸움 그리고 이단"[112]을 낳게 된다고 믿었다. 뎅크도 비슷한 말을 그의 책 『하나님의 율법에 관해*On the Law of God*』에 썼다: "육적인 진리를 수용하고 영의 진리를 간과하려는 사람은 같은 저울에 말씀의 상반되는 두 주장을 같이 둘 수 없는 사람이다. 이 두 상반되는 것에서 무엇을 얻었든지 그들은 단지 반쪽 진리만을 가지고 있다"[113]라고 말했다. 그는 이런 상황 속에서 성령의 통찰력을 신뢰하라고 주장했다: 해석자는 "본문들이 성령의 기름 부으심으로 해석되기 전까지는 그 본문을 확실하게 받아들여서는 안 된다."[114] 그가 이해하지 못하는 것에 대해서는 판단을 유보해야 하며, 주의 깊은 비교와 균형감을 격려해야 한다: "그가 이해할 수 없는 본문 내에서의 어떤 부분이 있다면 그는 성서의 다른 부분의 증거에 대해 무시하지 말아야 한다. 오히려, 그는 반대되는 내용을 붙잡으면서 부지런히 연구해야 한다."[115]

후브마이어도 성서가 스스로 해석하도록 허락하는 또 다른 규칙문맥 속에서 본문을 이해하는 중요성에 대하여 가르쳤다: "성서는 반드시 문맥 속에서 보아야 하며 앞에 무엇이 있었는지, 그리고 뒤에 무엇이 나오는지를 봐야 한다. 문맥에서 떨어져 나와 있다면, 중요한 본문은 여러 다양한 해석의 가능성을 허락하게 된다. 그러나 문맥 속에서 보면 내용은 분명하고 확실해진다."[116] 이처럼, 호프만은 그의 독자들에게 주의를 주었다: "단어들과 너무 많이 씨름하지 말고, 하나님의 말씀에서 어디선가 조각만을 떼어낸 체, 정확한 이해 없이 그것을 고집스럽게 주장하지 마시오. 그리고 그것에 반대하는 다른 모든 말들을 거짓말인 양 혹 평하지 마시오. 그렇게 할 때 말씀을 오용하게 되며 성령과 함께 성서를 집필한 사도들과 선지자들을 다 거짓말쟁이로 만드는 것이 됩니다. 하나님의 모든 말씀은 똑같은 무게를 가지고 있기 때문이오"[117]라고 주의를 주었다.

메노 역시 문맥의 중요성에 대해 긍정했다. 그는 기독교 세례침례에서 '증거-본문식' proof-texting:논리를 입증하기 위한 본문을 사용하는 해석에 저항했다: "자신들의 선호하는 예배를 위해 성서 말씀을 찢어 놓는 것은 모든 이단의 현상이다. 그들은 사람들이 확신하는 바른 의미로 본문의 앞과 뒤를 살피지 않는다."[118] 마펙은 슈벵크펠트Schwenckfeld에게 다그쳤다: "나는 골로새서에 대한 두 번째 장에 대한 당신의 별 의미 없는 이야기에 대해 반응을 해야겠소. 부지런히 골로새서를 읽어보시오. 그리고 그런 상상으로 만든 조각들을 따로 떼어 내지 마시오."[119]

그는 또한 헬레나 본 스트라이어Helena von Streicher도 훈계했다: "당신은 성서를 단편으로 조각을 내 놓았소. 그리고 전체로서 보지 않았소."[120] 그리고 더크 필립스도 가르치기를 "각 구절은 반드시 그 문맥 속에서 이해해야 할 뿐 아니라, 각 본문은 전체 성서의 맥락에서 이해해야 한다"라고 했다: " 성서의 많은 본문이 한 본문을 위해 양보해야 한다는 것은 옳지도 않고 용납되어서도 안 된다. 반대로, 하나의 본문이 다른 많은 본문에 양보해야 하며 그것은 많은 증거에 의해 이해되어야 한다."[121]

얼마나 아나뱁티스트들이 이 원리에 일관성이 있었는가에 대한 문제는 토론의 여지가 있다.[122] 가끔, 특별히 심문 가운데 있을 때, 그들은 본문 문맥에 대한 전반적인 이해 없이 '증거−본문식' proof-texting으로 인용했다. 칼뱅은 아나뱁티스트들이 문맥 속에서 어떤 본문만을 떼어 내는 것에 대해 호되게 지적하는 사람 중의 한 명이었다.[123] 그러나 아나뱁티스트들도 성서의 명확성이라는 말이 모든 구절이 따로 이해될 수 있다는 것을 의미하는 것은 아니었음을 알 수 있다. 이런 원리에 대한 보통 이상의 상세한 예가 1538년 스트라스부르 논쟁의 보고서에 기록되어 있다.[124] 훈계와 고백에 대해 논쟁할 때, 데이비드 조리스와 스트라스부르 멜키오르파Strasbourg Melchiorites는 예수와 야고보와 바울의 가르침에서 발견되는 명백한 차이점에 대해 토론했다. 그들의 논평들은 그들이 문맥에서 각 본문의 가르침을 이해하려고 애썼음을 보여주고, 다른 문맥 속에서 기초하여 모순되어 보이는 본문 사이를 확실하게 구분 짓는 데 관심을 보였다. 그들이 이 토론 속에서 합의점을 찾는 데 실패했다는 사실은 성서를 성서로 비교하고 문맥 속에서 각 본문을 보아야 한다는 것이 해석학의 확실성을 보장하지는 않는다는 것을 보여준다.

종교개혁자들도 성서를 성서로 해석한다는 사실에 헌신한다. 비록 아나뱁티스트들보다 외부자료의 도움에 더 많은 무게를 두었지만, 그들의 주된 방법 또한 성서로 성서를 비교하는 것이었다. 앨리스터 맥그래스Alister McGrath는 츠빙글리와 부처Bucer의 해석학을 "원래 자료, 기초로 돌아가려는 시도"[125]라고 묘사했다. 그들은 해석의 골격차원에서라기보다는 성서 자체의 특성이라는 차원에서 해석하려고 했다. 성서가 성서의 해설자이다" '오직 성서'에 헌신하는 것과 성서의 단순성에 헌신하는 것의 관계처럼, 성서가 성서의 해설자라는 사실에 대해 종교개혁자들과 아나뱁티스트들 사이에는 약간의 이견이 있었다. 그러나 양쪽 모두 이 원리를 정확히 적용하지 못하고 다른 본문을 배제한 채, 어떤 본문들만 강조하는 그들의 반대자들을 서로 비난했다. 어떻게 본문을 이해하고 적용하는지에 대한 상당한 차이가 거기에는 있을 수밖에 없었다.

먼저, 대부분의 아나뱁티스트들은 구약성서는 신약의 관점에서[126], 특별히 예수의 가르침과 삶의 본에 따라 해석되어야 한다고 주장했다. 그들은 예수를 하나님의 가장 뛰어난 계시로 이해했다. 예수를 통해 계시의 빛이 가장 힘있게 비친 것이다. 그렇기에 그의 행함과 말씀을 담은 본문은 후브마이어의 '성경의 밝고 명확한 본문'과 동일시된다. 그리고 다른 모든 것을 해석하는 데 있어서 고리관으로 사용되었다.[127] 더크 필립스는 『모세의 성막The Tabernacle of Moses』라는 책에서 그가 동의하지 않는 해석에 대해 이야기하면서, 그것은 "성서본문과 모든 면에서 모순되며, 그 방법은 복음에 적합하지 않다"[128]고 주장했다.

종교개혁자들은 아나뱁티스트들에 비해 성서를 평면적인 책Flat book으로 보는 경향과 본문 바로 주변의 문맥에 더 강조점을 두는 경향, 그리고 성서 전체에 대하여 중심적 교리에 맞추어 모든 본문을 해석하는 경향이 많다. 실제로 예수의 삶과 가르침에 연관하여 다른 본문을 해석하기보다는 예수의 어려운 말씀들을 좀 더 명확하다고 생각되는 다른 본문을 가지고 해석한다. 아나뱁티스트들은 이것을 '둘러댄다 explained away'라고 말했다. 이것이 종교개혁자들과 아나뱁티스트들 사이에 있었던 논쟁의 중요한 포인트였으며 윤리학적, 교회론적 결론에서 상당히 다른 방향으로 나갔다. 어떻게 한 본문이 명확한 본문인지 모호한 본문인지를 결정하는 것일까?

두 번째로, 어떤 아나뱁티스트들은 종교개혁자들이 사용하는 성서의 '일반적 흐름general drift'의 적용을 경계했다. 아나뱁티스트들은 대체로 이것의 타당성을 인정했고, '성서의 특징'을 언급할 때, 이 부분에 대한 여지를 남겼다. 하지만, 그들은 이것이 성서를 설명하기보다는 성서를 얼버무리는 데 사용될 수 있다는 사실을 다시 한번 의심했다. 그 좋은 예가 자틀러Sattler가 벌인 부처Bucer와 스트라스부르의 종교개혁자 카피토Capito와의 논쟁이다. 그는 바울의 가르침을 해석하는 데 있어서 그들이 사용하는 '사랑'의 개념을 거부했다. 왜냐하면, 그는 그들이 어떤 특정한 가르침을 제거하기 위해 그 개념을 사용하며, 사랑의 의미에서 강제성을 제거하여 일반성을 모호하게 함으로 성서의 의미를 절감시켰다고 생각했다. 자틀러는 이런 것을 거부하기 위해서 20가지 이유를 목록으로 만들었다. 그리고 "예수를 닮아가는 데 있어 어떤 불필요한 심각한 시도를 부추기는 어그러진 사랑의 원리가 신자들로 하여금 불신자를 닮게 했고, 신약 성서의 권위가 가진 직접적인 호소력을 제거하는 일을 했다"[129]고 주장했다.

1531년에 쓰인 '아나뱁티스트를 어떻게 다룰 것인가How to deal with Anabaptist'라는 편지에 불링거Bullinger가 주창한 비슷한 원리를 고려하면서, 존 요더John H. Yoder는 "여기서 사랑의 개념이 교회의 교리적 경험의 축적이라고 볼 수 있는 믿음과 함께 사회의 하나 됨을 수호하는데 공헌하는 것이면 무엇이나 사랑에 필적한다고 말했다. 그렇기에 해석학적 안내자로서 믿음과 사랑의 법칙은 '오직 성서'의 급진적인 상대주의를 의미한다."[130] 종교개혁자들이 아나뱁티스트에 반대하여 '오직 성서'라는 말을 사용했듯이, 가톨릭 반대자에게서 나온 '오직 성서'에 대한 이론을 수용하는 종교개혁자들을 상상하는 것은 몹시 어려운 일이다. 다시 한번 말하자면, 아나뱁티스트들은 종교개혁원리가 논리적 결론에 이를 때까지 그것을 추구했으며 종교개혁자들이 불편함을 느낄 정도로 그 원리에 헌신했다.

똑같은 내용이 1532년 베른Bern 논쟁에서 일어났다. 개혁가들은 하나님과 이웃에 대한 사랑은, 기록된 하나님의 말씀에 대신하여, 이 논쟁에서 모든 다른 쟁점을 정리하는 기초가 된다"라고 주장했다. 아나뱁티스트들은 만약 사랑이 성서의 명령과 달리 따로 해석되는 것이 아니면 동의하겠다고 하였다. 그러나 그들의 관심은 믿음과 사랑 같은 아주 좋은 말이 익살스럽든, 아니든, 성서의 의도와 반대로 살아가는 행동을 정당화하는 데 사용되는 것을 심히 염려했다. 성서에 대한 '이럴 것'이라고 가정하는 문맥이나 성서의 '일반적인 흐름'이 진짜 본문을 대신하고 있었다.

그러나 아나뱁티스트 운동의 어떤 사람들은 이 주제에 대해 개혁자들과 비슷한 접근을 수용했으며 기초가 되는 사랑의 원리를 대신하는 내용을 성서에서 떼어오는 것을 조심스러워 했다. "성서를 존중하지만, 하나님의 사랑에 대한 이해가 부족한 사람은 무식한 성서필사본자들이 하나님의 나라를 위해 해 온 것처럼, 성서를 우상으로 만들어 버리는 행위를 조심해야 한다."[131]라고 한스 뎅크가 말하였다. 그는 책을 쓸 때, 비록 문자적 해석에 대한 경고 뒤에도 몇 줄은 문자 자체의 중요성을 강하게 강조하기도 했지만, 성서의 문자적 해석보다는 사랑의 원리에 의해 인도되는 것을 선택하는 경향이 그에게 있었다. 메노와 니콜라스 반 블레스디직Nicolas van Blesdijk 사이에 있었던 논쟁에서 다시 한번 이 주제가 등장한다. 블레스디직의 접근은 "성서의 모든 다른 본문들은 믿음과 사랑에 대한 이 원칙에 의해 설명되고 이해되어야 한다는 것이었다."[132] 필그림 마펙의 글에서 보면 아나뱁티스트 운동은 아마 중재하는 역할의 위치를 맡은 듯하다. 마펙은 극단적인 자유주의와 율법주의이면서 또 다른 한편에서는 성서의 가르침을 버리는 위험에 빠진 신령주의적 접근에 대하여 나누어진 경향을 거부했다.

아나뱁티스트들의 '성서가 성서의 해석자' 라는 원리에 대한 헌신은 종교개혁자들이 사용하는 방법을 밀도 있게 다시 점검하여 달라고 요구한다. 만약 어떤 아나뱁티스트가 성서의 문맥과 전체 성서의 일반적인 흐름을 무시하는 실수를 저질렀다 해도, 적어도 이런 도전은 개혁가들이 그들의 체계와 성향에 잘 맞지 않는 세세한 내용에 주의를 집중하지 못한 점을 점검하도록 하는 역할을 했다. 아나뱁티스트에 반대하던 비판에도 불구하고, 성서의 명확성, 즉 성서가 성서를 해석한다는 이해에 대한 그들의 헌신은 반드시 적용되어야 하며, 평범한 그리스도인도 성서를 이해할 수 있다는 확신은 매력적이고 도전이 되는 유산을 남겼다.

1) Klassen, *Economics*, 124에 인용됨.

2) 앞의 책.

3) Leland Harder, *The Sources of Swiss Anabaptism* (Scottdale,PA:Herald Press, 1985), 302.

4) 앞의 책, 314.

5) 앞의 책, 441.

6) John H. Yoder, *The Schleitheim Confession* (Scottdale, PA: Herald Press, 1977), 18.

7) 앞의 책, 16.

8) H. Wayne Pipkin and John H. Yoder, *Balthasar Hubmaier* (Scottdale,PA: Herald Press, 1989), 99.

9) 예를 들면, Luther's scepticism about the reliability of lay interpretation in McGrath, *Intellectual*, 138을 보라.

10) Klaassen, "Speaking", 143. 1523년만큼 이른 시기에 두 번째 취리히 논쟁에서, 후브마이어는 "하나님의 밝고 명확한 말씀"을 언급하고 있었다: Pipkin and Yoder, *Hubmaier*, 24, 26, 92, 111-12, 113, 479를 보라.

11) Pipkin and Yoder, *Hubmaier*,147.

12) Klassen and Klaassen, *Marpeck*,173.

13) 앞의 책, 261.

14) 앞의 책, 173.

15) 앞의 책, 564.

16) 앞의 책, 381.

17) 앞의 책, 268.

18) Riedeman, *Confession*,198.

19) AIO, 287.

20) Hoffman, in George Williams, *Spiritual and Anabaptist Writers* (Philadelphia: The Westminster Press, 1957), 195-96, 202.

21) 앞의 책, 202-03.

22) Gary Waite, *David Joris and Dutch Anabaptism 1524-1543* (Waterloo, Ontario: Wilfrid Laurier University Press, 1990), 235.

23) Philips는 *Confession*에서 이렇게 썼다: "이 Melchior … 전체 묵시문학을 해석했다…. 그는 또한 구약의 모든 이미지로 모세의 성막을 해석하기 시작했다" (Williams, *Spiritual*, 208-09).

24) Menno Simons, *Complete Works 1496-1561* (Scottdale, PA: Herald Press, 1956), 452.

25) 앞의 책, 519.

26) 앞의 책, 452. 교정에 대한 이런 개방성에 대한 다른 예를 위해, Klassen and Klaassen, *Marpeck*, 268를 보라.

27) MM, 559.

28) 앞의 책, 597.

29) "개신교도들이 가톨릭의 성례중시주의(sacramentalism)에서 그들이 떠나야 함을 설

명하는 신학으로 이끌어짐에 비하여, 아나뱁티스트들은 그들이 개신교도들에게서 벗어난 것을 표현하기 위해 자명한 것으로 간주될 성서적 인용을 의존했다": John Oyer, *Lutheran Reformers Against Anabaptists* (The Hague: Martinus Nijhoff, 1964), 212.

30) 비록 "Menno와 Dirk는 이성과 교육에 의존하는 것이 다른 종교개혁자들이 하는 것 보다 덜 했지만… 메노는 절대 그들을 거부하지 않았을 것이다. 그리고 때때로 그들 의 가치를 인정했다": William Keeney, *Dutch Anabaptist Thought and Practice 1539-1564* (Nieuwkoop: B. De Graaf,1968), 32.

31) EBI, 21. Keeney, *Dutch*, 32를 또한 보라.

32). 앞의 책, 73.

33). Menno, *Works*, 126. 214를 또한 보라.

34) 앞의 책, 242.

35) Dirk Philips, *Enchiridion* (Aylmer:Pathway Publishing, 1996), 175.

36) Dyck et al., *Philips*, 101.

37) 앞의 책, 199.

38) Waite, *Joris*, 193.

39) 앞의 책, 207-08.

40) Robert Friedmann, *Hutterite Studies* (Goshen: Mennonite Historical Society, 1961), 178에 인 용됨.

41) Klaus Deppermann, *Melchoir Hoffman* (Edinburgh: T.&T. Clark, 1987), 64에 인용됨.

42) Hut, in Baylor, *Radical*, 155.

43) Clarence Bauman, *The Spiritual Legacy of Hans Denck*(Leiden:E. J. Brill, 1991), 93.

44) 이 주장은 단독으로 세워질 수 없다. 그러나 교회의 역할과 해석자의 태도와 성령의 역사에 대한 다른 아나뱁티스트들의 관점에서 반드시 이해되어야 한다.

45) Waite, *Joris*,197.

46) 아나뱁티스트들도 학자들의 진실과 동기를 의심했다. 학습은 학자들이 학문적인 복잡함과 자격을 소개함으로 성서의 도전을 흐리게 할 뿐이고 그들의 능력에 대한 자만은 해석에 대한 그들의 시도를 방해했다.

47) Menno, *Works*,514.

48) 그럼에도 불구하고, 아나뱁티스트들이 개혁자들이 하는 것을 비난하듯이, 개혁자 들은 가톨릭이 성서보다는 이런 출처에 더 의존하고 있다고 비판했다. 츠빙글리는 교부 작가들에게 의존한다고 비웃었다. 그러나 그는 아리스토텔레스나 다른 이교도 의 작가들뿐 아니라 그들의 작품도 이용했다. *The Providence of God*에서 그는 이교도 의 철학적 주장에 근거한 이론을 주장하기 위해 성서인용문을 사용하는 것처럼 보였 다: Stephens, *Theology*, 54-5을 보라.

49) Klassen and Klaassen, *Marpeck*, 253-54.

50) AIO, 149.

51) Daniel Liechty, ed., *Early Anabaptist Sprituality: Selected Writings* (New York: Paulist Press, 1994), 107.

52) MM, 541.

53) Menno, *Works*, 695.

54) Pipkin and Yoder, *Hubmaier*, 290과 Eddie Magry, *Balthasar Hubmaier's Doctrine of the Church* (Lanham: University Press of America, 1994), 36을 보라.

55) Pipin and Yoder, *Hubmaier*, 33.

56) MM, 612에 둘 다 인용됨.

57) Keeney, *Dutch*, 39.

58) Riedeman's *Confession*은 사도신경에 대한 자세한 설명으로 시작했다. 후브마이어는 또한 그의 교리문답의 지도에 이 사도신경에 대한 설명을 포함했다. 또 다른 예를 위해, Snyder, *Anabaptist*, 98를 보라.

59) 사도신경에 대한 아나뱁티스트의 사용을 재검토하기 위해서, Russel Snyder-Penner, "The Ten Commandments, The Lord's prayer, and The Apostles' Creed as Early Anabaptist Texts," *MQR* 68: 318. 를 보라

60) Donald Durnbaugh는 이것이 비슷한 많은 운동의 특징이었다고 말했다: "신자의 교회의 한 가지 특징은 … 개방성의 원리이다. 이것에 의해 성서에서 발견되는 새로운 관점을 수용할 신중한 준비성을 의미한다…. 사실 더 깊은 관점이 나올 것이라는 기대는 형식적인 교리를 채택하지 않은 것에 대한 일차적인 동기였다. 고백들은 Yes였으나 교리는 No였다": Donald F. Durnbaugh, *The Believers' Church* (Scottdale, PA: Herald Press, 1985), 295.

61) Klaassen, *Neither*, 37.

62) Harder, *Sources*, 293.

63) Klassen and Klaassen, *Marepeck*, 71. Weninger in his "Vindication" of 1535 called them "Pharisees": AIO, 306을 보라.

64) Pipkin and Yoder, *Hubmaier*, 111-13; 376; 479.

65) Abraham Friesen, *Erasmus, the Anabaptists, and the Great Commission* (Grand Rapids: Eerdmans, 1998), 136.

66) Perry Yoder, "Bible Study" in Cornelius J. Dyck and Dennis D. Martin, eds., *The Mennonite Encyclopedia*, Volume 5 (Scottdale, PA: Herald Press, 1990), 79; Harder, *Sources*, 18; Klaassen, "Speaking", 142.

67) Harder, *Sources*, 그리고 Fritz Blanke의 초기 스위스아나뱁티즘에 관한 보고서, *Brothers in Christ* (Scottdale, PA: Herald Press, 1961)에 있는 다양한 문서들을 보라.

68) Harder, *Sources*, 381.

69) Klaassen, *Living*, 102을 보라.

70) Menno, *Works*, 708.

71) Hoffman, in Williams, *Spiritual*, 195. 이 주장의 방향은 아나뱁티스트 사이에서 유일한 것이 아니었다. 이것은 초기 종교개혁에서 인기있는 소책자들에서 명백했다. Klaassen, *Living*, 102.

72) Pinpkin and Yoder, *Hubmaier*, 294-95을 보라.

73) Klaassen: "Speaking", 139.

74) Denck, in Williams, *Spiritual*, 143.

75) Klassen and Klaassen, *Marpeck*, 370.

76) 더 상세한 증거를 위해 Claus-Peter Clasen, *Anabaptism -A Social History 1525-1618*

(Ithaca and London: Cornell university Press, 1972)을 보라.

77) Harder, *Sources*, 381.

78) Menno, *Works*, 214.

79) 앞의 책.

80) 앞의 책, 242.

81) MM, 612.

82) Klassen and Klaassen, *Marpeck*, 370.

83) 어떤 메노나이트 학자들은 그들의 사람들에게 학문을 권하면서, 이 주장을 쉽게 수용해 왔다. 그리고 학자들의 역할이 더 큰 영예가 정당하게 주어질 때조차 여전히 도전하는 그들 선조들의 입장을 위한 신학적 근거를 평가하는 데 실패했는지도 모른다.

84) 순진함의 정도(a degree of naivete)가 아나뱁티스트 사이에 있었다는 것은 그들의 가장 열렬한 옹호자들 사이에서도 토론되지 않았다. 토론된 것은 성서의 명확성과 접근성에 대한 헌신을 설명하는 것이었다.

85) Balke, *Calvin*, 237.

86) 앞의 책, 207.

87) 그러나 아나뱁티스트들은 성서를 이해하기 명확하고 쉬운 획일적인 것으로 간주하지 않았다. 많은 사람은 명확하지 않고 어려운 본문들이 있다는 것을 인정했다. 예를 들어, 후브마이어는 "밝고 환한 말씀"처럼 "어려운 본문"도 인정했다: Pipkin and Yoder, *Hubmaier*, 99.

88) Harder, *Sources*, 286-87을 보라.

89) Werner Packull, *Hutterite Beginnings* (Baltimore: John Hopkins University Press,1995), 16.

90) 물론, 그들의 한계를 반영하듯이 종교개혁자들은 크리스텐덤과 그들의 해석을 넘어 문화를 똑같이 인식하지는 않았다.

91) AIO, 285.

92) Hans Marquart와 비교하라: "나는 과거의 일이거나 현재의 일을 증언하기 위해 하나님을 부르는 것을 인정한다. 그러나 맹세를 하는 것은 아니다…. 게다가 과거와 현재에 관해 믿음을 약속하고 서약할 수 있으나 미래에 대해서는 아니다. 모든 것은 하나님의 의지에 의존하는 것이지, 우리의 능력에 있지 않기 때문이다" AIO, 285.

93) AIO, 285.

94) 앞의 책, 288.

95) Keeney, *Dutch*, 194.

96) Klassen and klaassen, *Marpeck*, 71.

97) 앞의 책, 72.

98) Klassen, "speaking", 144-45.

99) Pipkin and Yoder, *Hubmaier*, 99.

100) Klassen and Klaaseen, *Marpeck*, 370.

101) Waite, *Joris*, 92.

102) Gary Waite, *The Anabaptist Writings of David Joris* (Scottdale, PA: Herald Press, 1994), 255.

103) H. Wayne Pipkin, *Huldrych Zwingli Writings,Vol.II* (Pennisylvania: Pickwick Publications, 1984), 173.

104) Menno, *Works*, 653.

105) Keeney, *Dutch*, 191.

106) Rutschman, "Anabaptism and Liberation Theology", in Daniel Schipani, ed., *Freedom and Discipleship* (Maryknoll, NY:Orbis, 1989), 60.

107) 종교개혁자들은 같은 실패, 일반적인 명백한 전비평적(pre-critical)인 16세기 해석학 때문에 비판을 받아왔다. Ferguson, *Bibilical*,28-9을 보라.

108) Klassen and Klaassen, *Marpeck*, 565.

109) 이것은 Augustinian의 원리, 이 교회교부들에게서 채택한 비교적 적은 것 중 하나이었다. Myron Augsburger, *Principles of Biblical Interpretation* (Scottdale, PA: Herald Press, 1967), 20을 보라.

110) Pipkin and Yoder, *Hubmaier*, 322.

111) 아나뱁티스트 지도자들 사이에서 후브마이어는 이 주제에 대해 가장 많은 관심을 보인 듯하다. 이 장에서 인용된 본문에 더하여, Pipkin and Yoder, *Hubmaier*, 53, 104-05, 109을 보라.

112) 앞의 책, 428.

113) Denck, in Baylor, *Radical*, 142.

114) 앞의 책, 147-48.

115) Furcha and Battles, *Denck*, 67.

116) Pipkin and Yoder, *Hubmaier*, 428. 후브마이어의 해석학 규칙에 대해 John Rempel을 더 보라, *The Lord's Supper in Anabaptism* (Scotdale,PA: Herald Press, 1993), 58-9.

117) Hoffman, in Williams, *Spiritual*, 202.

118) Menno, *Works* 268. Menno는 Blesdijk에 의해 '증거-본문식'(proof-texting)에 대해 비난받았다: Snyder, *Anabaptist*, 323을 보라.

119) Klassen and Klaassen, *Marpeck*, 383. '증거-본문식'에 대한 비난은 16세기 논쟁의 거의 모든 분야에서 회자되었다.

120) 앞의 책, 382.

121) Philips, *Enchiridion*, 108.

122) Robert Holland는 Riedeman이 그가 인용한 구절의 문맥을 관찰하는 것에 실패했다는 것을 비판했다. 그의 *The Hermeneutics of Peter Riedeman 1506-1556* (Basel: Friedrich Reinhart Kommissionsverlag, 1970), 43-4, 129을 보라.

123) Balker, *Calvin*, 314.

124) Waite, *Joris*, 228ff을 보라.

125) McGrath, *Intellectual*, 172. On Luther, Wood, *Interpretation*, 89을 보라; on Bullinger, Charles Carter를 보라. *The Reformers and Holy Scripture* (London:Thynne & Jarvis, 1928), 61.

126) Myron Augsburger은 어거스틴도 종교개혁자들도 하지 못한 방식으로 "더 모호한 본문은 더 명확한 본문에 의해 해석되어야 한다는 아나뱁티스트 후브마이어에 의해 수용된 Augustinian 원리는 진보적인 계시의 개념에 적용되었다"라는 점을 관찰했다.

Augsburger, *Principles*, 20.

127) 주요 예외는 성서의 계시부문에 관심을 갖고 그것을 다른 본문을 해석하기 위한 근간으로 사용하는 경향이 있었던 아나뱁티스트들이었다.

128) Dyck et al., *Phillips*, 273.

129) J. Denny Weaver, "Discipleship Redefined-Four Sixteenth Century Anabaptists, "*MQR* 54: 257-58. Deppermann, *Hoffman*,182-83 을 보라.

130). EBI, 17. Bullinger에 관해 *RR*, 593. 또한 Zwingli, Oecolampadius, and Capito의 비슷한 진술들은 이 원리가 종교개혁운동에서 어떻게 퍼져나갔는지 설명했다: Horsch, *Mennonites*, 353을 보라.

131) Furcha and Battles, *Denck*, 63을 보라.

132) Snyder, *Anabaptist*, 323에 인용됨.

4장. 그리스도 중심론

　3장에서 아나뱁티스트들이 성서의 독자들로 하여금 예수의 가르침과 삶의 도전에 반응하지 못하도록 하는, 성서의 일반적인 흐름에 의존하는 것을 좋아하지 않는다는 사실을 보았다. 성서는 명확해서 모든 그리스도인은 그것을 해석할 수 있다는 확신은 예수의 말씀과 삶을 포함하는 본문에 전반적으로 적용되었다. 지금 우리는 아나뱁티스트들의 해석적 접근의 특징 중 하나인 그리스도 중심론에 대해 연구할 것이다. 우리는 이것의 기원을 찾아갈 것이며, 이것을 종교개혁자들의 방식과 비교할 뿐 아니라 그리스도 중심론과 아나뱁티스트 신학의 또 다른 측면과의 관계에 관해서도 고찰할 것이다.

아나뱁티스트 글 속에서 발견되는 그리스도 중심론의 해석학

　아나뱁티스트들의 글은 해석학에서 그리스도 중심론에 전적으로 헌신한 모습을 드러낸다. 레온하르트 쉬머Leonhard Schiemer는 이렇게 썼다: "당신은 하나님께서 모세와 선지자들을 통해서 숨겨진 방법으로 유대인들에게 말씀하셨다는 것을 알아야 한다. 그러나 예수가 오신 이후로, 그와 그의 제자들이 훨씬 더 모든 것을 명확하게 이해하고 있다고 설명했다."[1] 예수께서 과거 모호했던 것을 명확하게 하셨다는 확신은 이러한 글들 속에서 자주 나타난다. 이러한 확신은 아나뱁티스트들이 후브마이어가 자신 있게 말한 '밝고 명확한sunny and luminous' 본문이라고 일컫는 것이 예수의 말씀이라고 간주하도록 했고, 다른 본문을 이해하는 기초로서 이해되게 했다. 그러나 종교개혁자들은 종종 예수의 말씀과 씨름하는 것처럼 보였고, 그것의 의미를 분명하게 하려고 오히려 다른 본문들을 사용하곤 했다. 그 한 예로써 맹세에 대한 것이 있다.

한스 피스테르마이어Hans Pfistermeyer는 아나뱁티스트의 주제를 한층 더 심화시켰다. "나는 그리스도가 설명하고 우리를 이해하도록 도와주셨던 것을 따를 것이다. 왜냐하면, 이것이 하늘 아버지의 뜻이기 때문이다." 그는 또한 이렇게 말했다. "나는 예수에 대해 말한 구약의 모든 말씀을 받아들인다. 그러나 그리스도가 훨씬 더 높고 완전한 가르침을 가지고 오셨다."[2] 그에게 있어서 그리스도 중심론은 성서에서 예수의 말씀을 그 어떤 말보다 우선시하는 것을 의미하고 그리스도가 구약성서의 해석자임을 의미하는 것으로 보인다.

자틀러의 성서해석의 표준원리는 그리스도의 말과 삶 모두를 의미하는바, 그리스도의 완전성이었다.[3] 그의 심문에서 자틀러는 다음과 같이 맞받아쳤다. "나는 내가 복음과 하나님의 말씀에 반대되게 행동했다고 느끼지 않는다. 고로 나는 그리스도의 말씀에 호소하고 있다."[4] 이 말에 의해 그는 자신이 성서 전체에 신실했음이 인정되길 원했다. 비슷하게 만쯔는 폭력[5]과 세례[6]에 대한 것과 같은 윤리적이거나 교회론적인 주제가 토론될 때, 본능적으로 예수의 삶과 가르침을 끄집어내는 경향이 있었다.

남부 독일 아나뱁티스트들 사이에서는, 예수가 분명하게 말씀하신 명령보다 그의 삶의 본과 전반적인 가르침이 더욱 중요한 것이었다. 뎅크는 구약성서의 가르침과 본이 아니라, 예수의 삶의 본을 결정적인 것

으로 여겼다: "그렇기에 이것은 모세, 다윗, 그리고 다른 사람들의 작품이며 가르침이다. 그러나 사랑이신 예수의 관점에서 오랜 시간 '좋은 것'으로 있었던 것이 '훨씬 더 좋은 것'으로 그들구약의 가르침들을 능가하게 된다면 그것은 반드시 더 나은 가르침 때문에 덜 좋은악한 것으로 간주하여야만 한다."[7]

뮌스터의 재앙 뒤에, 네덜란드 아나뱁티스트들은 성서에 그리스도 중심적 접근을 주장하게 되었다. 메노는 로트만Rothmann이 채택했던 세대주의적 접근을 거절하고 그가 쓴 모든 글의 처음에는 다음과 같은 말을 썼다. "이 닦아 둔 것 외에 능히 다른 터를 닦아 둘 자가 없으니 이 터는 곧 예수 그리스도라."고전3:11 1539년에 그의 책, 『왜 내가 가르치는 것과 쓰는 것을 그만두지 않는가?Why I do not Cease Teaching and Writing』에서 그는 고전적인 아나뱁티스트들의 말을 인용했다: "예수 그리스도와 그의 거룩한 사도들의 교리를 제외한 어떤 교리도 우리의 구원에 유익하거나 유용하지 않다." 그는 구약성서, 신약성서가 "예수의 의도와 거룩한 사도들에 의하여 정확하게 설명되어야만 한다"[8]고 주장했다. 메노는 자신의 주요 저서 『기독교 교리의 기초Foundation of Christian Doctrine』에서 이 관점을 더 심화 설명하였다.

예수 그리스도의 의도intent라는 것은 '성령, 말씀, 상담, 훈계 그리고 그리스도의 습관'을 의미했다. 우리는 이런 것들이 허락하는 범위 내에서 어떤 것을 행하든지 자유롭다. 그러나 그가 금하는 것을 행할 자유는 없다. 모든 진실한 그리스도인은 예수의 제자들이 공개적으로 가르친 것과 정확히 반대되는 것이나, 확실하지 않은 것에서 나온 의심스러운 역사와 모호한 본문이 아닌, 바로 이것, 즉 예수의 의도에 순응해야 한다."[9] 후브마이어처럼, 메노도 예수의 '말씀과 삶'이 다른 본문과 비교해 볼 때, 바르다는 확신이 있었다. 실제로, 그는 어떤 본문들을 쓰레기더미로 취급하는 위험을 감수했다. 왜냐하면, 그는 그것들이 예수의 가르침과 모순되는 것으로 보였기 때문이다. 그의 글, "겔리우스 파버에 보낸 답장Reply to Gellisu Faber"에서, 그는 그리스도 중심론이 의미하는 것에 대한 더 깊은 통찰력을 준다: "모든 성서는 우리를 성령, 복음, 삶의 본, 법, 그리고 그리스도의 습관에 향하도록 한다." 그는 "처음이며 순전한 교회 안에 있는 그리스도의 단순한 말씀, 명령, 교리 그리고 거룩한 사도들의 관습을 따랐다"라고 말했다. 여기에서 그리스도 중심론과 아나뱁티스트들의 성서의 명확성과 단순성에 대한 헌신 사이의 연결이 명백해지는 것이다.

그의 관점에서, 더크 필립스는 "유일한 기준과 잣대는 하나님의 말씀이며, 유일한 기초는 예수 그리스도"[10]이며, 구약성서 전부는 "예수를 향하고 있다"[11]고 주장했다. 그는 "예수의 가르침, 삶, 그리고 본이 우리의 선생이며, 지도자이자, 안내자이기에 우리는 반드시 그의 말을 듣고, 그를 따라야 한다"[12]라고 결론을 지었다. 리드만의 글은 후터라이트와 함께 그리스도 중심적 해석접근을 주장했다. 구약성서과 신약성서를 비교하면서 리드만은 결론을 다음과 같이 짓는다. "아버지의 **진정한** 뜻을 우리에게 계시하신 그리스도 안에서 신적 진리의 빛이 더욱 환하게 빛났다. 모세에 의해서 율법이 주어졌지만, 예수에 의해 진리가 왔다."[13] 하나님이 그의 백성에게서 원하시는 것은 예수께 귀를 기울임으로 발견될 수 있는 것이지, 구약성서의 '그림자'[14]를 통해서가 아니라고 그는 주장했다.

덜 알려진 아나뱁티스트 사이에서도 이 강조점은 명백하다. 1559년 감옥에서 이리스 베르네르트Jelis Bernaerts가 그의 아내에게 보낸 편지에 이렇게 쓰여 있었다. "지금 우리는 이스라엘이 갖지 못했던, 영원하며 훨씬 더 좋은 약속의 말씀이 있소. 율법은 돌판에 쓰였으나, 이것은 우리의 마음 판에 쓰여 있소…. 우리의 지도자이며, 율법을 주신 예수가 주신 새로운 약속의 말씀이 있소. 우리는 그의 명령을 지켜야만 하고 그를 따라야만 하고, 그의 이미지를 밖으로 나타내야 하오."[15]

이 그리스도 중심적 해석과 다른 대안이 한스 후트, 멜키오르 호프만, 베른하르트 로트만 그리고 뮌스터파, 데이비드 조리스같은 영향력 있는 지도자들을 포함한 종말론적 아나뱁티스트들 사이에서 부상되기 시작했다. 이 지도자들은 성서의 예언적이고 종말론적인 부분에 집중하는 경향이 있었으며 이 관점에서 다른 본문들도 해석하려고 했다. 그들은 또한 역사의 다른 시대에 적절했었던, 윤리적으로 다른 요구와 영적으로 다른 반응을 가진 세대주의적 접근을 하려는 경향이 있었다.

이 관점은 그리스도 중심론적 접근에도 쉽사리 맞지 않는다. 그러나 그들의 글에서 이런 접근이 발견된다. 호프만의 다니엘서 12장 주석서를 보면 그는 맹세에 대한 주제를 토론했고, 자동적으로 마태복음 5장의 예수의 산상수훈으로 말을 돌렸다. 이것은 비록 결론에 이르기까지 다른 방식의 논쟁이 있었지만, 스위스 형제단과 비슷하게 부정적인 입장에 도달하게 되었다. 호프만은 『하나님의 규례*The Ordinance of God*』에서 한 주제에서 예수의 가르침에서부터 시작하는 아나뱁티스트의 전형적인 접근을 취했고, 그 다음에야 성서의 다른 부분으로 나아갔다: "처음에는 주 예수 그리스도가 그의 사도들과 제자들에게 그가 하늘의 아버지에게서 모든 권세와 다스리는 지배권을 받았다는 것을 선포하신다. 이것은 성 바울이 그의 서신서에서 강하게 증거했던 것이다..."[16]

비슷하게, 『세례의 신비*On the Mystery of Baptism*』라는 책에서, 후트는 그의 그리스도 중심적인 방법론을 설명했다. "그러므로 최초로 우리는 그리스도인의 삶의 출발인 세례침례에 대한 판단을 연구조사할 것이다. 그리고 우리는 그리스도가 어떻게 그것을 세우셨고, 명령하셨으며, 어떻게 제자들이 그것을 유지해 왔는지를 성서의 증인들의 증거를 가지고 주목할 것이다."[17] 그리고 1538년의 스트라스부르 논쟁의 끝부분에서 멜키오르파Melchiorite 지도자인 잔 폰트Jan pont는 데이비드 조리스David Joris에게 그의 가르침이 그리스도의 가르침에 반하는지 여부를 점검한 후에 받아들여질 수 있다고 주장했다: "우리 편에서 그리고 지금 이 시점에서는 그리스도 이미지의 증거 내용을 가지는 것이 필요합니다. 그러므로 모든 것은 성령의 증언과 그리스도의 가르침 안에 있는 성서를 통해서 이해될 수 있다는 것이 우리의 법입니다."[18]

그러나 그리스도 중심론은 종말론적 본문이 중심위치를 차지함에 따라 유지되기 어려웠다. 뮌스터에서 그리스도 중심론은 폐기되고, 구약에 초점을 둔 것과 예수와 신약을 간과한 방법이 표준으로 대체되었다. 이런 시도는 위험스런 결과를 낳는다. 전부 학살이 된 뮌스터공동체에도 그렇고, 똑같이 위험하다고 간주된 전체 아나뱁티스트 운동에도 그러했다. 이 사건은 메노와 다른 네덜란드 지도자들의 결심을 이해하는데 도움이 되는 사건이었다. 1535년 후에 여전히 인기있었던 데이비드 조리스의 종말론적 접근에 저항했으며, 철저하게 그리스도중심적이 되려고 노력했다. 1540년까지 뮌스터의 종말론적 소망과 예언이 완전히 성취되지 않은 채 있을 때, 종말론적 해석은 쇠퇴되어 갔고, 그리스도 중심론이 표준이 되어갔다.

이 주제에 관해서, 다양한 아나뱁티스트 그룹은 자신들이 문자적 운동인지, 신령주의적 운동인지에 대한 결정 및 동의가 있었던 것처럼 보인다.[19] 단지 16세기 중간에서 부터 그 영향력이 점점 약해졌던 종말론적 아나뱁티스트들 안에서 그리스도중심의 강조점은 약한 편이었다. 그러나 없었던 것은 아니며, 위의 인용은 그리스도 중심론이 다르게 이해되었다는 것을 의미한다.

아나뱁티스즘에서 발견되는 그리스도 중심적 해석학의 함축적 의미

(1) 많은 아나뱁티스트들에게 그리스도중심성은 성서는 평면적인 책이 아니라는 뜻이다. 어떤 본문은 그 내용의 가르침과 실천에서 다른

본문보다 더 큰 권위를 가지고 있다. 일반적으로 신약은 구약보다 앞서며 복음서에 기록된 대로 특별히 예수의 가르침과 삶이 하나님의 계시로서 절정을 이루므로 성서해석의 모든 질문에 대한 제일 중요한 답이 된다.

데니 위버Denny Weaver는 "예수의 가르침과 삶의 본, 그리고 초대교회의 모든 것이 표준적인 가치가 됨으로써 신약성서와 특히, 예수에 대한 이야기에 우선순위를 두게 한다"라고 말했다. "그렇기에, 아나뱁티스트들은 정경 안에서 일종의 정경을 계발했으며, 그들은 성서를 단순한 서술과 시간과 관계없는 알레고리로서의 평면적인 시리즈로 읽지 않고, 구약성서에서부터 신약성서까지의 방향성과 전진이라는 점진적 감각을 가지고 읽었다."[20]

정경 안에서 정경을 계발한다는 말은 성서의 다른 부분의 권위를 위협하는 것처럼 보일 수 있다. 그래서 아나뱁티스트 반대자들은 이것을 재빨리 지적했지만,[21] 대부분의 아나뱁티스트들은 이런 결과를 의도하지는 않았다. 월터 클라센은 아나뱁티스트들이 성서 안에서 권위의 순서lebel를 매겨놓았다고 비난했다: "아나뱁티스트들은 모든 성서가 마치 똑같은 중요성을 가지고 있는 것처럼 똑같은 관점으로 성서를 받아들이지 않았다."[22] '똑같은 중요성uniform significance' 이라는 표현이 유용하다. 대부분의 아나뱁티스트들은 성서의 영감과 권위를 문제 삼지 않았다: 실제로, 그들은 그들의 헌신이 성서 전체에 대한 것임을 인정했다.[23] 그러나 어떤 본문은 그리스도인의 제자도에 관해 덜 중요한 본문으로 보았다. 이런 본문도 진실하며 신뢰할 만한 것이다. 하지만, 오늘날 적용하는 데 있어서 제한적이라는 뜻이며, 혹은 더는 존재하지 않는다는 뜻이다. 그 중요성은 교회론의 관점에서 측정되는 것이 보통이다.

비록 종말론적 그룹과 같은 예외들이 있긴 하지만, 아나뱁티스트들은 일반적으로 예수의 가르침과 삶의 본에서 시작했고, 다른 본문도 이런 관점에서 해석했고, 이것과 충돌을 일으키지 않는 범위에서 이해했다. 종교개혁자들과 일치하지 않은 부분들이 생긴 이유가 바로 이런 과정의 결과이다.[24) 다양한 주제전쟁과 부에서부터 교회와 하나님나라의 본질에 이르기까지에서 예수에서 시작한 아나뱁티스트들은 자신들과는 완전히 다르게 시작한 종교개혁자들과 현저하게 다른 결론에 도달하게 되었다.[25)

(2) 일부 아나뱁티스트 모임에서, 그리스도 중심론이란 모든 성서가 예수를 향하고 있다는 뜻이다. 구약성서의 하나님의 약속 성취로서 그의 길을 예비하였고 그를 향하고 있다. 베른 회담 참석자들은 구약성서는 예수 그리스도에 대한 '예고, 증언, 예표, 혹은 전조' 라는데 동의했으며, "구약이 예수그리스도를 조명하고 드러낸다"[26)는 범위 안에서 의미가 있는 것이라고 결론을 내렸다. 더크 필립스도 비슷하게 『주 예수 그리스도의 세례*The Baptism of our Lord Jesus Christ*』라는 책에 다음과 같이 썼다: "이런 비슷한 전조와 하나님의 은혜의 형태는 실제로 구약에서 하나님에게서 신자들에게 주어진 가장 큰 부분이다. 이것들 모두는 일차적으로 우리가 예수 그리스도를 향하도록 돕는다. 그를 통해 우리는 하나님께에게서 온 은혜를 받는다."[27)

만약 구약이 예수 그리스도를 향하고 있다면 신약은 예수를 교회의 기초요 머리로서, 삶의 원천이며, 능력, 그리고 모든 면에서 따라야 할 우리의 본으로 예수를 보게 한다. 많은 아나뱁티스트들은 신자들에게 적용하는 차원에서 구약보다 신약을 더 우위에 두고 있으며, 그뿐만 아니라 신약 안에서도 복음서를 다른 책보다 더 높은 서열을 매김으로써 차이를 두고 있다. 왜냐하면, 복음서는 예수의 말씀과 삶의 본을 포함하는 책이기 때문이다.[28) 한 예로써, 더크 필립스가 그 반대자들의 생각을 어떻게 논박했는지를 살펴보자. 『새로운 탄생, 새로운 창조물*The New Birth and the New Creature*』에서 이렇게 썼다: "전에 인용되었던 바울의 말, 즉 주님의 규례와 법을 육체의 할례와 무할례와 견주어야 한다는 말은 정확하지 않은 잘못된 해석이다.…. 우리의 주 예수 그리스도가 신약에서 가르치고 명령한 것은 영원하고 불변하는 진리로 남아 있다."[29] 바울의 가르침은 반드시 예수의 가르침과 조화되어 해석되어야 한다. 그 반대로 해서는 안 된다.

아나뱁티스트들은 이와 같은 접근으로 맹세를 예수께서 금지하신 것으로 적용하였다. 그들은 종교개혁자들이 구약과 신약 두 곳에서 다 맹세에 대해 거부하지 않는 것으로 보이는 여러 본문을 예로 들어 설명한다는 것을 알고 있었다. 그러나 아나뱁티스트의 그리스도 중심론은 예수의 가르침을 희미하게 만드는 다른 본문을 취하기보다는 마태복음 5장의 예수의 가르침을 기준으로 하여 다른 본문들이 해석되게 한다. 그들은 옛 언약 속에 살던 사람들, 즉 구약 세대에는 맹세하는 것이 수용되는 것이었지만, 지금은 예수 그리스도가 오셔서 하나님의 길을 좀 더 명확히 가르쳐 주셨기 때문에 맹세하지 말라는 것이다. 슐라이트하임 고백도 "율법의 완전성을 가르쳐 주신 그리스도는 그의 제자들이 맹세하는 것을 금하고 있다."[30] 이 고백선언서도 맹세를 허락한 구약의 예를 주목하면서도 그것과 예수의 제자들과는 더는 관계없다고 말하였다. 메노도 말하기를 "유대인들에게는 진심으로 맹세하는 것이 율법 아래에서 허락되었다. 하지만, 복음은 그리스도인이 그렇게 하는 것을 금하고 있다."[31]

그러나 종교개혁자들은 맹세를 변호하려고 신약의 다른 본문들을 사용하였다.[32] 아나뱁티스트들은 구약에 대해 했듯이 신약본문의 사용에 대한 종교개혁자들의 태도에 똑같은 논쟁을 하지 않았다. 대신에 그들은 산상수훈의 관점에서 다른 본문을 설명하면서, 복음서와 예수의 가르침에 대한 우선순위를 주장했다. 슐라이트하임 고백은 맹세와 증언하는 것[33]을 구분하였다. 그리고 메노는 증인으로서 하나님을 부르는 것은 맹세[34]와 같지 않다고 하면서 야고보와 바울이 모두 이에 동의하고 있다고 주장했다. 그러므로 다른 신약 본문이 적용할 가치가 없는 것으로 취급된 것은 아니었다. 오히려 그런 본문들의 진정한 의미가 예수의 분명한 가르침에 일치하여 해석되는 식으로 나아갔다.

더 나아가, 모든 본문은 어떤 의미에서는 예수 그리스도를 향하고 있기 때문에 모든 성서가 정확하게 예수가 말씀하시고 행한 것과 비교되면서 이해될 필요는 없지만, 이 모든 본문 속에서 예수에 대한 이해가 증가되며 제자도가 계발되는 것을 배울 수 있다는 것이다. 베른 회의에 의하면, 예수를 가리키는 본문을 취할 때 그런 본문들은 "그들의 신앙을 강하게 하는 데 있어 신실한 사람들에게 도움이 된다"[35]고 한다. 그들의 결론은 구약성서에 대한 관심이 증대되는 것에 열려 있다. 이런 사실은 16세기 이후 아나뱁티스트 사이에서 더욱 명백해졌다.

(3) 필그림 마펙에게 있어서, 특별히 그리스도 중심론은 예수가 하나님의 유일한 아들로서, 그리고 성서의 권위 있는 해석자로서 인정되고 존경을 받는 것을 확신시켜 주는 아주 중요한 방침이었다. 아나뱁티즘은 삶의 모든 면에서 예수에게 최고의 자리를 드리려고 그에게 영광을 돌리고자 하는 깊은 갈망을 나타내 보였다. 종교개혁자들이 강조한 배움과 이성에 대한 아나뱁티스트들의 염려 중의 하나는 그러한 인간의 노력에 대한 의존이 이론에서뿐 아니라 실제에서도 예수를 보좌에서 내려가게 했다는 것이었다. 예수는 단지 하나님에 대한 뛰어나고 명백한 계시일 뿐 아니라, 그의 제자들에게 어떻게 성서를 이해하며 적용해야 하는지를 가르치면서 성서의 비밀을 풀어 주는 분이기도 하다. 마펙은 "주님은 귀한 보물과 그의 선물을 값없이 주시면서 자신을 열어

보이셨다"라고 말했다. "그의 신성을 통해, 그는 성서를 풀고 그 뜻을 알려 주셨다."[36] 그는 가장 뛰어난 계시 자체로서 뿐만 아니라 가장 뛰어난 계시를 푸는 분으로 영광을 받으셨다. 성서해석에서 첫 번째 단계는 예수가 말씀을 어떻게 해석했는가를 묻는 것이다 마펙의 성서해석 접근은 내용에서뿐만 아니라 방법론에서도 그리스도 중심론이었다. 그는 예수를 가장 위대한 서기관이며 보물관리인이라고 불렀다. 그리고 구약성서와 신약성서의 보물창고에서 나온 좋은 서기관에 대한 이야기를 담은 복음서에 대한 신원보증인이기도 했다. 예수은 그의 제자들에게 여전히 적용해야 할 본문과 적용하지 않아도 되는 본문 사이를 정확하게 구별하는 지혜로운 해석자였다.[37]

성서의 해석자로서 예수에 대한 생각은 아나뱁티스트들의 글에서 자주 등장하지는 않지만, 마펙만이 그렇게 생각한 유일한 사람은 아니었다. 익명의 초기 "설교는 말씀이 가르치는 것에 순종해야 한다고 했으며 이것은 하나님에게서 일어난 것이며 예수 그리스도에 의해 열린 것이다"[38]라고 말한다. 『세례*Baptism*』라는 책에서 후브마이어는 성서를 해석하는 데 있어서 예수가 보여주신 삶의 모범을 따라야 한다는 것이 기본이라는 신약성서해석에 대한 전형적이지 않은 해석법을 옹호했다.[39] 더크 필립스 또한 예수를 해석자로 간주했다. 성서를 이해하려고 하는 사람은 누구든지 혼돈을 피하려면 예수께 주의해야 한다. 『입문서*Enchiridion*』에서, 더크 필립스는 "우리는 이전에 말하여진 말씀이나 성서를 그렇게 이해해서는 안 된다. 그렇다. 일부 사람들이 그렇듯이, 그것을 돌리고 왜곡시켜서는 안 된다. 예수 그리스도가 그 첫 본문을 해석하시기 때문이다"[40]라고 주장했다. 멜키오르 호프만은 "예수 그리스도는 하나님 아버지에게서 온 다윗의 집의 열쇠사22:22이다. 하나님 아버지는 은혜의 문을 여시면서 하나님의 영, 즉 성령을 통하여 자신의 백성에게 자신을 계시하시는 분이시다."[41] 멜키오르 그룹에서 인기있는 다윗의 집의 열쇠라는 표현은 성서를 해석하는 권위를 가리키는 것이다. 호프만은 특별히 이 개념을 좋아했고, 모든 아나뱁티스들이 동의하는 방법은 아니지만 마펙과 의견이 일치하는 본문에서는 이 표현을 썼다.

예수의 유일성과 그의 사역을 보호하는 것은 연관된 일이다. 만약 다른 본문특별히 구약에서 이 삶의 표준으로써 선택된다면 예수의 삶과 사역이 당연히 취해야 할 가장 중요한 자리가 **빼앗기지** 않을까를 아나뱁티스트들은 염려했다. 존 웬거John Wenger는 그들은 "구약의 선지자들이 예수의 오심을 증거하고 있으며, 신약의 사도들이 예수의 삶, 가르침, 죽음 그리고 부활의 중요성을 해석하던 의미에서뿐 아니라, 예수, 오직 그만이 기독교 진리의 절대적인 규범이며 하나님의 유일한 전적 계시라"[42]는 측면에서 묘사하고 있다.

그들은 구원역사 차원에서뿐 아니라 윤리의 기준에서도 예수의 중심성을 위협하는 어떠한 해석학적 방법에 대해서도 완강히 반응했다. 마펙은 그의 책『고백confession』에서 이런 염려에 대한 소리를 높였다: "비록 신실한 유대인들이 하나님에 대한 경외심으로 경건한 삶과 율법의 의 안에서 신실하게 살았지만, 미래의 의, 정의 그리고 성화가 아브라함이나 다른 사람들에게 약속되지도 않았고, 받지도 못했다. 그렇다고 한다면 그것예수의 중심성을 위협하는 해석학적 방법은 그리스도의 성육신 및 그의 고난과 죽음을 믿지 않는 큰 모독이 될 것이다."[43]

그리스도게 모독이 되는 성서해석형태의 이런 개념은 아나뱁티즘의 초기에 펠릭스 만쯔의 글들에서 나타난다. 그의 책『저항과 방어Protest and Defense』에서 그는 자기의 반대자들에게 다음과 같이 도전했다. "요한, 예수 그리스도, 그의 제자들이 어린아이들에게 세례를 베풀었고, 그들도 세례를 받아야만 한다고 가르쳤다는 확실하고, 분명한 성서 말씀을 내게 보여주는 사람들의 말을 기쁘게 듣겠다…. 아이들의 세례는 하나님께 반대되며, 그리스도에게 모독이 되며, 그의 진실하고 영원한 말씀을 발밑에서 짓밟는 것이다."44)

(4) 그리스도 중심론은 교리로서의 예수보다 역사적인 예수를 더 강조한다. 아나뱁티스트들은 교리 속의 예수를 인정했으나 복음서의 예수에게 더 매료되었다. 그들은 구원의 유일한 기초로서 예수의 구원 사역을 믿는 믿음을 종교개혁자들과 공유했다. 그러나 그들은 예수가 그의 제자들에게 하라고 명령하신 것을 실천함으로 그들의 주와 주인이 되신 예수를 따르기로 다짐했다. 메노에게 있어서 "그리스도는 믿음의 필수적인 대상이요, 그리스도인들의 삶의 모델이다. 그리고 교회의 전통적인 교리는 예수에 비하면 보잘것 없는 대체물이다. 예수는 주님이시며, 모든 교회의 머리이시다. 메노는 그리스도를 신약성서의 모범을 따르는 교회로 회복시키시는 분으로 바라보았다."45)

그리스도 중심적인 해석을 한다는 것이 모든 성서가 반드시 칭의의 관점에서 해석되어야 한다는 것을 의미하지는 않는다. 그러나 모든 성서가 예수의 삶과 죽음의 관점에서 이해되어야 한다는 것이다. 아나뱁티스트들은 예수에 의해 제시된 신약성서의 구원론적 요소를 무시하지 않는다. 그러나 그들은 예수의 구원의 의미와 그 범위를 삶의 본이요, 선생이요, 구원주로서 그리스도를 무시할 수 없는 해석학적 측면으로까지 확대했다.

(5) 그리스도 중심론은 예수의 가르침에 대한 문자적인 그리고 율법적인 적용이 아니었다. 비록 예수가 새로운 율법을 주신 분46)으로 가끔 불리고, 일부 아나뱁티스트들은 예수의 말씀을 '증거-본문식'을 이용하여 율법으로서 이용되는 것처럼 하기도 했지만, 다른 사람들은 그들을 제한하지는 않았다. 아나뱁티스트들은 예수의 삶의 모범, 삶의 방

식, 영성, 관계성 그리고 의도를 다른 성서 본문을 해석하는데 필요한 기초를 제공하는 가장 중요한 것으로 보았다.

어떤 그룹에서는 예수의 명확한 가르침이 가장 중요한 위치에 있는 것으로 보인다. 예를 들어, 슐라이트하임 고백서는 검에 대한 이슈를 다루면서, 마태복음 5장 39절에 있는 예수의 명령에 단순히 기초하여 무저항을 찬성했다. 뎅크도 거의 비슷한 결론에 도달했지만 어떤 구체적인 명령에 순종해야 한다는 차원에서가 아니라, 그리스도의 사랑을 닮아가야 한다는 차원에서였다. 마펙은 특색있게 중재적인 입장을 찾으려고 했는데, 그것은 본문을 깊이 있게 취하면서도 예수의 본이 되는 삶을 더 깊게 찾을 수 있도록 격려했다는 것이다. 메노 또한 본문 중심의 접근을 점점 더 취해 가기는 했지만, 구체적인 명령뿐 아니라 예수의 본이 되시는 삶으로 접근하려고 했다. 그의 글을 보면 "만약 그리스도가 그의 입의 말씀의 검으로 적들과 싸우셨다면, 또한 그가 이 세상을 그의 말씀의 잣대로 치시고, 그의 입술의 숨으로 사악한 자들을 멸하신다면 그리고 우리가 그의 모습을 따라야 한다면, 어떻게 우리가 말씀이 아닌, 다른 검으로 우리의 원수를 대적할 수 있겠는가"[47]라고 묻고 있다.

그러나 우리는 이러한 차이점을 과장해서는 안 된다. 검에 대한 자틀러의 입장을 연구하면서, 아놀드 슈나이더Arnold Snyder는 검에 대한 그의 생각이 어떤 구체적인 본문에 기초를 둔 것이 아니라, 마태복음 11장 29절에 있는 '내게로 와서 배우라' 라는 예수의 명령에 기초한다고 말하며 다음과 같이 결론을 내렸다 "그리스도는 살아있는 머리이시며 명백한 삶의 모범이 되신다."[48]

그러나 자틀러와 다른 많은 사람은 주의를 기울여 연구하면서 예수의 말에 많은 무게를 실었다.[49] 산상수훈은 이미 그리스도 중심적인 정경 속에서도 더 중요한 정경으로 활용되는 것처럼 보인다. 아나뱁티스트들이 진심으로 피하려고 했던 것은 예수의 명령을 예외적인 것과 한계설정qualification이 되어 있는 것처럼 일반화하여 축소함으로 예수의 권위를 희석하는 것이었다.

(6) 그리스도 중심론은 많은 아나뱁티스트들에게는 예수에 대한 살아있는 경험이 성서를 이해하기 위한 필수조건이라는 말이었다. 단지 역사적인 예수가 성서본문의 중심일 뿐 아니라, 믿음의 대상으로서의 그리스도가 해석자의 삶의 경험 속에서도 중심이 되어야 한다는 말이다. 아나뱁티스트들은 성서의 해석과 적용을 객관적인 예수의 명확한 가르침과 삶의 모범, 그리고 그들의 개인적인 예수 그리스도에 대한 주관적인 신앙에 근거했다.[50]

이러한 조화는 마펙의 글에서 아주 분명하다. 슈벵크펠트에게 글을 쓰면서, 그는 "그리스도는 가르쳤고 우리를 충만한 지혜로 교육하셨다. 그는 또한 우리를 마음의 교사로 그리고 예수의 말씀과 가르침으로 양육하기 위한 위로자로 보내셨다. 우리는 사람의 목소리에 의해 배우게 되는 것이 아니라, 예수와 제자들의 복음서에 대한 그리스도의 문자적이고 직접적인 가르침을 통해서 배운다. 우리는 사람에 의해서가 아니라, 하나님이신 성령에게서 배운다."[51] 그리고 자틀러에게 있어서 교회의 머리이신 예수와 그의 몸인 성도들 사이에 있다고 믿은 연합이 의미하는 것은 "그리스도는 믿음과 실천 사이의 갈등을 중재하기 위한 명백한 호소에 대한 표준이다. 그것이 성서를 사용하여 만들어진 기능이든, 교회의 전통에 따라 만들어진 기능이든 상관없이 말이다."[52] 예수와의 연합에 대한 아나뱁티스트들의 감각은 극도로 신중하게 예수의 말씀과 삶의 본을 취하는 데 실패한 어떠한 해석학적 방법론도 금지하고 있다.

아나뱁티즘-그리스도중심적인 운동

해석학에서 이 그리스도 중심적인 접근의 중요성을 이해하기 위해서 그리고 이것의 근원을 발견하기 위해서 우리는 아나뱁티스트들 사이에 퍼진 그리스도 중심론과 구약 신약의 관계에 대한 질문을 반드시 함께 고려해야 한다. 해석학에서 그리스도 중심론적 접근은 따로 외떨어진 현상이 아니다. 아나뱁티스트 신학과 교회론과 윤리, 찬송연구[53]와 영성의 중심에 예수가 있다.

이 그리스도 중심론은 기독론예수에 대한 연구의 혁신이 가져온 결과가 아니었다. 스위스 아나뱁티스트, 후터라이트, 그리고 대부분 남독일/오스트리아 아나뱁티스트들은 추상적인 신학과 형이상학적인 사고에 대해 관심이 거의 없었다. 그들은 일반적으로 종교개혁자들의 기독론과 구원론을 수용했다. 그들의 글에서 이런 주제를 잘 다루지 않는 이유는 그들이 이 주제에 대해 그들 당대의 사람들과 논의하지 않았다는 사실 때문이다. 그들의 주된 관심은 다른 곳에 있었다. 대부분 아나뱁티스트들은 정통성이 있었다. 만약 사려깊지 못한 것이 있다면, 삼위일체 주창자들과 많은 사람이 실제로 성령의 인격과 사역을 종교개혁자들보다 더 강조했다는 것이다. 그러나 이 운동에서 예수에 대한 강조는 틀린 것이 아니었다. 그들은 종교개혁자들의 대속사상을 받아들였으며, 구세주로서, 다시 사신 부활의 주로서 예수를 인정했다. 그러나 그들은 당대의 소수 사람으로서, 복음서의 예수에게 더 끌렸다. 역사적인 예수를 듣기로, 이해하기로, 닮기로 작정한 그들의 결심은 당대의 사람들과 확연한 차이가 있었다.[54]

아나뱁티스트 운동에서 멜키오르파만이 사색적인 신학과 변형된 기독론에 많은 관심이 있었다. 클레멘트 지글러Clement Ziegler와 카스파 슈벵크펠드 같은 신령주의자들에게 영향을 받은 호프만은 『하늘의 육체celestial flesh』라는 기독론을 만들었고, 이것은 메노 사이몬과 더크 필립스에 의해 지지가 되고 옹호되었다. 이 관점은 예수의 순수성을 보호하려고 한 것이다. 그래서 인간을 위한 완벽한 제사가 되는 능력이 마리아에게 인간의 육체를 받은 것이 아니라, 하늘에서 가지고 온 것이라는 사실을 주장했다. 이 입장은 많은 사람에 의해 예수 가현설 혹은 그리스도의 신성과 인성이 일체로 복합된 단일성을 말하는 것으로 이해되었고, 이것은 초기 기독교 이단의 재현이었다. 비록 네덜란드 아나뱁티스트들은 자신들의 가르침은 예수의 100% 신성과 인성을 가르쳤다고 주장을 했지만 말이다. 더크 필립스는 『예수 그리스도의 참된 지식에 관하여*Concerning the True Knowledge of Jesus Christ*』에서 이렇게 썼다: "우리는 예수의 순전한 신성과 그의 순전한 인성 모두를 고백한다."[55] 다른 곳의 아나뱁티스트들은 이 기독론을 채택하지 않았다. 하지만, 이 기독론은 네덜란드 아나뱁티스트들 사이에서 적어도 16세기 말까지 인기가 있었다. 그러나 아나뱁티스트의 그리스도 중심론은 이런 기독론의 일탈aberration에 찬성하는 것도, 이것을 거절하는 것도 아닌 것으로 보인다.

아나뱁티스트들에게 있어서 그리스도 중심론은 예수가 그들의 구원에서 중심일 뿐 아니라 사람을 구원하심으로 그들의 삶에서도 중심이다는 것을 의미했다. 예수는 그들이 따라야 할 모범이었으며[56] 그들이 닮아야 할 모델이었으며,[57] 그들이 순종해야 할 주인이며,[58] 그들이 당면한 전쟁에서 그들과 함께 싸워주시는 대장이기도 하셨다.[59] 한스 슈라퍼Hans Schlaffer의 글에 보면 "그리스도의 삶은 예수가 살았듯이 우리가 살아야 하고 따라야 하는 모델이다."[60] 그들은 어떻게 살아야 하는가를 발견하기 위해 예수의 삶과 사역을 연구했다. 그리고 그들의 삶과 직접 연관이 있는 본보기적 삶과 가르침을 예수에게서 발견했다. "주님의 설교 사역과 봉사사역, 사회적 정치적 구조에 대한 그의 맹렬한 거부, 문화적 기대에서 자유로운 삶의 양식, 종말론적 세계관 그리고 그의 사랑과 무저항은 모든 신자를 위한 표준으로서 받아들여졌다."[61]

우리는 이런 배경으로 아나뱁티스트들의 그리스도중심적인 해석학에 대해 이해해야만 한다. 성서에 대한 그들의 접근은 다른 주제에 대한 그들의 태도와도 일관된다. 우스터반Oosterbaan이 다음과 같은 결론을 지었다: "성서의 전적인 그리스도 중심론적 관점, 그리스도 안에서의 새로운 존재로서의 실제, 새로 태어난 신자의 교회, 그리고 신앙고백에 기초한 세례… 이 모든 것은 서로 잘 어울리는 그래서 서로 분리되어 떨어져 나가지 않는, 유기적인 모든 형태의 신학을 형성한다."[62]

해석학에 대한 그들의 특별한 접근이 급진적인 그리스도 중심론을 낳았는가? 혹은 그들이 이미 가지고 있던 그리스도 중심론이 그들만의 해석학을 낳았는가? 어떤 사람들은 그리스도 중심론이 먼저라고 주장한다. 예를 들어, 헨리 페커Henry Poettcker는 적어도 메노에게 있어서 성서에 대한 접근은 "그의 기본적인 주장의 전제인 예수 그리스도의 중심성이다."[63] 그리고 윌렘 발크는 산상수훈이 아나뱁티스트 성서해석의 열쇠 역할을 해왔다고 말한다. 그 이유는 산상수훈에 대한 강조가 그들의 우선하는 확신과 일치하기 때문이다. 그러나 우리가 이들의 확언과 확신에 대한 기원을 찾을 때, 그들이 성서를 연구하고 해석하는 데 있어서 특별한 방법에 근거했었다는 결론을 피하기는 어렵다.

우스터반의 '유기적 신학Organic theology'이라는 표현은 특별히 아나뱁티스트들이 싫어하는 것으로 알려진 이론적이고 신학적 관점에서 볼 때, 성서해석과 그리스도 중심론 사이의 상호관계에 대한 적절한 요약이다. 성서에 대한 그들의 연구는 그들을 복음의 주체이신 예수에게로 이끌었으며, 그들의 성서해석은 예수가 가장 우선순위에 있다는 사실에 대한 확신에 기초하고 있다. 예수에 대한 경험과 그들이 예수에게서 느끼는 매력이 그들의 성서연구를 예수의 삶과 가르침에 더욱 집중하게 하는 결과를 가지고 왔다. 그래서 아나뱁티스트들이 성서 해석학의 순환고리에 붙잡혀 있는가? 전반적으로 보면, 아나뱁티스트들의 그리스도 중심론과 해석학이 서로를 강화하고 명료하게 하는 나선모양의 관계가 있어 보인다.

그러나 우리는 그리스도중심성이 해석학적 방법보다 훨씬 더 중요하다는 것을 깨달아야만 한다. 모든 해석학은 예수그리스도를 실제로 따르는 일에 종속된다. 아나뱁티스트들은 성서를 해석하기 위한 조화로운 시스템을 계발하면서 중심 개념을 찾는 데 관심이 없었다. 단지 하나님의 뜻을 발견하는 데 관심이 있었다. 그리고 그들은 하나님의 뜻은 예수의 삶과 가르침에서 가장 명확하게 발견되는 것이라고 믿었다.

대부분의 아나뱁티스트들은 성서를 향한 엄청난 사랑과 더불어 하나님의 말씀이라면서 그리스도보다 더 위에 있거나 그에 준하는 위치에 있는 것에 대한 거부감은 항상 맞물려 있는 것이었다. 비록 어떤 아나뱁티스트 사람들은 성서주의라고 비난을 받아야 했지만, 다른 사람들은 성서 자체가 종교개혁자들에 의해 지나치게 중요시되는 것과 그로 말미암아 예수의 권위가 타협되는 것을 두려워했다. 그렇기에, 성서 해석에서 그들의 급진적인 그리스도중심성은 '예수 그리스도의 의도 intention of Jesus Christ' 에 따라 예수 중심으로 성서를 해석해야 한다고 주장하면서, 성서에 대한 높은 기대를 유지함으로써 이 균형을 보강하려는 시도로 보인다. 이 예수 중심성은 성령에 대한 그들의 경험과 필연적으로 관계가 있다. 비록 예수에 대한 지식이 성서에 계시된 예수를 따를 때에 한해서만 타당한 것이지만 성령의 사역에 대한 깊은 경험을 통하여 변화된 성서해석자의 삶에서 예수에 대한 지식은 성서를 이해하는데 있어서 필수조건이었다.

아나뱁티스트 해석학의 그리스도 중심성은 구약과 신약 사이의 관계를 다루는 아나뱁티스트 관점의 근거가 되는가? 아니면 신약에 초점을 맞춘 결과로 그들을 대표하는 그리스도중심성이 나왔는가? 이론상으로는 둘 중의 하나가 다른 하나의 바탕이 될 수 있지만, 그리스도 중심성이 신약에 우선순위를 둔 헌신에서 나왔다고 말하기보다는 그리스도 중심성이 신약에 우선순위를 두게 만든 헌신의 근거였다고 말하는 것이 더 맞아 보인다. 확실히 구약과 신약성서에 대한 아나뱁티스트들의 입장을 잘 설명한 다른 자료는 없다. 다음 장에서 소개될 종교개혁자들이 구약을 사용하는 방식에 대한 아나뱁티스트의 불만은 의심의 여지없이 신약성서에 대한 구약의 관계에를 연구하도록 재촉하는 역할을 했다. 그러나 이 불만이 구약성서에 기초한 종교개혁자들의 가르침과 아나뱁티스트들이 예수를 이해하는 방식 사이에 있는 극명하고 확연한 불일치에 때문에 그런 것은 아닌 듯 하다.

위에 인용된 몇 본문들은 그리스도중심성의 원리가 인간 예수의 경험을 나누고, 그의 증인으로 임명받은 사도들의 가르침을 포함하는 데까지 종종 확장된 것을 보여준다. 메노의 말은 이 확장에 대한 그의 생각을 보여준다. 젤리우스 파버에게 쓴 글에서, 그는 "예수의 쉬운 말씀과 명령, 가르침과 흠 없는 초대교회의 사도들의 관습을 따르라"[64]고 주장한다. 교회의 전통과 교회교부들의 의견을 수용해야 한다고 몰아갈 때, 아나뱁티스트들의 염려는 교회는 타락했고, '거짓되었다' 라는 믿음에서 시작된 것이다. 하지만, 그들은 사도들의 가르침과 삶을 예수 그리스도와 함께 표준으로 삼는 것에 만족했다. 왜냐하면, 그들은 초대교회와 사도 리더십이 타협 없이 예수그리스도께 충분히 굴복되었다는 확신이 있었기 때문이었다.

그렇기에, 아나뱁티스트들은 예수의 삶을 다루는 일차적인 자료로서 복음서에 우선권을 주면서, 다른 신약성서의 책들을 쓰거나, 그 책의 전달자들인 사도들을 예수의 가르침의 신실한 상속자라고 느꼈다. 그러므로 일반적으로 신약은, 그들이 가진 예수와의 친밀한 관계 때문에 구약보다는 더 큰 권위를 가졌다. 구약과 신약을 다루는 아나뱁티스트들의 방법은 그들의 근본적인 그리스도 중심성의 확대에서 나왔다. 이 모델은 1526년의 후브마이어 책 『츠빙글리 세례에 관한 책과의 대화*Dialogue with Zwingli's Baptism Book*』에서 발견된다: 여기서 그는 "구약의 여러 의식儀式에 관하여, 우리는 하나님이 그것들을 폐지하신 것을 안다. 그러나 신약의 의식에 관하여 우리는 예수가 그것을 폐지하였다는 것을 읽어 보지 못했다. 이런 의식들은 반드시 그리스도의 법에 따라 시행되어야 한다."[65]

만약 아나뱁티스트들의 그리스도 중심론이 구약과 신약의 관계를 보는 관점에서 나온 것이 아니고, 그들의 다른 해석학적 원리에서도 나온 것이 아니라면, 이런 접근의 출처는 어디서부터 나온 것일까? 두 가지 그럴 듯한 출처가 될 법한 것은 아나뱁티스트들의 성령의 체험과 살아있는 그리스도와의 내재적인 개인적 체험과 후기 중세에 넓게 퍼졌던, 예수의 삶과 예수의 본을 따르고자 한 헌신의 영향력이다. 이 전통의 상속인으로서 아나뱁티스트들은 예수의 인간적인 모습에 끌렸으며, 종교개혁의 의붓자식으로서 그들은 일차적으로 성서 말씀에서 이러한 예수를 찾으려고 했다. 아나뱁티스트들이 예수에 대해 말하고 쓰는 방식을 보면 그들은 자신들의 삶의 방식과 고통과 관심사에서 예수와 두드러진 유사성을 느꼈다는 것이 명백하다.[66] 예수에 대한 이야기를 읽으면 읽을수록, 그들은 그들의 삶과 정황 속에서 예수와 더 깊은 관계성을 깨달았고, 그들은 예수를 성서에서 소외시키는 일을 하기보다는 이 그리스도 중심성으로 다른 성서를 읽어나가기로 더욱 굳게 다짐했다.

'그리스도 중심적' 혹은 '기독론적'

그리스도중심적인 아나뱁티스트들의 접근법과 종교개혁자들의 방법론을 비교할 때, 우리는 아나뱁티스트들의 독특한 특징을 느낄 수 있다. 종교개혁자들의 해석은 명시적으로나 내재적으로나 '기독론적 christological'이라고 쉽게 묘사할 수 있다.[67] 예수 그리스도가 인류에게 하나님의 최상, 최고의 계시가 되시며, 그의 죽음, 부활 그리고 승천이 역사 안에서 하나님의 가장 중요한 행동이 되신다. 성서적 메시지는 이러한 사건들을 통해서 구원이 모든 믿는 자들에게 열려 있다는 말씀이다. 모든 성서는 이 중심적 진리를 증언하고 있다. 아나뱁티스트들도 이 사실에 대해 마음에서 동의한다. 그러나 종교개혁자들은 예수 자체는 덜 강조하고, 그의 구원에 관한 행동과 이신칭의 교리에 더 많은 관심을 두었다. 이런 의미에서, 종교개혁자들의 해석학은 '구원론적'이라고 말할 수 있다: 구원에 관한 그들의 이해는 성서에 대한 해석학적 열쇠를 제공했다.

그러나 아나뱁티스트 해석학은 단지 기독론적이지만은 않았다. 예수의 구원 사역의 효력을 묘사하는 교리 대신 예수 자체에 초점을 맞춘다는 의미에서 그리스도중심적이었다. 아나뱁티스트들에게 있어서, 예수는 그들의 구세주일 뿐 아니라 그들이 본받아야 하는 삶의 모델이었으며, 그들이 마땅히 배워야 하는 선생님이기도 하셨다. 그들의 예수 중심성은 종교개혁자들의 기독론적 접근보다 인간 예수와 조금 더 단단히 묶여 있다.[68] 그리고 그들의 나머지 다른 성서에 대한 해석도 종교개혁자들의 해석학과는 구분되면서 상당히 다른 결과를 낳았다.[69]

이 구별됨은 루터의 다음과 같은 글에서 보인다.[70]

"지금 그리스도의 사역과 행동보다는 말씀에 훨씬 더 많이 의지하고 있기 때문에, 만약 둘 중의 하나 없이 살아야 한다면 말씀과 교리가 없는 것보다는 그의 사역과 역사가 없는 것이 더 낫습니다. 우리 주 그리스도의 교리와 말씀을 다루는 책에 더 높은 가치를 두는 것이 더 정당합니다."

루터 또한 아나뱁티스트가 하였듯이 정경 안에서 정경을 만들어 사용하고 있었다. 그의 정경은 아나뱁티스트들과는 달랐지만, 이것은 그 또한 신약성서 속의 책들에 우열을 매겼고 그 순위는 그가 중요하게 여기는 구원론적 강조를 얼마나 잘 가르치고 있는가에 근거한 것이었다. 그는 바울의 서신서를 그것들의 교리적 내용 때문에 가장 중요한 것으로 간주했다. 그리고 그런 내용이 부족한 야고보서를 무시했다. 복음서들은 서신서보다 아래 순위에 들어갔다. 아나뱁티스트들의 이해와 반대였다.

게다가 루터의 주된 관심은 구세주로서의 그리스도와 이신칭의의 교리였다. 그는 예수의 삶과 가르침과 그의 사역을 중요하지 않은 역할로 이해하고 부차적인 것으로 만들었으며 제안하기를 이런 것에 대해 아무것도 알지 못해도 비극적인 손실은 아니라고 말했다. 아나뱁티스트들에게 있어서 인간 예수와 믿음의 그리스도 사이의 이러한 분리는 동의할 수 없는 것이었다.[71] 그들에게 있어, 루터의 접근은 기독론적이지만 그리스도중심적이지는 않았고 이것은 그리스도를 불명예스럽게 한다고 느꼈다. 그들은 종교개혁자들이 예수를 사람으로 보는 시각을 잃었다고 두려워했으며, 단지 신학적인 원리만이 남았다고 느꼈다.

또한, 다른 차이점이 하나 더 있다. 우리가 이미 보았듯이, 이 차이점 중의 하나는 성서 전체가 그리스도를 향하고 있다는 점이다. 종교개혁자들도 아나뱁티스트들과 함께 이 일반적 확신을 함께한다. 그들의 구약성서 해석은 특히 그들의 주된 관심이 본문 속에서 그리스도를 찾는 것이었다. 그들의 관심은 삶의 본으로서의 예수보다는 기독론적 측면의 교리에 더 많았기에 그들은 그들의 관심과 일치하는 폭넓은 본문을 해석하는 방식을 찾았다.

그러나 그리스도를 중심으로 성서본문을 해석하는 점에서는 같지만 일부 아나뱁티스트들은 역사적 예수에 초점을 두고 싶었기 때문에 구약 본문을 이런 식으로 해석할 수 없었다. 특별히 마펙은 구약에서 신적 그리스도를 찾는 것에 대해 침묵했으며 거기서 인간 예수를 찾는 것에 대해서는 아예 거절했다.[72] 비록 많은 아나뱁티스트들이 구약성서를 해설하기 위해 알레고리적 장치를 이용했지만, 대부분은 예수가 역사적으로 있을 수 없었던 곳에 있게끔 하는 전략을 사용했다.

이런 방법으로 인간 예수를 강조한 것은 종교개혁자들이 예수를 구약본문에서 찾는 사색적인 노력에 유용한 수단으로 작용했다.[73] 던칸 퍼구슨Duncan Ferguson이 주장했듯이 "그리스도가 구약성서에서 이미 예시되었다고 주장하기 위하여 역사적 접근의 완전성을 파괴할 필요는 없었다. 그러나 예수를 어느 곳에서나 찾는 것은 해석에서 문학적-역사적 원칙에 모순되는 것이며, 역사적 문맥과 메시지를 제대로 파악하는 데 실패하게 한다."[74] 베른 회의에서도 말했듯이, 아나뱁티스트의 관점은 구약성서도 '그리스도의 증인'[75]이었던 것이지, 그리스도가 교묘한 변장술로 다양한 옷을 입고 발견되는 그런 장소가 아니었다.

이 주제에 대한 아나뱁티스트들의 특징적인 요소들을 요약정리해 보자:

- 그의 구원사역에 기초를 둔 교리가 아니라 인간 예수를 강조
- 역사적 예수의 인간성을 강조
- 예수에서 시작하려는 의지와 더불어 종교개혁자들이 받아들였던 것보다 더 많은 종류의 주제에 예수의 행동과 말씀이 표준이라는 것을 기꺼이 받아들이는 의지
- 전체 성서를 수용하기 위하여 그리스도 중심론의 원리를 확대함
- 모든 해석자의 필수조건으로 살아계신 예수와의 경험의 중요성을 강조
- 이 필수요건은 어떤 교육의 양으로도 대체될 수 없는 것

코넬리우스 딕Cornelius Dyck은 16세기 아나뱁티스트들의 성서해석 방법의 급진적 도전을 다음과 같이 요약했다: "아나뱁티스트들이 예수의 말씀과 삶의 본을 엄격하게 따라야 한다고 주장할 때, 이 말은 쉽게 이해되거나 받아들여 지지 않았다. 대부분 사람은 예수를 죽은 구세주거나, 미래의 심판자라고 생각했지, 삶의 본을 진지하게 따라야 할 누군가라고는 생각을 하지 못했다…. 예수의 본을 따르도록 초대받는 것은 오늘날에는 자명한 일이다. 그러나 16세기의 아나뱁티스트들에게 있어서는 그것은 아주 드물며 당돌한 주장이었으므로, 십자가로 이끄는 예수의 길을 따를 때 치러야 하는 댓가였다."76)

이런 해석학의 차이점은 그들에게 아나뱁티스트라는 낙인을 찍고 그들을 당대의 사람들과 따로 분리되도록 만들었던 기독론적인 접근방식에서 기인한 것이며, 기독론적 접근 방식과 모순되지 않는다. 월터 클라센은 이것을 이렇게 말했다: "우리는 개신교에서 천상의 그리스도, 자기희생을 통해서 영혼을 구원하신 우주적인 분을 만난다. 가톨릭에서 종종 끊임없이 인간의 죄를 위해 담대하게 자신을 제단에 드리는 미사 가운데 예수를 만난다. 아나뱁티즘에서 우리는 단지 시대착오적으로라고밖에 부를 수 없는 '역사적 예수'를 만나게 된다. 예수는 역사적 교리가 요구하는 전부이다. 하지만, 그는 그 이상이다. 그는 모든 그리스도인의 삶의 모델도 되기 때문에, 사람들이 동의하는 신학적 체계의 중심이 되실 뿐 아니라, 우리 삶의 중심이 된다."77)

아나뱁티스트들의 성서해석접근은 구원이 이끄는 새로운 삶과 그것의 공식 안에서 경험적이며 윤리적인 삶에 초점을 두고 있다. 이것은 종교개혁자들이 말하는 기독론과는 다르며, 오히려 훨씬 더 근본적인 차원에서 철저하게 기독론적이다.

비판과 평가

그리스도중심적인 성서해석을 하는 것은 초기 아나뱁티스트들에게는 혹독한 대가를 치르게 하는 것이었다. 왜냐하면, 그 당대의 사람들의 심한 비판을 받아야 했기 때문이다. 종교개혁자들은 아나뱁티스트들이 예수의 매력과 예수를 닮고 따라야겠다는 도전을 수용한 결과로 열심을 냈다고 보지 않았다. 단지 그들은 이신칭의의 개혁적인 교리를 향한 열심과 예수의 삶에 기반을 둔 제자도의 삶이 서로 다르지 않다는 것을 아는 데 실패했다고 생각했다.

아나뱁티스트들은 그들의 그리스도중심성과 관련된 적지 않은 잘못으로 비난받았다. 예수를 순진하게 그대로 따르려고 하는 문자주의로 이해했으며, 자신을 희생함으로 율법 굴레에서 우리를 자유롭게 하신 예수를 유일한 구세주를 보지 못한 채, 또 다른 새로운 율법을 부과한 자로 이해하고는 율법주의에 대한 책임을 물었다.[78] 종교개혁자들은 예수의 구체적인 명령을 강조하기보다는 사랑과 믿음과 같은 일반적인 원리를 장려하는 것을 선호했다. 일부 아나뱁티스트들은 예수의 가르침을 따르는 데 있어서 문자주의와 율법주의로 빠지기도 했다. 하지만, 그들의 성서해석은 종종 이것보다 훨씬 복잡한 것이었다. 대부분 아나뱁티스트들은 종교개혁자들이 제안했던 일반화에 머무르는 것을 별로 내키지 않아 했다. 그러나 많은 사람이 그리스도의 특별한 말씀과 삶뿐만 아니라 그의 영성과 의도에도 관심이 있었다.

게다가, 종교개혁자들은 구주로서가 아닌, 삶의 본으로서 예수를 강조하는 것이 '오직 은혜'의 급진적인 원리에서 많이 벗어난 것이며, 행위로 얻게되는 의로움으로 다시 역행하게 만들었다고 의심했다.[79] 위에서 언급했듯이, 그리스도를 본받는 것은 중세의 인기있는 주제였으므로 종교개혁자들이 그들의 설교에서 완전히 배제한 것이 아니었다. 하지만 그들은 항상 '오직 믿음'의 교리에 종속되었던 것이다. 아나뱁티스트들은 자신들이 다시 행위로 받는 의로움으로 돌아간 것이 아니라, 종교개혁자들이 '오직 믿음'을 가르치는 데 있어서 균형적이지 못한 것이라고 반복해서 주장했다. 그들은 가톨릭의 '믿음 없는 행위'가 개신교에 의해서 '행위 없는 믿음'으로 대체되었다고 느꼈다. 그들이 예수를 구세주일 뿐 아니라 선생이요 본으로 바라보는 데 실패했기 때문이다. 마이클 자틀러는 '행함으로 받는 의로움'에 자리를 양보하지도 않고, "행위 없는 믿음의 복음을 가르치지도 않는 사람들"[80], 즉 그 중간에 남아있는 사람들에게 축복을 선언했다. 그리고 『입문서』의 서문에서, 더크 필립스는 이렇게 말했다: "그럼에도 불구하고 어떤 사람들이 말하기를 우리가 우리의 착한 행위로 구원을 얻기를 원한다고 말하지만, 이것은 하늘이 땅에서 먼 것처럼, 우리의 믿음은 이것과 관계가 없다. 우리는 우리가 그리스도의 은혜를 통해서 구원받았다는 것과 오직 예수의 피를 통해서 우리의 죄가 용서받았다는 것을 믿고 고백하기 때문이다."[81] 종교개혁의 초기시대, 이신칭의의 교리가 정립될 즈음에 종교개혁자들은 아나뱁티스트들이 이신칭의를 타협과 혼란으로 위태롭게 하고 있다고 염려했다. 그러나 아나뱁티스트들에게, 이것은 이신칭의 교리가 제자도를 대체한 명분상의 기독교에 대한 위험을 피하기 위해서는 감수할 가치가 있는 것이었다.

아나뱁티스트들은 또한 너무 많은 강조를 인간 예수에 두고 부활하시고 승천하신 예수는 강조하지 않는다고 비난을 받았다. 특별히 츠빙글리는 스위스 형제단을 그리스도의 이 땅에서의 본에 너무 많이 의존하면서 예수의 부활과 승천을 별로 이야기하지 않는, 의지의 교리를 말하는 펠라기우스파라고 느꼈다.[82] 초기 독일 아나뱁티스트들은 종교개혁자 우바누스 레기우스Urbanus Rhegius에 의해 두 가지 서로 연관된 잘못을 비난받았는데, 하나는 그리스도를 단지 선생과 본으로 낮춘 것과 다른 하나는 사람 안에 있는 하나님의 이미지를 너무 강조하는 바람에 인간의 타락의 영향력을 소극적으로 다루었다는 것이다.[83] 그리고 부처는 카우츠Kautz가 "그리스도의 대속의 역할을 단지 삶의 본을 보여주는 역할로 감소시켰다"[84]라고 비난했다. 이런 비난들을 어떻게 평가해야 하는지를 판단하는 것은 어려운 일이다. 아나뱁티스트들의 많은 글 속에 그리스도가 구세주이며 승천하신 주이시고, 다시 오실 심판자라는 가르침이 분명히 있다. 그러나 그들이 이 주제에 대해 종교개혁자들과 동의했기에 예수가 인간이면서 본이 되셨다는 내용만큼 그들의 논쟁적인 글 속에 이 동의한 주제가 자주 나타날 필요가 없었다. 아나뱁티스트들은 종교개혁자들이 소홀히 한 기독론적인 측면을 강조함으로써 다른 측면에는 덜 헌신했다는 부당한 인상을 주게 된 것이다.

일부 아나뱁티스트들이 인정한 또 다른 문제는 만약 성서가 율법에 관한 책으로 다루어 지지 않고, 해석자들에 의해 '예수의 의도'를 찾으려는 자료로서 다루어진다면, 주관성에 대한 비난을 반박하기는 어렵다.[85] 어떤 사람들은 아나뱁티스트들이 성서를 율법 책으로 이용하는 경향이 있고, 그래서 그런 주관성의 위험이 적지만, 아나뱁티스트들의 글 속에 있는 그리스도의 영과 의지와 마음에 대한 참고문헌들 속엔 잠재적인 많은 문제의 소지가 있다고 시사한다.

이 두 가지의 흥미로운 평행관계를 보면서 로버트 홀란드Robert Holland는 신정통주의Neo-orthodoxy에 대한 자신의 논평을 아나뱁티즘에 적용했다. 배인톤Bainton은 "종교적 지식, 구원, 그리고 윤리를 포함한 모든 것을 그리스도에게서 얻으려는 시도"[86]에 대해 경고했다. 홀란드는 아나뱁티스트들의 과한 그리스도중심적인 해석에 대해 잘못이 있다고 믿었으며 그로 말미암아 "언어적, 역사적, 신학적, 문화적 그리고 설교를 위한 원리를 무시하는 결과를 가져왔다고 믿었다. 단지 어떤 사람이 '그리스도중심적'이 되길 바란다"[87]는 것 때문에 문제가 있다고 취급되지는 않는다. 이런 경고는 보다 나은 건강한 신학을 위한 것이다. 그러나 이것은 종교개혁자들의 기독론적 접근에도 똑같이 적용되어야만 할 것이다. 그들의 접근은 고려해야 할 바로 이 사항을 살짝 비켜 가는 방식으로 구약 가운데서 그리스도를 찾으려는 접근이었다.

어떻게 그리스도의 영성, 의지 그리고 마음을 알 수 있을까? 만약 이와 같은 것들이 예수 그리스도의 가르침에서 분명하다고 주장한다면, 복음서를 율법서로 보는 위험은 실제가 되고, 이 표현은 내용이 결여되는 위험을 무릅쓰게 된다. 만약 그리스도의 의도가 비성서적인 자료에서 나온 것이라면 그리스도에 대한 아나뱁티스트들의 경험 혹은 역사적 예수에 대한 근본적인 확신에서 나온 주관성의 위험과 성서 위에 성서 외적인 해석적 도구를 올려놓는 위험을 피하기는 쉽지 않다.

어떤 구체적인 가르침에 묶이는 대신 '오직 성서'에서만 발견되는 예수의 의도로 인해 예수의 전 인생, 그의 관계성, 사회적 행동, 우선순위, 헌신 그리고 그의 사역의 방향성을 고찰함에서 중립적인 새로운 대안이 나올 수 있다.[88] 어떤 아나뱁티스트가 이 중립적 대안의 입장을 택했다는 증거는 없지만, 이것은 주관성과 율법주의의 서로 대조되는 문제를 설명하는 방법으로 제안될 수 있다. 만약 어떤 본문에 과도한 무게가 주어져 있다면, 이러한 방법으로 성서에서 그리스도의 의도를 끌어내려는 시도는 주관적이 되는 경향이 있거나, 심지어 율법적이 되는 경향이 있다. 그러나 그 위험성을 인지하고 최악의 월권을 행사하지 않는 것이 객관적이고 주관적인 요소의 균형을 맞출 수 있는 것이다.

다른 비판은 그리스도중심성이 복음서중심성Gospelcentrism:그리스도는 지상사역 내용 속에서 자신을 일차적으로 계시했다는 가정과 함께 혼란스러워지는 위험성이 있다는 점이다. 아나뱁티스트들은 우선순위를 복음서에 두었다. 이것은 그리스도에 대한 왜곡된 관점으로 갈 수도 있고, 성서의 다른 책들이 제공하는 예수그리스도의 계시단지 그의 삶, 죽음, 부활, 승천에 관한 교리적 이해 말고도, 비록 복음서에는 기록되지 않았지만, 서신들에 있는 예수에 관한 가르침 그리고 계시록에 있는 교회들을 향한 부활하신 예수으로부터의 편지들를 무시하는 결과를 초래할 수 있다. 엄격한 복음서중심성은 성령이 계속하여 제자들을 가르치고 그들로 하여금 예수가 가르친 것을 생각나게 하실 것이라는 예수의 약속조차 무시하게 한다.[89]

그러나 초기 아나뱁티스트들의 성령사역에 대한 강조는 이런 융통성없고 경직된 흐름에서 적어도 몇 그룹은 구해 낸 것처럼 보인다. 훨씬 문자적인 그룹에서조차 복음과 이 땅에 계셨던 예수에게 덜 집중하는 종교개혁자들의 경향을 보강하는 수단으로서 아나뱁티스트의 접근을 볼 수 있다. 물론 어떤 사람은 반대방향으로 훨씬 많이 나아갔지마는….

아나뱁티스트들은 당시의 사람들이 그러했듯이, 복음서가 저자들과 독자들의 의식과 관심을 얼마나 반영하는지를 묻지 않았다. 그들은 복음서들을 간단하게 예수의 삶과 가르침의 내용으로 간주했다. 그러나 우리가 복음서의 저자들이 예수의 가르침을 기록하는 데 있어서 선택적이었다는 것과 그의 사역에 대한 특별한 해석이 붙여졌다는 것을 느끼면 느낄수록, 신약의 다른 성서들 보다 복음서에 더 많은 우선권을 주는 일에 대해 변호하는 것이 어려워지게 된다. 비록 복음서가 예수의 지상의 삶에 대한 모든 것을 담고 있다는 사실이 받아들여지고 있지만, 이 사실이 저자들의 의식과 관심에 의해 여과되었다는 것이다. 만약 이 저자들이 본질적으로 신뢰할 만한 사람으로 받아들여진다면, 이 주된 일차적인 자료에 드러난 예수에 대한 관점으로 나머지 신약성서를 해석할 수 있다는 것에 대한 강력한 사례가 된다.

게다가, 종교개혁자들의 명제적이고 신학적인 초점보다는, 복음서이야기식 장르를 정경 속에서도 가장 주요한 정경으로 보는 것은 해석학에 긍정적인 영향을 준다. 특별히, 이것은 실제적인 적용과 개인적인 제자도를 지적인 토론보다 더 중요하게 여긴다. 이것은 본문 자체보다 성서

속의 주님을 만날 수 있도록 격려한다. 이것은 또한 독자들을 여러 문화적인 요소를 포함한 많은 이야기 속에 들어오게 함으로 성서와 현대 사이의 공백에 다리를 놓는 역할을 한다.

아나뱁티스트들은 또한 예수의 말씀을 골라듣는 선택성에 대해 비판을 자초해 왔다: "그들은 그들이 믿는 전제에 가장 자연스러이 맞는 말들에 귀 기울였으며, 그들만의 확신을 지지했다."[90] 만약 다른 원리들과 조화를 이루지 못한다면, 자기해석의 위험으로 인해 아마 그리스도중심적 해석은 비판을 피하기 어려울 것이다. 아나뱁티스트들은 아마도 일반적 원리만 남은 예수의 특정한 도전들을 취사선택하려는 의도가 없었으며 단지 예수에게 집중하려고 했다고 반박할 것이다. 해석학에서, 이것들의 상호관계가 고려될 때, 이 취사선택성이 상호보완되게 하는 다른 측면이 부과되어질 필요가 있을 것이다.

만약 예수 자신이 하나님 중심이었다는 사실을 잊어버리면, 그리스도 중심론은 "그리스도 일원론Christomonism"[91]으로 변질할 수 있으며 예수는 이교도의 모습을 띠게 될 수 있다. 그러나 하나님 중심과 그리스도 중심 사이에는 그런 변질이나, 이원론이 필요하지 않다. 예수 그리스도는 성서의 다른 부분에서, 실제로는 성서 이상의 하나님 계시의 실체로서 인정되며 하나님의 자기계시의 중심으로 드러난다. 그리고 성육신은 그리스도의 계시 자체로만 보기보다는 그리스도 안에 있는 하나님의 계시로 이해되어야 한다.[92] 아나뱁티스트가 이원론적으로 생각했다는 표시는 없다. 예를 들어, 로트만은 모든 성서의 내용은 간단하게 다음과 같이 요약되어 있다고 썼다: "그리스도 하나님의 아들 안에는 하나님 전능자를 향한 영광과 경외심이 있다."[93] 그럼에도 불구하고, 그리스도 중심론은 하나님의 아들을 통해 가장 명확하게 계시된다고 할지라도 필연적으로 성서를 통해 드러나는 하나님의 계시에 덜 집중하게 만드는 위험이 따른다. 예수가라는 관점에서 모든 성서본문을 보려고 하는 노력은 성서 속에서 아버지이신 하나님을 만나기가 어려울 수 있다는 위험부담이 있다.

아나뱁티스트들이 예수를 성서해석의 가장 위대한 권위자로 보는 것과 해석학의 기초를 예수의 해석에 두고자 했던 칭찬할 만한 열정은 예수의 방법론이 미래의 모든 해석자들까지 염두에 두면서 고안된 것인가를 고려하지는 못했다. 예수는 가능한 구약을 그의 문화 안에서 적절한 방법으로 사용하려 했고 새로운 요소를 소개했지만 랍비들의 전통을 여전히 따랐다. 비록 그의 교훈들이 여전히 가르쳐지고 있지만, 이 방법론이 다른 상황 속에 있는 다른 세대들의 해석자들에는 적절한 것이 아닐 수 있다. 이런 관점은 아나뱁티스트들에게는 고려되지 않았을 것이며 지적인 토론에 대한 그들의 회의적 시선 때문에 그들에게 강요되지도 않았을 것이다. 그러나 이것은 현대 해석에서는 제기되는 문제인 것이다.

어떤 비판은 아나뱁티즘 운동 자체에서 나온다. 후브마이어는 예수가 믿는 자들의 모델로서 얼마나 동떨어져 있는지를 질문했다. 그가 유일한 구세주이기 때문에 그의 제자들은 예수와 얼마나 다르며, 또 다르게 행동했는가? 그리스도 중심론에 반대하지 않는다 하더라도, 후브마이어는 이것을 그의 동료만큼 삶에 적용하지는 않았다. 결과적으로 그는 구약에 대해 좀 더 적극적인 접근을 했으며, 예수는 그의 유일한 사명이 있기 때문에 관료가 되는 것을 거절했으나 제자들이 그것까지 모방해야 하는 것은 아니라는 차원에서 믿는 자들도 관료적 역할에 참여할 수 있다고 후브마이어는 말할 수 있었다. 예수의 유일성에 대한 강조와 예수의 삶을 따르는 것에 대한 강조는 서로 부족한 부분을 상쇄하면서 균형을 이룬다. 그리고 부적합한 결론을 삼가도록 돕는다. 일부 아나뱁티스트들의 글은 예수의 구속적 사역의 역할과 제자들이 따라야 할 본으로서의 역할이 서로 혼재되어 예수의 삶에 혼란을 느끼면서, 이 부분에서 불균형을 보여주었다.

우리는 이런 비판들에 대해 두 가지 일반적인 반응을 할 수 있다. 첫째는, 아나뱁티스트들을 동시대 사람들이 가지고 있었던 불균형을 교정하는 사람들로 볼 수 있다는 반응이다. 그들에 관해 쏟아진 많은 비판은 단순히 대안적인 입장에 대한 것이었다. 아나뱁티스트들이 공헌한 가치는 그들에게만 가치가 있었던 것으로 평가해서도 안 되고, 혹은 아나뱁티스트가 아닌 사람들에게는 중요하지 않았던 것으로 평가해서도 안 된다. 둘째, 그리스도 중심론은 비록 가장 널리 퍼진 것일지라도, 아나뱁티스트들 사이에서 적용되는 여러 개의 해석적 원리 가운데 단지 하나에 불과하다는 점이다. 비판이 가해지는 어떤 약점은 이런 다른 원리에 의해 상호보완 된다.

16세기 그리스도 중심론적 해석학의 중요성은 종교개혁자들의 교리에 너무 치우친 해석학을 교정하는 수단의 역할을 했다. 어떤 의미에서 예수의 삶의 모범을 따르기 위해 대가를 치러야 하는 이 특별한 제자도의 삶이 아나뱁티스트들을 좀 더 급진적 사람들이라고 불리우게 했다. 하지만, 다른 의미에서 그들은 믿음만 강조하는 개신교와 행위만 강조하는 가톨릭 사이의 중간 위치를 대표한다는 의미에서는 급진적이지 않았다. 예수 그리스도의 가르침과 삶에 대한 끊임없는 글들은 종교개혁자들을 도전했고, 역사적인 예수와 분리된 신학의 발전에 대해 의문을 제기했다. 윤리적 문제에 관해, 예수로 시작되는 아나뱁티스트들의 실천은 예수를 자신들의 확신에 맞추려고 노력했던 종교개혁자들의 결론과는 사뭇 다른 결론에 이르게 되었다.

존 요더는 여기서 아나뱁티스트들은 기독론과 윤리 사이가 공공연하게 분리되어지는 현실의 문제에 대해 교회를 향해 대안을 제시했다고 한다: "우리가 행위가 아니라 그리스도에 의해 구원받았다는 윤리적 측면에서의 부정적인 내용을 제외하고는, 그리스도와 윤리 사이에 중요한 구조적 연관성이 없기에, 개신교는 높은 기독론과 높은 윤리 사이에 하나를 선택했어야만 했다." 아나뱁티스트들은 구원론에서 그러하듯이 윤리에서도 그리스도가 권위자임을 주장한다. 아나뱁티스트들은 새로운 대안을 찾는 법을 피하면서 높은 윤리의식과 높은 기독론이 서로 함께 할 때만이 이 두 가지 모두가 가능하다고 생각했다."[94] 종교개혁자들이 비난한 것과 달리, 아나뱁티스트들은 윤리를 위해서 기독론에 대해 타협하지 않았고, 삶에서는 급진적으로 예수 중심적이면서, 실제로는 종교개혁자들보다 더 높고 완성된 기독론을 품고 있었던 것이었다.

1) AIO, 147.

2) AIO, 149.

3) Snyder, *Sattler*, 119.

4) MM, 417.

5) Snyder, *Anabaptist*, 58을 보라.

6) Mantz, in Baylor, *Radical*, 96.

7) Furcha and Battles, *Denck*, 105.

8) Menno, *Works*, 312.

9) 앞의 책, 186. 이 단락에서 Menno에 대한 뒤이은 언급은 173쪽에 있다.

10) Philips, *Enchiridion*, 473.

11) 앞의 책 56. "모든 성서, 즉 구약과 신약이 모든 측면에서 우리가 그리스도 예수를 따르라고가르치고 있다"는 Menno의 말과 비교하라: Menno, *Works*, 749.

12) 앞의 책, 486.

13) Riedeman, *Confession*, 196.

14) 이 말은 Reideman, *Confession*, 195에 구약 속에서 사용되었다.

15) MM, 625.

16) Hoffman, in Williams, *Spiritual*, 184.

17) Hut, in Baylor, *Radical*, 155.

18) Waite, *Anabaptist*, 239.

19) Alvin Beachey는 성서를 하나님의 계시로서 간주하는 사람들과 성서를 계시에 대한 증인으로 보는 사람들 사이에서 아나뱁티즘 안에 있는 긴장을 주목했다. 그러나 두 그룹 모두 실제에 있어서는 성서를 그리스도중심적으로 보았다고 결론 내렸다. Alvin Beachey, "The Theology and Practice of Anabaptist Worship" *MQR* 40:163을 보라.

20) J. Denny Weaver, *Becoming Anabaptist* (Scottdale, PA: Herald Press, 1987), 118.

21) Calvin에 관해, Benjamin Farley, *John Calvin:Treatises Against the Anabaptists and the Lutherans* (GrandRapids, MI: Baker, 1982), 30을 보라; Bucer와 Bullinger에 관해: David Steinmetz, *Reformers in the Wings*(GrandRapids, MI: Baker, 1981), 220ff을 보라; Schwenckfeld에 관해: EBI, 93을 보라.

22) Klaassen, *Neither*, 45. EBI, 110을 또한 보라.

23) 예를 들어, Menno, *Works*, 159; Grebel, in Harder, *Sources*, 286-87을 보라.

24) Henry Poettcker는 Menno가 구약성서의 특징들에서 '영감과 도전'을 끌어냈고 '따를 수 있는 신뢰의 예들'을 가르쳤다고 말한다. 그러나, 구약을 윤리적 결론의 근간으로 삼았던 종교개혁자들과는 달리, Menno는 "그들의 행위는 그리스도의 기준에 반대하여 숙고되어야 한다"고 확신했다: EBI, 70. Bernard Reardon, *Religious Thought in the Reformation* (London: Longman, 1981), 222; and Snyder, *Anabaptist*, 211을 보라.

25) 예를 들어, 세례에 대하여 토론의 해석학적 기초에 대하여: Estep, *Anabaptist*, 154, 174을 보라.

26) AIO, 150. "모든 족장들, 율법, 그리고 예언자들은 예수를 가르쳤다." 그리고 성서는

'예수'를 위해 성령에 의해 그의 증인으로 혹은 선물로 쓰여졌다는 언급을 했다: Klassen and Klaassen, *Marpeck*, 438; and Philips, *Enchiridion*, 56.

27) Dyck, et al., *Philips*, 102.

28) Keeney, *Dutch*, 37. Christocentrism을 보라. 비록 두 성서 사이의 관계에 대한 주제가 밀접하게 연결되어 있다할지라도 그것에 한정되어서는 안 된다. 그러나 해석의 다른 측면에서는 영향을 준다. *EBI*, 52-3을 또한 보라.

29) Dyck, et al., *Philips*, 305.

30) Yoder, *Schleitheim*, 16.

31) Menno, *Works*, 519.

32) 예를 들면: 롬1:9; 갈1:20; 고후1:23; 살전 2:5, 10.

33) Yoder, *Schleitheim*, 17.

34) Menno, *Works,*521.

35) AIO, 150.

36) Klassen and klaassen, *Marpeck*, 438.

37) 앞의 책, 438ff.

38) John Wenger, "Two Early Anabaptist Tracts", *MQR* 22:39

39) Pipkin and Yoder, *Hubmaier*, 141.

40) Dyck, et al., *Philips*, 290.

41) Hoffman, Williams, *Spiritual*, 202.에 인용

42) Wenger, *Even*, 74.

43) Klassen and Klaassen, *Marpeck*, 119.여기서 마펙의 이성적 사고의 부족함에 관계없이 그의 그리스도의 영광과 중심성을 높이려는 관심은 명백하다.

44) Mantz, in Baylor, *Radical*, 96.

45) Estep, "Ecumenical", 358.

46) 예를 들어 Jelis Bernaerts in *MM*, 625; Sicke Snyder in MM, 441; Menno, *Works*, 129을 보라.

47) Menno, *Works*, 44.

48) Snyder, *Sattler*,120.*EBI*, 58.

49) Dyck은 아나뱁티스트의 그리스도중심성을 그리스도를 모범적인 인물로 보는 것으로 이해하는 것은 적합하지 않으며 오히려 그리스도의 말씀이 구속력 있고 권위 있는 것으로 간주되어야 한다고 결론을 내렸다: *EBI*, 34.

50) "Menno는 그것의 명확한 부분에서 그리스도의 사건에 대한 사도적인 증언이 전체 성서의 해석학적 기준이라고 정확하게 호소했다; 그리고 상황적 장소인 예수 그리스도와의 살아있는 관계가 이 해석학적 기준이 진실로 기능을 하게하는 곳이라고 호소했다": Richard Gardner, "Menno Simons: A Study in Anabaptist Theological Self-Understanding and Methodology", *MQR* 39:107.

51) Klassen and klaassen, *Marpeck*, 450-51.

52) Weaver, "Discipleship", 257.

53) Joseph Overholt을 보라, *Theological Themes in the Hymms of the Ausbund* (Uniontown, PA: private publication, 1980), 68.

54) 비록 어떤 신령주의자들은 예수의 인성을 윤리적인 삶을 위한 본으로 높이 평가했

지만, 아나뱁티스트의 관점에서는 종교개혁주의자들과 일부 신령주의자들 모두 예수의 인성과 신자들에게 본이 되는 그의 역할을 경시했다.

55) Dyck, et al., *Philips*, 153-54.

56) Sattler가 Horb에 있는 교회에 글을 썼다: "당신의 전신인 예수 그리스도를 마음에 두고 믿음과 순종, 사랑과 오랜 시련가운데서도 그를 따르십시오.": John H. Yoder, *The Legacy of Michael Sattler* (Scottdale, PA: Herald Press, 1973), 61.

57) Mantz, in Liechty, *Early*, 18.

58) Walter of Stoelwijk in *MM*, 458-59.

59) Walter of Stoelwijk (MM, 458), Joriaen Simons (MM, 565), Jacques d' Auchy (MM, 606), Jerome Segers (MM, 504). 또한 Klaassen and Klassen, *Marpeck*, 167을 보라.

60) Schlaffer, in Liechty, *Early*, 104.

61) J. Lawrence Burkholder, "The Anabaptist Vision of Discipleship" in Hershberger, *Recovery*, 136-37.

62) Estep, *Anabaptist*, 175.에 인용

63) *EBI*, 70.

64) Menno, *Works*, 713.

65) Pipkin and Yoder, *Hubmaier*, 179. 후브마이어에게 신약성서의 우선순위는 그의 그리스도중심성의 영향이다.

66) MM에서 이것에 대한 많은 예들을 보라.

67) 루터와 함께 솔직하게: George, *Theology*, 81; Ebeling, *Luther*, 104. Implicitly with Melanchthon; Steinmetz, *Reformers*, 74; Jack Rogers and Donald Mckim, *The Authority and Interpretation of the Bible*(NewYork:Harper & Row, 1979), 149(but cf. McGrath, *Intellectual*, 67). *Implicitly with Calvin*을 보라: Farley, *Calvin*, 26; Rogers & Mckim, *Authority*, 126을 보라.

68) Davis, "Anabaptism and Ascetic Holiness", in James Stayer and Werner Packull, eds., *The Anabaptists and Thomas Muntzer* (Dubuque, Iowa:Kendall/Hunt Publishing Co., 1980), 59을 보라.

69) Snyder, *Sattler*, 145을 보라. Snyder는 아나뱁티스트의 접근법을 종교개혁자들의 좀더 교리적인 입장과 구별하기 위하여 "실제적 그리스도중심론(Practical Christocentrism)" 이라는 용어를 사용했다.

70) Ebeling, *Luther*, 131에 인용됨.

71) Ebeling, *Luther*, 131을 보라.

72) William Klassen, *Covenant and Community* (Grand Rapids,MI: Eerdmans, 1968), 61를 보라.

73) "루터는 어디에서든지 예수를 찾기 시작했고 어디에서든지, 특별히 구약성서에서 예수를 찾았다. 인간 육신을 가진 예수에 대한 아나뱁티스트의 강조는 역사적 한계를 성서 해석에 두었다": 월터 클라센(*EBI*, 7. Klaassen)은 어떤 아나뱁티스트들, 특히 한스 후트가 루터의 관점과 가까웠지만, 대부분의 아나뱁티스트들에게 추천하지 않은 그리스도의 신비적인 관점에 기우는 경향이 있다는 것을 주목했다.

74) Duncan Ferguson, *Biblical Hermeneutics* (London: SCM Press, 1987), 164.

75) AIO, 150.

76) Cornelius Dyck, *An Introduction to Mennonite History* (Scottdale,PA: Herald Press, 1967), 138-39.이것은 아마 16세기의 수도원 생활과 경건운동에 있어 필적할 만한 반응이 주어진 것으로 인한 과장일 수도 있다.

77) Klaassen, "The Modern Relevance of Anabaptism", in Hans-Jürgen Goertz, ed., *Umstrittenes Täufertum 1525-1975* (Gottingen: Vandenhoeck & Ruprecht, 1975), 292.이 요약에 대한 부분은 아나뱁티스트들과 함께 살았던 살아있는 그리스도에 대한 아나뱁티스트들의 강조가 첨가되어야만 한다. 역사적 예수와 살아계신 그리스도에 대한 강조의 조화는 아나뱁티즘을 묘사하고 방향성을 잡게 하며 힘을 주었다.

78) Zwingli and Grebel의 구체적인 본문의 해석에 대한 차이에 관해; Blanke, *Brothers*, 10. On Melanchthon's criticisms을 보라, Oyer, *Lutheran*, 145ff를 보라.

79) 이 주제에 관해 아나뱁티스트들에 대한 종교개혁자 Menius의 비판에 대해, Oyer, *Lutheran*, 181ff을 보라.

80) AIO, 57.

81) Dyck, et al., *Philips*,60.

82) Reardon, *Religious*, 215; and RR, 194.

83) Packull, *Mysticism*, 96ff.

84) RR, 162.

85) Keeney,*Dutch*,41을 보라.

86) Roland Bainton, *Studies in the Reformation* (London: Hodder & Stoughton, 1964), 114.

87) Holland, *Hermeneutics*, 139.

88) Norman Kraus는 이 해결을 채택한 듯 보인다. "그리스도 사건의 중심성은 그 의미와 개인적인 진술의 상대적인 적용가능성이나 구약과 신약 모두, 다양한 글 속의 가르침을 결정하는 기준을 우리에게 준다" C. Norman Kraus, *God our Savior* (Scottdale, PA: Herald Press, 1991), 61을 보라.

89) Willard Swartley는 "그리스도 중심성은 복음서가 바울을 대적하거나, 바울이 야고보를 반대한다는 의미가 아니다. 오히려 모든 신약성서의 글들과 덜 직접적인 구약의 글들 속에서도 예수의 권위의 맥박을 찾고자 하는 헌신된 노력을 의미하는 것이라고 말했다." Swartley, in "How then shall we read the Bible?" Conrad Grebel College in Waterloo, Ontario에서 한 강의.

90) 그들은 "예수가 유대주의의 의례에 꾸준히 참여했다는 것을 무시한 채, 반의식주의자 (anti-ritualist) 예수에 귀기울였다": Klaassen, *Neither*, 71.

91) Stanley Smartha에 의해 "The Lordship of Christ and Religious Pluralism" in Gerald Anderson, and Thomas stransky, *Christ's Lordship and Religious Pluralism* (Maryknoll, NY: Orbis, 1981), 27에서 사용된 용어.

92) Charles Scriven, *The Transformation of Culture* (Scottdale, PA: Herald Press, 1988), 162-63을 보라.

93) AIO, 150.

94) John H. Yoder, "The Prophetic Dissent of the Anabaptists", in Hershberger, *Recovery*, 99.

5장. 두 개의 언약

앞 장들에서 우리는 구약과 신약 사이의 관계에 관한 아나뱁티스트의 해석학적 관점을 조금 다루었다. 이번 장에서는 아나뱁티스트들과 종교개혁자가 두 성서 사이의 연속성과 불연속성을 서로 다르게 다룬 부분과 이 주제에 대한 아나뱁티스트 해석학 입장의 기원과 새 언약과 옛 언약의 관계 그리고 아나뱁티스트의 해석학적 신학과 윤리의 의미를 고려하면서 아나뱁티스트의 관점을 공부하게 될 것이다.

구약 성서와 신약 성서

초기 16세기는 구약과 신약 사이의 관계에 대해 많은 토론이 있었다. 크리스텐덤 안에서, 많은 주제가 전통을 따라 구약과 관계된 자료들에 의해 결정되었지만, 성서를 연구하는 사람들은 그런 자료의 적용이 신약의 내용과 사뭇 다르다는 점에 대해 종종 의문을 제기했다. 그러나 일차적으로 이런 의문을 제기하며, 이 문제를 다루려는 열심있던 사람들은 종교개혁자들이 아니었다. 토마스 뮌쩌처럼 그들 교회의 프로그램과 훈련들이 구약성서에 뿌리를 둔 교회 지도자들에 의해 설명된 것도 아니었다. 종교개혁의 의제 위에 구약과 신약의 관계에 관련된 주제가 단단하게 자리 잡도록 도운 사람들은 다름 아닌 아나뱁티스트

들이었다.[1]

구약과 신약 사이의 관계를 다소 단순하게 보는 관점은 두 개의 반대되는 양극인, 연속성과 불연속성에 의해 분류된다. 일반적으로 아나뱁티스트 해석학의 접근은 종교개혁자들의 접근보다는 불연속성에 훨씬 더 가깝게 놓여 있다. 아나뱁티스트 해석학은 구약과 신약의 관계에 관한 주제가 종교개혁자들과 일치하지 않는 부분을 더 많이 강화시켰다. 아나뱁티스트들은 그들의 구약과 신약에 관한 이해방식을 설명하고 변호하기 위해 장문의 글을 썼다.

뮌쩌에게 보내는 스위스 형제단의 편지에서 구약과 신약을 향한 초기 아나뱁티스트 해석학의 특징을 찾을 수 있다. 그 편지는 다음과 같은 결론을 내린다: "그러므로 우리는 모든 면에서 비슷하게 생각하고 있으나 단지 슬프게도 당신들이 신약에서는 찾을 수도 없는 내용이며 볼 수도 없는 사례인 돌판을 세웠다는 사실을 알게 되었소. 당연히 구약은 돌판에 기록이 되었지만, 신약에 와서는 마음의 심비에 기록이 되었소. 두 성서를 비교하면 알 수 있듯이 말이요."[2] 아나뱁티스트들에게 진실한 해석이란 구약의 관습들을 그대로 두면서 성서에 획일성을 부과하려는 시도보다는, 두 성서를 세심하게 비교하고 신약을 일차적인 자료로 간주함으로 생성되는 것이었다.

비슷한 관점이 1538년 베른Bern에서 공표되었다. 구약은 여전히 가치가 있다고 믿지만, "우리는 그리스도가 폐기suspend시키지 않은 구약의 부분이 신약의 내용과 일치하는 부분에 한해 정당성을 부여하겠다"[3]라는 결론을 내렸다. 그로 말미암아 구약성서가치의 범위가 축소되었다. 그러므로 구약과 신약 사이의 연속성에 대한 이해는 여전히 유효했지만, 토론에 참여했던 사람들은 많은 부분에서 구약이 폐기되었다고 믿었다.

세속의 권력을 이용할 수 있는 위치인 시 정부의 관료였던 후브마이어가 이 주제에 대해 가졌던 관점은 대부분의 아나뱁티스트 해석학보다는 종교개혁자들의 관점에 더 가까웠다. 그는 두 성서의 불연속성에 무게를 별로 두지 않았다. 그러나 어떤 부분에서는 다른 아나뱁티스트들과 똑같은 관심을 표명하기도 했다. 마치 구약과 신약이 똑같은 권위를 가지는 것처럼, 구약을 사용함으로 신약의 내용이 타협되어서는 안 된다고 생각했다. 츠빙글리의 『세례침례』라는 책과의 대화 속에서, 츠빙글리가 두 성서의 차이점을 무시하고 있다고 비난했다: "마지막 심판을 상기하면서, 구약성서에서 나온 할례에 대한 왜곡된 토론을 중단하시오."[4] 그는 또 이렇게 덧붙였다. "우리는 믿는 사람에게 세례침례를 주는 것에 대한 확실한 말씀의 근거를 가지고 있소. 당신들은 구약에서 나온 약간의 그림자들만을 근거도 없이 인용하고 있다는 사실 말고는 유아들에게 세례를 주어야 한다는 것에 대한 어떤 확실한 말씀도 가지고 있지 않소."[5] 책 『외코람패드Oecolampad에 대항하는 유아세례에 관해』 속에서 그는 구약이 부적합하게 놓인 위치에 대해 똑같은 우려를 표명했다: "물세례는 신약성서의 의식이다. 그러므로 유아세례에 대해 말해줄 신약성서에서 나온 확실한 말씀을 보여달라…. 그러나 당신들은 출애굽기의 내용으로 유아세례를 증명했다고 만족한다."[6]

메노는 젤리우스 파버가 성서를 왜곡한다고 생각했다. 그리고 독자들에게 페버가 하나님의 명령은 변하지 않는다고 하면서, 얼마나 성서를 잘못 사용하였으며 진리를 심하게 왜곡시켰는지를 설득력 있게 말했다. 모든 것이 변화되었고 새로워졌을 때 구약과 신약 아래에 있는 모든 교회의 모임에서 이 두 성서가 설교 되고 성례를 위해 사용됨으로, 비로소 하나이며, 같은 것이 되며, 서로 다르지 않게 된다."[7]

더크 필립스도 비슷한 불만을 토로했다. 『영적 회복에 관해 Concerning Spiritual Restitution』라는 책에서 우리는 다음과 같은 것을 찾을 수 있다.: "신약성서를 변호할 수 없어서 구약성서와 선지자들의 편지로 많은 것을 증명하고자 하는 사람들 때문에 여러 갈래의 분파가 나왔으며, 거짓된 예배가 세워졌다…. 그리스도 예수는 영이시며, 예전에 사라진 모든 형상의 진실이다."[8] 더크는 진실한 해석자는 두 성서의 나뉨을 자각하는 해석학을 계발해야 하며, 두 성서 사이의 잠재적인 통일성도 찾을 수 있어야 한다"[9]라고 생각했다. 더크와 많은 아나뱁티스트 해석학자들에게, 이 잠재적인 통일성은 두 성서 모두 그리스도를 향하고 있다는 인식에 바탕을 두고 있다. 그는 "두 성서는 서로에게 동의하며, 연합한다. 두 성서는 구약의 끝이자 신약의 시작이신 그리스도를 향하고 있다"[10]라고 설명했다. 성서의 잠재적인 통일성을 보고자 하는 시도는 필립스 이외에 다른 사람들에게서도 발견된다. 그러나 아나뱁티스트 해석학이 강하게 두 성서 사이의 불연속성을 강조함에도, 이들의 강조가 하나님의 말씀으로서 두 성서의 중요한 통일성에 도전하는 것은 아니었다. 그러나 그들의 주요 초점은 두 성서 사이에서 인지되는 불연속성과 구분에 놓여 있었다.

마펙이 이 주제에 관해 가장 급진적이었다고 여겨진다. 그는 "반대편은 구약과 신약이 하나라고 주장한다"[11]라고 비난했으며, 구약에서 나왔고, 그 문제를 정당화하기 위해 소개된 유아세례에 대해 거부했다. 그의 반대자들이 구약성서에 근거한 주장을 펼칠 때, 마펙은 그의 글 '명쾌한 반증A clear refutation'에서 한스 분더린Hans Bunderlin에게 반응했듯이 하려고 했으나 이것은 그가 선호하는 방법은 아니었다. 그는 그 방법이 충분히 편안하지는 않았다. 마펙은 구약은 집의 기반으로서의 역할을 하는 것이며 신약이 그 집 자체라고 확신했다. 그리고 그의 주장은 집의 기반도 중요하지만, 기반과 집은 반드시 구별되어야 한다는 것이다. 그는 더크 필립스와 함께 불연속성을 주장하고 있으나, 구약이 가진 기초로서의 중요성이 단절된 것은 아니라는 사실에 동의했다.

그러나 아나뱁티스트의 이러한 일반적인 관점에 아주 중요하고 영향력 있었던 예외가 있다. 종말론에 관심이 있었던 후트, 호프만 그리고 다른 아나뱁티스트 해석학 지도자들이다. 그들은 구약이든 신약이든 신경 쓰지 않고 종말론적이고 예언적인 본문을 선호하고 사용했다. 뮌스터파는 정도가 더 심했다. 신약을 표준으로 보는 관점에서 구약을 그들의 안내서로 보는 관점으로 바뀌는 중요한 변화가 있었다. 로트만은 구약이 권위가 있는 책이며 "신약은 그 구약에 기초한 진리를 포함한 책"[12]이므로 관심을 많이 두지 않아도 된다고 말했다. 오스왈드 글라이트Oswald Glait와 앤드레스 피셔Andress Fischer의 지도를 받던 또 다른 그룹은 안식교도들이었다. 그들은 현대적 상황에서 구약의 법을 적용하려고 노력했다.[13] 피셔의 기본적인 해석의 원리는 하나님의 뜻은 변하지 않으므로 어떤 성서도 더 중요하거나, 덜 중요한 것으로 인정되어서는 안 된다는 것이었다. 그는 교리와 교회생활에 대한 중요한 모든 점에서 두 성서는 일치하고, 아나뱁티스트들과는 달리 두 성서의 불연속을 보기보다는 두 성서의 가르침이 조화를 이루고 있다는 데 집중했다.

이 개괄은 분명하게 불연속성만으로 두 성서에 대한 아나뱁티스트들의 입장을 기술할 수 없다는 사실을 보여준다. 그들은 연속성과 불연속성 모두를 가르쳤다. 아나뱁티스트들은 구약을 거절하는 것도 아니며, 두 성서의 완전한 결별을 주장한 것도 아니었다. 그러나 대부분의 아나뱁티스트들은 신약이 급진적으로 새로운 것이라 믿으며, 구약과의 연속성이 절대 파괴할 수 없는 것이라고 생각하지 않았다. 신약이 구약을 비난했다는 것도 아니고, 무가치하게 만들었다는 것도 아니다. 그러나 구약은 신약 안에 포함되어야 하므로, 신약과 구별되어 별개의 역할을 할 수 없다고 보았다. 그럼에도, 종교개혁자들과 대조될 때 아나뱁티스트들은 최대한으로 열심히 불연속성을 강조하는 것처럼 보였다.

이렇듯 두 성서를 다루는 법은 아나뱁티스트들과 종교개혁자들 사이의 중요한 차이점을 드러낸다. 구약의 의식practice과 같은 맥락으로 국가교회의 의식도 가톨릭 교회에 의해 변호되었듯이 종교개혁자들에 의해서도 변호되었다. 신약을 근거로 정당성을 찾기 어려웠기에 구약의 할례가 가진 유사성에 의해 변호되었던 유아세례가 그런 의식 중 하나이다. 아나뱁티스트들은 구약의 의식을 교회에 적용하려는 정당성에 대해 저항했다. 그들은 할례는 유대인에게 적합하지만, 신약은 다른 의식신자들의 세례(침례)이 적합하다는 믿음 안에서 급진적인 새로운 질서를 소개한다.

여기에는 윤리적인 의미도 포함된다. 전쟁이나, 맹세 그리고 부의 분배 같은 주제에 대해 종교개혁자들은 신약성서의 본문들을 적용할 수 있는 것과 그렇지 않은 것으로 구분하였다. 윤리적인 주제에 대한 교회의 관점은 교회와 국가의 동맹기간 동안 발전하였다. 이런 윤리적 주제에 대해 신약의 가르침과 일치하지 않으며, 신약의 급진적인 요구를 따르지 않는 입장을 정당화하기 위해 구약의 본문들을 많이 발췌하였다.

종교개혁자들은 신약성서의 가르침은 관념적이거나 개인적인 삶에나 적용하는 것으로 간주했다. 수도원의 질서와 같은 어떤 특별한 사람들에게만 적용되는 것으로 이해한 것이다. 종교개혁자들의 시스템 속에는 수도사를 위한 자리가 없었고, 문자적으로만 이해된 신약 본문을 전 교회에 적용하려고도 하지 않았다. 대신 그들은 구약의 표준에 기초한 윤리를 계속하여 지지하였다. 많은 아나뱁티스트들은 이것을 신약의 새로움을 경시하는 것뿐 아니라, 신약을 구약에 종속시키는 것으로 보았다. 그들은 종교개혁자들과 구약의 윤리가 어떻게 해석되어야 하는지가 아니라, 구약이 윤리적 안내를 제공할 수 있는 적당한 장소인가, 아닌가를 토론했다.

우리는 이런 관심을 아나뱁티즘의 여러 다양한 분파들 속에서 볼 수 있다. 익명의 스위스 형제단의 소책자는 국가교회의 지도자들이 "강제적이고 율법적인 방법으로 믿음과 양심의 문제에 완력을 쓰고 있다"라고 기록했다. 그리고 "이것은 그들의 첫 번째 가르침[평범한 아나뱁티스트들의 불평]과도 대조된다고 말했다. 또한, 이것은 자신을 스스로 돌이켜서 모세에게로 돌아가는 것이며 태양빛에서 나와 그늘 밑으로 들어가는 것과 같은 것이다"[14]라고 불평했다. 545년에 쓰인 모라비아 정부에 보내진 편지 속에 후터라이트 그룹은 다음과 같이 주장한다: "성서는 종종 전쟁을 정당화하기 위해 인용되었다. 사람들은 다윗과 많은 사람이 전쟁을 위해 값을 치렀다고 말한다. 우리는 이에 대해 구약시대는 아직 그리스도의 새로운 왕국이 드러나지 않았으며 전쟁은 하나님의 은혜가 가득 부어지기 전에 살던 다윗이나 다른 신실한 사람들에게 잘못된 것은 아니었다고 대답한다. 그러나 지금은 하나님에 의해 선택된 모든 사람에게 전쟁은 금지되었다"[15]라고 주장했다. 비슷하게 피터 리드만Peter Riedeman도 다음과 같이 썼다: "만약 하나님께 사랑을 받은 다윗과 다른 성인들이 전쟁에 나갔고 그래서 그런 권리와 정당성을 갖고 우리도 그렇게 여전히 해야 한다고 누군가 말한다면, 우리는 '아니요' 라고 말할 것이다."[16] 이 거절에 대한 이유는 그리스도가 산상수훈에서 이 주제를 다루었고, 그리스도인들이 구약의 관습을 따르는 것을 금지하셨기 때문이다. 더크 필립스는 주장하기를 윤리적 안내, 특별히 무력coercion에 관해서는 구약보다는 신약의 가르침을 좇아야 한다고 『하나님의 교회The Congregation of God』라는 책에 썼다: "모세를 통해서 하나님은 거짓 선지자를 죽이라고 명령했다. 이것은 구약의 명령이지, 신약의 것은 아니다. 신약의 사람들은 주님에게서 구약과는 다른 계명을 받았으며, 거짓선지자를 조심해야 하며, 이단적인 사람을 피해야만 하고 그들의 심판에 대해 하나님께 맡겨야 한다."[17]

관료직과 맹세에 대한 주제에 대해 쓴 아나뱁티스트들의 글 속에서 이런 비슷한 주장들이 명백하게 드러난다. 전쟁에 관해 리드만은 다윗을 다른 조건 속에 있는 새 언약 안의 신자들과 대조시킨다: "그때 그들은 '다윗은 통치자이며 왕이면서 신실했고, 하나님을 기쁘게 했는데 왜 우리가 그렇게 하면 안 되느냐?' 라고 묻는다." 우리는 대답한다. 신실했고, 하나님을 기쁘시게 했던 다윗이 왕이었다는 것은 사실이다. 하지만, 지금은 전쟁을 일삼는 일을 참을 수 없지만, 그 당시에는 그것을 참아야 했던 이유는 경건에 이르는 길이 충분히 계시가 되지 않았기 때문이다. 그러나 지금 (그리스도가) 오셨고, 하나님의 나라를 열어 주셨고 또 준비하시며, 하나님의 자녀를 종들과 구별하고 계신다…."[18] 맹세에 대해서 리드만은 두 성서를 화해시키려고 노력했다. "옛 언약의 맹세는 새 언약 속에서 하나님을 알고 그분께만 의존하겠다는 의미가 된다"[19]라고 설명했다.

아나뱁티스트들 사이에서 인기있는 격언 "하나님의 은혜의 빛이 그리스도 안에서 더 강하게 나타나고 밝게 빛나기 때문에 새 언약의 종이 다시는 우리에게 그늘을 덮지 못하며, 대신 명확한 진리 안에 있는 빛의 영광을 우리에게 비친다"를 사용하면서 리드만은 다음과 같이 주장한다. "하나님은 그들에게 당신의 이름으로 맹세하시면서 다른 진리는 없으며, 진리 안에서 걷는 사람은 하나님의 이름을 통해 들어오게 될 것이며, 그 안에서 세워질 것이라는 것을 보여주길 원하셨다. 이것이 하나님께서 옛 언약에서 맹세라는 수단을 통해 우리에게 가르치길 원하신 것이다."[20]

구약이 가치가 없다는 것이 아니다. 단지 신약과 새언약의 관점에서 해석될 필요가 있다는 것이다. 일단 이것이 이루어지면 신약과의 조화 속에서 발견될 것이며 그리스도인들에게 아주 유익한 것이 된다.

그다음으로, 구약성서의 본문에서 말하는 맹세는 옛 언약의 법 속에 살았던 구약 세대의 사람들에게는 받아들여질 만한 것이었다. 그러나 지금은 상당히 달라졌다. 그리스도가 우리에게 오셨고, 그는 하나님의 방법을 더 명확하게 가르치셨다. 슐라이트하임 고백서에서 "율법의 완전성을 가르치신 그리스도가 그의 제자들에게 모든 맹세를 금하셨다"[21]라고 가르친다. 구약성서의 예가 기록되었지만, 맹세는 이제 적절한 것이 아니라고 주장한다. 『고뇌하는 그리스도인의 고백Confession of the Distressed Christians』에서 메노는 "진실하게 맹세하는 것은 율법 아래에 있던 유대인에게 허락되었다. 하지만, 복음은 이것을 그리스도인들에게 금하고 있다"[22]라고 말했다.

많은 토론 속에서 자신들의 주장을 지지하려고 두 성서 사이를 쉽게 넘나드는 종교개혁자들의 시도를 아나뱁티스트들은 반대했다. 이것은 아나뱁티스트들의 눈에는 종잡을 수 없는 비합법적인 것으로 보였다. 그들은 신약만이 윤리적 토론의 기초가 되어야 한다고 힘차게 주장했다.

옛 언약과 새 언약

두 성서 사이의 관계에 대한 아나뱁티스트들의 관점은 그들이 주장하는 말보다 좀 더 미묘하다. 비록 어원상으로 성서 속에 번역된 헬라어의 'testament'와 'covenant'는 거의 차이가 없지만, 일부 아나뱁티스트들은 그들의 차이를 구별했다. 어떤 사람은 성서의 앞부분이나 뒷부분과는 다른 무엇인가를 의미하는 것으로 'testament'를 사용했고, 다른 사람들은 'testament'와 'covenant'의 의미를 차별화시켰다.

우리는 이것을 울리히 스태들러Ulrich Stadler에게서 발견한다: "문자로 쓰인 구약은 신약과 다른 점이 없다. 증인으로서 여전히 남아있는 한, 모세든, 선지자든, 복음전도자든, 사도들이든, 베드로든 바울이든 이것들은 구약과 명령과 율법이다. 이것은 들려지고, 읽히고 설교될 것이다. 반면, 신약은 우리와 함께 하시고, 하나님과 함께하시는 성령을 통해 우리의 마음에 심겨진 것이다. 이 모든 것은 신약, 새 명령 혹은 하나님의 살아있는 말씀이라고 불리게 된다. 이것이 우리 안에서 함께 살고 있으며, 우리를 다스리고 이것을 통해 하나님의 뜻에 따라 마음과 고백으로 회심했다면 이것은 신약성서라고 불린다."[23]

스태들러는 구약과 신약이라는 용어를 다 사용했지만, 책으로 이 용어를 동일시하는 것은 전통적으로 두 언약을 타협시키는 바람직하지 않은 것으로 생각했다. 중요한 것은 내용과 독자들에게 끼치는 영향력이다. 스태들러의 입장은 문자와 영에 대한 루터의 의견과 다르다. 그는 누가 그 책을 썼는지, 누구에게 말해진 것인지에 대해 관심이 적었고, 신자들 안에서 그것들의 역할에 대해 더 큰 관심을 뒀다. 스태들러는 아나뱁티즘의 신령주의 진영 쪽에 있었다. 그리고 그의 주된 관심은 율법주의를 피하는 것이었다.[24] 그와 같은 진영 쪽에 있었던 사람이 한스 뎅크이다. 그는 "하나님의 율법에 대해"라는 글에서, 다음과 같이 결론을 내린다: "하나님의 새 언약을 받는 누구든, 성령에 의해 그의 마음에 하나님의 법이 쓰인 사람들은 진실로 의롭다. 하나님께서 이 의로움을 성서를 읽고 율법을 지키는 사람에게 주신다고 믿는다면 그것은 죽은 문자를 살아있는 하나님의 영에 속한 것으로 여기는 것이다. 영이 없는 사람, 영을 성서의 문자 속에서 찾을 수 있다고 믿는 사람 누구든지 빛을 찾아보라, 결국 어둠을 발견할 것이다. 생명을 추구하라, 죽음을 발견할 것이다. 그리고 이것은 구약에만 해당하는 것이 아니라 신약에도 마찬가지다."[25]

모든 아나뱁티스트들이 두 성서를 다루는 주관적 취향보다 이러한 생각을 더 좋아했던 것은 아니었다. 그러나 이것은 구약과 신약이라는 견고하고 확실해 보이는 언어들의 의미가 생각 없이 당연하게 여겨져서는 안 된다는 경고의 역할을 했다. 비슷한 주장이면서 주관적이지 않은 예가 리드만에게서 발견되는데: "말씀에 표현된 모든 것은 이것이 문자라는 한계 안에서는, 바울에 의해, 베드로에 의해, 혹은 사도 중 다른 누군가에 의해 쓰였든지, 우리는 법, 명령이라고 부른다. 이것이 그냥 문자라고 이해되면 아무것도 아니며, 모세의 율법이 그러했듯이 죽이는 것이다. 그러나 이것이 영적이라는 차원에서 영적으로 다루어질 수 있고, 수용된다면, 모세에 의해 쓰였더라도 이것은 은혜의 말씀이 되는 것이다."26)

리드만은 스태들러와 함께 주어진 본문이 그 자리에서 어떻게 법으로 혹은 은혜로 영향을 미치는지에 대한 의견에 동의했다. 은혜와 영적 중요성이 있는 말씀이 구약성서에서도 발견될 수 있다는 의미에서, 그들은 광의의 의미로서 '새 언약 신약'이라는 말을 썼다. 만약 율법적인 명령으로 잘못 해석이 된다면 신약 본문조차도 '옛 언약' 구약이 될 수 있다는 것이다. 리드만의 결론은 스태들러와 다르지 않다. 그러나 리드만은 옛것과 새것을 구분하는 기준으로서 예수께 초점을 맞추었다. "예수에 의해 폐기되었고, 글과 문자라는 말로 요약될 수 있는 것은 율법일 뿐이다"27)라고 했다. 이것은 신약의 문자적 개념과 영적인 개념 사이의 관계를 밀접하게 연결지었다.

이 연결은 그의 다른 글에서도 명백하다. 믿는 자들은 "새 언약의 종들이며 더는 옛 언약 아래 있지 않으므로 맹세에 참여하지 않는 자들"28)이라고 썼다. 구약이 맹세를 격려하는 반면, 신약이 금하고 있다는 성서 안의 부조화는 어떤 것 아래에서 적합한 것이 다른 한쪽 아래에서는 그렇지 않다는 평범한 진리에 근거해서 이해될 수 있다. 그러므로 두 언약 사이의 불연속성은 보통 옛 언약과 새 언약 사이의 불연속성과 일맥상통한다. 그러나 리드만은 새언약의 영이 구약에서도 구별될 수 있고, 옛 언약의 법의 굴레가 신약에도 있을 수 있는 상황을 인정했다.

별로 알려지지 않은 아나뱁티스트의 비슷한 예를 1559년 젤리스 버르나트가 그의 아내에게 보낸 편지에서 발견할 수 있다. "당신은 신약의 자녀이기 때문에 당신은 신약의 참여자이고 신약의 자녀에게 약속된 모든 영광스런 약속을 소유하고 있기에 지금 더 나은 언약을 가지고 있소. 그것은 영원하며 그리스도에 의해 주어진 새로운 것이요."29) 여기서 신약과 새 언약 사이의 관계가 훨씬 명확하다. 신약성서는 새 언약과 그 약속을 적용할 사람을 위한 권위이다. 구약과 신약의 불연속성을 강조하는 것은 새 언약의 우월성을 강조함에 따라 생기는 필연적인 결과이다. 이 새 언약의 실체가 구약성서에서 미리 예견되었다는 점에서 구약은 여전히 적절한 것이나, 새 언약의 신자들을 위한 권위의 일차적 자료는 당연히 신약성서다.

필그림 마펙은 이 두 언약과 두 성서 사이의 관계를 몇 가지 경우 속에서 다루었다. "옛 언약은 사람들을 그리스도가 주실 사랑도 경험하지 못한 채, 하나님에 대한 두려움을 갖게 하여 종으로 만들었다." 그는 『고백』에서 이렇게 썼다: "약속의 언약에 대한 그들의 이해는 약간 유치하다. 그래서 어린 아이처럼 그들은 외적 명령의 보호 아래 있어야 했다. 그렇지만 신약에서는 성령 때문에, 예수 그리스도를 통해 약속의 언약을 받았다. 이것은 엄연히 다른 실체이다. 아무도 종으로 태어나지 않았으므로 두려움, 강요, 보호감독 없이 모든 것에 대한 주인으로서 자유로운 자녀로 태어났다."30)

십 년 뒤에 그의 "훈계Admonitions"라는 글에서 그는 이 주제로 다시 돌아왔다: "구약성서에서 거의 모든 것을 비유적인figurative 방법으로 다루었고, 이 방법으로 경험되었다. 그러나 그리스도인들에게는 그렇지 않다. 아주 큰 차이가 그리스도인과 아브라함의 약속 사이에 존재한다. 구약과 신약의 차이를 명확하게 이해하는 사람들은 그리스도인과 아브라함의 약속의 차이를 쉽게 이해하게 된다······. 마치 구약에 있는 대부분 내용처럼, 할례도 하나님께서 아브라함에게 그의 하나님과 그의 자손의 하나님이 되시고자 하신다는 사실에 대한 상징figure이며, 이미지이다. 이것을 근거로, 반대편은 구약성서와 신약성서는 하나라고 주장한다. 그러나 아무도 아브라함에게 주어진 이 약속에서 어린 유아들이 세례를 받아야 한다고 추정할 수는 없다. 옛 언약은 단순히 약속에 대한 서약서 일 뿐이다."[31]

마펙은 스태들러나 리드만보다는 '옛 언약, 새 언약covenants'과 '구약, 신약Testaments'을 근접한 것으로 주장했다. 그러나 그의 주장이 아주 다른 것은 아니다. 구약성서가 옛 약속 아래에 있는 삶을 다루었기 때문에, 새 언약 아래에 사는 사람들에게 문자 그대로 적용할 수는 없다. 그래서 구약성서와 신약성서 사이의 불연속성은 새 언약과 옛 언약이 가진 차이의 결과이다. 마펙은 구약의 어떤 내용은 새 언약의 사람들에게 여전히 적용될 수 있으나, 옛 언약과 새 언약을 강하게 구별했다.

그렇기에 스태들러와 리드만이 두 성서, 구약과 신약 사이의 불연속성에 대한 주장을 강화하기 위해 새 언약의 개념을 넓은 의미로 사용했지만, 마펙은 두 성서, 구약과 신약의 확실한 개별성을 강화하고 설명하기 위해 옛 언약과 새 언약의 개념을 사용했다.

뎅크와 스탤러의 주장은 이 두 가지 의견의 중간쯤 어딘가에 해당한다. 그들을 아나뱁티즘의 신령주의와 문자주의의 두 진영을 대표하는 사람들로 종종 간주하지만, 그들은 두 성서의 연결을 설명하기 위해 비슷한 용어를 사용했다. 뎅크의 진술을 보면 구약은 전적으로 신약에 포함된다고 제안한다. 그는 『하나님의 율법On the Law of God』에서, 그리스도의 진실한 학생들이라면 그들이 비록 모세의 율법을 읽지는 않았을지라도, 전체 모세의 율법을 지킬 수 있다"[32]라고 썼다. 그러나 소선지서의 일부를 독일어로 번역할 정도로 뎅크는 구약성서를 높게 생각했다. 하지만. 그도 신약이 일차적 자료라고 생각했고, 하나님의 종으로서의 모세와 하나님의 아들로서의 예수의 차이를 확연히 구별했

다.33)

이들과 비슷하게 마이클 자틀러도 그의 글 "두 종류의 순종On Two Kinds of Obedience"에서 노예 근성이나 율법주의적 순종을 자녀로서의 순종과 대조시켰다. 전자는 모세에게 속했고, 후자는 그리스도에게 속했다.34) 그는 옛 언약과 새 언약을 구별하길 원하는 마펙의 생각을 공유했지만 두 성서와 함께 두 언약을 동일시했다. 1532년에 조핑겐 Zofingen에서 있었던 토론은 비슷한 결론에 도달했다.: "구약성서는 그림자이며, 그리스도의 말씀과 일치가 될 때 빛이 된다."35) 일반적으로 구약은 신약에 종속된다. 그러나 그리스도의 가르침과 일치하는 곳에서 그것은 새 언약으로서 권위 있는 것이 되는 것이다.

우리는 아나뱁티스트들이 그들의 사고 속에서 두 언약의 관계를 중요한 것으로 간주했으며 두 성서 사이의 불연속성을 강조했다는 결론을 내릴 수 있다. 어떤 사람에게, 옛 언약과 구약의 전반적인 이해는 구약에서 나온 것은 새 언약의 그리스도인들에게 적용할 만한 것이 거의 없다는 것을 의미했고, 또 다른 사람에게는, 그 관계가 덜 명확하고, 두 성서 모두 본문의 영적 영향력에 따라 그 본문의 적용가능성의 여부를 결정한다는 것을 의미했다.

두 성서에 대한 아나뱁티스트적 관점의 기원

두 성서의 불연속성을 강조하는 존 요더John Yoder는 "이 관점에 관한 아나뱁티스트적 독창성의 기원은 아직 조사되지 않았다"라고 말했다.36) 그럼에도, 몇 가지 제안된 주장들이 있었고, 우리는 이 장에서 그것들을 평가할 것이다. 두 가능한 기원 중 하나는 새 언약과 두 성서 사이의 관계에 대한 의미를 강조한 점이고 다른 하나는 아나뱁티스트가 가진 아주 급진적인 그리스도 중심론에 있다.

아나뱁티스트들은 두 성서의 불연속성을 강조하는 것으로 보이는 신약의 본문들을 인용했다. 마펙은 골로새서 2장 17절과 히브리서 9장 16절을 신약이 구약보다 더 중요하다고 가르치는 구절로 언급했다.[37] 갈라디아서에서 두 성서의 관계를 다루는 바울의 글도 그에게 중요했다. 메노에게 히브리서 1장 1절 하나님께서 예수를 통해서 결정적으로 말씀하셨다는 구절은 그로 하여금 신약이 구약 위에 있어야 한다는 확신을 하게 했다. 뎅크는 히브리서 3장 1-6절이 그리스도가 모세보다 우위를 점하고 있음을 보여준다고 믿었다.[38] 1532년의 조핀젠의 토론은 그들의 두 성서에 대한 접근을 위한 성서적 기초로서 마태복음 20장 25-26절을 언급했다.예수가 그의 제자들에게 다른 사람들에 의해 행해지는 것이 어떤 것이든지, "너희 중에는 그렇지 않아야 할지니"라고 말씀하신 곳 39) 또 영향을 준 다른 구절은 새 언약과 문자와 성령 사이의 구분에 대한 토론이 있는 고린도후서 3장이다. 그러나 많은 아나뱁티스트들에게 결정적인 구절은 산상수훈으로 예수께서 반복적으로 구약을 인용하신 곳이다. "그러나 내가 너희에게 말하노니"라고 말씀하신 부분이다. 이 기초 위에 아나뱁티스트들은 구약은 예수의 가르침과 신약에 반드시 종속되어야 한다고 믿었다.[40]

그러나 이런 구절들이 사용된 방식은 그들이 존재하고 있던 확신을 반복하여 말한 것이지, 이런 확신들의 근거가 되는 내용은 아니라는 것을 보여준다. 비슷하게, 구약은 그리스도인들보다는 유대인들에게 주어졌다는 주장은 이것 자체가 문제가 될 소지가 있을 뿐 아니라, 아나뱁티스트들의 입장을 정당화하려는 것으로 보인다. 다른 논평들은 이 관점의 실제적인 근거라기보다는 두 언약에 대한 위의 토론이 말하는 범위에 있을 뿐이다.

이 아나뱁티스트 입장의 근거는 외부에서 받은 영향이었을까? 분명하지 않으나, 제안된 주장 중의 하나가 조아킴 다 피오레Joachim Da Fiore의 견해이다. 그의 견해와 아나뱁티스트 견해사이에 비슷한 점이

학자들에 의해 인지되었다. 그러나 그들의 주장이 설득적이지는 않다. 다른 후보는 어거스틴Augustine으로 그의 글 "성령과 문자Spiritu et Littera"가 취리히와 스트라스부르에서 인기가 있었고 종교개혁자들 사이에서 영향력이 많았다. 옛 언약과 새 언약 사이의 급진적인 구별을 높이 평가하지는 않았지만, 윌리엄 클레센William Klassen은 일부 아나뱁티스트들이 그의 견해에 감동하고 비슷한 입장을 채택했다고 주장했다.[41] 그러나 그는 그 주장과 관련한 어떤 예도 제공하지 않았다. 어거스틴에게서 나왔다는 주장은 확연히 구별되는 아나뱁티스트 견해의 주된 생각에 보조적 역할을 한 것처럼 보인다.

더 그럴듯한 외부의 영향은 츠빙글리이다. 스위스 형제단은 의심의 여지없이 그들의 성서에 대한 견해를 그에게 빚지고 있다. 아나뱁티스트가 그에서 분리되기 전에 츠빙글리는 오로지 신약만을 설교했으며 결정적인 권위로서 신약의 주요성을 강조했다. 후에 있었던 토론에서 스위스 형제단은 그에게 이 강조점을 상기시켰다. 스위스 형제단의 도전적인 영향 아래서, 츠빙글리는 자신의 견해를 온건하게 바꾼 것으로 보이고, 신약이 명쾌한 안내를 주지 않는 부분에서 구약에서 찾을 수 있는 유사성이 사용되어야 한다고 주장했다. 초보 해석자들에게 해석을 제한시키던 그의 결심은 구약에 대한 리오리엔테이션재적응의 결과이다. 그러나 그의 초기입장은 자신의 급진적인 제자들에게 현저한 영향을 주었다. 그 제자들은 유감스럽게도 츠빙글리의 초기 강조점을 채택했고 그의 성서를 다루는 법이 일관성있는 결론에 이르러야 한다고 주장했다.[42]

여기서 츠빙글리의 영향력은 아나뱁티스트 관점에 대한 다른 설명을 이끌어냈다. 즉 그 설명들은 종교개혁자들과의 토론에서 만들어진 것이며 어떻게 반대자들이 구약을 사용하는지에 대해 아나뱁티스트들을 경악하게 했다. 우리는 벌써 종교개혁자들이 어떻게 아나뱁티스트들을 이단으로 결론지으려고 구약본문을 사용했는지 보았다. 이 경험은 아마 두 성서가 연속되지 않는다는 아나뱁티스트의 확신으로 그들을 이단으로 몰기에 더 확정적일 수 있었을 것이다. 아나뱁티스트들의 독창성의 근거는 종교개혁자들이 가진 대안의 내용에 대한 철저한 불만족이라고 할 수 있을 것이다.

더크 필립스는 이 불만족을 강하게 표현했다: "거짓 선지자들은 그 늘처럼 형식으로 존재하는 구약의 문자에 호소함으로 그들의 거짓 교리를 덮고 진실인 양 가장했다. 신약성서로 변호할 수 없는 것은 무엇이든지 간에 그들은 구약으로 세워나가려고 했다. 이 기초에 근거해서, 신성모독의 예식, 적그리스도 교회의 허식, 그리고 뮌스터공동체나 폭력을 '선동하는 분파들'의 비통한 잘못들이 뿜어져 나오게 되었다."[43] '거짓 예언자'는 종교개혁자이고 '선동하는 분파'는 뮌스터파와 폭력을 조장하는 다른 이들이었다. 더크는 이 둘을 신약의 명확한 가르침을 피하려고 그 가르침을 모두 제거한 구약의 오용자로 간주했다. 구약을 오용하는 안타까운 관습에 대해 그가 한 일은 신약의 권리행사를 더욱 강화하고, 반대자들의 반응에 대해 그가 한 일은 성서의 요구를 희미하게 만드는 구약의 오용을 거절하는 것이었다.[44]

마펙은 또한 두 성서의 차이를 구별하지 못하는 것은 무서운 결론으로 이끄는 아주 슬픈 실수라고 생각했다. 그는 이것을 단지 뮌스터공동체의 잘못으로만 돌리지 않고, 농민의 반란과 더불어 전쟁 속에서의 죽은 츠빙글리 탓으로도 돌렸다. 그는 루터, 츠빙글리, 교황 그리고 거짓 아나뱁티스트들이 이런 면에서 다 비슷하다고 혹평했다. 마펙은 그의 『훈계』에서 "애매한 방법으로"[45] 두 성서를 사용하는 열매 없는 설교에 대해 경고했다.

스트라스부르에 있었던 부처Bucer및 다른 종교개혁자들과 마펙과의 논쟁에서 비슷한 불만족이 나타난다. 마펙은 그 반대자들의 성서에 대한 연속성의 이해를 반대했고, 두 성서의 불연속성을 강조했다. 이 토론을 자세히 읽어 보면 부처와 마펙은 서로 다른 입장에서 그들의 관점을 계발하고 명확히 했다. 둘 다 주된 주제신자들의 세례와 같은에 대해 견고한 확신을 가지고 토론에 임했다.그리고 그것을 지지하도록 해석학을 더 계발했다. 마펙의 글 속에 두 성서 사이의 분명한 구분은 명확한 것이며 이런 논쟁을 거쳐 더욱 뚜렷해지게 되었다.

베르너 팩쿨은 스위스 형제단의 신약에 대한 호감에 대해 다른 설명을 하였다.46) 전체 구약 성서를 취리히에서 1529년까지 그들의 언어로 읽을 수 없었지만, 1524년부터 신약은 가능했기에 단지 신약성서의 이용가능성이 아나뱁티스트 그룹을 만들어 내는데 영향을 준 것은 아닌가 생각한다. 그들의 신약성서에 대한 오리엔테이션은 교리적 확신이라기보다는 역사적 환경의 결과라는 것이다. 그런 비교리적인 요소가 너무나 복잡한 설명에 대해 그럴 듯하고 유익한 경고가 되리라 본다. 그러나 초기 스위스 지도자들은 자기 나라 말로뿐 아니라 다른 언어로도 구약을 읽을 수 있었다.만쯔가 히브리어 학자였다고 적혀 있기도 하다 그래서 완전한 설명으로서 언어에 관한 이 주장은 그렇게 설득력이 있지는 않다.

두 성서 사이의 불연속성에 대한 아나뱁티스트들의 주장의 기원에 대한 연구는 서로 배타적이지 않은 몇 가지 가능성을 포함한다. 그러나 그들의 글들에서 나온 증거는 영향력 있는 다른 요소가 있는데, 그것은 아나뱁티스트의 주요한 관점인 그리스도 중심론이며, 그들은 예수 그리스도의 권위와 표준을 위태롭게 하는 어떤 해석도 거절했다고 주장한다. 두 성서 사이의 확실한 구분은 종교개혁자들처럼 예수 그리스도의 진리에 대해 타협하지 않겠다는 그들의 의지를 반영한다.

아나뱁티스트 관점의 독특성

종교개혁자들과 아나뱁티스트들 모두 구약은 하나님의 말씀이며 예언적 권위가 있음을 믿었다. 둘 다 많은 구약적 의식이 그리스도인들에게 적용될 수 없다고 인정했다. 많은 종교개혁자가 두 성서 사이의 불연속성을 어느 정도 인정했다. 루터의 글에서 어떤 문장은 아나뱁티스트가 쓴 것처럼 급진적으로 보이기도 한다. 예를 들면, 1525년 그는 『하늘의 예언자들에 기대어Against the Heavenly Prophets』에서 "모세의 율법은 단지 유대인들에게 주어졌고, 이방인이나 그리스도인들에게는 관계없다. 우리는 우리의 복음과 신약을 가지고 있다. 베드로는 그리스도인들을 위해 모세가 가진 모든 율법을 폐기했다. 의식적이고, 재판적인 법이라는 측면에서, 모세가 제사와 정부의 외적 질서에 대해 가르친 것은 폐기되었다. 그러나 십계명은 폐기되지 않았다. 나는 이렇게 대답하겠다: 이들은 오래되었고 서로 공통된 특징이 있다, 그러나 이것은 독립적인 것이 아니다. 왜냐하면, 다른 모든 명령과 모세의 계명이 십계명에서 나왔고 그것에 의존하기 때문이다"[47]라고 말했다.

이 문장에 대해 아나뱁티스트들은 매우 평안함을 느꼈다. 그러나 종종 그들은 종교개혁자들이 자신들의 좀 더 급진적인 말을 적용하는 데 실패했다고 결론지어야만 했다. 루터는 뜨겁게 율법보다 복음의 중요성에 헌신했었다. 그러나 그는 구약성서가 선별적으로 적용된 것처럼 이 입장의 의미를 전적으로 행하지는 않았다. 노만 크라우스Norman Kraus는 루터가 구약과 그리스도를 연결하기 위해 구약의 많은 부분에 예표론적인 해석을 했다고 생각했다. 그러나 "아나뱁티스트가 집중하길 바랐던 해석학 원리의 급진성은 루터에 의해 간과되었다. 이것은 단순히 신약을 구약의 절정이나 성취로서 이해해야 하는 문제일 뿐 아니라 예기치 못한 '성취'라는 관점에서 예언적 전통을 근본적으로 다시 재해석해야 하는 문제이기도 하다."[48]

아나뱁티스트의 도전에 다소 타격을 받은 정도에 따라, 어떤 종교개혁자들은 열정적으로 성서의 통일성과 연속성을 변호하는데 헌신했다. 츠빙글리와 블링거Bullinger는 하나님의 한 백성으로서 이스라엘과 교회의 통일성을 주장했다. 그렇기에 성서의 완전한 통일성과 연속성을 변호했다. 블링거는 논쟁에서 인상적인 내용을 정리했고 이 주장을 보강하기 위해 다량의 본문을 사용하였다. 그러나 그의 방법론은 이미 존재하는 사회윤리와 교회의식을 뒷받침하는 것 이상이라는 사실을 아나뱁티스트들이 이해하도록 설득하는 데는 실패했다.

부처Bucer또한 구약성서가 신약성서만큼이나 실천적인 면에서 똑같은 권위를 가지고 있기에 두 성서는 분리될 수 없는 통일성이 있음을 가르쳤다. 많은 아나뱁티스트들처럼 그의 두 성서 사이의 관계에 대한 관점이 두 언약의 관계에 기초하고 있다. 그러나 아나뱁티스트들과 달리, 그는 새 언약을 옛 언약과 본질적으로 똑같은 것으로 보았다. 이것은 오실 예수가 본질적으로 바뀌지 않기에 잘 이해되는 것이었다. 그러므로 두 성서 사이의 큰 불연속성을 가정해야 할 필요를 느끼지 않았다. 칼뱅은 "끊임없이 아나뱁티스트에 저항하여 구약의 가치를 변호해야 할 필요를 느꼈다."49) 그는 아나뱁티스트들이 구약의 영적인 특징을 평가절하하고, 두 성서 사이의 불필요한 차별성을 만들어 내는 것을 두려워했다. 그러나 아나뱁티스트들은 종교개혁자들이 뚜렷한 차이를 보는 데 실패함으로 신약성서의 가치를 평가절하할까 봐 근심했다.

후에 종교개혁자들의 신학은 아담, 노아, 아브라함 그리고 다윗과의 언약 시리즈로 발전했고, 이것은 신약의 새 언약으로 연결되며 아나뱁티스트가 제안한 것과 다르지 않은 개념이었다. 그러나 16세기 초기, 종교개혁자들은 단지 하나님과 인간 사이에 있는 유일한 언약에 헌신했고, 이 기초 위에 구약의 내용이 넓은 범위에서 교육의 자료로 남게 되었다고 생각했다.50)

그러나 아나뱁티스트는 두 성서를 구분하는 데 실패하는 것이 국가 교회와 세속사회에서 행하는 관습을 정당화하는 데까지 인도되었다는 것을 깨달았다. 그들은 믿음, 유아세례, 전쟁참여, 그리고 구약의 가르침에 바탕을 둔 그 밖의 문제에서 강제성을 정당화하는 시도를 거절했다. 윤리와 교회론에 대한 아나뱁티스트들의 좀 더 급진적인 접근은 그들로 하여금 구약성서를 달리 해석하게 하였다. 연속성이나 비연속성의 극단에 서로 있었던 것은 아니지만, 종교개혁자와 아나뱁티스트들 사이의 큰 차이가 있는데, 그 차이는 그들의 윤리와 교회론에 대한 다른 결론 때문에 생긴 것이면서 다른 결론을 만들어 내는 이유이기도 했다.

아나뱁티스트와 구약

신약성서의 우선권과 두 성서 사이의 비연속성을 주장한 아나뱁티스트들은 상대적으로 구약성서에는 관심이 적었음을 내포한다. 이것은 어떤 그룹에서는 실제로 그러했다. 펠릭스 만쯔는 신약만 오로지 인용했다.[51] 레온하르트 슈머는 "읽으려면 신약과 시편을 중심으로 읽어라…. 예언서, 열왕기서, 모세의 글들을 읽는 것도 좋지만, 그렇게 필요한 것은 아니다. 우리는 신약에서 모든 것을 찾을 수 있다"[52]고 조언했다. 1530년에 만들어진 어떤 익명의 소책자는 훨씬 강한 어조다: "그리스도가 오셨기에, 법의 검만 가졌고, 영의 검을 가지지 않은 모세의 말을 듣는 것이 허락되지 않았다. 단지 우리는 그리스도에게 귀 기울여야 한다."[53] 앞서 인용했듯이, 베른 회의의 구약에 대한 결론은 훨씬 더 소극적이다. 그리고 존 클래스John Claess [54]와 자틀러Sattler [55]의 주장은 거의 전적으로 구약을 무시하는 것처럼 보인다.

구약성서에 상당한 관심을 둔 아나뱁티스트의 다른 그룹들에 의해 이런 주장이 비판받기 시작했다. 그 현저한 예가 뎅크와 해쩌hatzer에 의해 만들어진 구약 예언서의 첫 독일어 번역이다. 뮌스터파와 오스왈드 글라이트Oswald Glait의 추종자의 그룹이 구약을 과도하게 강조했다는 사실은 아나뱁티스트 운동의 다른 그룹 중에는 성서의 이 부분에 대해 다양한 의견이 있었음을 알게 한다.

대부분의 아나뱁티스트들은 그들이 하나님 말씀의 일부를 거절하고 있다는 비난에 대해 스스로 변호했다. 비록 그들이 구약을 종교개혁자들이나 뮌스터그룹이 해석하는 방법과 다르게 다룰지라도, 구약성서를 다양한 방법에 의해 온전히 영감 받은 유용한 내용으로 받아들인다고 주장했다. 가장 심하게 성서의 비연속성을 강조했던 마펙조차도 그의 입장이 성서의 통일성을 강조하는 종교개혁자들에게 전적으로 반대하는 것이 아닌, 그들의 오류를 교정하는 수단이었다. 대부분 아나뱁티스트들은 구약의 권위를 부정하지는 않았고, 무시하지도 않았다. 그들은 두 성서의 관계를 거절보다는 성취의 의미로 보았다.

아나뱁티스트들은 여러 방법으로 구약을 적극적으로 사용했다. 먼저, 그들은 구약이 신약의 내용과 일치된다고 생각될 때, 두 번째 권위의 자료로써 사용했다. 예를 들어, 메노는 "복음적인 성서 전체가 교리와 삶, 그리고 예배에서, 그리스도의 교회가 세상과는 구별되는 사람들이었고, 사람들이라고 가르치고 있다…. 이것은 또한 구약의 가르침이기도 하다."[56] 그의 글에서 메노는 3대 1의 비율로 구약보다 신약을 더 많이 인용했다.[57] 이것은 여전히 구약에 대해 실질적인 참고서로서의 여지를 주는 것이다.[58] 메노는 그의 책 『기독교교리의 기초 Foundation of Christian doctrine』에서 "두 성서는 우리의 교육, 훈계 그리고 바르게 함을 위해 쓰였다"라고 단정적으로 말했다.[59] 그리고 다소 놀랍게 결론을 내리기를 "그것들은 주님의 나라, 집, 교회, 회중들을 다스리는 진실한 왕권이며 규칙이다"라고 했다. 메노의 말은 진정한 권위는 여전히 비연속성의 한계 안에서도 구약에도 해당한다는 것을 의미한다. 이것은 단지 구약이 인용되었다는 단순한 사실만이 아니라 만약 신약의 탁월함을 침해하는 것이 아니라면 성서로 인용되었다는 것이다.[60]

비슷하게, 더크 필립스는 파문권징의 사용과 그리스도인의 결혼에 대해 그의 가르침에서 구약과 신약 모두를 언급했다.[61] 그는 구약에서 신약으로 넘어가면서 이런 설명을 했다: "아무도 우리가 구약만으로 앞서 말한 입장을 지지한다고 생각하지 않는다. 그렇지 않으면 성서적인 증거가 없다고 생각할까 봐, 하나님의 도우심으로 신약으로 이 문제에 대해 증명하고 증거를 보여줄 수 있길 원한다."[62] 구약은 그의 성서적 증거 일부이나, 그의 주장으로는 그것은 신약에 부속된 것이다. 많은 아나뱁티스트들처럼, 대체로 그는 오직 구약에만 근거한 주장에 대해 만족하지 않았다.

두 번째, 아나뱁티스트들은 구약을 격려와 위로 및 영감을 위한 자료로서 그들의 경건 생활을 위해 사용했다. 그러므로 후브마이어는 이렇게 썼다: "이 문제에 대해 구약성서는 우리에게 많은 예화와 간증을 줄 것이다."[63] 메노 또한 "구약을 경건을 위해 종종 많이 사용했다. 역사적 시대마다 각 인물에게서 메노는 영감과 도전을 끌어냈다. 믿음에 대한 그들의 실례들도 이어졌다."[64] 『순교자의 거울Martyrs' Mirror』과 아나뱁티스트 찬양집Ausbund은 특별히 고통받는 의인들을 강조하는 구약의 주제와 이야기에 많이 의존했다. 대부분의 아나뱁티스트들은 그들의 경건 생활에 대한 커다란 의무감 때문에 예언서나 시편을 율법서나 역사서보다 편애한 것처럼 보인다. 율법서나 역사서는 그들이 별로 좋아하지 않는 구조와 관습을 지지하는데 전통적으로 인용되곤 했던 것들이었다.

세 번째는, 후트와 호프만을 포함한 종말론적인 아나뱁티스트들은 종말론적인 가르침과 사색을 위한 기초로서 광범위하게 구약의 부분들을 사용했다. 비록 이 그룹들조차 그리스도의 중심성과 신약, 구약 사이를 구분할 필요를 강조했고, 종말론적이고 예언적인 본문에 대한 그들의 깊은 관심은 균형감을 제공했고, 두 성서의 다른 부분을 해석하기 위해 종말론적인 본문을 사용하려는 경향이 있었다.

네 번째, 아나뱁티스트들은 오실 예수와 새 언약을 위한 중요한 준비로서 구약의 가치를 높였다. 그것이 거절되었기 때문이 아니라, 성취되었기 때문에 구약을 신약에 종속시켰다. 그들은 옛 역사65)나 유치한 종교66)의 수준으로 강등시키는 구약에 대한 동시대의 평가를 받아들이지 않았다. 그러나 그것을 신약이라는 집을 짓는 기초로 보았다. 그리스도인이 과거 하나님의 백성을 다루신 기록을 읽는 것은 중요하다. 특별히 마펙은루터와 동의하면서 복음서를 위한 준비로서 율법의 중요성을 강조했다. 이 관점은 구약의 가치와 신약과의 불연속성에 대한 그의 주장과 연관된다. 구약은 신약시대를 예비하고 준비하는 특징과 기능을 가진 것으로 인식되고 존중되는 정도에서 교회에 유용한 것이다.

다섯째, 아나뱁티스트들은 구약을 '그리스도의 완전성의 밖'에서 연속되는 권위를 가진 사회의 질서를 위한 안내자로서 간주했다. 새 언약 아래에서 사는 그리스도인에게, 신약은 탁월한 안내자이다. 그러나 여전히 세상에 사는 자들에게 그리고 구약의 영향 안에 있는 사람에게 구약은 관계가 있다. 종교개혁자들은 교회와 세상 사이의 이 분명한 차이를 구분 짓는 것을 반기지 않았다. 이런 태도는 구약의 원리와 기준을 교회에 적용하게 했고, 신약의 원리를 전체 사회에 적용하는 것을 비실제적이라고 주장하게 했다. 교회 안에서의 신약의 탁월함을 논의하는 데 있어서, 아나뱁티스트들은 이것을 전 사회에 적용하려고 시도하지 않았다. 사람의 마음속에 성령의 사역이 없는 상태라면 구약의 기준과 관습은 이해할 만한 것이었다. 이것은 적극적인 역할을 구약의 가르침에 부여하였다. 그리고 슐라이트하임 고백서가 검과 맹세의 주제를 어떻게 다루는가에 대한 내용을 담는 것이었다. 이 가르침은 '그리스도의 완전성 밖의' 구약 이스라엘과 당대의 사람들에게는 권위가 있는 것이었으나 이것은 '그리스도의 완전성 안에 있는' 새로운 기준으로 대체되었다.

끝으로 신약에 의해 대체되었다고 확신할 정도로 구약을 기준으로 삼지 않은 아나뱁티스트들의 방법을 연구하는 것은 가치 있는 일이다. 조지 윌리엄스George Williams는 "그들이 구약의 일치하지 않는 부분을 흡수시키는 여러 다양한 장치를 의지해야 하며"67), 이 장치들은 아나뱁티스트들에 의해 고안된 다른 것과 함께 가톨릭, 개신교, 신령주의, 합리주의적 자료에서 선택적으로 나온 것이라고 주장했다.

구약과 신약에 대한 그들의 접근방식의 현저한 차이는 구약의 문자적 의미에는 중요성을 별로 두지 않는다는 점이다. 실제로, 어떤 저자들은 구약을 문자대로 해석하려다 많은 실수와 혼란을 일으켰다. 아나뱁티스트들은 문자적, 역사적 의미를 부인하지 않는다. 그러나 그들은 본문을 문자적으로 해석하는 것을 피하고자 다양한 세대주의적 체계를 이용했다. 그들이 도달한 결론은 서로서로 조금씩 다르지만, 용어와 개념을 표시하는 다양함으로 구약을 신약에 종속시키곤 했다.

이것을 가장 많이 탐구한 세 작가는 마펙, 메노, 그리고 필립스이다. 그들이 두 성서에 대한 공통된 관점을 공유한다는 것은 확실하나 그것을 이루어내는 방법은 같지 않았다.

더크 필립스는 구약성서를 영적으로 해석함으로 신약에 종속한다는 사실을 확실시했다. 이 방법으로 중요한 성서의 통일성을 발견할 필요를 강조했다. 『우리 주 예수 그리스도의 세례침례 *Baptism of our Lord Jesus Christ*』에서, 그는 적절한 해석원리는 성서의 통일성을 유지하는 것이라며 비유적figurative 해석의 예를 들면서 주장했다: "구름은 성령의 선물을 의미하며, 빵은 참되고 살아있고, 하늘에서 오는 하늘의 빵,

곧 예수 그리스도를 상징하는 것이다…. 적어도 성서가 온전하길 원한다면 실제로 이것은 이런 형상들의 중요성을 잘 드러낸 것이다. 이 방법 안에서 성령이 문자와 비유의 진실한 일치를 위해 일하신다."[68] 더크는 히브리인들에게 보낸 서신서히브리서에 있는 그림자와 실제 사이의 차이점에 대한 말씀으로 그의 방법론에 대한 기초를 삼았다.

구약 안의 비유, 인물, 구조 그리고 관습은 신약에 있는 실제의 그림자 같은 예표였다. 구약해석자들의 임무는 본문의 문자적 의미에 집중하는 것이 아니라, 그림자 안에 있는 신학적 실제를 구별하는 것이었다. 『영적 회복에 관해Concerning Spiritual Restitution』라는 책에서 그는 이것을 이런 방식으로 말하였다: "그리스도 안에서 변화된 모든 것은 그리스도를 통해 명확해지고 새로워진다. 즉, 문자에서 영으로, 육체에서 진실한 존재로, 옛것에서 새것으로, 비유에서 명확한 진리로, 그리고 멸망할 것에서 영원한 하늘의 것으로."[69] 더크는 이 우선순위를 구별하는 데 실패하고, 구약을 문자적으로 적용함으로 신약의 우월성을 위협하고 성육신이 가져다준 변화를 최소화하려는 사람들에게 필사적으로 반대했다.

그의 『입문서Enchiridion』를 보면, 더크는 그의 경험을 다시 설명한다: "우리는 비유나 형식 혹은 율법의 불완전성히7:11으로 확실하게 인도받을 수 없지만 완벽하고 진실한 본질, 복음의 영롬6:14에 의해 인도받을 수 있다…. 그럼에도 불구하고 우리가 모세의 비유와 그림자를 무시한다는 의미는 아니다. 단지 영적인 안목으로 그것을 본다는 것이다. 그렇다. 우리는 신약의 실제에 의해 이것들을 구별하고 이해할 것이다."[70] 다른 본문에서[71] 그는 이 점을 강조했다. "많은 곳에서 성서는 비유적으로 말한다. 그것들이 이해되어야 할 필요가 있을 때는 영적이며 실제적 본질로 불리기보다는 문자에 의해 다르게 불리었다." 비록 더크가 비유로 해석된 신약의 참고서 하나를 가지고 있기는 하지만 구약에 대한 영적인 접근과 신약에 대한 문자적 접근 사이의 현저한 차이는 매우 단호했다.

구약을 해석하면서 더크는 호프만이 자의적으로 한 듯 보이는 방법론에 대한 반응으로 알레고리allegory의 사용을 조절하려고 노력했다. 구약의 사건은 통제력으로서 움직여야 한다. 본문의 추정된 영적 중요성은 그 사건 당대의 사람들을 위한 것이라는 사실을 무시하지도 말고 그 사건과 종교적 중요성과도 모순되지도 말아야 한다.[72] 실질적인 결론은 신약의 가르침을 단순히 설명하는 데 사용되어지는 구약의 알레고리에 기초하면 안 된다.[73] 그리고 성령의 계시는 비유를 설명하는 데는 필요하지만, 인간의 상상력은 아니다.[74] 비록 그들이 쓴 글이 어느 정도 수용될지라도, 신약의 저자들이 구약을 다루는 방식이 기준이 된다. 더크는 『모세의 성막the Tabernacle of Moses』에서 이렇게 결론을 내렸다: "그러므로 모세의 장막에 대해 새롭거나 색다른 것을 쓸려고 생각하지 않는다. 단지 사도적 해석만이 우리가 세우는 기초가 된다. 또한, 우리는 사도가 한 것보다 약간 더 폭넓게 해석할 것이다. 그럼에도, 기초는 하나뿐이다. 그러나 현재의 필요와 일부 형제단의 오해는 우리가 이것을 더 폭넓게 이해하도록 만든다. 그때조차도 사도는 이 문제에 관해서는 마스터 선생이었으며 그들의 해석이 성령에서 나왔기에 우리가 따르길 심히 원하는 것이다. 고로 우리는 사도들의 해석들이 단순하게 남아있길 원한다."[75]

더크는 그의 알레고리 사용과 그의 원칙을 꾸준히 적용하지 못한 것에 대해 비판을 받아왔다. 그의 진심과 적절한 접근은 분명하지만, 그는 문자적인그가 부르기는 육체적으로 적용을 하지 않고, 뮌스터공동체와 종교개혁자들의 잘못에 계속 빠지면서, 연합된 성서 안에서 구약에 머무르는 법을 가르쳤다.

메노는 예표론과 알레고리에 별로 의존하지 않았다. 그는 신약을 지지하는 구약의 내용을 제외하고는 구약은 그리스도인들에게는 더는 합당하지 않고, 그리스도 이전의 사람들에게 합당한 가르침으로 인정하여 구약을 신약에 종속시켰다. 그래서 그는 더크의 방법이 위태롭게 만들었던 구약역사의 종교적 중요성을 잊지 않았다.[76] 그러나 메노는 문자적 의미와 비유적 의미 사이의 유사한 특징을 판별하였다. 그는 젤리우스 파버에게 이렇게 불평했다: " 문자와 비유를 혼동케 하는 그런 방법으로 구약의 은유를 신약의 진리에 적용하는 사람들에 대해 참을 수가 없다."[77] 그의 초기 작품 『레덴 존의 신성모독*The Blasphemy of John of Leden*』에서, 그는 비슷한 맥락으로 썼다: "우리는 구약의 비유가 신약의 진리에 적용되게 함으로 육체가 육체를 언급하는 것으로 이해되어서는 안 된다. 비유는 반드시 실체를 반영해야 한다. 이미지는 실물을, 문자는 영을 반영해야 한다."[78] 메노에게 있어 구약을 문자적으로 추종하는 것은 불순종을 의미하는 것이었지만, 반면 신약을 문자적으로 따르는 것은 순종이었다.

이와 같은 두 성서의 차별성에 기초에서, 메노는 구약에서 발견한 윤리적 기준을 구약에서는 사람보다는 그리스도인에게 적용시켰으며 종교개혁자들에 의해 그것이 윤리의 규범으로 확실하게 변호된다고 주장했다. 그는 구약의 내용을 알레고리화하지 않고 두 성서 안에서 문자적 영적 사이의 관계를 분별하면서 구약에 영적인 뜻을 부여했다. 구약에서 문자적인 내용은 신약이 말하는 영적인 실제로 해석되어야 할 필요가 있다. 예를 들어, 메노는 구약의 선례를 기초로 해서 검의 사용을 기꺼이 받아들인 뮌스터공동체를 반대했다. 그는 진짜 검은 이스라엘 병사들에게 주어진 것이며 대신 그리스도인은 영의 검을 휘둘러야 한다고 말했다.[79] 구약 본문의 문자적 의미는 제거되지 않았다. 그들의 문맥적 중요성은 간직하고 있다 그러나 해석자들은 신약과 동등한 것으로 구약이 가리키는 성취를 발견해야 한다. 신약은 실제이며, 본질이며, 성취이기 때문에 문자적으로 번역되었다. 하지만, 구약은 역사적으로 중요하지만, 문자적 의미는 적용이 어려워 영적인 해석이 있어야 한다는 것이다.

구약을 다루는 마펙의 방법은 메노가 알레고리적 해석의 여지를 두지 않은 면에서 매우 흡사하다.[80] 그러나 신약의 '오늘의 은혜'와 비교되는 '어제의 은혜'에 관한 구약 안에 있는 모든 것을 강등시킨 면에서는 훨씬 더 급진적이었다. 그는 신약의 우선순위를 보호했으나, 구약을 적극적으로 사용하는 것을 좀 더 어렵게 만들었다. 그는 이 두 성서 사이의 차이를 설명하기 위해 많은 이미지를 사용했다: 기초와 집,[81] 일시적인 것과 영원한 것, 상징과 본질,[82] 노예와 아들,[83] 예언혹은 약속과 성취,[84] 겨울과 여름,[85] 비유와 실제[86].

그럼에도, 마펙은 약속과 성취라는 틀 안에서 구약을 이용했다. '어제의 은혜'는 '오늘의 은혜'에 비해 열등하다. 그러나 '첫 번째 은혜'였고, 그것은 가르쳐야 하고 받아들여야 할 필요가 있는 것이다. 『신구약 해설The Explanation of the Testaments』에서 마펙은 다음과 같이 썼다: "구약 안에 있는 모든 것은 단지 육체적이고, 비유적이고 그림자이고 일시적이나 실제는 아니었다. 영원한 삶으로 이끄는 신적 약속의 영을 가진 것도 아니고 뭔가 다른 실제적인 것을 가지고 있지도 않았다. 왜냐하면, 그들은 주어진 것이 아니라 그저 약속된 것이기 때문이다."[87] 이런 차별성은 구약이 문자적으로 그대로 적용되도록 허용하지 않는다. 그러나 복음을 듣게 될 독자들을 준비시키기 위해 구약의 사용에 대해 문을 활짝 열었다. 마펙이 구약을 보는 관점은 루터가 본 관점보다 더 적극적이다. 루터는 구약을 율법으로 보게 함으로써 이신칭의의 확신을 위해 예수 그리스도께 완전히 필사적인 사람을 만드는 데 목적이 있지만, 마펙은 구약을 '첫 번째 은혜'로 봄으로써 좀 더 긍정적인 개념을 주고 있다. 그러므로 루터는 구약을 적용될 만한 윤리의 기준으로 생각했으나, 마펙은 구약을 그리스도인 이전 시대의 것으로 강등시킨 것이 다소 역설적이기도 하다. 더크와 메노와 함께, 마펙의 관심은 구약을 신약과 별개로 이해하지 않고, 예수의 가르침을 피하지 않으면서 구약을 안전하게 이용하는 적절한 틀을 찾는 데 있었다.

두 성서를 구별하고자 아나뱁티스트 작가들이 이용했던 다른 이미지들은 쉬머Schiemer의 "그림자와 빛"[88], 그레벨의 "형식과 진심"[89] 후브마이어의 "옛 결혼과 새 결혼"[90] 자틀러의 "실제모양과 그림자" 그리고 "형태와 진실", "시작과 준비" "목적과 성취"[91] 리드만 의 "그늘"과 "빛" 그리고 "멍에"와 "아들 됨"[92]이다.

또 다른 영향력 있는 접근은 레위기 11장 3절과 신명기 14장 6절에서 나온 이미지를 사용한 멜키오르 호프만이 가르친 "갈라진 발굽"체계 이었다. 호프만은 마치 갈라진 발굽을 가진 동물이 두 개의 나뉨을 가졌듯이 성서는 하나님의 의해 저작된 하나unity이나, 두 개의 성서로 나뉘었다고 가르쳤다.[93] 정확히 성서를 해석하는 사람은 이 두 가지 본성을 이해해만 한다. 더크 필립스와 제이콥 반 캠펜Jacob van Campen 모두 이 이미지를 사용했으나 오베 필립스Obbe Phillips와 한스 쉬더 Hans Scheerder를 포함한 다른 멜키오르파 사람들은 이것을 거절했다. 이것을 가장 중요하게 사용한 사람은 로트만이었고, 그는 뮌스터에서 구약의 원리와 실천을 적용하고 채택하는 데 있어서 이것을 기초로 삼았다.[94]

이런 모든 접근법과 직유법의 두 가지 목적은 구약이 실제나 제한적인 가치를 지녔다는 것을 단언하는 것이다. 구약은 영감으로 쓰인 성서이나, 신약처럼 그리스도인들에게 직접적으로 적용될 수 있는 것은 아니다. 구약의 상징은 중요하지 않은 것이 아니지만, 그 의미들은 그것이 가리키는 신약의 실제와 비교되면서 이해되어야만 한다. 구약의 상징들을 얕잡아 보아서도 안 되고, 산만하게 활용 되도록 허락되어서도 안 된다. 만약 두 성서가 본질적 차이로 말미암아 두 권의 책으로 분리된 비연속성의 요소를 자세히 관찰한다면 두 성서 사이의 연속성은 논쟁의 대상이 아니다.

비판과 평가

두 성서 사이의 비연속성에 대한 아나뱁티스트들의 강조는 때때로 비판되듯이, 구약을 비하하는 불균형적인 접근인가? 그들은 예수와 사도들이 자유롭게 사용하던 틀인 신약을 읽기 위한 필요한 틀로서 구약의 중요성을 인정하지 않았으며, 구약이 초대교회의 성서이었다는 사실을 무시한다고 평가된다.

이 연결 안에서 사용된 용어가 '마르시온파'이며, 초대교회약 150년에 있던 마르시온의 관점에 대한 언급이다. 확실히, 두 성서의 이해에 있어서 아나뱁티스트들은 연속성의 극보다는 비연속성의 극에 좀 더 기울어있었다. 그러나 마르시온주의라는 비난은 그들을 거의 극에 갖다 놓았다. 이 주제는 필그림 마펙에 이르러 정착이 되었다. 왜냐하면, 비록 스위스 형제단이 비슷한 관점을 취하긴 했으나 마펙은 어떤 아나뱁티스트이 비연속성을 강조한 것만큼이나 그것을 강조하였기 때문이다.

마르시온적인 경향을 보이는 마펙의 해석학을 비난하는 것은 근거가 있을 것이다. 마펙은 분명히 두 성서의 차이점을 과도하게 강조했다는 잘못이 있다. 구약의 충분히 계시적인 측면을 강조하지 않았으며, 두 성서 모두 연결된 공통된 특징을 주목하는 데 실패했다는 것이다.[95] 그러나 비난을 조금 완화할 수 있는 요소를 그의 변호에서 볼 수 있다. 루터 또한 비슷한 경향 때문에 비난받을 수 있었다. 마펙은 그의 접근을 연속성과 비연속성 사이의 완벽한 균형을 위한 것이라기보다는 교정수단으로 보았다. 그렇기에 그의 좀 더 적극적인 평가를 보면, 마펙은 구약을 사용하는 면에서 마르시온과 의견을 달리한다. 그의 관심은 어떤 것도 예수 그리스도의 영광에서 벗어나지 않는 것이다. 그는 "역사 속에서 사람을 다루는 하나님의 방법은 그의 주권에 의해 결정된 것이지, 사람의 진보적인 발전에 의해서가 아니다"[96]라고 주장했다.

그러나 보통 아나뱁티스트들이 구약의 가치를 높이 평가하고 그것을 많이 이용했을지는 의심스러운 부분이다. 마펙과 같은 지도자들의 의도가 무엇이든, 많은 아나뱁티스트들은 구약을 소홀히 했다. 구약을 소홀히 하는 현대 메노나이트들의 경향에 대해 메노나이트 구약 성서 학자, 밀라드 린드Millard Lind는 아나뱁티즘이 남긴 다소 만족스럽지 못한 유산이라는 말로 묘사하였다.[97]

아나뱁티스트들의 구약을 알레고리화하는 경향에 대한 비판은 더크 필립스에게 집중되는 편이다. 그는 이 접근법을 사용했고, 이것을 위한 기준도 제안했다. 또 호프만도 비판을 받았는데, 그는 덜 절제된 방법으로 알레고리를 이용했다. 이 알레고리에 대한 주제는 많은 관심을 받지 못했다. 대부분의 주석자들이 이것을 아나뱁티스트의 세련되지 않은 해석학의 증거로서 탈선이나 아무것도 아닌 것으로 이해하려고 한다. 그러나 신뢰할 만한 알레고리를 담은 더크의 비유적인 접근법은 매력적인 대안을 신령주의자들의 주관성과 종교개혁자들의 객관성에 제공하고 있다. 어떤 증거는 이 접근법이 박해와 핍박에서 살아남은 스위스 형제단에 의해 나중에 채택되었음을 주장했다. 더크와 그의 접근법을 채택한 사람들은 대부분 종교개혁자에 의해 불필요하다고 버려진 중세 해석학의 긍정적인 특징을 지켜 내었던 것이다.

어찌 되었건, 결국 구약을 알레고리화하기 위한 신약의 선례들이 있다. 문자적 이해의 승리와 역사적, 비판적 해석법의 개발이 이런 알레고리를 사용하는 방법들을 배제해 왔고, 절제되지 않는 알레고리의 사용이 도움이 되지 못하는 결과를 가져옴으로 인해 많은 사람에 의해 폐기되었다. 그러나 이 방법론에 대한 책임 있는 적용은 도움이 되는 중간고리가 된다. 성령을 의지하는 그들의 모습을 통해 아나뱁티스트들의 알레고리를 이해해야만 한다. 그들은 성서의 저자가 그의 의도를 가장 단순한 독자들에게 명확하게 만들었다고 믿었다. 가끔은 이것은 본문의 단순한 의미와 똑같은 것이지만 가끔은 성령이 보여주시는 더 깊은 의미가 있다. 그들은 지성과 상상에 의한 알레고리화를 주장하지는 않았다. 그러나 성령의 목소리를 들음으로 그렇게 하였다. 아나뱁티스트들의 해석학의 이 특징은 그들이 세련되지 않은 문자주의자가 아니라는 것을 보여준다. 더 나아가, 그들의 이런 행동양식은 아마도 동시대적인 중요성을 가지고 있었을 것이다.

아나뱁티스트의 접근법을 평가하는 다른 방법은 그것을 종교개혁자들의 접근법과 대조하는 것이며 그리고 이 두 접근법보다 더 좋은 제3의 대안이 존재하는지를 묻는 것이다. 우리가 보았듯이, 종교개혁자나 아나뱁티스트들이나 구약성서를 적절하게 다루는 데 성공하지 못했다. 루터의 척도인 '무엇이든지 그리스도를 드러내는 것'은 좋게 들리지만 아주 많은 대답하기 어려운 질문들을 남긴다. 또 성서의 연속성과 구약성서를 다루는 다른 종교개혁자들의 주장은 교회와 사회를 구별하지 않으려는 태도와 타협하게 되었고, 예수의 가르침과 모범을 배제하듯이 보이는 구약 중심의 많은 의식을 따르려는 경향과도 타협하게 된다. 아나뱁티스트들은 이러한 견해에 도전했다. 그러나 그 과정에서 교회 안에서 권위의 근원인 구약을 버리는 쪽으로 잘못을 저질렀다.

그들의 확신을 변호하기 위한 전략으로서, 그리고 끊임없는 도전에 직면하여 그들의 구성원들에게 일관된 성서에 대한 접근법을 제공해 주기 위한 전략으로서, 아나뱁티스트들의 입장은 성공적이었다.

구약을 다루는 아나뱁티스트의 방법을 수용하는 것이 구약을 사용하는 종교개혁자들의 방법을 수용하는 것보다 더 바람직했다. 그러나 이것은 아나뱁티스트 입장을 비판 없이 변호해야 한다는 것을 의미하지 않는다. 또한, 두 성서 사이의 관계를 다루는 아나뱁티스트의 확신에 더 안전한 기초를 제공할 수 있는 만족스러운 방법을 찾아내는 일을 금해야 한다는 말도 아니다.

알빈 비체이Alvin Beachey는 더크 필립스의 입장에 대한 자신의 견해를 다음과 같이 결론 내렸다: "역사적 상황을 인정할 때, 더크의 해석학적 방법은 효과적인 저항이었다. 이 방법을 떠오를 수밖에 없게 한 역사적인 상황이 없었다면 그의 방법은 의문의 여지가 있는 것이다." 98) 아나뱁티스트의 입장을 '효과적인 저항'이라고 보는 것은 아마 최선의 평가일 것이다. 이 저항은 그들의 확신에 많은 열매를 맺었다. 종교개혁자들의 신념이 오늘날 별로 유익하지 않은 것으로 판명되는 반면, 두 성서 사이의 비연속성을 변호하는 아나뱁티스트들의 확신은 널리 수용되고 있다.99)

우리는 당연히 아나뱁티스트의 방법론에 대해 불만족을 표현할 수 있지만, 그리스도 중심성과 신약의 급진성을 왜곡하는 방법에 대해 도전했다는 측면에서 그들의 유산을 높이 평가할 수 있다. 현대 해석학자들의 임무는 교회론과 윤리에 대한 중요한 아나뱁티스트의 관점으로 믿음의 책, 구약을 해석할 수 있는 방법론을 개발하는 것이며, 구약의 가치를 소중히 하는 일이며, 아나뱁티스트들이 애썼으나 실패한 두 성서 사이의 본질적인 통일성을 유지하는 것이다.

끝으로, 우리는 아나뱁티스트들이 두 성서 사이의 관계에 대한 그들의 견해를 변호하기 위해 신약의 여러 본문을 사용한 것을 주목해야 한다. 그들은 성서적인 지지를 바탕으로 비연속성을 강조하게 되었다. 이런 본문들은, 만약 해석자들이 구약을 살리고자 하는 관심 속에서 연속성의 극단에 너무 치우치지 않으며 아나뱁티스트들이 강하게 느꼈던 새 언약의 신선함을 비하하는 덫 속에 걸리지 않는다면 정당성을 얻게 될 것이다.

1) Klassen은 이 주제에 관해 "아나뱁티스트들이 토론을 유발했으며 일반적으로 알려진 것보다 훨씬 더 넓은 범위까지 그 과정을 결정했다.": Klassen, *Covenant*, 104. 츠빙글리 의 관점에 대한 아나뱁티스트들의 도전에 대한 평가를 위해 Stephens, *Theology*, 123 을 보라.

2) Harder, *Sources*, 289.

3) AIO, 150.

4) Pipkin and Yoder, *Hubmaier*, 180.

5) 앞의 책, 182.

6) 앞의 책, 288.

7) Menno, *Works*, 685.

8) Dyck, et al., *Philips*, 317.

9) Beachy, *Grace*, 143.

10) Dyck, et al., *Philips*, 273.

11) Klassen and Klaassen, *Marpeck*, "Admonition", 222-23.

12) Horsch, *Mennonites*, 223에 인용됨.

13) Glait에 관해, Klassen, *Covenant*, 105을 보라; Fischer에 관해, Daniel Liechty을 보라. *Andreas Fischer and the Sabbatarian Anabaptists* (Scottdale, PA: Herald Press, 1988).

14) Horsch, *Mennonites*, 355.

15) Jacob Hutter, *Brotherly Faithfulness* (Rifton, NY: Plough Publishing House, 1979), 169.

16) Riedeman, *Confession*, 109.

17) Dyck, et al., *Philips*, 375.

18) Riedeman, *Confession*, 215-16.

19) AIO, 287.

20) 앞의 책, 287.

21) Yoder, *Schleitheim*, 16.

22) Menno, *Works*, 519.

23) AIO, 146-47.

24) Stadler에 관해, Wilhelm Wiswedel, "The Inner and Outer Word", *MQR* 26: 184-87을 보라.

25) Baylor, *Radical*, 142-43.

26) Riedeman, *Confession*, 66.

27) 앞의 책, 66.

28) 앞의 책, 115-16.

29) MM, 625.

30) Klassen and Klaassen, *Marpeck*, 119.

31) 앞의 책, 223.

32) Denck, in Baylor, *Radical*, 142.

33) 앞의 책, 135-36.

34) Yoder, *Legacy*, 121-25; 마펙에 관한 논평에 관해 EBI, 57과 Sattler and Grebel을 보라.

35) Horsch, *Mennonites*, 355.

36) EBI, 28.

37) Klassen and Klaassen, *Marpeck*, 560. Hubmaier 또한 그 문맥에서 골로새서와 히브리서를 언급했다: Pipkin and Yoder, *Hubmaier*, 188을 보라.

38) Denck, in Baylor, *Radical*, 135-36. RR, 832을 보라. Williams은 모세 위에 계신 그리스도의 우월성에 대한 강조와 더불어 히브리서가 아나뱁티스트들로 하여금 이 주제에 대해 집중토록 격려했다고 주장한다: EBI, 104-05.

39) EBI, 34. 마태복음 20:5에 대한 언급은 틀렸지만, 그 요점은 명확하다.

40) 예를 들면, 후터, *Brotherly*, 169-70, Riedeman, *Confession*, 109.

41) EBI, 80.

42) 츠빙글리가 구약보다 신약을 다섯 배나 더 자주 인용했다는 계산이 나온다: Edward Furcha, *Huldrych Zwingli Writings*, Vol. I (Pennsylvania, Pickwick Publications, 1984), 12을 보라.

43) Philips, *Enchiridion*, 323.

44) Menno 또한 그런 남용에 대해 반대했다. Menno, *Works*, 627-29를 보라.

45) Klassen and Klaassen, *Marpeck*, 299.

46) 처음에는 1992년 발행되지 않은 논문이었지만, John Roth가 Bowman & Longenecker, *Anabaptist*, 58.에 언급했다. 이 논쟁은 반복되었다. Packull, *Hutterite*, 26-30.

47) Conrad Bergendoff, ed., *Luther's Works*, Vol. 40(Philadelphia: Fortress Press, 1958), 92-3.

48) C. Norman Kraus, *Jesus Christ Our Lord*(Scottdale, PA: Herald Press, 1987), 84.

49) Balke, *Calvin*, 100.

50) William Klassen은 "종교개혁자들이 [구약성서]를 유지했다는 것은 우연이 아니다; 이는 종교개혁자들의 기본적으로 보수적 성향이었으므로 필연적인 결과였다"라고 결론지었다: EBI, 91.

51) Ekkehard krajewski, "The Theology of Felix Mantz", *MQR* 36: 78을 보라. 만쯔는 취리히에서 뛰어난 히브리 학자 중 한 명이었다. 그의 남아 있는 소량의 작품들은 이 주제에 관한 결론을 이끌기는 어렵다.

52) AIO, 147. Schiemer는 이 의견을 따르지 않았다; 그는 1527년에 *Three Kinds of Grace Found in the Scriptures, the Old and New Testaments*라는 제목의 작품을 저술했다.

53) William Estep, *Anabaptist Beginnings 1523-1533* (Nieuwkoop: B. De Graaf, 1976), 161.

54) MM, 469.

55) "나의 형제자매들과 함께 성서에서, 더 자세히 말하면 신약성서에서 이해한 어떤 요점" Sattler의 Bucer와 Capito에 보낸 편지에서, Yoder, *Legacy*, 21-2에 인용됨.

56) Menno, *Works*, 679.

57) George, *Theology*, 274. Keeney의 형상도 비슷했다: Keeney, *Dutch*, 38.

58) 마펙도 자신이 도움이 된다고 느낄 때는 구약성서를 사용하는데 자유로웠다. 그의 어떤 글에서는, 그 비율이 8:1 정도로 낮지만, 다른 곳에서는 3:2정도까지 였다. *EBI*, 94을 보라. Dirk Philips에 대해, Keeney는 그의 인용이 5:1의 비율로 신약에 편중되어

있었다고 생각했다: Keeney, *Dutch*, 38을 보라.

59) Menno, *Works*, 159.

60) 성서로서 구약에 대한 마펙의 사용용례에 관해, Klassen, *Covenant*, 145를 보라.

61) Dyck, et al., *Philips*, 245.

62) 앞의 책, 561.

63) Pipkin and Yoder, *Hubmaier*, 506.

64) *EBI*, 70.

65) Sebastian Franck가 했듯이, 그것의 계시적 측면을 제거했다: EBI, 70을 보라.

66) 이 평가는 구약을 단지 미숙한 상태에 있는 사람에게만 적당한 것으로 간주했던 Marcion에서 나왔다. 마펙은 이 평가를 거절했고 그리스도인들은 끊임없이 구약으로 돌아가야 한다고 가르쳤다. 왜냐하면, 구약성서는 인간을 다루시는 하나님의 완전하고 유기적인 부분(비록 준비단계이긴 하나)을 형성하고 있기 때문이다.

67) RR, 830.

68) Dyck, et al., *Philips* 97.

69) 앞의 책, 318.

70) Philips, *Enchiridion*, 64.

71) 앞의 책, 104.

72) Keeney, *Dutch*, 145을 보라.

73) Philips, *Enchiridion*, 64.

74) 앞의 책, 259.

75) Dyck, et al., *Philips*, 267.

76) Menno는 알레고리적인 해석에 반대하여 Dirk Philips과 Gillis van Aken 모두에게 경고했다. Henry Poettcker, in Cornelius Dyck, *The Witness of the Holy Spirit* (Elkhart, IN: Mennonite World Conference, 1967), 365을 보라.

77) Menno, *Works*, 627.

78) 앞의 책, 42-3.

79) EBI, 69에 인용됨.

80) "마펙은 원자료(the Song of Solomon이나 the Hagar story처럼)가 그것을 정당화한다고 느껴지는 곳에서만 알레고리화(allegory)를 사용했다. 그러나 알레고리화를 하기 어렵다고 느끼는 구약의 역사서에서는 그런 예민한 관심을 보였다." William Klassen, *EBI*, 100-01.

81) Estep, *Anabaptist*, 86을 보라.

82) 앞의 책, 142.

83) Klassen and Klaassen, *Marpeck*, 119.

84) 앞의 책, 223.

85) Williard Swartley, *Slavery, Sabbath, War and Women* (Scottdale, PA: Herald Press, 1983), 141-42을 보라.

86) Klassen and Klaassen, *Marpeck*, 556.

87) 앞의 책, 556.

88) RR, 830을 보라.

89) Harder, *Sources*, 289.

90) Pipkin and Yoder, *Hubmaier*, 454.

91) Yoder, *Legacy*, 122.

92) Riedeman, *Confession*, 115-16.

93) Williams, *Spiritual*, 202-03.

94) Snyder, *Anabaptist*, 205-06을 보라.

95) 그래서 EBI, 101에서 William Klassen을 설득했다. Klassen, *Covenant*, 145을 또한 보라. Holland는 Riedeman에 관해 비슷한 주장을 한다: Holland, *Hermeneutics*, 80-1을 보라.

96) Klassen in *EBI*, 102.

97) EBI, 154. 그 밖에 그는 "나는 초기 아나뱁티스트들이 일부 메노나이트의 전 세대가 했듯이 구약에 대해 부정적인지 확신하지 못한다"라고 썼다. 약점은 아나뱁티스트의 입장에 대한 메노나이트들의 해석 안에 있었지, 입장 자체가 아니라고 주장했다. Millard Lind, *Monotheism, Power, Justice* (Elkhart: Institute of Mennonite Studies, 1990), 14를 보라.

98) Beachey, *Grace*, 146.

99) 특별히 신자들의 교회, 교회와 국가 간의 관계, 그리고 신앙을 강요하는 권력사용을 거절하는 개념의 주제들.

6장. 성령과 말씀

성령과 말씀의 관계는 종교개혁의 가장 중요한 해석학적 논제였다. 오직 아나뱁티스트들만이 성서의 규범적인 권위를 보호하면서 해석의 과정 속에 활발하게 성령을 포함한 것은 아니었다. 그들은 양쪽 진영, 문자주의와 신령주의 두 실수에 대해 책임이 있다. 이 장의 앞부분에서 이 두 가지 책임의 의미에 대해 평가할 것이다.

다음으로, 우리의 평가에 기초하여 16세기 해석학의 특징을 나타내는 성령과 말씀 사이의 연속체 위에 아나뱁티스트의 관점을 위치시키고자 한다. 우리는 아나뱁티스트의 성령론과 성령사역개인적이고, 공동체적인 경험에 의지하여 성서를 해석하는 그들의 성령중심적 성향을 이해해야만 한다. 대부분 메노나이트 주석가들은 아나뱁티즘 안의 은사주의적 요소를 경시하는 경향이 있기에[1], 우리가 그들 방법의 적법성을 판명할 수 있는 자료를 다시 살피는 것은 아주 중요하다.

문자주의냐? 신령주의냐?

아나뱁티스트들이 문자주의와 신령주의 둘 다이 비난은 후대의 학자들에 의해서 계속 반복되었다라고 비난받았다는 것은 종교개혁 당시 성령과 말씀의 주제가 복잡했음을 말해 주고 있다. 이 모순적인 두 가지 비난에

대해 해석 가능한 몇 가지 예들이 있다.:

(1) 문자주의도 신령주의도 아니고, 아나뱁티스트는 양쪽 편 모두에게서 불균형이라는 비난을 받았다는 것은 그들이 어느 정도 제대로 된 균형감이 있었다는 뜻

(2) 그들의 입장에 대한 오해에 기초하여, 한쪽은 사실이고, 다른 한쪽은 틀렸다는 뜻

(3) 문자주의, 신령주의 둘 다 맞지만 서로 다른 입장을 고수하는 아나뱁티스트들, 고로 그 책임은 아나뱁티즘 안에 있는 관점의 다양성을 나타낸다는 뜻

(4) 문자주의도 맞고, 신령주의도 맞다. 고로 같은 아나뱁티스트 그룹들은 양쪽 편 모두에서 도를 넘었다는 결점이 있을 수 있다는 뜻

(5) 이 비난들은 적어도 아나뱁티스트에 대하여 비난하기 전에 그들을 그렇게 만든 사람들도 비난한다는 뜻이다. 고로 그것의 정확성을 평가하기 전에 누가 책임을 져야 하는지를 아는 것이 중요하다는 뜻이다.

이 주제에 대한 아나뱁티즘의 다양성이 아마 가장 중요한 원인이 되겠지만, 문자주의와 신령주의가 함께 공존했다는 증거는 다양한 해석의 조화로움을 증명하고 있다. 문자주의에 대한 비난은 16세기의 많은 사람에 의해 다양한 의미로 사용되었다. 슈벵크펠트와 프랑크Franck같은 신령주의자들은 아나뱁티스트들이 너무 성서의 문자에 관심이 많아서 성령에 대해 무지한 채, 성서의 깊고 영적인 중요성을 놓치고 있다는 우려를 드러내곤 했다. 뎅크, 카우츠Kautz, 후트, 그리고 분더린 Bunderlin, 남독일의 아나뱁티스트들의 리더들은 조금 덜 비판적인 어조로 성서의 문자를 지나치게 강조하는 형제들에 대해 자신들의 의견을 표현했다. 특별히 후브마이어[2]와 마펙[3]을 포함한 여러 리더는 스위스형제단을 이 점에 관해 비판했다. 그들의 우려는 이런 문자주의가 율

법주의와 형식주의를 낳는다는 것이다.

비난조로 말해지는 문자주의라는 말은 아나뱁티스트들이 성서의 단순성과 성서가 스스로 해석한다는 원리에 대한 헌신을 비난하기 위해 종교개혁자들에 의해 사용되기도 했다. 성서는 명확하여 일반신자들도 해석할 수 있도록 열려있다는 아나뱁티스트들의 확신에 종교개혁자들은 문자주의라는 이름표를 붙였다. 그들은 또한 성서의 영적이고 알레고리적인 의미보다 문자적인 의미에 심하게 집중하는 아나뱁티스트를 호되게 꾸짖으려고 문자주의라는 말을 사용했다. 자신들조차도 문자적 의미에 일차적으로 헌신했다고 알려졌을 때, 종교개혁자들은 문자주의란 말을 이렇게 경멸하는 방식으로 사용했다는 것은 흥미로운 논쟁거리다. 고로 아나뱁티스트들은 종교개혁자들이 수용할 수 없는 방식으로 종교개혁의 원리를 사용했다는 이유 때문에 다시 공격을 받아야 했다.

신령주의에 대한 책임은 스위스 형제단이 성서의 문자를 지나치게 높이 평가한다는 비난에 대한 그들의 답이었다. 그들은 성서의 원래 의미에서 벗어나는 위험을 감수하는 것과 너무나 주관적이어서 성서의 말씀과는 동떨어진 영적 의미에 의존하는 것을 두려워했다.[4] 종교개혁자들은 이 신령주의라는 말로 다시 한 번 아나뱁티스트가 학문을 무시한다고 비난했다. 또한, 적합하지 않고, 위험한 것으로 간주한 아나뱁티스트들의 알레고리 사용과 성서를 희생하면서까지 성서 외의 계시에 대한 의존성도 비난받았다.

종교개혁자들 사이에서 가장 단호하게 알레고리의 사용을 거부했던 사람이 칼뱅이다. 그는 아나뱁티스트의 알레고리화를 가장 날카롭게 비판했다. 슐라이트하임 고백을 언급하면서, 그는 아나뱁티스트들이 성서의 "완벽하리만치 명쾌하고 단순한 약속을 알레고리화한 것"[5]을 비난했다;『아나뱁티스트에 반대하여 *Against the Anabaptists*』라는 책에서 그는 "자녀라는 이름을 알레고리적으로 취하면서 아나뱁티스트들이 여기서 만들어 놓은 계략에 나는 익숙하다. 그들은 우리가 이 성서를 문자적으로 너무나 간단하게 취하고 있다고 조롱한다. 그러나 이런 완벽하리만치 명쾌하고 단순한 약속을 번복하려는 것이 얼마나 이상한가를 나는 그들에게 묻는다"[6]라고 했다. 1527년에 한스 후트를 비판하는 뉘른베르크Nuremberg 회의에서 그는 성서 대신 꿈과 환상과 영감을 신뢰한다고 신랄하게 비난했다.[7] 빌헬름 비스베델Wilhelm Wiswedel은 많은 다양한 회의자료와 루터, 멜란히톤Melanchthon, 유스투스 메니우스Justus Menius, 그리고 우르바누스 레기우스Urbanus Rhegius 같은 종교개혁자들에 의해 만들어진 이런 종류의 비난을 모았다.[8]

우리가 이 비난과 그 역비난을 일관된 그림 속에서 보기 원한다면, 우리는 몇 가지 요점을 주목해야 한다. 먼저 루터와 종교개혁자들루터, 메너스, 멜란히톤은 아나뱁티스트들을 토마스 뮌쩌와 동일시하는 경향이 있고, 그들에게 열광주의자Schwärmer라는 이름을 구별 없이 갖다 붙였다. 이것은 루터와 멜란히톤의 무지 때문이고 메니우스파의 논쟁 때문이었다.[9] 그러므로, 자연스럽게 아나뱁티즘을 맹목적인 열성과 주관성이라는 실수와 연관시켜 놓았고, 문자주의에 대한 균형잡힌 경향은 간과되었다. 성령과 말씀에 대한 아나뱁티스트의 정확한 그림은 이런 자료로부터는 묘사되기 어렵다.

둘째로, 중요한 차이가 아나뱁티스트 그룹들 사이에 있었던 차이와 이 운동의 첫 세대와 두 번째 세대 사이의 차이다. 문자주의에 대한 비난은 보통 스위스 형제단과 후터라이트를 겨냥한다; 신령주의로 우려되는 사람들은 주로 남독일 아나뱁티스트와 성서적 해석에 대한 호프만의 접근을 주장하는 멜키오르파 사람이었다.특히 데이비드 조리스 s의 추종자들 [10] 취리히Zurich 그룹 사이에서도 신령주의는 첫 번째 세대의 특징이었다. 그러나 이 요소비슷한 형태의 은사주의 운동과 공통으로는 점차적으로 약해지게 되었고, 이미 수용된 기존의 해석을 의존하는 문자적인 접근으로 대체되었다. 전체 아나뱁티스트 운동을 문자주의적이다, 혹은 신령주의적이라고 명명하려는 시도는 그들의 다양성을 반영하지 못한다.

셋째로, 이런 비난의 근거로 사용된 아나뱁티스트에 대한 지적은 언제나 그들이 말씀을 문맥 속에서 이해하지 않는다는 점이다. 아나뱁티스트 리더들은 당면한 두 종류의 적수인 종교개혁자들과 신령주의자들과 싸우고 있었다. 종교개혁자들과의 논쟁에서, 그들은 종종 성령을 강조했고, 반면 신령주의자들과의 논쟁에서는 말씀을 강조했다. 문맥에서 따로 취해진 구절들은 기록된 말씀을 중상하는 것처럼 보였지만 실은 종교개혁자들의 접근법에 대한 불균형을 교정하는 시도였다.[11] 만약 이런 아나뱁티스트의 의도와 당시의 상황이 이해가 되었다면 몇몇 평가는 좀 더 균형 잡혔을 것이다.

네 번째로, 아나뱁티스트의 구약성서에 대한 접근과 그들의 신약을 다루는 법에는 차이가 있다. 문자주의와 신령주의라는 중복된 비난은 아마 여기에서 발견되는 이중성에 의해 부분적으로 설명될 수 있다. 그들의 그리스도 중심론과 신약성서에 끊임없이 주어왔던 우선순위는 신약성서에 의해 지배되고자 하는 깊은 바람을 낳았다. 비록 많지는 않지만, 신약 본문들을 영적으로 이해하려고 했던 그들의 예가 있다. 구약이 신약에서 벗어나는 것을 허락하지 않는 그들의 일치하는 소망과 구약을 문자적으로 취할 때 모순 없이 어떻게 그렇게 할 수 있는지에 대한 불확신은 두 성서를 조화시키고자 하는 관심 속에서 영적 해석의 접근을 선택하게 하였다.

다섯째로, 말씀과 성령의 관계에 대한 이해는 16세기 격변의 시절을 거쳐 변화를 거듭했다. 그리고 반대자들은 아나뱁티스트들의 관점을 깎아내리려고 문자주의나 신령주의라는 명칭을 붙이려고 시도했다. 종교개혁자들과 아나뱁티스트들이 서로 문자주의라고 비난했다는 사실과 성서의 본문을 문자적으로 이해하는 데 실패한 사실에 대한 비난이 합리적이었다고 말하기보다는 논쟁의 장치로 이용되었다고 설명할 수 있다.

여섯 번째, 신령주의에 대한 비판은 가끔 해석학과 관계되지 않고 영적인 행위와 관계되었다. 많은 아나뱁티스트 그룹에서 카리스마적인 은사와 환상과 예언을 통해 계시를 받는 부흥회와 같은 모습이 있었다. 현대의 오순절 계열과 은사주의 그룹이 비교되듯이 성서에 접근하는 방식에서, 문자주의는 신령주의와 종종 함께 비교되었다. 이것은 어떤 그룹이 왜 문자주의와 신령주의라는 비난을 동시에 받을 수 있는지를 설명하는 데 도움이 될 수 있다.

일곱 번째, 많은 학자는 문자주의적 불균형보다 신령주의적 접근에 대해 더 많은 우려를 표했다. 그들은 초기 아나뱁티스트들의 문자주의를 수용할 의향이 있었지만, 주변 비주류 그룹이나 개인들이 보여주는 신령주의는 거부했다. 아나뱁티스트 후예들은 문자적 요소가 분명하게 지배적이다. 그러나 이 지배적인 요소로 아나뱁티스트의 초기 운동을 읽어 가려는 것은 알맞은 시도가 아니다. 초기 아나뱁티스트 운동의 신령주의에 대한 이러한 부정적인 태도는 신령주의적 사람을 쫓아내는 결과를 가져왔다. 신령주의를 비판하는 사람들과 동의하는 결과를 낳았다. 아무도 그들 선조가 종교개혁자들과 신령주의 사이의 중간의 길을 걸었으며 적당한 무게를 성령과 말씀 모두에게 주었다는 사실에 주목하지 못하여 그들의 특별한 공헌에 합당한 평가를 주지 못하고 있다.

이 주제에 대한 아나뱁티스트적 접근에 대한 평가는 6장의 후반부에서 다루게 될 것이다. 그러나 이 주제에 대한 종교개혁자들의 헷갈리게 하는 지식과 대조해 보면, 신령주의이면서 문자주의라는 아나뱁티스트에 대한 비판은 이 운동 안에 있는 유동적이며 다양한 해석학적 접근을 가리키는 말이 된다. 어떤 사람들은 그리스도의 명령에 충실하기 위해 문자적인 접근에 기울기도 하고, 또 어떤 사람들은 하나님의 계시의 본질적인 진리와 소통하기 위해 성령에게 더 의존하기도 했다. 일부 그룹에서는 이런 두 가지 경향이 둘 사이의 조화를 위한 노력 없이 팽팽한 긴장 가운데 놓이기도 했다. 또 어떤 그룹에서는 성령에 의존하는 것과 성서의 문자를 고수하는 두 관계를 모순적이지 않고, 상호보완적이 되게 하기도 했다. 무슨 설명이든 간에, 아나뱁티스트에 대한 설명은 그들의 상황 가운데서 이해되어야 할 필요가 있으며, 문자주의와 신령주의에서 발견되는 불균형을 교정해 주면서 그들의 목적을 위해 어느 정도의 한계를 만들어 둘 필요는 있다.

스위스 아나뱁티스트들 중에서 우리는 만쯔와 그레벨을그리고 초기 취리히 그룹의 대부분 사람 문자주의의 진영에 가깝다고 본다; 후브마이어와 자틀러는 쥬리히 그룹보다는 좀 더 온건한 접근을 했다. 비록 자틀러는 다른 아나뱁티스트그룹과 비교되었을 때 문자주의의 대표적 인물이기는 하지만⋯ 후터라이트 역시 일반적으로 문자주의의 진영에 가까웠다. 하지만, 아나뱁티스트 그룹들을 정확하게 구분하는 것의 어려움이 후터라이트의 글들에서 잘 설명되었다: "세상은 하나님이 사람들의 마음속에서 일하신다는 것을 이해하지 못한다. 그래서 하나님은 사람들에게 성서의 외적인 증인을 사람들에게 주셨다."[12] "예수 그리스도의 가르침은 문자적인 것이 아니라, 영적이었기에, 이것은 육적인 사람들에 의해 가르쳐질 수 없다."[13] 그리고 만약 어떤 사람이 "사람들이 성서를 단지 문자적으로만 이해해야 하나"라고 묻는다면 우리는 대답할 것이다. "아니요, 그러나 성서가 성령에 의해 왔듯이, 우리는 같은 방식으로 그것이 이해되고 판단되도록 해야 하오"[14]라고 답할 것이다.

문자말씀는 필요하나 이차적이라는 제안, 단순한 문자주의에 대한 거절, '진심'과 '형식'이라는 용어는 일반적으로 남독일 아나뱁티스트와 좀 더 연관이 되어 있다. 이들 중에 후트, 뎅크, 카우츠 그리고 분더린은 신령주의 쪽에 더 가깝다. 반면 멜키오르 링크Melchior Rinck는 뮌쩌와 뎅크와의 연관성에도 불구하고 스위스 형제단에 더 가깝다. 네델란드 아나뱁티즘은 신령주의적 해석자들, 예를 들어 호프만Hoffman, 오베 필립Obbe Philips, 조리스, 그리고 밴 블레스디즈크van Blesdijk와 이들의 신령주의적 해석에 반대하며 문자주의적 접근을 채택한 메노와 더크 필립스같은 사람들과 나누어진다. 중간적인 입장은 아마 마펙과 샨스래거Scharnshlager와 연관이 있는 독일그룹에 의해 지탱되었을 것이다. 마펙은, 특히 슈켄펠드Schwenkfeld와의 논쟁에서, 부처와 카피토 Capito와 스위스 형제단과 함께 이 양쪽의 극단을 피하면서 균형 잡힌 위치를 찾으려고 애를 썼다.[15]

만약 우리가 아나뱁티스트를 16세기 신학 연속체Continuum 안에 위치시키려 한다면 이 운동의 중요한 분파들끼리의 차이와 그들 안에 있는 다양성을 인지하면서 연속체 안에서의 자리를 찾아야 한다. 이 위치는 가설적이다. 어떤 아나뱁티스트들은 신령주의자로서 거의 성령의 극단에 있다. 이들 그룹 내에서 경계를 이루는 선은 해석학이나 다른 주제를 다룰 때는 그렇게 분명하지는 않다. 오베 필립스와 노년의 뎅크 같은 사람들은 결국 아나뱁티즘을 거절하고 신령주의자와 연관된 사람이 된다. 글들이 성서의 문자를 경시하는 듯이 보이는 호프만, 후트, 카우츠 같은 사람들은 실제로는 성령과 문자를 전혀 분리시키지 않은 열렬한 성서의 사람들이었다. 종교개혁자 중 소수 사람도 만쯔, 그레벨과 다른 초기 스위스 형제단같이 문자주의의 극단에 약간 치우쳐 있었다. 비록 이 사람들은 자신의 영감이 츠빙글리에게서 나왔으며 단순히 그의 원리를 단순하게 적용한 것이지만 일반적으로 초기 취리히 그룹과 후기 후터라이트를 제외하고 대부분의 아나뱁티스트들은 종교개혁자들과 신령주의자들의 중간 위치에 서 있었다. 그러나 어떤 주제에 대해서, 예를 들면 두 성서의 관계를 다루는 경우, 종교개혁자들과 아나뱁티스트의 상대적인 위치는 바뀌어야 했다; 그리고 이 두 진영 모두에서 개인은 그들의 그룹들보다 더 극단에 기울여지는 경향이 있었다.[16]

게다가, 이 상황은 성서를 해석할 때 성령의 역할에 대한 관점이 종교개혁주의자들보다 아나뱁티스트에 더 가까웠던 급진적인 칼슈타트 같은 종교개혁주의자들의 입장에 의해 더욱 복잡해졌다.[17] 해석학에서 이 운동의 또 다른 입장에서 볼 때는 아나뱁티스트들의 성령에 대한 강조는 칼슈타트, 뮌쩌, 그리고 슈켄펠드의 영향에서 어느 정도 유래하였다고 볼 수도 있다.

여기 또 다른 요소는 그 당시 널리 퍼져 있었던 반교권주의반성직자주의이다. 이것은 아나뱁티스트 운동과 농민운동에서 명확히 발견되는 것이다. 우리가 주목했듯이, 성서해석에서 성령의 도움에 의존하는 것은 교육받지 못하고 훈련되지 않은 사람들에게 권리를 줬다는 뜻이며, 성직자들만이 가진 성서해석의 독점에 대한 강력한 도전이었다. 이것은 두 가지로 이해될 수 있다. 성령을 의존하는 것이 모든 사람에게 해석의 가능성을 열어 주었다는 확신을 강조할 뿐 아니라 그 확신은 영적이지 않다고 간주하는 성직자들에 대해 부정되기도 했다는 것이다. 아나뱁티즘은 신령주의자들의 확신만큼 반교권주의반성직자주의의 원리에 뿌리박힌 성서해석을 농민운동과 함께 공유했다.

이 운동의 모호한 형태는 우리 현재의 목적을 위해 적합하다. 우리는 그들의 일반적인 성령론의 문맥 속에서 그리고 그들의 개인적이며 공동체적인 성령의 경험 속에서 성서 해석에 대한 아나뱁티스트들의 위치를 성령의 일하심 가운데에 놓아야 한다.

아나뱁티스트의 성령론

"과거에는 불가능했으나, 지금은 가능해진 것에 대해 말하는데 어떤 권능도 그들 안에서 느낄 수 없다면 그들은 물과 영과 성령으로 거듭난 사람들이 아니다."[18] 레온하르트 쉬머의 언어들은 아나뱁티스트의 열정과 기대를 전달해주었고 또한 신학에 두 가지 분명한 강조점을 나타냈다: 1) '이신칭의' 보다는 '거듭남' 이라는 용어의 선호, 그리고 2) 새로운 삶의 경험에 대한 강조와 루터가 말한 죄로부터의 자유와 용서의 확신뿐 만이 아닌 다르게 살 수 있는 능력.

'거듭남' 이라는 용어의 선호는 이 운동에서 현저한 것이다. 아나뱁티스트들은 '믿음으로 말미암은 의롭게 됨' 이신칭의을 이의 없이 수용했다. 그러나 이 용어 자체를 그리스도와 그의 성령의 경험을 묘사하는 적절한 것으로 보지 않았다. 그들은 예수의 죽음을 통하여, 그들의 죄많은 과거는 용서되었으나 그들의 관심은 성령의 권능 속에서 그리스도 중심의 삶을 살아내야 한다는 점이었다. 종교개혁자들은 성령의 역사에 대해 말하였고 성화를 격려했다. 그러나 아나뱁티스트들은 그들이 말한 것이 경험에서 나온 것이 아니라 차갑고 생명력이 없는 이론일 뿐이라고 말한다. 그들에게, 성령은 그들의 개인적 경험과 공동체적 활동 속에서 살아있는 실체였다.

몇몇 주석가들은 자신들의 강조와 종교개혁자들의 강조가 다르다는 증거를 보여주는 다양한 내용을 아나뱁티스트의 리더들에게서 수집했다.[19] 그들이 주장하기를, 스위스 형제단은 예외였지만,[20] 다량의 증거가 남독일 그룹과 초기 스위스 회중 사이에서 성령의 체험이 있었음을 암시한다. 졸리콘Zolikon에서 생긴 일들을 묘사하면서 월터 클라센은 결론을 짓는다: "이런 8일의 내면의 과정을 위한 제목을 붙이려고 할 때, '부흥운동' 이라는 개념이 떠오른다."[21] 『순교자의 거울』에서 알렌 크라이더Alan Kreider는 구원을 위한 공통된 아나뱁티스트들의 용어는 모두 성령의 역사와 더불어 변화된 삶에 대한 기대와 연결되어 있다: "거듭남, 회심, 조명, 계몽, 새 피조물 그리고 재생산은 하나님의 영에 의해 가능한 일이다."[22]

메노는 계속해서 "거듭남"이라는 말을 그리스도인의 삶의 시작을 묘사하기 위해 사용했다. 그의 성서의 권위에 대한 헌신은 성서가 증언하고 성서가 성서 자체로서 이해될 수 있도록 도우시는 성령의 사역을 강조함으로 균형을 맞추었다. 후브마이어가 니콜스부르크에서 했던 신앙고백은 성령 안에 있는 믿음을 보통 실천과 대조했을 때 첫 번째 위치에 두었고 은혜와 그리스도인에게 새로운 삶의 능력을 주시는 성령의 역사를 언급한다. 이처럼, 더크 필립스의 글 속에서 성령은 재생산의 대리인으로서, 믿는 사람들의 마음에 새 언약을 적어놓으신 분으로서, 그리고 그들로 하나님의 성품에 참예하게 하는 분으로서, 이 땅에서 예수의 임재와 권능으로서, 하나님께에게서 부름 받은 사역자들에게 힘을 주는 분으로서, 또한 성서의 해석자로서 중요한 역할을 갖는다.[23]

비슷한 그림이 독일 아나뱁티스트 사이에서 돋보인다. 마펙은 기독교 제국의 많은 사람은 단지 명목상의 신앙을 가졌다고 자신의 신념을 표현했다.[24] 뎅크는 그가 인지했던바, 교리적인 신앙에 대한 루터의 주장을 거절했다. 그것은 단지 어떤 교리적인 명제에 대한 정신적인 동의를 줄 뿐이라는 것이다. 그는 "내면의 그리스도가 마음에서 태어나실 때, 진정한 신앙은 실제적으로 태어나는 것이다."[25] 그리고 멜키오르 링크는 세례는 신자들로 하여금 새로운 삶을 살게 하는 성령의 부으심과 관련된 말이라고 했다.

스위스 형제단조차 신자들이 새로운 삶을 살도록 힘을 주시는 성령의 역사를 강조했다. 자틀러는 은혜와 선택의 영역은 오직 하나님께만 보인다는 어거스틴의 생각을 거절하면서 거기에는 반드시 눈에 보이는 증거가 있어야 한다고 주장했다. 제임스 스테이어James Stayer는 스위스의 개신교사상의 규범인 소위, '수동적인 칭의'를 따랐다. 남독일 사람들이 신령주의를 강조하는 반면[26] 그러나 이것은 취리히의 신령주의적 열정의 관점에서 볼 때, 과장된 것처럼 보인다. 로버트 프리드맨Robert Friedmann은 스위스 그룹의 창시자 중의 한 명인 조지 블라우락George Blaurock이 은혜를 "의로운 삶을 인도하는 내적인 빛으로 해석했다"는 점을 주목했다. 그리고 모든 아나뱁티스트를 위하여 정확한 결론을 내렸는데, 은혜에 대한 법정용어의 사용은 "그들의 위임사항과 관계없는 것이다"[27]라고 말했다.

심문 가운데 있었던, 보통 아나뱁티스트들 역시 종교개혁자들의 법정용어에 대한 불만족을 자주 드러냈고, 영적이며 삶의 변화를 동반하는 회심을 입증했다. 하인즈 카우츠Heinz Kautz와 한스 페셔Hans Peissher는 칭의에 대한 멜란히톤의 공식이 고결한 상태완전한 상태를 잃고 있다고 비난했다. 그들의 관점에서 "만약 그리스도 안에서 새사람이 된 이들에게 과거의 삶과 전혀 다른 삶의 증거가 없고, 도덕적 변화가 전혀 없다면 죄사함도 없었다는 것이다."[28] 아나뱁티스트들이 성령에 대한 그들의 경험을 이야기하는 것은 분명하다. 하지만, 그들의 초점은 거룩한 삶을 위한 윤리적 변화와 능력에 있었지, 영적인 현상에 주목한 것이 아니었다. 계몽enlightenment이나, 깨우침illumination과 같은 단어의 사용은 이런 문맥 속에서 이해되어야만 한다.

그러나 아나뱁티즘 안의 영적인 현상을 무시하는 일부 학자들의 노력에도 불구하고, 이 현상은 비주류파에서만 있었던 것이 아니라, 주된 회중과 대부분 존경받는 은사주의적 현상을 경험한 리더들도 해당한다. 그레벨, 만쯔, 블라우락은 모두 환상을 보았다고 기록되었다.[29] 튀링겐Thuringian 아나뱁티스트가 일반적으로 그랬듯이,[30] 한스 후트는 예언적 꿈과 환상을 강하게 의존했다.[31] 좀 더 극단적인 그룹들 가운데에는 튀링겐의 감옥에 갇힌 40명이 있었다. 이들은 그들의 판사를 기쁨과 평화로 대면했고, 처형되기까지 그들의 남은 시간을 노래하고 춤추고 환상을 보며 보냈고, 하나님의 부르심의 증거로서 그의 사역을 위해 "마치 기쁨에 겨워 어쩔줄 몰라 하듯이"[32] 사형장으로 갔다. 제이콥 후터Jacob Hutter는 그의 사역에서 나타나는 기적을 그의 소명에 대한 입증이라고 했다.[33] 1535년 편지 속에 그는 이렇게 썼다: "하나님은 나에게 그의 축복을 주셨다. 그리고 그의 말씀이 내 안과 내가 그의 뜻을 선포하는 많은 사람 안에 살아있게 하셨다. 강력한 기적과 표적과 함께 성령의 일하심을 확증하셨다."[34]

거기에는 예언적인 진행과 예언적인 말투[35]가 있었다. 예를 들어, 뎅크는 예언을 했다: "주님이 자유롭고 솔직하게 말씀하셨다: '나는 자비롭고 능력이 있으니 너를 도울 것이다. 그러나 너는 내가 의롭다는 것을 알아야 한다. 내 힘과 자비가 너에게 유익했다면 너는 나의 의로움을 먼저 취해야 한다. 그러나 너는 진심으로 그것을 원하지 않는구나."[36] 스톨위즈크의 월터Walter of Stoelwijk 또한 예언했다: " 너의 주인이며, 소유자인 내가 가난하다면, 나의 종이 가난하고, 나의 제자들이 부를 좇는 일을 소망하지 않는다는 것은 분명한 일이다…. 나를 좇는 자들은 내가 그 앞에서 걸었던 가난 속에서 나를 따라야 한다."[37] 『순교자의 거울』이라는 책은 1531년에 사형장을 가려면 다리를 건너야 하는 마틴이라는 사람에 대한 설명이 있다. 그가 예언하기를, "일단 경건한 자가 이 다리를 건넌 뒤로는 더는 아무것도 남지 않을 것이다." 연이어 기록되길 "이 일은 실제로 잠시 후에 일어났다. 사나운 폭풍과 홍수가 와서 그 다리를 부수고 완전히 없애 버렸다."[38] 그리고 조지 윌리엄스George Williams는 독일의 한 장소를 약간 경멸적인 어조로 언급했다. 그곳에서 어떤 아나뱁티스트들은 집단 히스테리로 흥분했고, 치유와 알아들을 수 없는 말과 경련 및 야외집회의 부흥회와 같은 현상들을 경험했다."[39]

네델란드에서는 우르슬라 조스트Ursula Jost의 환상과 호프만의 회중에 있던 사람들이 뮌스터에서 경험한 환상의 중요 대목이 일치했다.[40]

특별히 뮌스터파와 신령주의그룹의 이런 계시가 그들에게 준 부정적인 영향 때문에 메노 사이몬과 더크 필립스는 좀 더 신중했다. 그러나 그들의 예언이 성서를 통해 정당성을 입증받는 한에서는 받아들여졌다. 그러나 표적과 기사가 영적 리더의 권위를 인정하기 위해 필수적인 것은 아니었다: 더크는 "설교자의 파송"이라는 글에서 몇몇 동료의 주장을 거부했다. "어떤 사람은 그들의 부르심을 사도들이 했던 표적과 기적 같은 것으로 확증해야 한다고 말한다. 그러나 예수의 가르침은 표적이 필수요건이 아님을 확실시 하셨다."[41] 그러나 『데이비드 조리스의 익명의 전기문』은 조리스의 은사적인 영성과 16세기 자료에서 찾을 수 없는 '방언으로 기도했음'을 보여준다."[42]

마펙의 글은 특이한 본문을 담고 있는데, 그것은 기적이 초대교회에만 국한되어 있다는 생각을 거절한 것이다. 그리고 그의 리더들에게 그들이 여전히 기적을 행할 수 있다고 확신을 주었다. 그는 『명확한 논박 *A Clear Refutation*』에서 성령의 강력한 위로와 권능 때문에 순교를 즐겁게 맞이한 사람들에 대해 말한다. 그리고 놀라운 말을 했는데, "게다가 어떤 이는 신실하신 하나님너무나 좋으신 하나님이 **그들이 교수형을 당한 후, 익사된 후, 혹은 다른 방법으로 죽은 후에 그리스도의 몇몇 형제, 자매들을 죽음에서 부활시키시는 것을 보고 놀랐다.** 오늘날까지, 그들은 살아 있으며, 우리는 그들의 간증을 듣게 될 것이다"[43]라고 했다. 마펙은 이런 놀라운 일들이 "하나님의 살아 있는 말씀과 그리스도의 영에 의해 강하게 감동하고 인도받은 사람들 사이에서 일어났다"라고 결론을 맺는다."[44]

그들의 교회생활에서도, 첫 세대 아나뱁티스트들은 성령의 역사를 환영했다. 초기 스위스 형제단 지역은 국가교회 모임에서 성령을 배제하는 것에 대해 불만스러워했다.[45] 모라비안 아나뱁티스트 리더인 크리스티앙 엔트펠더Christian Entfelder는 교회를 "하나님 안에 살면서, 성령이 그의 선물을 부어주시고, 주님의 임무와 선교사명을 위해 선택되고, 구원되고, 정화되고, 성화된 그룹이다"46)라고 정의했다. 성령의 말씀하심과 역사하심으로 다양한 은사가 나타난 공동체로서 교회에 대한 이런 관점은 다양한 아나뱁티스트의 글 속에 나타난다. 세바스챤 프랑크Sebastian Franck에게 글을 쓰면서, 더크 필립스는 그리스도인들에게 성령의 다양한 은사가 가능하다는 것을 말하면서 이사야 11장의 긴 내용을 포함한다.47) 얀 뽕Jan Pont는 "성서에 대한 분별력"을 성령 충만한 사람들의 은사로 이해했다. 그리고 결론을 내리기를 그들의 분량에 따라 하나님이 원하시는 대로 성령을 주신다고 했다.고전12:11 48)

이것은 마펙 또한 가르친 것이다. 세인트 갈렌St. Gallen과 아펜젤Appenzell의 교회에 보내는 그의 편지에서 그는 "성령의 은사는 중요하다. 그가 원하시는 때에, 원하시는 곳에서 그는 원하는 사람들 누구에게나 성령을 통해, 설교를 통해, 훈련과 두려움, 시련과 심판을 통해 그가 원하는 대로, 그가 기뻐하시는 대로 은사를 주시면서 움직이신다…. 그는 사람들이 시험하고 배우고 경험하고 증거하고 판단하는 글로 기록된 그리고 말하여진 성서의 주이시며 온 세상을 다스리는 통치자이시다."49) 비슷하게, "교회의 종과 예배The Servants and Service of the Church"라는 글에서 그는 이렇게 말했다: "성령의 은사는 이 몸 안에서 몸의 성장에 따라 그리스도 안에 있는 믿음의 분량에 따라 예배를 위하여 각 사람에게 나타난다. 이 예배는, 강하고 리더쉽이 있고, 가장 능력 있는 사람들에 의해 가장 연약하고 여리고 작은 사람들이 힘을 얻고, 위로를 받고, 이끌림을 입으며, 인도되고, 양육되게 한다. 그렇기에 그들은 그리스도의 장성한 분량에 이를 때까지 훈련되고, 보호되고, 증가되고, 영양분을 공급받게 된다."50)

그리고 대체로 교회의 리더들이 은사주의적이었기에, 제도의 인정이나 학적인 훈련이 아닌, 성령의 기름 부으심에 더 의존해야 함을 초기 몇 년 아나뱁티스트들이 동의한 내용이다. 이런 관점이 점차 일반성도들의 참여를 방해하는 제도적인 접근으로 대체되었다는 사실때문에 초기 아나뱁티즘의 은사주의적 차원을 애매모호하게 이해하게 해서는 안 된다.

여기에 떠오르는 일반적인 그림은 문자주의와 신령주의 둘 다로 알려진 아나뱁티스트 운동의 모습이다. 취리히의 가장 초기의 리더들은 모든 세세한 부분까지 성서의 말씀대로 순종하고자, 때로는 율법주의에 빠지기도 했고, 경직된 해석을 하기도 했다. 그러나 그들이 시작한 이 운동은 주변의 마을들로 점점 퍼져 나감에 따라 성서에 대한 성령의 사역이 중심이 되어 부흥을 이끌어 나갔다.[51] 이 운동이 점점 멀리 퍼져 나가고, 다른 급진적인 그룹, 특별히 뮌쩌나 칼슈타트와 같은 급진적인 종교개혁자들에 의해 영향을 받은 그룹들과 연결되면서 영적인 차원이 훨씬 강조되었다. 하지만, 계속되는 강조점은 궁극적인 권위와 성령사역의 증거이자, 신자의 세례에 대한 확신과 신령주의자들과 아나뱁티스트들 사이를 구분 짓는 윤리적 변화와 같은 성서적 실천에 대한 순종의 근거가 되는 신약성서에 초점을 두었다. 두 번째 세대의 리더들이 신령주의가 가져온 결과의 일부를 반성함에 따라, 많은 사람이 좀 더 안전한 문자주의적 접근을 채택하게 되었다. 그리고 이 접근은 끝까지 생존한 스위스, 후터라이트, 그리고 메노나이트 그룹의 중요한 특징이 되었다.

아나뱁티스트들의 후손들이 그들의 경험과 선조에게서 물려받은 유산인 문자주의의 성향 때문에 종종 저지르는 실수는 성령의 역할을 무시하는 태도다. 이런 태도는 두 번째 세대와 세 번째 세대가 문자주의에 치우치고 성령의 의지하지 않는 결과에서 나온 것이다.부흥운동과 비슷한 패턴을 나타낸다 그러나 이 사실 때문에 신학과 삶에서 성령의 경험이 중요했던 이 운동의 첫 세대가 가졌던 해석경향에 편견을 가져서는 안

된다. 아놀드 스나이더Arnold Snyder는 이것의 중요성을 다음과 같이 요약했다: "강한 성령론적 기초가 없었다면 아나뱁티즘은 아주 다른 운동이 되었을 것이다. 아니면 아마도 이 운동 자체가 없었을 것이다. 성령의 역사는 중요한 기초를 성서해석학에 제공해 주었다. 왜냐하면 세례침례에 대한 정확한 이해와 제자도의 헌신, 아나뱁티스트적 윤리와 교회론에 대한 인식은 성령의 살아있는 임재에 의존한 회심과 거듭남에서 출발한 것이기 때문이다."52)

더 나아가, 필그림의 글을 보면 이목을 끄는 표현이 있는데 중간적인 입장의 선택이라는 말이다. 이것은 문자와 성령의 긴장을 유지해 주며, 적어도 이 운동이 문자주의와 신령주의의 극단을 피하도록 했던 것처럼 보인다. 마펙과 연관이 있었던 그룹들은 16세기 이후에는 생존하지 않았다는 사실이 안타깝게도 이 주제에 대해 아나뱁티스트가 이룬 중요한 공헌을 보지 못하게 만든다.

이와 관련된 아나뱁티스트 해석학의 중요성은 성서의 해석자이신 성령을 언급한 문헌들을 이론의 영역에만 분류시키는 것은 옳지 않다는 결론이다. 초기 아나뱁티스트들은 성령에 대한 그들의 경험이 성서를 해석할 수 있게 해주었다고 믿었다. 그들은 또한 학자들이나, 전통이나, 국가교회의 공식적인 대표자들보다는 성령에 귀 기울이기로 결단했다. 아나뱁티스트의 개인이나, 공동체의 실제 삶 속에서 어떻게 성령이 해석하도록 도우셨는가를 분명하게 설명할 수 없지만 우리는 앞으로 그 방법에 대해 찾아보고자 한다. 그러나 분명한 것은 성령에 의존하는 것은 단순히 성서에 반응하는 것만이 아니라, 성서를 이해하는 데도 적용되었다. 성령은 해석자들의 이성적인 능력과 노력뿐 아니라 그들을 활발하게 해석하게 인도하시는 분으로 기대되었다.

인간의 이성과 성령의 역할을 동일시하는 경향은 아나뱁티스트들이 종교개혁자들 사이에서 인지한 것인데, 아나뱁티스트들은 이것을 변칙적이라고 간주했다. 종교개혁자들은 성령에 대해 말했지만 아나뱁티스트들은 국가교회는 그들 안에서 성령이 활동할 여지를 주지 않았다고 생각했다. 초기 루터는 성서를 해석하는 데 있어서 성령에게 주요한 역할을 주었던 것처럼 보인다. 그의 글에서 "성서는 공부나 재능에 의해 숙달될 수 없다; 너는 오직 성령의 인도하심을 의지해야만 한다."[53] 그러나 자신의 그룹 내에 있는 사람들이나 그룹 밖에서 성령에 치우침으로 문자의 역할을 축소한 사람들을 비난하면서 그는 점점 성서의 문자를 강조했다. 해석을 위해 자격이 있고, 승인된 사람들이 필요하다는 것을 강조했다. 츠빙글리는 "나는 하나님의 성령에 의해 해석되는 성서만을 이해한다. 이것은 어떤 사람들의 의견을 요구하지 않는다"[54]라고 입증했다.

그러나 스위스 형제단과 츠빙글리와의 결별은 그가 성서해석에 있어 세속적 권위를 인정함으로 성서가 어떻게 이해되고 적용되어야 하는지를 결정하려 했기에 이 변화에 불만을 품으면서 생겨나게 되었다. 이 불만족에 대한 가장 잘 알려진 표현은 시몬 스텀프Simon Stumpf의 두 번째 취리히 논쟁에서의 외침이다. "주인 울리히Ulrich씨여, 당신은 이 문제에 관한 결정을 의회에 맡길 권한이 없습니다. 그 문제는 이미 결정되었습니다. 하나님의 성령이 그것을 결정했습니다."[55]

아나뱁티스트와 흡사하게 성령을 강조한 종교개혁자는 마틴 부처Martin Bucer이다. 그의 접근법은 데이비드 스테인메츠David Steinmetz에 의해 요약되었다: "성령은 그리스도인들이 성서를 이해하도록 가이드하기 위해 그들에게 오셨다. 성령을 받지 못한 사람은 소경과 마찬가지며, 성서의 메시지를 이해할 수 없다. 성서에 대한 통찰력은 오직 성령을 받은 사람에게만 주어졌고, 성령은 예수 그리스도에 대한 믿음이 있는 사람에게만 오신다."[56] 부처는 대부분 종교개혁자보다 아나뱁티스트와 더 많이 공감하는 듯하다. 그는 아나뱁티스트의 몇 사람을 그들과 동일한 확신을 한 종교개혁의 입장을 진지하게 소개하면서 국가교회로 돌이키게 하였다. 부처의 관점은 마펙과의 대화를 통해 영향을 받았든지, 아니면 영향을 주었든지 둘 중의 하나이다. 이들에게도 서로 동의가 되지 않는 중요한 부분은 여전히 남아 있었다. 그러나 여기 부처와 마펙의 입장에서 비로소 종교개혁자들과 아나뱁티스트들의 입장이 서로 가장 비슷해졌다. 성령과 문자에 대한 주제에 대해 마펙과 부처는 함께 중심을 잡은 듯하다. 그들의 상호 존경과 적극적인 영향은 종교개혁 진영과 아나뱁티스트 진영 사이의 창조적인 대화를 이끌 가능성에 대해 기대를 하게 해 주었다.

그러나 아나뱁티스트들은 성령이 종교개혁자들에 의해 억제되는 것과 이런 현상 때문에 성서의 신실한 해석가들이 자신을 스스로 실격시키는 것을 염려했다. 마펙은 그의 『훈계』에서 다음과 같이 비판했다: "아둔한 교사들은 말씀의 날카로움을 잃을 것이다. 그리고 성령의 검을 도둑맞게 만들어놓고 인간의 권력에 굴복하게 한다. 그렇기에 성령의 훈련, 말씀의 날카로움은 계속 되지 못했고, 신성모독의 결과를 가져오게 되었다."[57]

아나뱁티스트들은 성서의 단순성과 그들이 성령에게 맡긴 역할에 대한 확신 사이에 어떤 긴장도 느끼지 않는 것처럼 보인다. 성서의 단순한 진리를 발견하기 위해복잡한 숨겨진 의미를 드러내는 것이 아니라, 교육의 부재와 인간의 죄악에도 불구하고 성령이 그들을 돕는다고 기대했다 성령을 의지하는 것과 성서의 문자를 그대로 순종하는 것 사이에 갈등이 없었다. 실제로 그들은 오히려 종교개혁자들이 성령에게 말씀을 자유롭게 해석할 수 없게 마음의 문을 닫은 것과, 세속적 영향력들이 본문의 단순한 의미를 왜곡시키게 한 것, 이 두 가지 영역에 대해 비판했다.

아나뱁티스트들에게 있어서, 성령을 의지하는 것은 이론적인 것이 아니며 그것의 결과는 전통이나 학식, 인간의 이성을 의지한 것보다 성서에 더 신실하게 적용할 수 있도록 그들을 견고하게 만들어 주었다. 반교권주의반성직자주의는 초기 아나뱁티스트운동에 있어서 성령과 말씀 사이를 연결하는 중요한 또 다른 연결점인 듯하다.[58] 성령과 성서의 문자를 의지하는 것은 보통 학문과 계급적 권위를 요구하는 경직된 성서해석학에서 우리를 자유롭게 했다. 많은 아나뱁티스트들은 성령과 말씀 사이의 불필요한 갈등을 경험하지 않았다. 은사주의적이면서도 성서적인 그리스도인으로서 그들은 성서의 "성령론적인 해석"[59]에 헌신했다.

개인안에 내주하시는 성령

많은 아나뱁티스트 그룹은 해석의 권위를 공동체에게 주고, 영감 받은 개인에게는 주지 않았다. 그러므로 여기서 성령과 개인적인 해석가에 대해 말하는 것은 공동체 안에서 성령의 역할과 관계가 있다. 그러나 이 공동체는 필연적으로 개인으로 구성되어 있고, 성서를 해석하는 능력이 그 개인들의 공헌에 의존할 수밖에 없었다. 왜냐하면, 아나뱁티스트들은 성서해석을 지도할 수 있는 신학적인 자격을 갖춘 해석학자들만을 의존하는 것을 싫어했다. 그들은 개인의 성서해석에 대한 공헌은 개인을 지도하시며 함께 모인 신자들에게 진리를 계시하시는 성령의 역사임을 가르쳤다.

이러한 조명하심은 성령과 신자들의 관계의 한 측면이기에 아나뱁티스트의 글들은 이것에 대 많은 언급을 한다. 마펙은 "그리스도의 낮아지심에 관하여 *Concerning the Lowliness of Christ*"라는 글에서 "우리의 삶은 하나님 속에서 그리스도와 함께 숨겨져 있다. 우리는 사람에 의해서가 아니라 하나님, 성령에 의해 가르침을 받는다."[60] 메노에게 "성령에게 배움을 얻고자 하는 의지"는 성서를 이해하는 필수조건이었다.[61] 더크 필립스는 "상급학교에서 공부한 사람들인 서기관"들의 훈련을 거절하면서 '설교자들을 보냄'에서 결론을 내리기를 "그들은 그리스도의 학교에 아직도 입학하지 않았다."[62] 후트는 "말씀은 성령을 통해서 해석자의 진실한 마음속에 주어져야 하고 우리공동체 안에서는 실제적인 것이 되어야 한다"라고 가르쳤다. 제이콥 후터는 그리스도인의 안내를 위한 기초로 "하나님의 말씀과 성령의 조명하심"의 조화를 역설했다.[63] 그리고 뎅크는 "성령은 그리스도의 마음과 사상으로 선택된 사람을 구비시키고 무장시킨다"[64]라고 썼다.

이것들과 또 다른 글들은 이런 성령의 조명하심과 가르치심이 어떻게 작용하도록 기대되었는지, 또 그것을 의지했을 때의 결과는 어떠했는지를 생각나게 한다. 우리는 이것에 관해 7가지 분명한 주장을 배울 수 있다.

(1) 성령은 성서의 의미에 대한 고지식하고 율법주의적인 결론들을 점검하시는 분으로 이해되었다. 많은 아나뱁티스트 리더들은 만약 보통 신자들에게만 자료를 맡긴다면 그들은 성서를 잘못 해석하든지, 성서를 이해하는 데 실패하게 될 것이므로, 성서를 해석하는 통찰력을 위해 성령께 의존할 수 있어야 한다는 확신이 있었다. 이 확신은 종교개혁자들에게 부족했던 것으로 그 결과 그들은 보통신자들이 성서를 해석할 권리를 제한했다. 그러나 일반신자들 사이에서 성령의 역사의 결과를 목격하고 성서를 책임감 있게 다루는 그들의 능력을 목격한 아나뱁티스트 리더들은 해로운 실수와 변칙적인 적용에서 그들의 공동체를 보호하기 위해 성령을 더 의지하려고 했다. 예를 들어, 마펙은 '그리스도의 낮아짐에 관하여'에서 말하기를 "성령은 믿는 자들의 마음속에 있는 그리스도의 율법을 새롭게 하고 그대로 가르치신다. 그 결과 마치 주가 아셨고, 아버지에게서 받으신 것을 말씀하시고, 가르치신 듯 모든 것이 제대로 이해되고, 인지되고,

알려지게 된다."[65] "판단 속의 인간과 농민 귀족Men in Judgment and the Peasant Aristocracy"라는 글에서 마펙은 비슷한 확신을 표현했다: "성령은 예수의 모든 진실한 제자들과 함께 하신다; 그는 그들 안에서 사신다. 성령은 진실한 이해와 구원에 관한 지식의 합당한 선생님이시며, 그리스도이시며, 아버지에게서 온 진정한 대사이신 예수가 말씀하시고, 가르치시고, 명령하신 모든 것을 기억나게 하시고 가르치신다."[66]

더크 필립스가 교회 안의 분리를 구약성서의 잘못된 해석으로 돌리는 반면, 뎅크는 그의 『뉘렌베르크 고백Nuremberg Confession』에서 그것을 성령의 해석을 기다리지 못한 탓으로 돌린다: "사도들의 죽음 직후 지금까지 많은 분리와 분파들은 성서를 잘 못 이해한 거짓된 지식으로 자신을 무장시킨 결과다. 왜 잘 못 이해하게 되었을까? 그들만의 추측을 저돌적으로 밀어붙이면서 참되신 하나님을 갈구하기도 전에 잘못된 신앙을 습득했던 것이다."[67]

평신도들에 의한 진술은 그들이 자유로움 속에서 기뻐했고, 성령의 지도에 대한 필요를 절실하게 느꼈음을 보여준다. 이것은 그냥 말뿐인 립써비스가 아니라 그들의 개인적인 경험에 깊이 뿌리를 둔 사실이었다. 존 클레스는 그의 형제와 자매들에게 "하나님의 말씀을 찾고, 그에게 성령을 구하라. 그러면 성령께서 너희가 필요한 모든 것을 가르치실 것이다"[68]라고 했다. 감옥에 갇힌 아나뱁티스트들은 종종 주님이 그들에게 성서를 이해토록 도우셨으며, 교육을 받았지만, 영적이지 않은 심문관을 당황하게 하였다고 주장했다.[69] 그들의 반대자들은 내키지 않은 감탄으로 아나뱁티스트 리더들이 그들의 확신에 대한 훌륭한 근거가 있다고 말했다. 그들의 반대자들은 항상 그들의 이해력과 성서 본문을 설명하는 능력과 성령을 의지하는 열정에 놀라움을 표시하곤 했다.

아나뱁티스트 리더들에게 있어서, 성령을 의지하는 것은 문자주의와 율법주의의 두 경향 사이의 균형을 잡는 것이다. 성서의 단순성에 대한 헌신은 성령의 인도 하심에 대한 열린 마음에 의해 균형을 잡아갔다. 그리고 이런 균형은 많은 사람을 경직된 문자주의와 '증거-본문식' 해석에서 구했다. 그렇다고 해서 이 균형감이 모든 아나뱁티스트 리더들과 교회 안에서 항상 분명했다고 말하는 것은 아니다. 이 운동의 초기에는 일부 사람들그레벨, 자틀러, 후브마이어, 후터, 리드만 그리고 메노를 포함한은 성령보다 성서의 문자에 우선순위를 두었다. 다른 사람들뎅크와 그밖의 다른 신령주의적 아나뱁티스트은 성령을 문자 위에 놓았다. 그리고 또 어떤 사람들후트, 호프만, 잔 매티스, 로트만 그리고 조리스 같은은 종말론적인 틀에 문자와 성령 모두가 종속되도록 했다.[70]

(2) 성령에 의존하는 것이 교육이나 학문에 의존하는 것보다 선호되었다. 호프만Hoffman은 "진실한 학자는 책에 대한 지식을 가진 사람이 아니라, 성령의 지식을 가진 사람이다."[71] 레겐스부르크Regensburg의 무명의 아나뱁티스트는 "이것은 오직 성령의 빛으로 은혜를 받은 사람들에게 주신 것이다"[72]라고 선언했다. 대부분의 아나뱁티스트들은 자연학문의 가치를 전적으로 거부하지는 않았지만, 그것들에 과도한 무게를 두는 것을 우려했다. 성령은 진실한 교사이며, 배운 자나 무식한 자 모두가 반드시 의지해야 하는 안내자이다. 조리스는 『굶주리고 짐 진 영혼들을 위한 복된 안내A Blessed Instruction for the Hungering, Burdened Souls』에서 해석은 하나님께서 영감을 주시는 사람들의 특권이라고 말했다. "그들이 어떤 종류의 사람이든지 관계없이, 배운 자이든 배우지 못한 자이든, 이들은 정확하게 성서의 이해를 나누었다."[73] 고전 언어를 알아야 할 필요를 거부하면서, 그는

"하나님, 하늘의 아버지가 그의 아들 그리스도를 통하여 성령이 우리에게 드러나게 하신 것을 감사합니다…. 하나님의 성령은 고대 원어에서든, 무식한 자들의 모국어에서든, 어떤 언어 속에서도 잘 이해되시는 분이십니다."[74]

어떤 리더들은 학문과 언어능력이 어느 정도의 이해력을 제공해 준다는 사실을 인정했다. 그러나 리드만은 고린도전서 2장을 언급하면서 결론을 내리길 "성령에 의해 성서가 왔듯이, 우리는 성령에 의해 성서가 이해되도록 해야 한다. 그러나 이런 판단력을 가진 사람도 성령의 사람과 별개로 살며, 육체를 위한다면 하나님의 성령의 그 어떤 것도 받지 못한다."[75] 자연학문을 이용하여 성서를 이해하려는 시도는 어떠한 소득도 얻을 수 없다. 후터라이트, 클라우스 펠빙거Claus Felbinger는 1560년 그의 『신앙고백Confession』에서 "이 세상의 지혜자는 생각하기를 자신들이 책을 많이 읽었고, 그것들에 정통하기에 부족함이 없다고 한다. 이 사실은 특히 수도사, 성직자들, 서기관들에게 적용되고 있다. 이 어리석은 사람들이여! 하나님의 지혜는 책에서 얻을 수 없고, 대학에서 배워질 수 없다. 오히려 이런 것들과 아주 멀다. 하늘나라의 신비는 그리스도를 신실하게 따르는 사람들에게만 계시되어 있을 뿐이다."[76]

뎅크는 성령을 의지하지 않고 성서에 접근하는 것은 좋은 열매 맺는 것을 훼방할 뿐 아니라[77], 오히려 해로운 결과를 낳는다고 주장했다. "자연인은 성서를 이해할 수 없고, 하나님의 영이 없이는 스스로 그것을 다룰 수 없다. 거기에는 진리가 없을 뿐 아니라, 죽음만 있을 뿐이다."[78] 그의 『누렘베르그 고백Nuremberg Confession』에서 그는 하나님의 계시를 기다리지 못하고 오직 하나님의 영에 속한 일을 추측하는 자, 그는 분명히 성서 안에 기록된 하나님의 신비를 가지고 하나님 앞에서 신성모독행위를 행할 뿐이며 하나님의 은혜를 방종으로 바꾸어 놓을 뿐이다."[79] 비슷하게, 조리스는 스트라버그 논쟁에서 인간의 지혜를 거절하는 것은 성령의 도우심을 위한 필수조건이라고 가르쳤다: "하나님의 말씀은 인간의 지혜를 버린 마음이 가난한 사람을 제외하고 다른 누구에 의해서도 이해될 수 없다. …. 왜냐하면, 하나님의 말씀은 어리석은 자에게 주어졌고, 말씀에 대한 이해는 순수한 사람들에게 주어졌을 뿐, 그 밖의 어떤 사람에게도 주어지지 않았기 때문이다. 이들은 모든 육적인 것과 인간적인 지혜를 버린 자들이며, 말씀을 함부로 자신의 한계로 이해하려고 하지 않으며 단지 성령의 능력으로 이것을 감당하는 자들이다."[80]

로트만은 예언의 개인적인 해석을 피하라는 베드로후서의 경고의 말씀을 인용하면서 자격을 갖춘 선생을 의지하지 말고 성령을 의지하라고 강조했다. 그는 "어떤 예언도 개인의 해석에 관한 문제가 아니다. 각 사람은 주해나 주석 속에 있는 사람이 쓴 해석을 통해서가 아니라 친히 선생이 되신 하나님과 하나님의 영을 통해서 말씀을 배워야 한다."[81] 『누렘베르그 고백』에서 뎅크는 같은 구절을 인용하면서, 주장하기를 "성서를 우리에게 처음 주신 분인 성령께 그것을 해석하는 권한이 있다."[82] 이 입장은 평범한 아나뱁티스트들에 의해 채택되었다. 그 중에 성서해석에 적절하지 않은 사람이라는 이유로 옥에 갇힌 아드리안 코넬리스Adrian Corneliss는 자신을 변호하면서 말하기를 "우리는 라틴어를 가르치는 대학에서 공부하지 않았으나 복음으로 아주 유명한 학교에서 성령이 친히 교사가 되셔서 우리를 가르치셨다"[83]라고 말하였다.

(3) 일반적으로 성서를 해석하는데 성령을 의지하는 것과 상식을 사용하는 것 사이의 충돌은 없다. 성령과 이성이 서로 반대하는 것처럼 보이는 주장은 스트라스부르 논쟁에 있었던 짧은 참회 글에 있다.

거기서 잔 폰트Jan Pont는 조리스Joris를 반박했다: "모든 신앙은 진리와 이성 위에 세워져 있다. 그러므로 너의 그 모호한 주장을 증명해 보라."[84] 스위스 형제단, 후브마이어와 메노 모두는 우리가 보았듯이, 다양한 방법으로 이성에 호소했다.[85] 아나뱁티스트들이 가진 구원받은 인간의 본성에 대한 긍정적인 관점이 종교개혁자들이 가진 이해보다 모순이 없다. 그리고 성령의 변화시키는 능력에 대한 경험이 그들로 하여금 그들의 지성이 계몽되고 있고, 그들의 이성적 능력이 성령의 역사로 말미암아 더 진보되게 하였다.

(4) 성서에 의해 성서가 해석된다는 원리는 성령의 계시를 통해서 가능하다. 일찍이 인용된 본문에서 뎅크는 해석자들에게 다음과 같은 조언을 주었다: "전체 문맥에서 그가 이해할 수 없는 성서 일부가 있다면 그는 모든 노력을 동원하여 그 의미를 찾아야 하며, '성서 전체'와 서로 비교해야 한다. 그러나 성령의 기름 부으심으로 해석하게 될 때까지는 그는 성서를 명확히 이해할 수는 없다."[86]

이것은 뎅크에게 분명하게 모순으로 보이는 구절들을 다루는 적절한 방법이었다. 그는 "진심으로 진리를 사랑하는 사람He Who Truly Loves the Truth"라는 글의 서문에 그런 모순되는 30구절의 목록을 만들었다. 그리고 말하기를 성서의 분명한 증언은 성령에 의해 인침을 받지 못한 사람에게는 많은 구절이 모순처럼 보인다."[87] 성령의 역할은 구약과 신약 사이의 관계를 이해하는데 특별히 중요하다. 더크 필립스는 구약이 사람의 전통에 의해서가 아니라 성령을 통해서 온 것처럼 같은 성령을 통해서 잘 관찰되고, 이해되고, 또한 계시되고, 가르쳐지고 해석돼야 한다"[88]고 말한다.

이 원리와 관련되어, 어떤 아나뱁티스트들이 사용한 성서구절은 성서를 열리게 해 줄 "다윗의 집의 열쇠"라는 표현이 있는 구절이다.

이 개념은 특별히 멜키오르파에서 인기가 있었지만, 그들에게만 제한되지는 않았고 대부분의 아나뱁티스트들이 받아들였다. 에라스무스Erasmus와 토마스 뮌쩌의 글 속에 이 표현의 사용은 이 시기에는 익숙한 것임을 보여준다. 이것은 성서적 이해가 고난받기로 준비된 사람들과 성령에 열려 있는 사람에게만 가능한 것이라는 것을 의미한다.[89] 호프만은 『하나님의 규례』에서 가르치길, 하나님의 모든 말씀은 동일한 무게를 가지고 있고 하나님에 대한 바른 이해와 다윗의 집의 열쇠를 가진 사람들에게 의롭고 자유롭다."[90] 그 밖에도, 그는 "하나님을 두려워 하는 모든 그리스도의 종"[91]은 다윗의 집의 열쇠를 통해서 하나님의 말씀 문이 열릴 것을 기대하면서 성서를 공부해야만 한다"라고 했다. 멜키오르파운동이 발전함에 따라 이 열쇠는 성서해석에 참여하는 일에서 승인되고 안수 받은 리더들뿐 아니라 모든 사람이 성서를 읽고 해석하는 특권을 빼앗는 근거로 종종 사용되었다. 그러나 이것은 확실히 호프만의 초기 시절의 의도가 아니었다. 비록 호프만이 모든 사람이 복잡한 본문을 '해결할' 수 있는 것은 아니라는 것을 인정했지만, 이 열쇠는 "하나님을 두려워하는 그리스도의 모든 종"에게, "진리를 사랑하는 모든 사람에게" 그리고 성서의 다른 부분들을 비교할 필요가 있을 때 "기도하는 사람들"에게 사용 가능한 것임을 의미했다.

이런 개념은 또한 해석자들이 어떤 본문과 씨름할 때 격려하기 위해 뎅크에 의해 사용되었다. 그는 모든 성서와 서로서로 비교하면서 연구하라는 조언에 단서를 붙였다: "그가 이해 못 하는 것을 판단 유보하고 하나님의 계시를 기대하라."[92] 다윗의 집의 열쇠에 의해 열린 신앙과 판단은 성령의 인도와 관계가 있으며 어떤 신령주의의 코드와는 관계가 없다. 쉬머Schiemer의 글 속에서도 이 구절이 보인다. 그는 글들을 통해서 다윗의 집의 열쇠즉 그리스도의 십자가를 가지고 있

지 않은 사람들, 즉 불경건한 자들에게 성서는 열리지 않으며, 성서
는 그런 사람들에겐 영원토록 잠겨져 있다"라고 말한다. 십자가를
소유한다는 것이 성서를 이해하는 필수조건으로 보인다. 그러나 이
말은 성령에 대한 의존과 밀접하게 연결된 말이다. 왜냐하면, 쉬머
는 "이 성령은 오직 십자가를 멘 사람들에게만 주어지는 것이라"[93)]
고 설명하고 있기 때문이다.

마펙은 또한 『그리스도의 낮아지심에 관하여Concerning the Lowliness
of Christ』에서 다윗의 용어인 열쇠를 사용했다. 그는 "지상의 사람들
의 마음을 열게 하는 이해의 열쇠"라고 설명했다. 그리고 성령이 그
가 원하는 곳에서 움직이신다."[94)] 이런 진술은 마펙이 신령주의적
접근과 문자주의적 접근 사이의 중도적인 길을 찾는 곳에서 사용되
었다. 하나님의 뜻을 이해하는데 있어서 하나님은 사람의 마음을 열
게 하시는 성령의 사역과 삶의 참여, 그리스도인 공동체의 훈련 그
리고 예배사역 모두를 요구하신다. 뎅크와 호프만이 사용한 것과 달
리, 여기서 이 구절은 쉬머가 말한 성령은 오직 어떤 원리에 의해 사
는 사람들에게만 계시를 주신다는 생각에 마펙이 동의함을 나타낸
다. 다시 성령의 사역과 성서를 여는 열쇠 사이의 강한 연결을 인식
하라.

(5) 성령의 사역은 성서에 대한 설명뿐만 아니라, 죄의 자각과 변화에
로의 설득을 포함한다. 그리하여 해석자들은 그 안에서 움직인다.
마펙이 그의 『신앙고백』에서 말했듯이, 말씀은 하나님께서 원하는
대로 살지 않는 자에게 불을 붙이지 않는다."[95)] 그리고 후브마이어
가 『의지의 자유』에서 말하듯이, 성령의 역사는 성서의 진리가 해석
자들을 감동케 하며, 그것에 순종하게 한다고 말했다: "하나님의 말
씀은 믿는 자들 안에서 힘있고, 권위가 있고 강하므로불경건한 자를 통

해서가 아니라 사람은 말씀이 그에게 원하고 하라고 하신 모든 것을 원하고 할 수 있게 된다."[96] 성령이 성서를 해석하는 것뿐 아니라, 그 가르침에 반응하도록 영감을 주신다는 기대는 성령을 의지하는 것이 지나친 율법주의에 빠지지 않도록 안전한 경계를 준다는 것을 보여준다.

(6) 성령을 의존했던 아나뱁티스트 운동의 중요한 결과는 성서해석의 오해에 대한 교정과 새로운 계시에 대한 개방성이다. 외관상으로 영성이 없는 국가교회에 대한 신랄한 비판에도 불구하고 성령이 종교개혁자들을 통해서 말씀하실 가능성과 그들을 심문하는 사람을 통해 말씀하실 가능성을 배제하지 않았다. 그리고 그들의 글은 독자들에게 그들의 해석에 무게를 두게 하며, 더 나은 해석을 제공하는 초대로 가득하다. 단순한 수사학적 장치로 사용하는 이런 말들은 우리에게 필요하지 않으나 다음 장에서 살펴보겠지만, 그 자료들은 그것들이 본질적이라고 주장한다.

(7) 성령을 의지하는데 어떤 보호장치가 있었다. 주의사항들이 실수와 부주의함에서 보호하기 위해 나왔다. 리드만의 논평이 분명하게 말해 주듯이, 아나뱁티스트 리더들은 믿는 자들 속의 성령의 역사에 대해 낙관적이었다. "성령을 소유한 사람들은 그리스도에 관해 의미하는 것을 **쉽게** 인식할 것이다."[97] 그러나 많은 사람은 성령을 의지하는 것이 어떻게 특별한 해석에 권위를 부여했는지에 대해서는 현실적이었다. 초기 아나뱁티스트들 사이에서 퍼졌던 많은 탈선과 극단적인 행동이 이와 관련된 위험성을 보여준다.[98] 리더들은 주의사항과 가이드라인을 제공했다. 마펙은 해석자들에게 성령을 억지로 갖다 붙이거나 개인적인 욕구나 의견이 성령의 인도함으로 가장 되

지 말아야 한다고 경고했다. 한편, 메노는 이성을 성서를 판단하는 위치에 두지 않으면서도, 신중하지 않은 해석을 점검해 주는 수단으로 사용해야 한다고 가르쳤다.[99] 그리고 해석의 중요한 권위를 교회에 두는 것이 훨씬 더 안전한 보호장치가 되었다.

교회 안의 성령

우리가 이미 성서 해석자로서 모든 성도에게 주어진 권리와 초기 아나뱁티스트 운동을 말해주는 은사주의적 교회론에 대해 살펴보았다. 비록 이런 권리가 개인적인 차원에서 활용되긴 했지만 아나뱁티즘 안에 있는 강한 공동체성은 개인적인 해석만을 격려하지는 않았다. 그들의 교회론에 대한 논리적 결론을 보면 함께 모이는 교회는 성서가 읽히고 순종 되는 장소일 뿐 아니라, 성령이 활동하시는 가장 중요한 장소가 되는 것을 알 수 있다. 성서를 해석할 때, 교회는 개인의 차원에서뿐 아니라 공동체 차원의 일치에 의해 성령의 지시 하심을 예상할 수 있었다. 그들은 성령이 말씀하시는 것을 분별하기 위해 서로에게 귀 기울였다. 교회 안에서의 성령의 역사를 이렇게 강조하는 것은 다른 16세기 선택과 아나뱁티스트 해석의 결정적 차이를 잘 보여준다.

이 하나로 인해, 아나뱁티스트 교회가 '가톨릭교회와 종교개혁의 교회'에서 구별되게 되었다. 아나뱁티스트들특별히 스위스 형제단은 가끔 국가교회에서는 성령이 회중들을 인도할 기회가 없다는 점을 지적했다. 성직자들과 설교자들의 교회 점령은 그들이 성령의 인도를 받는 필요충분한 통로라고 전제했으나 아나뱁티스트들은 이 전제에 전혀 동의하지 않았다. 그들은 토론을 거쳐서, 서로에게 배우겠다는 마음가짐과 말해진 것을 확인하는 과정을 통해서 성령이 그들을 진리로 이끈다고 믿었다. 물론 목사의 역할이 있다. 리더로서의 역할을 했지만, 성령의 역사는 한 사람을 통해서만 제한되지 않는다고 믿었다. 모든 아나뱁티스트들이 이 계열에 있었던 것은 아니다: 어떤 부류는 종교개혁교회나, 가톨릭교회에서 하는 것처럼 그들의 리더들에게 많은 권위를 부여했다. 또 다른 부류는 보통의 관습practice에 적응하는 것을 거절하고 보기에 더 안전한 전략을 채택했다. 그러나 성서를 함께 해석하는 교회의 권한부여는 확실히 은사주의적 교회론의 논리적 결과일 뿐 아니라, 적어도 초기 아나뱁티스트 그룹의 실제이기도 했다.

그뿐만 아니라, 교회 안의 성령의 역사에 대한 강조는 아나뱁티스트와 신령주의자들과도 구분시켜 주었다. 비록 개인이 성서를 읽을 때 성령이 그들이 깨달을 수 있도록 도우시지만 그런 강조점은 개인의 이해가 공동체에 의해 확인될 때까지 조심스럽게 다루어져야 했다. 성령의 역사는 계시와 연합 둘 다를 포함하고 있다. 성령은 진리로 성도를 이끌 뿐 아니라, 그들을 모두 다 함께 이끈다. 이것은 초기 아나뱁티스트들의 분명한 경험이었다. 슐라이트하임 참가자들이 말하는 "우리는 하나로 연합되었다"[100]라는 간증은 그들이 서로 동의하지 않는 문제를 해결해 주었고, 그들을 동일한 마음을 갖도록 일하시는 성령을 경험했다는 사실을 언급한다. 이것은 개인의 해석은 함께 나누어졌으며, 토론되었고, 아나뱁티스트 공동체 안에서 정제되었다는 정황을 보여준다.

그러나 공동체의 해석이 실재했는가? 아나뱁티스트 그룹은 성령과 교회에 대해 그들이 믿은 바대로 실천했으므로, 그들은 16세기의 다양한 해석학의 선택적 상황에 특별한 대안을 제공했다. 그들은 이 대안을 정확하게 설명하지도 못하고 꾸준하게 실천하지 않았을지도 모른다. 그리고 아예 이 운동의 초반에 이미 사라졌을 수도 있고 혹은 성숙한 운동이라고 불리지도 않을 수 있다. 그러나 이것은 진실로 다른 해석 방법과는 전혀 다른 것이었으며, 이 운동이 형성되는 기간에 이 운동을 발전시키는데 많은 공헌을 했고, 많은 주제를 다루는 기반이 되었다.

내적인 말씀, 외적인 말씀

성령과 문자의 상호작용은 많은 논쟁의 주제가 되었다. 성서를 통해서 과거에 성령이 말씀하신 것과 개인적인 계시를 통해 현재에 성령이 말씀하시는 것과의 관계에 대한 질문들이 아나뱁티스트운동 뿐만 아니라 그들과 다른 그룹과 성령의 역사가 학문적인 신학이나 교회사에 의해 제한되지 않고 활발하게 경험되는 운동에서, 끊임없이 제기되었다. 아나뱁티스트들이 이런 질문을 받아야 했다는 사실은 그들이 은사주의적 운동으로 인지되었다는 것을 정확히 보여준다.

많은 아나뱁티스트들은 권위의 근거로서 문자로 쓰인 말씀을 의지했고, 주관적인 생각을 따라 말씀을 제쳐놓는 신령주의자들을 혹평했다. 예를 들어, 메노 사이몬과 더크 필립스는 비록 성서를 해석하기 위해 "성령의 도우심이 필요하다는 것을 인정했지만, 말씀에 분명하게 순종하지 못하게 하는 환상을 영적 지식의 타당한 근거로 다루는 일을 거절했다."[101] 어떤 글은 그들이 모든 성서 외적인 계시를 무시하는 경향이 있었다고 말하고 있다. 더크 필립스는 "하나님은 오늘날에는 하늘에서 외적인 소리를 통해서 말씀하시지 않고 구약에서처럼 환상과 꿈을 통해서도 말씀하시지 않는다. 단지 그의 아들 예수 그리스도를 통해서 말씀하시고, 예수 그리스도는 말씀을 통해 우리에게 말씀하신다"[102]라고 "설교자를 보냄"에서 주장했다.

그러나 더크, 메노 그리고 대부분 네덜란드 메노나이트 사람들은 성서에 의해 확인된 성서 이외의 계시도 정당하다고 수용했을 것이다. 그런 계시를 그저 무시하는 것이 아니라 예언을 시험해 보라는 신약의 가르침에 따르는 이 입장은 많은 아나뱁티스트 그룹의 특징으로 자리 매김했다. 어떤 그룹은 예언과 환상, 꿈을 무엇보다 더 중요시했다. 그러나 아나뱁티스트 운동은 비록 성령이 이미 성서에 쓰인 말씀과 모순되게 오늘날 말씀을 하실 가능성이 전혀 없다고 믿었을지라도 성령이 직접 말씀하신 것과 형제자매를 통해서 말씀하시는 것 모두를 수용했다.

1530년과 1540년대 네덜란드에서는 성령과 문자의 관계에 대한 질문은 중요한 것이었다. 많은 네덜란드 아나뱁티스트들은 성서를 제쳐두고, 무모한 적용을 선택한 뮌스터사건 이후 이 주제에 대해 유독 예민해졌다. 네덜란드 아나뱁티스트운동은 다른 아나뱁티스트들이 거부한 방식으로 예언과 환상을 통한 계시를 신뢰하였던 호프만의 영향을 많이 받았다. 비록 호프만은 추종자들과 달리 문자로 쓰인 말씀에 깊이 헌신했지만

데이비드 조리스는 이런 상황에서 중요한 존재였다. 그의 몇몇 진술들은 문자로 된 말씀의 의미를 풀려고 성령의 필요를 강조하는 남독일과 멜키오르파를 따르는 것처럼 보였다. 『굶주리고 짐 진 영혼을 위한 복된 지침A Blessed Instruction for the Hungering, Burdened Souls』에서 그는 "보라, 성서는 성령을 통해서 성취되고 완성되었다. 고로 성서는 공개적으로 열려질 것이며 성령 안에서 발견될 것이다: 성령은 문자를 여시고, 보이지 않는 것을 보게 하신다: 그러나 보이는 것을 안 보이게 하시지는 않는다."[103] 그러나 다른 글들은 성령이 성서 본문에 대한 참고자료 없이도 해석자들을 인도하시기에 성서의 본문은 본문 자체와 연결되지 않으나 먼저 있던 계시에 기초하여 이해됐다. 조리스는 스트라버그 논쟁에서 "성령에게서 온 계시가 없다면 본문을 이해하지 못할 것이다…. 또한 본문과 별개의 계시를 받지 않았다면 본문에 대한 계시를 기초로 하고도 처음에는 본문을 정확히 이해할 수 없었을 것이다. 나는 성령에게서 명확성을 받았다."[104] 조리스는 즉시로 피터 반 게이엔Peter van Geyen에게 도전을 받았다. "당신에게 묻겠소, 무슨 근거로 이것이 계시되었다는 것이요? 성령이 계시한 말씀을 가진 양, 데이비드가 제공한 말에서 온 것이요? 아니면 성서의 증거에서 온 것이요?

명확하게 스트라스부르의 아나뱁티스트들은 성령과 말씀을 이런 식으로 갈라놓기를 원하지 않았다. 그러나 이 경향은 오랫동안 네덜란드

아나뱁티스트들을 괴롭혔다. 영향력이 있던 조리스와 다른 이들이 시도한 환상과 예언에 대한 의존은 메노와 더크 필립스의 강한결과적으로 성공한 반대에 직면하게 되었다. 그러나 이 20여 년 동안, 네덜란드 그룹에서뿐 아니라 이 운동의 모든 그룹 안에서 성령과 말씀에 대한 본질적인 긴장에 통찰력을 제공하면서 이 질문은 글들과 토론 속에서 철저하게 연구되었다.

문맥과 정황 속에서 이 주제에 관련된 아나뱁티스트의 설명을 읽는 것이 중요하다. 아나뱁티스트들은 신령주의자들과 혹은 더 신령주의적인 아나뱁티스트들과 논쟁할 때, 성서 외적인 계시에 대해 부정적인 것처럼 보인다. 왜냐하면, 그들은 문자로 쓰인 말씀이 낮게 평가되고 있다고 느꼈기 때문이다. 그러나 성령의 역사를 낮게 평가한다고 생각되는 종교개혁자들과 혹은 좀 더 문자주의적 아나뱁티스트 그룹들과 논쟁할 때 그들은 계시의 직관적이고 개인적인 측면을 강조했다. 메노와 더크는 주로 네덜란드의 아나뱁티스트 그룹 사이에서 그들이 인지하는 것을 위험한 신령주의라고 반대해 왔다. 그래서 그들은 이 상황 가운데에서 성령보다는 말씀에 더 강조를 두었다.

그러나 비록 우리가 이런 정황적인 요소에 적당한 무게를 실어 준다고 해도, 네덜란드 메노나이트들이 16세기 중반에 문자주의적 방향으로 옮겨갔다는데 의심의 여지가 없다. 더크와 메노 둘 다 직관이 한 본문을 문자적으로 혹은 영적으로[105] 이해할지를 결정하는데 도움을 준다고 가르쳤다. 그러나 특별히 나중에 쓴 글들 속의 증거들은 그들이 문자적인 접근이 제공해 주는 조금 더 확실한 안전을 추구했다는 것을 보여준다.

초기부터 문자로서의 말씀을 강조했던 스위스 형제단 사이에서 문자는 항상 상위를 점령했다. 성서에서 하지 말라고 분명하게 명령한 모든 말씀은 성령의 해석이 들어갈 여지가 없었다. 그레벨 뿐 아니라 후브마이어에 의해서 표현된 확신 성령이 말씀하신다는 언급이 있지만, 상황 대부분은 이것이 성서를 사용하는 다른 방식이라고 말했다. 성령이 성서의 저자로서 인지되므로 "성령이 말씀하시길"은 "성서가 말하기를"과 같은 의미였다. 그리고 종종 이런 구절은 직접적인 인용구나 성서의 표현을 달리 바꾸어 서문에 달렸다. 그러나 이런 구절의 사용은 계속되는 성령의 활동과 성서의 현대적 상황을 고려할 때 성령의 역할을 나타낸다. 자틀러는 이들보다 더 문자를 강조했다. 대부분 스위스형제보다 더 큰 신뢰를 "하나님의 은혜와 계시"[106]에 두었다. 그의 성서해석법은 네덜란드 리더들에게 영향을 준 듯하다. 실제로, 초기 아나뱁티스트들을 문자주의나 혹은 신령주의로 규정하는데 어려움이 있는 것은 "두 종류의 순종On Two Kinds of Obedience"에 있는 자틀러의 글을 보면 이해된다. 뎅크에게서 나올 법한 언어로, 그는 이렇게 썼다: "종들은 외적이고 규정된 주인의 명령을 볼 뿐이다. 하지만, 자녀는 내적인 의미와 성령에 대해 관심을 갖는다."[107]

이 주제에 관해 아나뱁티스트 견해의 중심부 가까이에 마펙이 있다. 마펙은 "말씀은 하나님이 생기를 주시지 않는 곳에서 불타오를 수 없다"라고 했다. 그는 성령이 진정한 교사가 아니고서는 어떤 말씀도 정확하게 다루어지는 것이 불가능하다고 확신했다. "이 확신은 그리스도에 대한 모든 지식보다 앞서지는 않았다."[108] 그의 말씀에 대한 헌신은 스위스 형제단의 의심에도 논쟁 이상의 것이었다. 그러나 그는 "우리는 사람의 목소리로 배우지 않았다. 그리스도의 문자적이고 또렷한 가르침과 복음의 사도들의 가르침에 의해 배웠다. 우리는 사람이 아닌, 하나님, 성령에 의해 배웠다"[109]라고 주장했다. 어떤 아나뱁티스트도 마펙보다 더 강하게 신령주의적 가르침을 반대한 사람은 없다. 그러나 논쟁에서 그는 성령의 중요성을 최소화하는 것을 원하지 않았다. 메노의 글들이 문맥 속에서 읽혀야 하는 것처럼, 마펙의 입장도 슈벵크펠트와의 논쟁과 신령주의적 독일 아나뱁티스트특히 뮌처와의 논쟁, 그리고 스위스 형제단에 보낸 편지와 비교하면서 평가되어야만 한다.[110]

특별히 뎅크에게 영향을 받은 독일 아나뱁티스트들은 성령과 말씀의 관계를 다른 용어로 다루었다. 이 그룹들은 말씀은 그 자체로서 목적이 되지 않으며, 살아 있는 말씀, 예수 그리스도를 담는 그릇이라는 점을 강조했다. 그들은 외적인 말씀을 내적인 말씀, 예수 그리스도에게서 구분했다. 그들은 내적인 말씀에서 외적인 말씀을 구분했다.[111] 그 내용은 하나님에게서 온 깊은 영적인 '말씀'은 본문 표면 밑에 놓여 있다는 생각이다. 그 깊은 영적인 말씀은 성령에 의해 드러난다. 뎅크는 바울을 진정한 빛을 발견케 하는 등불이며, 성령의 검의 칼집이라고 불렀다.[112] 그는 개인적으로 성서에 깊이 빠져 있었고 앞 장에서 언급하였듯이, 소선지서의 일부를 독일어로 번역하는 것을 함으로 성서의 중요성을 증명했다. 그러나 그는 문자가 살아있는 말씀으로 바뀌는 광신적인 성서 숭배를 두려워했다. 예를 들어, 『하나님의 율법*The Law of God*』에서, 그는 "성서를 경외하지만 모든 서기관이 하나님의 나라를 위해 연구한 것이 아니듯 하나님의 사랑이 부족한 사람은 성서를 우상으로 돌리지 않도록 주의해야 한다."[113]

뎅크의 어떤 말은 내적인 말씀을 외적인 말씀보다 높이는 것처럼 보인다. 1525년 뉘른베르크시의회에서 발표했던 그의 『신앙고백』에서 그는 "이것은 정확한 해석을 위해 처음부터 이것을 가지신 성령께 속해 있다. 모든 사람은 성령의 해석하심에 대해 확실하게 믿어야 한다. 만약 이것이 되지 않는다면, 해석이 틀렸거나 가치없는 것이다."[114] 1526년에 『하나님의 율법』에서 그는 "누구든지 좋은 책을 읽고 따름으로써 율법을 지킬 수 있다고 생각하는 사람은 죽은 문자를 살아계신 성령에게 속한 것으로 만드는 것이다."[115] 그리고 후에 어려운 본문과 씨름하고, 그것에 대한 가능한 의미를 숙고하는 성서해석자가 성령에 의해 기름 부으심을 받지 않은 상태에서 해석한다면 그것을 받아들이지 않겠다"[116]라고 덧붙였다. 그와 함께 해석하던 루트비히 해쪄Ludwig Hatzer는 "어떤 사람도 그가 어느 정도 배운 사람이든 아니든 그의 영혼의 깊은 곳에서 그 말씀을 경험하고 배우지 않았다면 말씀을 이해할 수 없다"라고 말하면서 그에게 동의했다."[117]

이런 글의 문맥과 이 글들은 뎅크의 관심그리고 햇저의 관심도이 성서와 성령을 반대하지 않고 오히려 둘이 어떻게 서로 작용하는지를 보여 주는 것이다. 그는 성서가 성령의 감독 가운데서 읽혀야 하는 중요성을 강조함으로, 생명력 없는 문자주의를 피하고자 했다. 그러나 그도 성서는 해석의 심판자라는 공통된 아나뱁티스트의 경고를 쟁점화했다. 그는 같은 본문 안에서 "성서의 다른 증언으로 반증 될 수 있는 거짓과 무가치함을 피하기 위해 성서의 해석은 학회가 아니라 성서에 의해 판단되어야 한다"[118]고 설명했다.

광적인 성서주의와 본문만 의지하는 것을 피하기 위한 뎅크의 우려는 좀 더 긴 글에 나타난다: "성서를 경외하고 하나님의 사랑에 대해서는 차가운 사람마다 성서를 우상으로 만들지 않도록 조심해야 한다. 하나님의 나라를 위해 성서를 연구하지 않은 모든 서기관이 그러했다. 하나님의 문서document:종이에 해당하는 성서 부분는 하나님의 집에 살고 있지 않은 사람에게는 쓸모없는 것이다. 하나님의 집에 사는 사람은 문서document가 없어도 주님이 얼마나 신실한지 안다. 하나님 안에 살면서 문서document만을 고집하는 사람은 그들이 문서document 없이는 하나님을 신뢰하지 않는다는 것을 증명한다. 즉, 문서document 가 주님보다 그들에게는 더 큰 의미가 있는 것이다..."[119]

이것은 성서의 문서가 필요 없다고 제안하는 것처럼 보이고, 문서 자체에 대한 지나친 관심은 믿는 자들로 하여금 하나님을 향한 믿음에서 벗어나게 하는 것처럼 보인다. 그러나 뎅크는 즉시로 그의 주장을 지지하려고 성서에 호소함으로, 쓰인 문자가 필요 없다는 말이 아님을 주장하면서 계속 이어나간다: "문서 안에서 약속된 것을 잃을 수 있다는 고통에 관하여 말하면서, 문서 자체를 금기하는 태도에 대해 경고한다. 당신이 얼마나 신실하게 하나님을 섬기는지에 관계없이 문서를 필요 없다고 말할 수 없다. 왜냐하면, 그 증거가 이미 확증되어 있기 때문이다. 어느 날 당신이 하나님에게서 떨어져 나갈 때, 당신이 문서의 말들을 가지고 있지 않으면 위로를 얻지 못할 것이다."

비평가들은 뎅크의 아나뱁티즘과 함께 존립할 수 없는 신비주의적 접근을 비판했다. 뎅크는 그의 공헌에 대한 평가에 따라서 소외되기도 했고, 높이 평가되기도 했다. 신학과 교회론에 대한 과격한 논쟁의 시대에, 그의 특별한 사고와 사랑에 대한 강조는 본문 자체와 씨름하는 것에 대한 매력적인 대안으로 어떤 사람들에게서 칭찬을 받았다. 한편, 다른 사람들은 성서의 분명한 명령을 타협하는 희생을 치른다고 비판하기도 했다. 뎅크가 말한 성서에 대한 헌신이라는 관점에서 그의 관점과 또 다른 아나뱁티스트들이 과장하여 말한 관점이 서로 달라 보인다. 그들은 보편주의에 기우는 경향이 있었고, 성령과 사람의 영[120]의 차이를 흐리게 하기도 했다. 따로 떼어져 문맥을 떠난 글들은 성서를 헐뜯는 것처럼 보이기도 한다.[121] 그러나 그레벨과 만쯔가 문자주의 편에서 한 것보다 신령주의 편에서 뎅크가 한 것이 아나뱁티스트의 중심에 더 가까운 것이다.

다시 한번, 우리는 13세기 초에 성령과 말씀의 주제가 어떤 중요 집단에 의해서도 해결되지 않은 것을 상기해야 한다. 뎅크에 대한 분별력 있는 연구에서, 알프레드 코트Alfred Coutts는 종교개혁자들이, 특히 루터가 어떻게 균형을 찾으려고 노력했는지를 연구했다. 이미 알려진 지식과 달리, 루터는 성서를 권위로서 세우지 않았고 대신 그가 성서에서 찾았으며, 해석하곤 했던 이신칭의의 내면의 경험에 권위를 두었다.[122]

코트Coutts는 결론을 내리기를 "종교개혁이론에 의해 은연중에 수용된 것과 뎅크와 다른 신령주의적 종교개혁자들이 솔직하게 가르친 것과 호소력이 필요하지 않은 궁극적인 권위가 내면의 말로 직접 사람에게 말씀하시는 성령이라"[123]고 했다. 코트는 확실히 자신의 경우를 과장하여 말했다. 그러나 그의 연구는 종교개혁 초기 상황에서 성서를 해석하는 어려움을 설명했다.

문자의 말씀을 낮게 평가하는 경향이 있다는 의심에도 불구하고, 남독일 용어내면의 말씀 혹은 살아있는 말씀는 어떤 의미에서 말씀과 성령 둘을 다른 아나뱁티스트들의 설명보다 더욱 강하게 묶어 준다. 그 이유는 그들이 성령의 역할을 단지 성서에 첨가되는 어떤 것이나, 권위의 또 다른 근원으로 보는 것이 아니라, 성서 자체의 진실한 깊이를 드러내는 것으로 보았기 때문이다.

요약하면, 아나뱁티스트들은 그들 시대에 성서와 성령과의 관계에 대해, 교회에 성서의 회복에 대한 긴급성에 대해, 영적 현상에 대한 경험에 대해, 그리고 전통적인 교회의 권위에 대한 저항에 대해 토론의 거리를 제공해 주었다. 그들은 말씀과 성령에 대한 주제에 다양한 관점을 제공해 주었다. 그러나 그들의 전반적인 공헌은 종교개혁자들과 신령주의자들에게 중도적인 대안을 제공해 주었다는 것이다. 가끔 그들은 신령주의자들의 방향으로 너무 많이 간 것처럼 보인다. 또 가끔은 문자를 너무 순진하고 과신하는 듯이 보인다. 그러나 말씀과 성령에 대해 너무나 불확실했던 시대에 아나뱁티스트들은 말씀과 성령 모두에 강한 헌신을 보여 주었고, 둘 중의 하나를 무시하려는 사람들에게 도전해 주었다.

1) "Anabaptism as a Charismatic Movement", 을 포함한 몇 개의 글 속에서 예외는 Kenneth Davis이다, *MQR* 53: 219, 비록 그가 이 운동의 핵심은 좀 더 '온건함'이었지만. Howard Kauffman, "Mennonite Charismatics: Are they any Different?" *MQR* 70: 449과 비교하라.

2) Packull은 후브마이어가 성서 전반에 유해할 수 있는 성서의 부분만을 강조하는 그들의 경향에 대해 더 염려했다고 말한다: Packull, *Mysticism*, 104을 보라.

3) Klassen and Klaassen, *Marpeck*, 303, 359.

4) 앞의 책, 322.

5) Farley, *Calvin*, 29.

6) 앞의 책, 51-2; Balke, *Calvin*, 314을 보라.

7) RR, 177; 194,201; Clasen, *Anabaptism*, 316ff.

8) Wissedel, "Inner", 171-73.

9) Oyer, *Lutheran*, 195ff, 248을 보라.

10) AIO, 72; RR, 177. Cf. Clasen, *Anabaptism*, 140; Robert Friedmann, *The Theology of Anabaptism* (Scottdale, PA: Herald Press, 1973), 19-20.

11) Wiswedel, "Inner", 178-82.

12) 후터, *Brotherly*, 172.

13) Riedeman, *Confession*, 97.

14) 앞의 책, 198; 47.

15) William Klassen은 마펙의 목표를 "말씀의 권위가 상실된 곳에서 신령주의의 소용돌이를 피하려는 것이며, 또한 신약을 예속시키는 문자로 만드는 무미건조한 성서주의의 스킬라(Scylla=절벽위에 버티고 서서 지나가는 뱃사람을 마구 잡아먹는 괴물로 오디세우스의 모험에 등장=편집자주)를 피하기 위한 것으로 생생하게 묘사했다": Klassen, *Covenant*, 60.

16) 말씀과 성령의 극이 명확하게, 16세기에 확인이 되었다. 연속체라는 것에 관해 현재의 분석은 그 개념에 기초하고 있으나, 그것은 다양한 입장을 정확하게 서술하는 데는 최고의 방법은 아닐 것이다.

17) "네가 성령을 모시지 않았다면 어떤 방대한 독서도 충분하지 않다"라는 Karlstadt의 경고를 인용한 Arnold Snyder는 Karlstadt의 관점이 아나뱁티스트의 운동에 의해 취해졌다고 주장한다: Snyder, *Anabaptist*, 26.

18) AIO, 75.

19) 앞의 책, 72; Clasen, *Anabaptism*, 121; George, *Theology*, 265-66; William Estep, "The Ecumenical Implications of Menno Simons' View of the Church", *MQR* 1988: 360; Torsten Bergsten, *Balthasar Hubmaier* (Valley Forge, PA: Judson Press, 1978), 353-54; Oyer, *Lutheran*, 85; Snyder, *Sattler*, 168.

20) Stayer, *Anabaptists*, 136을 보라.

21) Klassen, *Neither*, 32. Claus-Peter Clasen은 똑같은 사건을 묘사하면서, 그들과 20세기 오순절 운동의 초기역사를 그들과 비교했다: Clasen, *Anabaptism*, 121ff. Davis, "Anabaptism and Ascetic Holiness", in Marc Lienhard, ed., *The Origins and Characteristics*

of Anabaptism(The Hague: Martinus Nijhoff, 1977) 37, 41을 보라.

22) Alan Kreider, "The servant is not greater than his Master: Anabaptists and the Suffering Church" *MQR* 58: 12.

23) Beachey, *Grace*, 58; Dyck et al., *Philips*, 456을 보라.

24) Klassen and Klaassen, *Marpeck*, 127.

25) Packull, *Mysticism*, 54에 인용됨.

26) Stayer, *Anabaptists*, 136.

27) Friedmann, *Theolgy*, 92ff. Blaurock의 용어는 후에 남독일 그룹들의 용법과 상당히 조화되었다. 그러나 의로움에 대한 강조가 그것을 신령주의자들에게서 구별시켰다.

28) 앞의 책, 163.

29) Klaassen, *Livings*, 101.

30) Oyer, *Lutheran*, 88-9.

31) Packull, *Mysticism*, 102; Klaassen, *Living*, 101.

32) Goertz, *Anabaptists*, 21.

33) RR, 424. *The Chronicle of the Hutterian Brethren* (Rifton, New York: Plough Publishing House, 1987)은 기적적인 사건에 대한 일부 설명과 "예수가 보여주신, 그리고 지금도 매일 보여주시는 사랑과 신실하심, 표적과 기사"들에 대한 후터의 감사의 기도를 담고 있다(111).

34) 후터, *Brotherly*, 138. cf. 20-1.

35) 취리히(1525), 뮌스터(1534), 암스테르담(1535)에서.

36) Furcha & Battles, *Denck*; 91.

37) Kreider, "Servant", 14를 보라.

38) MM, 440. 교회 내에서 리더로 인식되며 절대로 소외되지 않았던 아나뱁티스트의 여예언자들에 대한 많은 예가 있다. 더 진전된 설명은 아나뱁티즘이 생각보다 훨씬 더 은사주의적이었다는 것을 보여준다. Lois Barrett, "Women's History/ Women's Theology: Theological and Methodological Issues in the Writing of the History of Anabaptist-Mennonite Women", *CGR* 10. 1(Winter 1992): 7-13을 보라.

39) RR, 443.

40) Klaassen, *Living*, 101-02.

41) Dyck ,et al., *Philips*, 222-24.

42) Waite, *Anabaptist*, 84-5.

43) Klassen and Klaassen, *Marpeck*, 49-51

44) 앞의 책, 51. 말씀과 성령을 함께 지켜야 한다는 마펙의 주장은 이 결론과 "그리스도가 기적이 아니라 열매로서 예언자들을 분별하라고 주의하신다"라는 그의 말에 의해 더욱 선명해진다.

45) AIO, 127.

46) RR, 267.

47) Dyck, et al., *Philips*, 447ff.

48) Waite, *Anabaptist*, 232.

49) Klassen and Klaassen, *Marpeck*, 505.

50) 앞의 책, 550; 77-8, 442.

51) George Blaurock, Magdalena Muller, Barbara Murglin, and Frena Bumenin에 의해 세례를 받은 Margaret Hottinger같은 초기 취리히 그룹에서 일부 아나뱁티스트 여예언자들이 발견된다. Barett, "Women's", 8을 보라.

52) Snyder, *Anabaptist*, 96.

53) Rogers and McKim, *Authority*, 79에 인용됨.

54) George, *Theology*, 128.

55) Harder, *Sources*, 242. Stumpf은 여기서 성서의 권위가 아닌, 성령의 권위에 대해 말했다; 실제로, 스위스 아나뱁티스트들은 이 권위를 연합된 것으로 보았다.

56) Steinmetz, *Reformers*, 123.

57) Klassen and Klaassen, *Marpeck*, 299.

58) Goertz, *Anabaptists*, 51을 보라.

59) EBI, 37에서 Dyck에 의해 일시적으로 사용된 구절.

60) Klassen and Klaassen, *Marpeck*, 451.

61) Adolf Ens, "Theology of the Hermeneutical Community in Anbaptist-Mennonite Thought", in Harry huebner, *The Church as Theological Community* (Winnipeg: CMBC Publications, 1990), 80.

62) Dyck, et al., *Philips*, 199.

63) EBI, 37.

64) 앞의 책, 36.

65) Klassen and Klaassen, *Marpeck*, 459.

66) 앞의 책, 467.

67) Bauman, *Spiritual*, 59. 아마 이 분파의 많은 사람은 그들이 성령의 인도하심을 의지한다고 주장했을 것이다.

68) MM, 470.

69) 예를 들어, MM, 487, 494.

70) Snyder, *Anabaptist*, 162-64을 보라. Snyder는 마펙을 문자와 성령을 가장 잘 조화시키는 데 성공한 리더로 보았다. 하지만 초기 그룹의 사람들조차 "항상 성령의 필요를 단언했다"는 사실을 주목했다.

71) Deppermann, *Hoffman*, 64.

72) Wiswedel, "Inner", 179.

73) Waite, *Anabaptist*, 253.

74) 앞의 책, 254-55.

75) Riedeman, *Confession*, 198.

76) Andreas Ehrenpreis and Claus Felbinger, *Brotherly Community*(Rifton, New York: Plough Publishing House, 1978), 105에서.

77) Furcha and Battles, *Denck*, 15.

78) 월터 클라센, "Some Anabaptist Views on the Doctrine of the Holy Spirit", *MQR* 35: 138에 인용됨.

79) Bauman, *Spiritual*, 59.

80) Waite, *Anabaptist*, 193, 207-08.

81) AIO, 149.

82) Bauman, *Spiritual*, 59.

83) MM, 534.

84) Waite, *Anabaptist*, 197.

85) Hubmaier and the Swiss Brethren에 관해, Klaassen, "Speaking", 144-45; 메노에 관해서는 EBI, 73을 보라.

86) Denck, in Baylor, *Radical*, 147-48.

87) Bauman, *Spiritual*, 165.

88) Dyck, et al., *Philips*, 267.

89) Goertz, *Anabaptists*, 53.

90) Williams, *Spiritual*, 203.

91) Snyder, *Anabaptist*, 167에 인용됨.

92) Williams, *Spiritual*, 148.

93) Schiemer, in Liechty, *Early*, 90.

94) Klassen and Klaassen, *Marpeck*, 454.

95) 앞의 책, 144.

96) Pipkin and Yoder, *Hubmaier*, 444.

97) Riedeman, *Confession*, 198

98) RR, 829-30.

99) Marpeck and Menno에 관해, EBI, 73.

100) 이 구절과 비슷한 구절들은 Schleitheim Confession에 여러 번 반복되었다. Yoder, *Schleitheim*, 10-16을 보라; Dyck, *Introduction*, 137-38.

101) Keeney, *Dutch*, 34-5.

102) Dyck, et al., *Philips*, 217.

103) Waite, *Anabaptist*, 262.

104) 앞의 책, 221-22.

105) Keeney, *Dutch*, 41.

106) Snyder, Sattler, 164을 보라. Snyder는 Sattler가 아마도 인도하심을 받으려고 직접적인 계시를 의존했을 것이라고 결론을 내리지만, 그 계시는 그가 성서를 그리스도 중심적으로 읽은 것에 세워진 계시로 한정한다.

107) Yoder, *Legacy*, 121.

108) Klassen and Klaassen, *Marpeck*, 359.

109) 앞의 책, 451.

110) Marpeck의 동료 Scharnshlager에 대한 Klassen의 논평을 EBI, 85-86에서 보라.

111) Lydia Harder는 이 아나뱁티스트들이 초기 신비주의 전통에서 일반적이었으나 그 의미를 수정한 '외적/내적 말씀'을 사용했다는 결론을 내렸다. Harder, *Hermeneutic Community* (Edmonton: Unpublished M.Th. Thesis, Newman Theological College, 1984) 23-4을 보라.

112) Furcha and Battles, *Denck*, 15-16.

113) 앞의 책, 63. 아나뱁티즘의 신령주의적 날개에 대한 다른 이들의 연구를 위해, Friedmann, *Hutterite*, 254ff을 보라.

114) Forcha and Battles, *Denck*, 16.

115) 앞의 책, 59.

116) 앞의 책, 67.

117) Wiswedel, "Inner", 180에 인용됨.

118) Furcha and Battles, *Denck*, 16.

119) Denck, in Baylor, *Radical*, 145.

120) Alfred Coutts, *Hans Denck* (Edinburgh: Macniven & Wallace, 1927) 36-7을 보라.

121) 예를 들어, "진실로 진리를 소유한 그는 성서 없이도 그것을 결정할 수 있었다": Coutts, *Denck*, 59.

122) 앞의 책, 103.

123) 앞의 책, 106. 비슷한 계열에서의 더 강한 주장을 위해서 A. J. Klassen, *Consultation on Anabaptism Mennonite Theology* (Fresno, CA: Council of Mennonite Seminaries, 1970), 74-5을 보라.

7장. 공동체가 함께 하는 성서해석학

　지난 과에서, 교회의 역할을 무시하는 모습을 찾는 일은 아나뱁티스트 성서해석에서 불가능하다는 것을 보았다. 자, 우리는 초기에 더욱 강조되었던 해석하는 공동체로서 교회의 역할에 대해 특별히 초점을 맞추고자 한다.

해석 공동체

　'해석 공동체'라는 용어는 성서를 해석하는 데 있어서 회중교회의 역할에 대한 학문적인 정의이다.[1] 우리는 아나뱁티스트의 글과 그것과 관련 있는 몇 가지 자료 속에서 이 역할의 지속적인 토론을 찾을 수 없었다. 아마도 이것은 아나뱁티스트 해석학에 대한 많은 결론이 해석하는 장소로서의 교회에 집중하지 않았기 때문일 것이다. 어떤 사람은 아나뱁티스트 해석의 이 측면이 16세기에만 약간 비추어진 것이며 뿌리를 내린 것은 아니라고 주장했다. 그러나 교회의 본질과 성령의 사역과 성서해석에 필요한 능력에 대해 아나뱁티스트들의 믿는 바는 성서해석을 위해 공동체적 접근을 논리적으로 주장했다. 이것은 이 운동 안의 반교권주의와 평등주의를 더욱 자극했을 것이며, 당대의 주변환경이 승인된 지도자들에게로 가르치는 임무를 제한하는 것에 반대하여 작용

한 듯하다.[2]

성서해석을 위한 공동체적 환경을 선택한 아나뱁티스트들은 명확하게 그들의 동시대 사람들과 구분되었다. 첫째, 이것은 신령주의자들의 독립적인 성서해석의 개인주의를 거절하는 것을 상징화하는 것이었다. 아나뱁티스트들은 모든 성도가 성서를 읽고 해석하는 권리에 헌신했다. 그러나 이 운동의 초기부터 그들의 공동체에 대한 이해는 고립된 채 따로 존재하는 개인적인 권리는 생각할 수 없었고, 성서해석의 공동체적 연합을 도전하는 것에 불복하지도 않았다. 경제적 나눔, 상호제자화 그리고 국가교회와 신령주의자들과 분리는 성서해석이야말로 공동체적 책임이라는 인식과 일치하는 것이다.

둘째, 공동체적 해석 환경은 교회적 전통의 권위에 복종해야 하므로 개인적 해석의 권리가 철저하게 축소된 가톨릭 모델에 대한 거절이었다. 거기에서 교회는 당대의 해석학적 공동체로서가 아니라, 과거 지혜와 권위 있는 해석의 저장실의 기능을 했다. 성서를 해석하기 위한 개인의 책임은 실제로 존재하지 않았으며, 사제들과 신학자들조차 주로 과거의 전통을 강화하고 그것을 더 분명히 밝히는 일을 할 뿐이었다.

교회가 성서를 해석하는 역할을 한다는 사실을 받아들인 아나뱁티스트는 이 역할을 과거보다는 현재에 위치시켰다. 그리고 획일적인 구조보다는 지역교회들의 다양한 구조 안에 두었다. 게다가 그들은 교회가 성서보다 우위에 있다고 생각한 가톨릭의 입장을 거절했다. 왜냐하면, 성서의 정경은 역사적으로 형성되어 왔기 때문이다. 아나뱁티스트들의 '오직 성서'에 대한 헌신은 그들을 그러한 권위를 가톨릭처럼 교회에 두는 것을 금했다. 오히려 교회는 성서가 들려지는 곳이며 그 의미와 적용이 분별 되는 곳이었다. 그래서 교회의 전통은 말씀의 권위 앞에 확실히 순종해야 했다.

세 번째, 공동체적 해석은 종교개혁주의의 '오직 성서'의 원리를 적용하는 방식을 거절했다. 아나뱁티스트들은 전통이 성서 위에 있어서는 안 된다는데 동의했다. 그러나 그들은 종교개혁자들이 다른 여타의 권위가 성서 해석과 적용에 영향을 미치게 하는 것을 보고 실망했다. 그들은 교리적 헌신과 정형화된 교리를 단지 인간의 의견으로서 간주했다. 왜냐하면, 그것들은 신자들로 하여금 성서를 다 같이 새로이 보게 하는 것을 방해할 수 있기 때문이다.

그들은 또한 종교개혁자들이 중요하게 여기는 정치적 권위가 성서 해석을 자유롭게 하는 것을 억제하는 영향력과 성서의 의미에 대해 치명적인 영향을 주는 사실에도 분개했다.

그리고 그들은 신학적 전문성과 학문성에 의지하는 것을 거절했다. 왜냐하면, 그들은 이런 것들이 대부분 그리스도인의 권리를 앗아갔고 사제들의 독재를 설교자들의 독재로 대체했다고 느꼈기 때문이다. 루터는 모든 설교에서 설명조의 설교를 주장했을 뿐 아니라, 그들이 준비된 설교집부터 읽혀야 한다고 제안했다. 왜냐하면 "실제적인 주해를 잘할 수 있는 능력과 은사를 가진 사람은 매우 적기 때문이라는 것"[3]이다.

어떤 종교개혁자들은 일단 해석에서 교회공동체에 부여된 역할을 지지했다. 그러나 후에 그 입장을 취소했다. 루터와 츠빙글리의 초기 글은 성서를 듣고 해석하는 지교회의 권위를 지지했기에 그 결과 세속적이고 정치적인 권위의 권리가 제한을 받았다. 그러나 종교개혁자들이 그 입장을 버리고 세속적인 권위들이 우위에 놓이게 하므로 아나뱁티스트들은 반대방향으로 움직이게 되었고 세속적인 통치자들이 성서의 해석에 대해 어떤 권한과 영향을 주는 것에 대해 부정하게 되었다. 교회론에 대하여 이러한 불일치는 오직 아나뱁티스트들만이 성서해석에 교회적인 접근을 실천했다는 사실을 보여준다. 그런 역할을 하는 교회는 반드시 헌신한 성도들로 구성되어 있어야 하며 성서에 복종하고 성령에 대해 예민해야 한다는 점이 아주 중요했다. 비록 종교개혁자들이 같은 원리를 수용하려고 했을지라도 헌신한 신자들의 교회보다는 지역교회를 통해서 개혁한다는 점진적인 접근을 선택했다. 종교개혁자들은 그들이 해석하는 교회로서의 역할을 감당하기에는 공동체성이 모자랐다는 사실을 인정했다. 아나뱁티스트 지도자들은 그런 헌신한 신자들의 교회가 존재한다는 전제 아래에서 움직였다.

가톨릭 내에서 성서를 교회에 종속시키는 태도에 대한 종교개혁자들의 대응법은 전통이나 교회의 종신권리가 아닌 성서 본문 자체에 관심이 있는 학자들이 제공한 비교적 객관적인 해석에 의존하는 것이었다. 아나뱁티스트들은 신학자들이 이런 일에 적합하다든지, 교회를 소외시키는 것이 해결이라든지 하는 말에 설득되지 않았다. 그들의 대응법은 계급제인 교회의 모형을 공동체적 모형으로 대체하는 것이고, 개인 해석의 권리를 공동체 안에서 교제하는 가운데 사용하므로 서로 균형을 맞추는 것이었다. 만연하는 개인주의와 제한적인 위계질서 사이에서 이 중도적인 해석방법이 적어도 일부 아나뱁티스트의 접근으로 알려졌다.

공동체적 해석학의 실제

그러나 16세기 글들과 아나뱁티스트의 논리적인 확신에서 해석하는 공동체가 실제로 역할을 했다고 말할 수 있는가? 비록 아나뱁티스트의 글이 공동체적 해석의 원리에 대한 이론적인 논거를 거의 제공해 주지 못했지만, 거기에는 어떻게 그것이 실행되었는지에 대한 흔적이 있다. 가장 중요한 자료는 회중 모임의 설명과 아나뱁티스트 지도자들그 지도자들은 자신들의 가르침이 교회에서 무게가 있기를 바라던 사람들의 진술과 교회회의의 절차에 대한 결론 등이다.[4] 여기서 우리는 아돌프 엔스Adolf Ens의 경고에 대해 주의해야만 한다: "모든 흩어진 조각들과 인용된 다양한 작가들의 작품 일부를 가지고 해석하는 공동체로서 아나뱁티스트 교회가 기능을 수행하는 과정에 대한 개요를 창조하여 그 내용을 결합하는 시도에 대해 경고한다…. 그런 구성물은 인위적일 수 있다. 과거에 존재했던 어떤 그룹도 그런 방법에 대해 스스로 생각하거나, 그런 자세한 방법으로 기능하지 못했을 것이다."[5]

그럼에도 불구하고, 엔스Ens는 이것이 아나뱁티스트들이 엄청난 다양성을 가지고 해석학에 접근한 측면을 드러내지 못했기에 자신의 생각이 비판을 견딜만하지는 못하다고 했다.[6] 공동체적 해석학은 이 운동 초기의 세 가지 중요 접근법 중의 하나였다. 후트, 뎅크 그리고 많은 남독일 아나뱁티스트들 같은 사람들은 개인 속의 성령에 훨씬 많은 강조를 두었지만, 어떤 이들, 예를 들어 호프만, 조리스, 그리고 멜키오르파 지도자들은 지명된 사도들과 선지자들의 신뢰받는 그룹에게 해석을 국한하는 경향이 있었다. 후터라이트 같은 가장 공동체중심의 그룹에서조차, 인정된 지도자들에 대한 의존은 공동체적인 참여를 제한하는 경향이 있었다. 공동체적 해석에 대한 헌신과 실행은 정도의 문제였다. 그러나 해석에서 교회의 분명한 역할은 이 운동으로 말미암아, 16세기를 통하여 인정되었다.[7]

(1) 공동체적 실천

공동체의 역할이 스위스에서 가장 광범위하게 경험되었을 것이다. 초기 스위스 형제단의 한 소책자[8]는 "사람들의 속에 있는 모든 판단과 모든 것이 국가교회 설교자와 그의 가르침에 묶여 있음을, 그 가르침들이 좋은 것이든 그른 것이든 관계없이, 비판했다. 아무도 말할 수 없지만 단지 설교자만 말한다. 그래서 회중들은 영혼의 문제에 대한 모든 판단의 권리를 박탈당하고 오직 설교자들과 하나님의 말씀과 반대되는 그들의 이해에 전적으로 종속된다"라고 불평했다. 이 비난은 가끔 국가교회의 이의제기를 불러일으켰다.[9] 한스 무러Hans Murer의 심문에 대한 기록은 이렇게 말하고 있다. "만약 그가 다시는 설교 하러 가길 원하지 않는다면, 이것은 평범한 사람 중에서 사제들과 성서해석에 대해 논쟁하고 토론할 수 있길 요구하는 사람들이 발견되기 때문이다."[10] 초기 스위스 공동체는 다수의 참여, 토론 그리고 공동체적 판단에 대해 여지를 주지 않는 교회의 모형에 반대하여 형성되었다. 이것은 교회에서 읽은 바로 그 성서의 가르침과 대조되는 것으로 간주하였다. 이것은 강도요, 또 다른 멍에의 형태였다.

이 소책자는 한 명의 설교자가 모든 것을 다 점령하고 있는 국가교회에 대해 비판했다. "어떤 사람이 교회에 와서, 끊임없이 한 사람이 말하는 것을 듣기만 하고, 모든 청중은 침묵하고 어떤 말도 어떤 예언도 하지 않는다면, 누가 영적인 공동체로 그것을 간주할 수 있으며 고백할 것인가?" "혹은 고린도전서 14장에 의하여, 말씀과 예언의 순서가 한 사람이 한 뒤, 또 다른 사람이 하는 것을 강조하면서, 어떻게 하나님은 성령 안에서, 그의 은사를 가지고 그들 안에 거하시며 역사 하신다고 고백할 수 있는가?"라고 저자는 묻는다.[11] 이 문서는 스위스 아나뱁티스트 공동체가 성령의 일하심에 반응하여 자신이 받은 은사를 사용하면서 많은 사람이 동참하는 것을 기대했다. 이런 논점들은 아나뱁티스트들이 교회의 본질과 성령의 역사, 모든 사람이 해석할 수 있는 능력에 대해 믿었던 바였다. 스위스 공동체에서는, 적어도 이런 확신으로 말미암아 성서적 해석에 대한 공동체적 접근을 논리적으로 요구했으며, 실제로 그런 공동체적 성서해석을 했다.

사실, 공동체적 성서해석의 참여는 성도들의 적극적 동참이 필요하다: "어떤 사람이 그리스도의 사랑에 묶여 있지만. 만약 가르침을 위한 어떤 것이 그에게 주어지거나 알려졌다면, 그는 회중 안에서 말해야 하며 말할 수도 있다. 그리고 그 후 곧 조용해질 수도 있다."[12] 진리는 교회가 다른 설교가들이 말하는 것에 무게를 두고 성령에 인도를 받아 일치되도록 이끌어질 때 드러난다. 이것은 이 소책자에서 나타났으며, 성서를 읽고, 그것을 해석하고 질문하고 답하고, 예언하고 말해진 것을 토론하는 것을 포함한 다른 자료[13]들에서도 나타난다.

아마도 1527년 자틀러가 쓰고, 슐라이트하임고백과 함께 널리 배포된 『초기 아나뱁티스트 공동체의 질서, 스위스의 질서The Earliest Anabaptist Congregational Order, The Swiss Order』는 비슷한 공동체적 진행과정을 밟은 것으로 보인다. 그 순서는 어떻게 스위스 아나뱁티스트들이 함께 성서를 공부했는지 설명한다: "형제·자매들이 함께 모였을 때, 그들은 함께 읽을 무엇인가를 집어든다. 하나님께서 가장 좋은 이해력을 주신 사람이 그것을 설명하고 다른 사람은 조용히 듣는다."[14] 국가교회에서 보여주는 설교자들의 독백과 얼마나 대조적인가? 이런 초기 아나뱁티스트 회중들은 조용히 있는 청중들을 향해 상세히 설명하는 잘 훈련된 설교자들에게 의존하지 않았다. 대신에 그들은 형제·자매들이 함께 읽도록 격려하고, 서로에게 하나님이 그들에게 주신 이해대로 본문을 설명할 준비가 되도록 이끌었다. "조용히 앉아서 들으라"라는 훈계는 설명의 여지를 지니면서, 토론과 대화의 상황 가운데 이해되어야 함을 내포하는 것이다.

이런 공동체적 해석의 실제가 스위스 회중들에만 제한된 것은 아니었다. 니콜스부르그의 아나뱁티스트 지도자, 스파이텔마이어Spitelmaier는 이렇게 썼다: "그들이 함께 모였을 때, 하나님의 말씀을 서로에게 가르쳤고, 한 명은 다른 사람에게 질문한다: 당신은 어떻게 이것을 이해할 수 있는가?"[15] 후브마이어에게 세례를 받았기에 스위스의 영향을 반영하고는 있다 할지라도, 스파이텔마이어는 이 아나뱁티즘의 다른 맥락이 상호작용하고 스위스의 공동체적 해석에 대해 강조가 다른 교회에 영향을 줄 수 있는 환경에서 일하고 있었다. 베르너 팩쿨은 스위스 회중들의 질서와 마펙과 후터라이트 회중들이 사용한 질서를 비교했고, 스위스 질서의 근본적인 영향력에 대한 설득력 있는 주장을 했다.[16] 교회가 많은 사람의 가르침에 중요한 무게를 두고 있음을 보여주면서, 비슷한 구절들이 세 곳의 모든 질서 속에서 발견된다.

그 증거는 적어도 일부 독일그룹에서는 비슷한 공동체적 실제를 채택했음을 보여준다. 그의 "7개의 논문Seven Articles"에서 마펙의 동료 샨스크라저Scharnschlarger는 구성원들이 차례대로 읽고 예언하고 성서를 토론하는 예배의 질서를 묘사했다. 죠지 윌리엄스George Williams은 "이런 교회의 질서에서 우리는 대표vorsteher말고도, 모든 성도가 차례차례 일어나서 성서를 읽거나 공동체적인 글을 읽고 대화하고 예언하는 것을 이 예배를 통해서 볼 수 있다"[17]라고 언급했다.

마펙은 어떤 은사가 있는 개인들에게만 가르침을 국한하는 것을 거절했고 『명확하고 유용한 지침A Clear and Useful Instruction』에서 "그런 권위는 모든 진실한 믿는 자들에게 그들의 주인이신 그리스도에 의해 위탁되었다…. 모두가 사도들이 아니고, 모두가 선지자들이 아니고 모두가 기적을 행하는 것이 아니고 모두가 교사가 아니다. 그러나 신앙의 이런 은사들 어떤 것도 믿는 자들의 필요에 부족하지 않았다…. 얼마나 거짓 선지자들이 설교권을 높이 찬양하는지에 관계없이, 이 확증은 오늘날까지 진실한 어떤 신자에게도 금지되지 않았다"[18]라고 주장했다. 그는 성령 충만한 개인보다는 회중공동체에게 진실을 세우고 설명하는 책임이 있다고 주장했으며, 이 접근은 그의 반대파, 슈벵크펠트에 의해서도 수용되었다.[19]

네덜란드 아나뱁티스트 사이에서 공동체의 성서해석에 대한 증거는 계몽된 오베 필립에 의해 제공되었다. 『신앙고백』에서 그는 "모세의 장막에 대하여, 갈라진 굽에 대하여, 위임받은 사명에 대하여, 다윗의 갑옷에 대하여, 천년왕국에 대하여, 성육신, 세례, 믿음, 성만찬, 약속된

다윗 등에 대하여 논쟁하고 토론하면서 회중들 사이에서 커다란 언쟁과 의견충돌을 표현할 수 있는 사람들…. 이것은 형제들이 서로에게 행한 모습이다. 너나 할 것 없이 다 함께 참여하여, 이 사람은 이렇게, 저 사람은 저렇게 했다. 그러므로 이성적이고 편견없는 그리스도인들은 진실로 이것은 기독교적 공동체가 아니라고 말할 것이다…. "[20] 스위스의 소책자에 의해 칭찬되며, 영적인 공동체로 간주하던 여러 사람이 참여하는 모습을 오베는 영적이지 않은 공동체의 증거로 보았다! 비록 이 본문이 그러한 접근의 위험성을 말하고 있지만, 이것은 설교자들에 의해 점령된 성서해석의 권리를 회복하려는 초창기 시도가 아나뱁티즘을 이 지역에 퍼져 나가게 했음을 보여준다. 이런 모습은 이 운동의 초창기 10년 이상 지속하여 나갔다.

모든 아나뱁티스트들 중에서 가장 강한 공동체성을 지닌 후터라이트가 공동체적인 성서해석의 꽃을 피웠을 것으로 생각할 수 있다. 1529년 그들의 훈련은 스위스의 질서와 비슷한 모습을 격려하고 있다는 것을 보여준다. 그러나 이 공동체들은 확실히 성서적인 해석을 제공할 수 있는, 그들이 세운 지도자들에게 많이 의존하고 있었다. 하지만, 후터라이트 모임에 관한 특별한 참조자료에 의하면 적어도 초기 몇 년은 스위스 모임처럼 많은 사람의 참여에 열려 있었다는 증거가 있다.

스위스 아나뱁티스트 루브린Reublin은 그가 알았던 후터라이트에 대해 1531년 마펙에게 글을 쓰면서 "거룩한 세례를 받고 하나님의 뜻을 구별하며, 성령의 권능으로 삶이 변화된 그런 사람은 설교할 수 있다"[21]라고 말했다. 그러나 그는 약간의 제한을 언급했다: "후터는 설교가 허락된 오직 몇 형제들의 이름을 불렀다. 그리고 다른 사람들의 설교는 전혀 들을 수 없었다. 이런 말은 나를 슬프게 만든다."[22] 리드만이 주관하는 모임에 대한 묘사를 또한 주목해보라: "이것이 이루어졌을 때, 한 사람이 하나님이 주신 은혜를 따라, 주님을 경외하는 마음을 격려하면서, 그리고 경외심 가운데 거하도록 격려하면서 주님의 말씀을 신실하게 선포하기 위해 앞으로 나갔다. 이 모든 것이 이루어졌을 때, 사역자는 교회가 하나님을 찬양하도록 이끌었다."[23] 그러나 그는 이미 이렇게 말했다: "누구나 다 가르치고, 세례를 베푸는 임무를 맡은 것은 아니다."[24] 후터라이트 공동체에서 가르치고 성서를 해석하는 회중의 참여는 꽤 제한적이었던 것 같다.

회중이 해석하는 공동체로 움직일 수 있는가, 그렇지 못한가에 대해 결정적인 요소는 지도자의 역할이다…. 회중의 해석은 지도자가 모임을 지배하기보다는 인도하는 것이라는 것과 혼자만의 참여가 아닌 모든 사람이 다 참여하도록 돕는 임무를 그들에게 자각하도록 요구한다. 이런 임무는 성서가 읽히며, 모든 구성원의 헌신을 통해 성서가 이해되고, 적용된다는 것을 전제로 해야 한다. 이것은 국가교회의 목사 역할과 상당히 달랐다. 예를 들어, 칼뱅은 자신이 받은 가르침의 임무가 다른 사람들과 구별되게 성서를 해석하는 자격을 준다고 힘주어 강조했다.

메노는 회중들에 교사가 필요하다는 것을 동의했다. 그러나 그는 교사들이 모든 과정을 점령하면서 해석학적 정답을 언제나 가지고 있어야 한다고 기대하지는 않았다. 후브마이어는 학자들이 교회에서 기술적인 상세한 기술예를 들어, 본문을 해석하는 정확한 방법, 본문들이 다른 사람들에 의해 어떻게 해석되었는지를 설명하는 것 등을 돕도록 참여하길 원했다. 그는 다양한 주제에 대한 교부들의 글을 방대하게 모았다. 그러나 그는 이런 학자들의 역할이 회중의 다른 회원들을 완전히 압도하도록 내버려 두지 않았다. 마펙이 있었던 그룹에서는 리더십을 은사로 간주하였고, 모든 사람의 이익을 위해 자유롭게 사용되도록 허락되었으나, 지도자들은 공동체의 권위 밑에 순복해야 했다. 『명백한 논증*A Clear Refutation*』에서 마펙은 "사도와 주교와 목사의 권위는 다스리거나 주인으로서의 권위가 아니다. 오히려, 이것은 겸손과 낮아짐이며 그렇게 함으로 다른 사람을 지배하려는 욕망이나 그들만이 앞서나가겠다는 욕심으로 하는 일이 없어야 한다. 그들은 하나님과 공동체의 종이다."[25] 어떤 아나뱁티스트가 그들의 지도자를 위해 붙어준 "말씀의 종"이라는 호칭은 적절한 것이며, 말씀의 권위와 지도자의 섬기는 역할을 강조했다. 비록 이 말을 쓰는 공동체가 항상 그런 리더십을 경험한 것은 아니라 할지라도 말이다. 멜키오르 링크Melchior Rinck도 비슷하게 가르쳤다. 회중들은 믿음과 실천의 문제를 결정하는 데 있어서 자신감이 있었고, 지도자들은 스스로 결정을 내리지 않았으며 공동체의 섬기는 자가 되었다.

초기 아나뱁티스트들의 리더십에 대해 우리가 아는 바는 성서해석에서 지도자의 역할과 교회의 역할 사이에 긴장감이 있을 수도 있다는 사실이다. 프랭크린 리텔Franklin Littell은 회중들에서 지도자제대로 신학적 훈련을 받지 않았고 오직 자발적 헌신으로 월급을 받지 않은 사람들를 뽑는 아나뱁티스트들의 활동은 어떤 전문적인 특별한 계층도 믿음과 질서의 문제에 공동체의 주권을 침해할 수 없음을 의미했다."[26] 비록 이것이 초기 어떤 회중에게는 사실일지라도특별히 스위스 형제단들 사이에서 교권주의성직자주의는 재빨리 회복되었고, 따라서 공동체의 해석이 더 진전되는 것을 방해했을 것이다. 그러나 지도자들은 체포되고 사형집행되는 핍박 가운데 특별히 회중의 생사에 책임이 있었기에 해석자로서 혹은 교사에 대한 지나친 의존성을 지도자들에게 주지 않았다.

위의 어떤 사람도 성서 본문을 선택하고 해석하는 데 있어서 기본적인 가르침과 안내를 제공했던 아나뱁티스트 지도자들의 영향을 경시하지 않았다. 법정 증언은 성서의 가르침과 해석의 공통된 핵심은 신뢰받은 지도자들의 가르침에서 나온 것임을 보여준다. 그레벨, 후트, 뎅크와 같은 순회하는 지도자들과 후브마이어 같은 신학적으로 훈련받은 회중의 지도자들은 교사로서 필연적으로 존경을 받았다. 그러므로 실제에서, 그들의 공헌은 큰 비중을 차지했고, 그들과 다르게 생각하는 사람들의 입장을 제어할 수도 있었다. 그러나 분별하는 공동체에 순종하는 이런 지도자들의 자세는 그들이 공동체 해석의 기본 원리를 전적으로 충실히 지켰음을 보여준다. 공동체적 해석학에서, 모든 공헌이 똑같은 무게를 가져야 한다고 요구하지 않았지만 모든 공헌은 반드시 무게감이 있어야 했다.

어느 정도까지 공동체적 해석활동이 널리 퍼졌는지, 얼마나 견고하게 이 전통이 세워졌으며 얼마나 오랫동안 지속하였는지를 발견하기는 쉽지 않다. 신령주의의 예언적 영향이 더 컸던 남독일과 멜키오르파에서는 비록 해석자로서 신자들의 해석권리와 박해로 말미암은 지도자들의 부재 문제가 공동체적 해석을 이끌었다 할지라도, 어떠한 공동체적 추진력도 단지 짧게 피어났다 사라졌을 뿐이었다. 호프만은 그가 아나뱁티스트가 되기 전에 이미 국가교회의 지도자들이 그들의 교회공동체가 해석하고 분별하는데 참여하는 것을 허락하지 않은 것에 공격을 가했다. 그는 그들의 가상의 모토로서 조롱하는 시구를 인용했다: "우리는 홀로 옳고, 강하다. 왜냐하면, 우리가 법으로 정한 것이 무리에게 도움이 되기 때문이다."[27] 공동체적 해석이 초기 멜키오르파 공동체에 알려지지 않은 것은 아니다. 그러나 호프만은 그가 전에 품었던 회중의 민주주의를 거절하고 교리적 질문에 유일하게 답할 수 있는 카리스마적 지도자들의 위계를 세웠다."[28] 그의 초기 확신에 대한 흔적이 그가 영향을 준 그룹에 얼마나 남아 있는지는 확실하지 않다.

많은 스위스, 중앙 독일 그리고 네덜란드 회중 속에서, 공동체적 해석은 회중의 지도자와 표준이 되는 이해들을 의존하는 길을 일찍 열어주었다. 가톨릭과 종교개혁의 해석모델들이 점점 두드러지게 증가하는 추세가 생겼다. 기존의 전통비교적 최신의, 주로 구전된 전통에 강조를 두거나 권위가 있는 교사들에게 집중했다. 예를 들어, 더크 필립스는 "설교자를 보냄"에서 가르치길, 고린도전서 12장14장이 아니라을 인용하고 마펙의 다른 결론을 인용하면서 "하나님의 말씀을 가르치고 그리스도의 성례를 나누는 것은 모든 사람의 것이 아니다"[29]라고 했다. 그가 이 말을 해야 할 필요를 느꼈다는 것은 어떤 네덜란드 공동체적 가르침과 성서적 해석이 함께 공유된 기능이라는 것을 보여준다.

그러나 16세기의 훨씬 나중의 일견들은 회중들이 여전히 해석학적 공동체로서 움직이는 것을 보여준다. 한 예가 1562년 체포된 21살의 에스링겐Esslingen 아나뱁티스트의 심문 법정기록에서 나왔다. 그는 누가 그들의 지도자였는가에 대한 질문에 구성원들이 성서를 읽고 해석한 모임에 대해 묘사하면서 답했다.[30] 다른 예는 1576년 스트라스부르Strasbourg의 루터파의 사역자였던 엘리아스 쉐드Elias Schad의 보고에서 나온다.[31] 쉐드는 비밀리에 아나뱁티스트의 모임에 참석했고, 그들이 타협한칭찬하는 용어가 아닌 부분을 서술했다. 하나의 설교가 있는 대신에 몇 사람들의 몇 개의 짧은 해석들이 있었고 다른 사람들로 하여금 질문하고 덧붙일 말들을 하도록 초대하는 것이 뒤따랐다. 쉐드는 지도자의 말을 인용하기를, "여러분 중에 충분히 말씀을 이해하지 못한 사람이 있으면 나오세요. 우리가 가르칠 것입니다. 혹은 하나님의 성령이 누군가에게 계시하여 형제들을 교화시키길 원하시는 것을 느낀다면, 여기 나오도록 하십시오. 우리가 진심으로 그에게 귀를 기울일 것입니다." 쉐드는 유아세례의 주제에 대한 그의 설교를 제공함으로 이 초대를 점검했다!

(2) 교정에 대한 개방성

어떤 아나뱁티스트 지도자들이 대화와 상호반응을 격려했다는 사실이 보여주는 또 다른 점은 배운 것이 옳은지 아닌지를 알아보도록 성서를 스스로 찾아보도록 격려했다는 점이다. 그러나 고정된 지위, 상호

간의 파문, 그리고 1530년대 이후로 아나뱁티스트 공동체 삶을 따르지 않는 성향 등이 발생하면서 이런 말들은 단순한 수사학적인 표현으로서 무시될 수 있다. 오베 필립에 의해 제공되었고, 일찍이 인용된 서술은 상호 간의 교정에 대한 개방성이 항상 실제는 아니었다고 말한다. 그러나 비록 자신들이 항상 그들의 이상향을 따라 살 수는 없었지만, 이런 말이 자주 언급되고, 반대자들과의 논쟁에서 반복되는, 아나뱁티스트들의 진정성은 지도자들이 말한 대로 상호 간의 교정이 있었다는 것을 보여준다. 이러한 진술은 자신들의 임무를 권위 있는 해석을 제공하는 것으로 이해한 종교개혁자들의 글 속에서는 확실하게 빠져 있었다.

교정에 대한 이 개방성은 마펙의 글 속에서 특별히 두드러진다. 마펙은 『훈계』라는 책의 독자들에게 여러 번 그들 자신의 성서에 대한 공부와 이해에 대비하여 그의 가르침을 점검하라고 호소했다: "우리는 성서를 공부할 것이고 모든 악의가 없는 사람들의 판단에 대한 우리의 성과를 찬양한다. 신앙을 따라 모든 사람이 그것이 그러한가 아닌가를 보게 하라."[32] 다른 상황 속이라면 이런 호소는 개인학습을 제안하는 것이나 아나뱁티스트들 사이에서는, 다른 사람들과 함께 토론하는 것과 밀접하게 연결되어 있다. 이것은 같은 작품 속의 다른 본문에서도 명확하다: "우리는 우리의 진술과 다른 성서에서 온 더 나은 어떤 것에 편견을 갖거나 거절하길 원하지 않는다. 여기서 우리는 단순히 우리가 할 수 있는 것을 한다. 그리고 하나님이 우리로 하여금 할 수 있도록 허락하신 것만큼 한다. 각 사람으로 그들의 은사와 가진 재능을 주님께 투자하게 하라. 우리는 어떤 사람에 대항하여 말하는 것이 아니다. 단순히 우리의 신앙을 고백하는 것이다. 만약 어떤 사람이 우리에게 더 나은 것을 가르칠 수 있다면, 우리는 부지런히, 그리고 진심으로 감사하는 마음을 항상 드릴 것이다."

다시 후에, 마펙은 그의 독자들을 열심히 권했다: "만약 하나님이 누군가에게 좀 더 유용하고, 중요하며, 더 나은 것을 계시하신다면, 그가 그의 은사를 묻어 버리지 않도록 하라. 하나님이 그것을 모든 선한 양심의 사람들을 위하여 거룩하고 진실한 그리스도인의 교제 가운데 들어갈 수 있도록 주셨으니 그 계시를 표현하게 하라." 이런 주장이 어떻게 생성되었는지를 설명하면서, 마펙은 교회는 해석을 점검하는 장소라고 말했다: "우리는 열정적으로 우리의 고백을 거룩한 교회의 판단 아래 둔다. 교회는 하나님의 성령을 통해 모든 것을 말씀에 의해 점검하고 시험한다."

이러한 초대는 『훈계』[33]와 마펙의 가장 초기 작품과 후기 작품의 여러 군데에서 찾을 수 있다. 『판단과 결정Judgment and Decision』에서 그는 "나는 기쁘게 나의 마음을 성령이 주신 더 명백하고 맑은 이해에 순복한다. 그리고 나는 그리스도의 사람 중 가장 작은 자에게도 기쁘게 순종한다…. 만약 내게 잘 못이 있다면 나는 하나님에 의해, 성령과 성서를 통해 배우길 소망한다. 내가 (은혜로) 진리에 대해 증언한다면 진실로 믿는 사람들에게서 진리의 확인을 기대한다."[34] 여기 마펙의 해석공동체 안에서 어떤 믿는 자도 성령의 대변자가 될 수 있다는 믿음, 그리고 그가 추구하는 성령, 성서, 그리고 교회 사이의 균형 안에서 "그리스도 안에서 가장 작은 자"라는 말은 주목할 만하다.

마펙의 『고백』에서 그의 초기 진술은 훨씬 더 명백하다: "우리로 하여금 정직과 진리 안에서 서로서로 경고하고, 훈계하며, 가르치고, 훈련하고, 듣고 이해하게 하소서, 또한 믿음의 말씀에 순종하면서 살게 하소서. 이런 이유 때문에, 나는 하나님과 진실한 모든 믿는 자들에게 굴복합니다." 마펙이 자신을 이 교회 훈련에 순종시킴에 따라, 상호 가르침과 교정이 마펙의 의도대로 그가 지도자로 있는 교회에 제시되었다. 개인의 공부라기보다는 함께 공부한 것의 결과로서 그의 가장 방대한 해석 작업서, 『신구약 해설*Explanation of the Testament*』에서 마펙은 독자들을 그들이 읽은 것을 판단하고 테스트하도록 초대한다. 이 작품 속에서 채택한 입장이 모든 사람이 동의하는 것은 아니라는 것을 깨달으면서, 그는 다음과 같이 덧붙였다. "성서의 더 나은 이해와 해설이 제공될 때, 우리는 이 입장에 논쟁 없이 양보하다가 정확한 해석을 놓칠 때에 대해 또한 대비되어 있다."

모든 아나뱁티스트 지도자들이 이런 개방성을 받아들인 것은 아니지만, 비슷한 진술을 이 운동의 다른 분파에서도 찾을 수 있다. 실제로 마펙의 『훈계』는 베른하르트 로트만의 글에 기초하고 있다. 그리고 이 장에서 그것을 인용한 본문 대부분은 원래는 로트만이 쓴 것이다. 분리되는 경향이 있고 서로에 대해 귀 기울이는 것을 잘 못하던 네덜란드 아나뱁티스트들 조차도 이 이상적인 모습이 있었던 것처럼 보인다.

메노는 교정과 더 나은 계시에 대한 유사한 개방성이 있음을 고백했다. 그의 『간단하고 명확한 고백*Brief and Clear Confession*』에서 그는 자기 독자들에게 물었다: "만약 당신이 그리스도의 성육신에 대한 이 글에 관하여 더 간단한 성서를 가지고 있고, 우리가 가진 것보다 더 명확한 기초, 더 단순한 진리나 명백한 증거를 가지고 있다면, 우리를 도우라. 나는 이 문제에 관해 나의 마음을 하나님의 은혜로 바꿀 것이며, 당신의 견해를 받아들일 것이다."[35] 다시, 『출교에 대한 명백한 설명*A Clear Account of Excommunication*』에서 그는 다음과 같이 간청했다: "사랑하는 형제들이 먼저 언급된 그리스도의 말씀들에 대한 우리들의 해석을 보면서, 모든 그리스도인이 바울이고린도전서 5장 그것들을 이해하는지 못하는지를 같은 방법으로 부지런히 점검할 수 있길 소망한다."[36] 아돌프 엔스*Adolf Ens*는 주장하기를 메노에게 있어서 성서해석의 필수요건은 "성령과 형제들에 의해 지도를 받겠다는 의지"[37]라고 말했다. 메노가 이 이상향에 부족하다는 많은 증거가 있지만, 그의 글들은 교정에 대한 넓은 아나뱁티스트의 개방성이 네덜란드 아나뱁티즘에 영향을 주었음을 보여준다.

스위스와 오스트리아 아나뱁티스트에서도 유사점이 발견된다. 예를 들어, 후브마이어는 『그리스도인의 삶에 관한 18가지*Eighteen Theses Concerning the Christian Life*』에서 지도자들의 가르침을 테스트하라고 간청한다. "각 개인은 만약 그들이 목사에게서 적절한 음식과 음료를 받았다면 성서로 판단해야 한다."[38] 다른 예는 『신자의 훈련: 그리스도인은 어떻게 살아야 하나*Discipline of the Believers: How a Christian is to live*』에서 보여준다. 이것은 가장 초기에 존재했던 교회적 질서에 관한 것이며 1527년 한스 슈라페Hans Schlaffer가 라텐베르크Rattenberg에 있는 회중들을 위해 썼을 것이다. 이 책이 말하기를 "우리는 만장일치로 이 오딩Ordnung:아미쉬나 메노나이트의 신약성서에 근거한 생활 가이드라인—옮긴이 주이 모든 형제·자매들에 의해 지켜져야 함에 동의한다. 그러나 어떤 형제나 자매가 더 나은 ordnung을 제안하면 언제든지 그것은 받아들여질 수 있다." 이 입장은 고린도전서 14장에 대한 참조자료에 의해 지지가 되었다. 다시 한 번, 교정에 대한 개방성과 공동체적 분별은 함께 가는 것으로 보인다.

교정에 대한 개방성은 비록 그 통찰력들이 검증되어야 하지만 종종 회중의 한계를 넘어서 확대되는 일도 있었다. 슈벵크펠트와 나눈 편지에서, 마펙은 아나뱁티스트 공동체가 단지 그들의 교사들에 의해서만 교육받는다는 사실과 이것은 그리스도인의 자유에 대한 제한이라는 비난에 대해 언급한다. 국가교회는 승인된 설교자들 때문에 훨씬 더 많은 제한이 있음에 따라 이 비난은 신령주의자들에 의해 제기되었을 것이다. 마펙은 "우리를 전적으로 가르칠 기회를 누구에게나" 주었다. 누구든지 가르치거나 토론하기 위해 온 사람은 "우리가 하나님의 뜻에 대해 열려 있다는 것을 발견할 것이다"[39]라고 말했다. 그런 상호교환이 얼마나 자주 있었는지 의심스럽지만, 마펙의 개방성은 진리와 거짓을 구별하는 회중을 신뢰한 결과이며, 비록 예상치 못한 자료에서 온 것이라 할지라도 참신한 계시에 대한 수용적인 자세의 결과이다.

모든 신자가 해석할 수 있다는 널리 퍼진 아나뱁티스트의 확신과 조화하여 볼 때, 이런 진술은 공동체적인 토론을 가정하는 것이 아니라, 개인적인 공부와 감상을 전제하는 것이라고 볼 수 있다. 그러나 이것은 단순히 종교개혁자들이 공개적으로 목사들을 도전하기 위한 대안으로서 사용한 것이고, 아나뱁티스트들은 이것에 대해 심히 불편했다. 우리가 다루었던 몇 개의 본문들은 상호교정을 위해서 다른 지도자들을 초대했던 관습이 해석자들 간의 상호활동을 포함한다는 결론을 지지한다. 에스링겐Esslingen의 한스 그라시Hans Graci의 증언을 연구했던 존 오이어John Oyer는 결론을 내리길 설교자가 공적인 도전과 교정에 대해 반드시 열려 있어야 한다는 기대를 하며 "즉각적인 설교에 대한 반응"을 확실하게 정착된 아나뱁티스트의 관례로 간주한다.[40] 게다가, 지도자들은 종종 그들의 확신이 그룹 활동의 과정에서 나온 것임을 인정했다. 자틀러는 그의 관점이 다른 사람과의 교제를 통해 형성되었지, 개인적인 공부를 통해서가 아니라고 주장했다. 흥미롭게도 그는 이 해석의 과정에 '자매들'을 포함하고 있다. 이것은 여자가 아나뱁티스트 모임에서 아주 활발하게 참여하고 있었다는 사례[41] 중의 하나이다.

(3) 지역을 초월한 교류

초기 아나뱁티즘 가운데 떠오른 신앙고백들은 일반적으로 한 지도자의 작품이라기보다는 그룹의 만장일치 결과이며, 더불어 교정과 발전에 열려 있었다. 그 신앙고백들은 개인 지도자들에 의해 발제 되었지만예를 들어, 자틀러의 슐라이트하임 고백 같은… 대화 속에서 대표격을 지는 지도자들에 의해 토의되고, 수정되고, 채택되었다. 이런 고백들은 다양한 아나뱁티스트의 운동 전체에 전체적으로 수용된 것도 아니고, 모두가 동의한 교리적 상태도 아니었다. 특별히 메노는 아나뱁티스트 사이에서 어떤 신조나 고백이 믿음의 기준으로서 역할을 하지 않도록, 그래서 성서에서 벗어나지 않게 하려는데 특별한 관심을 뒀다. 신앙고백은 단순히 이것을 지지하는 사람들 사이에서의 만장일치를 나타내는 것이었다. 이것은 아마도 아주 많은 영향력이 있었고, 오랜 시간 지속하는 것이었을 것이다. 하지만, 최종 진술로 여겨지지 않았으며, 계속되는 토의로 말미암아 새로운 만장일치를 이끄는 교정과정에 대해 항상 열려 있었다.

한 신학자의 연구 결과물도 아니고, 인정받은 목회자들의 권위 있는 글들도 아니고, 지교회들의 독립된 신앙의 요약도 아니라는 관점에서 슐라이트하임 고백을 보아야 한다. 오히려, 이것은 어떤 대표격 지도자들이 모여 함께 공유된 확신을 표현한 것이다. 이것의 권위는 영적이며, 인격적이었지, 율법적이며 계급적인 것은 아니었다.[42] 아나뱁티즘에서 이것의 영향력은 대표격을 지닌 지도자들을 존경한 결과였다. 그러나 이것이 최종 결정권을 가진 것이라고 전제되지는 않는다. 고백의 정신과 자틀러 글의 정신은 이 사실과 꽤 다르다. 신앙고백은 지교회를 돕는 보조장치로서 제공되었고, 어우러진 열정과 지성의 결과물이었으며, 전에는 불일치했으나 지금은 성령에 의해 하나가 된 것이었다.

아나뱁티스트 교회에서 목사의 역할에 대한 신앙고백을 언급하면서, 한스 위르겐 괴르츠Hans-Jurgen Goertz는 "반교권주의적 배경을 고려하면, 그것은 개인에 대한 종교적 권위를 훨씬 더 제한함을 내포하고 있다. 목사는 성서에 대한 구속력 있는 해석으로 설교하지 않고 대신 그 본문을 단순하게 읽었다. 그래서 성서적 진리를 함께 발견하기 위한 여지를 남겨 두었다. 재미있게도, 설교라는 말은 전혀 언급되지 않았다."[43] 이런 내용은 신앙고백들에서 자주 등장하면서 반교권주의적 배경에 대한 조언은 중요하였으며 공동체적 참여를 배제하지 않았다는 뜻이다.

슐라이트하임은 그다음 해에 토이픈Teufen과 아우구스브르크 Augsburg에서 지역을 초월한 모임으로 이어졌다. 이 안에서 공동체적 접근은 더 강화되었다. 이런 지역 간의 모임은 지교회를 위한 모델이 되었다. 그리고 아나뱁티스트 지도자들이 자신들의 교회에서 했듯이 교회의 대표자격으로 모였을 때도 똑같은 원리로 움직이고 있음을 보여주는 실례들이 나타난다. 비록 어떤 지도자들은 매우 영향력이 있었지만, 그 어떤 지도자나 신학자도 한 명의 지도자가 지교회를 다스리도록 허락된 것처럼 회의를 주도하지는 않았다.

해석공동체의 뿌리

다양한 상황적 요인이 아나뱁티즘 안에서 해석공동체로 성장하는 데 이바지했다. 비평가들은 아마도 신학자들이나 능력 있는 학자들의 부재가 이들로 하여금 전통적인 가톨릭에 대한 유일한 대안으로서 공동체적 해석에 의존하게 하지 않았나 생각한다. 이런 관점에서 해석학적 공동체는 다른 사람들의 견해가 실린 참고문헌 없이 성령의 인도함을 받아 성서를 해석하려는 개인들이 모인 운동으로서의 응집성을 제공하려는 필사적인 시도였다. 위에서 간단하게 언급한 또 다른 요인은 박해받는 교회가 그들의 지도자들이 순교함에 따라 스스로 생존해야 하는 현실적 필요가 있었기 때문이기도 했다. 이러한 예는 후터가 체포되기 전에 간단하게 쓴 그의 편지에서 나타난다. 그는 편지의 수신자들에게 그들이 배운 것에 집중하라고 했다. 그래서 지도자들이 잡혀갈지라도 그들이 자신들의 "마음의 창고에서 하나님에게서 받은 보물을 끄집어 낼 수 있게 하라"[44]라고 강조했다.

비록 후터가 지도자들이 없을 때에, "주님이 불기둥으로 앞서나가실 것이다. 그 불기둥은 모든 진실한 그리스도인의 마음에 살아있는 하나님의 말씀이다. 그것은 그들 속에서 일하며, 그들을 진리와 든든한 믿음으로 인도할 것이며 하나님은 그들을 성령의 빛과 그분의 말씀으로 인도하신다"[45]라고 말했지만, 이런 세심한 주의는 주의 깊게 경청하라는 요구보다는 공동체적 참여를 더 요구하는 말이다. 일단 지도자들이 떠나면, 교회구성원들은 하나님에게서 배울 필요가 있었다.

후터라이트 공동체에서 이 배움이 개인적인 공부에 제한되었다는 것은 믿기 어려운 것이다. 공동체적 해석의 형식과 공유된 가르침에 대한 책임은 임명받은 지도자들의 역할이 강하게 강조되는 그룹 안에서조차 필수적이었을 것이다. 오이어Oyer와 밀러Miller는 결론을 내리길: "아나뱁티스트들은 설교와 가르침의 역할을 공유할 필요가 있었을 가능성이 있다. 왜냐하면, 그들의 교육받은 많은 지도자가 죽었기 때문이다···. 아마도 그들은 필요에 의해 이런 미덕을 만들게 되었을 것이다. 글을 읽을 수 있는 지도자들이 거의 없었기에 모든 사람은 서로 도울 필요가 있었다···. 이것은 "증인Zeugnis"으로 불렸으며 이러한 성서에 대한 이해는 누구에게나, 심지어 반대 관점을 가진 사람들에게도 말하도록 열려 있었다."[46]

반교권주의반성직자주의가 아나뱁티즘이 등장하고 발전하는 환경 속에서 가장 큰 부분이 되었기에 성직자의 중요한 책임 중의 하나인 성서 해석에 대한 새로운 대안이 등장해야만 했다. 우리는 또한 16세기 유럽의 다수처럼, 대부분 아나뱁티스트들이 글을 읽지 못하는 사람이었다는 것을 기억해야만 한다.[47] 반교권주의반성직자주의 행동은 교회구성원들이 성서를 읽고 해석하는 것을 목표로 했고 유일한 대안이 개인 공부였다면 실패했을 것이다. 단지 몇 명만이 글을 읽을 수 있다는 상황 속에서 모든 사람이 해석할 수 있는 자유가 주어졌다는 것은 공동체적 접근을 전제할 수 있었던 것이다. 게다가 공동체적 해석에 대한 증거는 일반 아나뱁티스트들이 가진 놀랄만한 성서에 대한 지식일 것이다. 환상과 계시에 의존하는 것은 신령주의자들의 선택이었으나, 하나님의 뜻을 분별하는 데 성서가 기본이라고 믿는 사람들을 위한 것은 아니었다. 이처럼, 위임된 설교가들을 의존하는 것은 국가교회의 필요를 채우기에는 충분했지만, 하나님의 뜻을 분별하는 데 있어서 공동체가 필요하다고 믿는 사람들을 위해서는 충분하지 않았다.

문서로 만들어 지지는 않았지만, 중요한 역할을 차지했던 다른 실제적인 부분은 아나뱁티스트들의 모임에서는 강대상이 없었다는 점이다. 교회 건축은 회중이 어떻게 움직이는가를 보여주는 중요한 역할을 한다. 전형적인 국가교회는 한 명의 설교자가 잘 보이고 잘 들리도록 디자인된다. 반면, 아나뱁티스트들의 모임은 숲, 동굴, 배, 집 그리고 넓은 초원 같은 데였으므로 강대상과 같은 영향력 있는 상징은 없었다. 다수의 참여는 특히 교회론이 다수의 참여를 지지하는 관점일 때, 강대상이 없는 환경에서 훨씬 더 가능해 지는 것이다. 실제로 널리 퍼진 이와 같은 확신은 공동체적 해석을 배제하고 상상하기는 몹시 어려운 일이다.

아마 가장 중요한 시대상황적인 요소는 지역 공동체의 결정과 공동체 해석학에 대한 근거를 제공해 준 농민운동의 자극과 도전이었을 것이다. 당대 농부들은 사상과 구성원 두 가지 차원 모두에서, 농민운동과 초기 아나뱁티스트 운동에 상당 부분 겹쳐서 활동하고 있었음을 보여주었다. 해석공동체로서 회중의 역할은 농민운동과 초기 아나뱁티스트 운동의 특징을 보여준다.[48] 하나는 배우지 못하고 힘없는 사람들에게 특권을 주는 것이며, 다른 하나는 공식적인 권위를 가진 사람들의 독점에 도전하는 것이었다. 비록 이 운동에 대한 기억이 희미해지기 시작하면서 성서해석에 대한 교회지도자들의 역할이 더 커졌겠지만, 이상적인 모델로서 공동체적 원리의 지속성을 설명하는 데 아주 유용한 그 기억이 완전히 사라졌다고 보지는 않는다.

사회적, 상황적 요인이 해석공동체를 발전시키는데 중요했다는 사실은 분명하다. 종교개혁이 이 실천을 향한 그들의 첫 마음, 첫 열정을 따르는 데 실패한 원인은 원리 자체에 변화가 생겼다기보다는 공동체적 해석을 할 수 있는 진실한 신자들의 모임을 세우는 데 실패했다. 1526년 독일 미사에서 루터는 아나뱁티스트들이 매우 편안해하는 지역교회에 대해 묘사했고, 결론을 내리기를: "나는 그런 교회를 세울 수도 없고 세우지도 않을 것이다. 왜냐하면, 그것을 할 수 있는 사람들이 아직 내게는 없기 때문이다."[49] 그러나 아나뱁티즘의 역사는 그들의 머리지도자로서 일부의 학자들과 신학자들과 함께 했지만, 초기부터 공동체에 대한 강조는 변함이 없었다고 주장한다. 그렇기에 교회 안에서 해석학적 권위를 두는 것은 선호할 수도 있는 선택사항이지, 필수적인 조언은 아니었던 것으로 보인다.

츠빙글리의 영향은 초기 취리히 아나뱁티스들에게 확실히 중심역할을 했다. 콘라드 그레벨과 펠릭스 만쯔는 츠빙글리와 성서를 토론하는 그룹에 소속되어 있었다. 츠빙글리는 모든 성도가 함께 참여하는 비밀집회 같은 상황 속에서 그들을 훈련했으며, 직접 본이 되어서 그것을 가르쳤다: 즉 "성서의 말씀을 설명하는 것은 한 명 또는 두 명의 기능이 아니라 모든 그리스도를 믿는 사람들의 기능이다."[50] 그 밖에도, 그는 "그래서 예언자들이 설명할 때, 모든 교회는 판단해야 한다. 즉 다른 모든 사람은 그가 한 것이 옳은지 그른지 판단해야 한다. 보라! 교회가 전에 들어 본 적이 없는 무엇인가를 들었을 때 교회가 판단하는 근거가 무엇이며 어떤 능력에 의한 것인가? 대답: 그들 속에 계신 하나님으로 말미암아서이다."[51] 이것은 모든 교회의 이런 특권과 하나님이 각 사람 속에 거하신다는 기초에 의해 정당화되는 것이다. 이 기초는 그들로 하여금 해석학 임무를 위해 준비되게 했으며 이것을 실천했던 아나뱁티스트들과 똑같은 원리이다.

　그러나 츠빙글리보다 더 급진적인 제자들은 츠빙글리가 이런 원리에서 뒤로 물러서고, 성서 본문의 내용에 대해 정치적 권위의 결정을 수용하는 자세와 학문을 점점 더 강조하는 모습에 실망하게 되었다. 베르너 팩쿨은 취리히에서 생긴 일에 대해 이렇게 묘사했다: "복음주의 파는 두 개의 해석학적 그룹으로 나누어졌다⋯. 츠빙글리⋯ 는 그 스스로 성서를 해석하는 것과 그의 지식에 대해 보류했다. 성서는 설교하는 지식인들과 함께 특권층의 동맹에 의해 해석되는 것이었으며 사건은 통제되는 것이었다. 취리히의 프로페치Prophezi에서 제도화된 이 동맹은 성서의 원어에 익숙한 인문학으로 잘 훈련된 해석자들의 손에 의해 성서의 의미를 해석하도록 했다. 다른 한편, 급진적인 사람들은 계속되는 공동체적 대화와 함께 자국의 언어로 된 성서에 기초한 해석공동체를 형성했다."[52] 좀 더 급진적인 시각을 가지게 되면서 이 제자들은 공동체적 접근에 충실했다. 또한, 졸리콘Zollikon에 있는 지적인 그룹의 한계를 넘어, 비록 신학교육과 훈련은 받지 않았지만, 급진적인 시각과 영적인 열정을 나눌 수 있는 다른 지역의 사람들에게로 공동체적 접근을 확장하기로 다짐했다.

　1527년의 슐라이트하임 회의는 공동체적 해석을 강화하는 것을 도왔다. 거기서 만난 지도자들은 서로 다른 배경과 관심과 강조점을 가지고 왔다. 다채로운 운동의 결집과 진전은 그들의 자발성과 능력에 의존하여 중요한 주제에 대한 동의에 다다를 수 있었다. 이 회의의 성공과 슐라이트하임 고백의 영향력은 공동체적 접근의 실용성과 유익함에 대한 강력한 증거를 제공했다. 슐라이트하임에서 만났던 지도자들은, 성령에 의해 알려지고 하나가 된 공동체는 성서해석의 문제에 최종적인 권위가 됨을 확신했다. 이 확신은 그들이 책임지는 교회에 구체적으로 적용되었다.

스위스 아나뱁티스트들은 츠빙글리의 영향력을 인정했으며, 또한 그들의 공동체적 해석학을 지지하려고 성서 본문을 인용하기도 했다. 가장 인기가 많은 구절은 문맥을 함께 생각한 고린도전서 14장 29절이다. 이 본문은 지배적인 순서나 절차보다는 다른 것에 자리를 내어주고, 그리고 함께 말해진 것에 무게를 두는 공동체를 강조하면서 차례로 말하는 예언자들을 언급했다. 이 본문은 아나뱁티스트 교회의 질서를 지키는 데 있어서 아주 근본적이었으며, 우리가 보았듯이, 국가교회에 대해 신랄하게 비평하는 근간이 되었다. 이것은 츠빙글리의 표현으로 "바울의 법"으로, 혹은 신령주의자들 사이에서는 함께 앉아 토론하는 법칙 *lex sedentium* 등으로 다양하게 알려진 것을 지지했다. 이것은 아나뱁티스트들에 의해 1524년 일찍이 사용되었다. 그 해에 그의 책 『에크에 반대하는 글*Theses Against Eck*』에서 후브마이어는 "둘 중에 어느 것이 그것을 더 정확히 이해하는지에 대한 결정은 교회에서 하나님의 말씀에 의해 결정되는 것이며, 믿음에서 나오는 것이다. 당신이 와서 말하게 될 때, 다른 사람들은 분별하게 될 것이다. 예언하는 사람은 둘이나 셋이요. 다른 사람들은 분별할 것이요: 고린도전서 14장 29절"[53] 이 본문에 기초해서, 후브마이어는 에크Eck를 교회 앞에서 함께 논쟁하도록 초대했으며, 그 교회는 둘 중에 누가 성서에 맞는 이야기를 하는지 결정하도록 허락되었다. 츠빙글리는 이전에 이 본문으로 콘스탄스 주교에 반대하여 해석학적 공동체로서 역할을 하는 지역교회의 권리를 지지하려고 주장했다. 3년 뒤에, 아나뱁티스트에 반대하는 글을 쓰면서 그는 해석 공동체를 몇 번 언급하면서, 훈련된 해석자들에게만 해석을 제한시켜야 한다는 주장으로 말을 바꾸게 되었다.[54]

아나뱁티스트들은 또한 교회가 베드로의 열쇠를 소유하고 있다고 가르치면서 베드로가 묶고 풀 수 있는 권세를 받는 마태복음 16장을 언급했다. 리디아 하더Lydia Harder는 아나뱁티스트들이 "교회를 위한" 권

위를 주장하는 것을 관찰했다. 이것은 성서의 의미를 분별하는 권위와
정확한 가르침을 확실하게 하는 훈련의 권위 둘 다를 포함한다.[55] 스위
스 아나뱁티즘의 광범위한 연구와 파문에 대한 연구에서 얼빈 슈라바
흐Ervin Schlabach는 아주 근본적인 말씀인 마태복음 18장에 대한 그들
의 이해는 "대화하는 공동체의 신학"[56]을 요구하는 것임을 보여주었
다. 공동체적 해석학과 훈련은 서로 맞물려 갔다. 둘 다 분별하고 참여
하는 교회의 자유와 능력을 전제하는 말이다.

익명의 베른 아나뱁티스트의 간증 속에서 다른 본문들이 인용되었
다.[57] 국가교회 성직자들의 성직에 대한 독점에 대해 반대하고 나서면
서, 그는 어떻게 교회가 움직여야 하는지에 대한 정의를 베드로전서 2
장 9절, 요한계시록 1장 6절, 갈라디아서 3장 28절, 익숙한 고린도전서
14장에 근거하여 내렸다. 등장하는 교회의 그림은 제사장들의 공동체
로 묘사되었으며 이 안에서는 어떤 장애도 구성원들의 특권을 빼앗을
수 없으며, 모든 사람은 성서에 대한 해석에 이바지할 수 있었다.

이 운동의 다른 분파에서 나온 아나뱁티스트의 글에 등장하는 또다
른 성서 본문은 중요한 위치를 점하고 있는 예레미야 31장 33-34절이
다. 이 본문은 모든 사람이 다 하나님을 알기 때문에 선생이 필요하지
않을 것이라는 하나님의 새 언약의 결과로서 정체성을 갖는다. 그렇기
에 피터 리드만Peter Riedeman의 고백문에서, 그는 "말씀을 중요시함에
따라, 이 언약은 은혜, 계시 그리고 하나님에 대한 지식의 약속이 되는
것이다. '그들은 작은 자에서 큰 자까지 모두 나를 알 것이다.' 그러나
이 지식은 오직 성령을 받아들일 때만 얻게 되는 것이다."[58] 같은 본문
이 데이비드 조리스의 『하나님의 놀라운 역사Of The Wonderful Working
of God』의 서문[59]에 등장한다. 여기에서 그는 모두가 하나님을 알기 때
문에 누구도 다른 사람을 가르치지 않는다는 비슷한 결론을 이끌었다.
그는 "들으라, 들으라, 들으라, 위대한 기묘, 위대한 기묘Hear, Hear,

Hear, Great Wonder, Great Wonder, Great Wonder"의 예레미야 31장을 언급한다.[60] 비록 후터라이트와 멜키오르파 아나뱁티스트에서는 공동체적 해석에 대한 증거가 많지 않지만, 이 성서적 본문의 함축된 의미와 영향력 있는 지도자들에 의해 이 본문이 어떻게 사용되어야 하는지가 그들에게 알려졌다.

세 가지 신학적 확신은 해석공동체를 떠받쳐 주었다.

- "모든 신자의 신학자화"아나뱁티스트의 표현이 아니라, 전신자제사장설에 대한 종교개혁주의 개념을 그들이 더욱 급진적으로 어떻게 발전시켰는가를 이해하면서,
- 하나님의 목적 안에서 교회 중심성과 연속성,
- 그리고 함께 하는 교회가 성령사역의 주요 장소라는 신앙.

우리는 이미 앞에서 성령의 역할을 공부했다. 그러나 해석공동체가 은사주의적이라는 사실과 아나뱁티스트 지도자들의 해석공동체에 대한 확신은 성령이 단순히 개인 안에서만 일하시는 것이 아니라는 기대에 근거한다는 사실은 강조할 가치가 있다. 예를 들면, 리드만은 "교회는 성령에 의해 함께 모인다"라고 썼다. 그리고 "이 성령이 이끄는 교회는 진리의 기초요 근간이 된다."[61] 이것은 교회가 성서 위에 앉은 권위가 아니라 성서를 해석하기 위해서 성령이 선택한 장소로서 이해된 것이다.

또 다른 요소는 아나뱁티스트의 박해받은 교회가 16세기의 어떤 교회보다 신약의 교회에 훨씬 더 가까이 있었다는 그들의 확신이다. 그들은 그들의 모임 안에서 성서를 해석하는 좋은 위치에 놓여 있다고 믿었다. 왜냐하면, 그들의 교회는 권력과 안전 속에 있는 사람들이 가질 수 없는 삶의 상황과 초대교회의 관점을 공유하고 있었기 때문이다. 사실

상, 그들이 처한 현실의 한계가 성서 본문의 상황과 혼연일체가 되게 한다고 확신했다. 그들의 교회는 1세기 초대교회와 실제적인 접촉점이 있다고 믿었다. 그들의 소망은 성서를 그들의 상황에서 의미 있게 해석하는 것이었다. 그들의 환경이 초대교회와 진정한 연속선상에 있었으므로 이것이 신실한 이해라고 믿었다. 그러므로 그들의 해석학은 '교회중심' 이었고, 그들은 성서를 해석하는 데 있어서 회중들에게 중요한 역할을 주었을 뿐 아니라, 그것의 유용성에 따라 어떤 해석도 분별할 수 있는 역할을 교회에 주었다.

코넬리우 크란Cornelius Krahn은 성서에 대한 메노의 교회중심적 접근을 언급했다.[62] 그는 해석과 교회의 관계가 해석의 정확성을 평가하는 데 있어서 결정적인 요인이 된다는 것을 의미했다. 비슷하게, 더글러스 샨츠Douglas Shantz는 더크 필립스의 해석을 "순전한 교회의 해석"으로서 묘사했다. 결론을 짓기를 그의 "교회론적 관심은 성서에 대한 이해와 적용을 형성하고 지배하는 전제로 사용되었다"[63]라고 했다. 종교개혁자들의 해석이 교리적 전제에 갇혀 있을 때 아나뱁티스트들의 제한성은 교회적이고 윤리적인 문제와 관계가 있었다. 성서는 교회의 질서와 선교를 가장 중요하게 다루는 것으로 이해되었으며, 그렇기에 교회에 대한 이해는 아나뱁티스트의 믿음의 관점에서 해석되었다. 교회는 '해석학적 순환' 안으로 그들을 포함한다. 성서적 교회론에 대한 그들의 이해에 옳은 가르침을 주려고 교회는 만들어가기 하고, 어떻게 성서가 해석되는가에 의해 만들어지기도 한다. 그렇기에, 교회는 성서를 해석하는 시험의 장소가 된다. 왜냐하면, 여기서 어떤 해석의 실제적인 결과들이 평가될 수 있기 때문이다.

'모든 신자의 신학자화'는 또한 성령의 역할과 관계가 있다. 지도자들은 성령이 모든 신자에게 교육이나 신학적 전문성에서 그들이 부족한 것을 제공할 수 있는 분이라고 믿었다. 마펙은 『그리스도의 낮아지심에 관하여Concerning the Lowliness of Christ」라는 책에서 "모든 개인이 가지는 은사는 반드시 들려져 사람들에게 보여야 한다. 그리스도의 보물을 받지 못한 사람은 아무도 없다… "[64] 그러므로 해석공동체는 이런 신학자들을 포함했고 실제로 문맹의 신학자들을 포함할 수 있는 해석에 대한 유일한 접근이었다 마태복음 18장에 있는 예수의 약속에 근거하여 공동체는 성령의 특별한 기름 부으심을 기대할 수 있었다. 왜냐하면, 그들은 하나님의 사람들로 모였기 때문이다.

우리는 종교개혁자들의 글에서도 만인 제사장설, 모든 신자가 설교자의 말씀을 비교, 검토할 수 있는 자유, 고린도전서 14장 29절의 중요성, 그리고 성서해석에서 교회와 세속적 권위의 제한된 역할에 관한 글을 찾을 수 있다. 그러나 단지 종교개혁자들이 현실적이지 못하다고 배척했던 공동체적 삶의 비전을 추구하던 아나뱁티스트들의 이런 원리들이 해석공동체에로의 실제적인 발전으로 이어졌다.

평가

아나뱁티스트들은 지역 자율성을 상당히 보장하는 교회론에 헌신했다. 그들은 교리, 전통 그리고 전문적인 지도자들이 지역교회를 장악하던 곳에 있던 위계질서를 반대했다. 그들의 지도자들은 지역교회의 모임에 의해 선출되었고, 그들에게 책임감이 있었다. 순회하는 사역자들과 함께 그들은 교회에 대해 권위를 행사하지 않았고 그들을 섬겼다. 각 교회는 교리문제, 행동지침 및 성서해석에 대한 문제에 그들만의 결정을 내렸다. 여기에 있어서 잠재적인 약점은 분파와 불일치 그리고 비일관성의 경향이 문제였다. 만약 각 교회가 해석학적으로 자율적이며, 각자 성령의 기름 부으심을 주장하면 누가 이 문제들을 분별할 것인가?

아나뱁티즘은 꽤 힘든 문제인 분열로 말미암아 곤욕을 치렀으며 해석에 대한 주제가 종종 위기에 처하기도 했다. 대표적인 지도자들이 함께 모인 회의, 슐라이트하임이나 아우구스부르그에서의 모임은 불일치와 혼란 때문에 모이게 된 것이었다. 특별히 네덜란드 아나뱁티즘은 어떤 성서적 실례가 해석되며 적용되어야 하는지에 관한 문제로 나뉘었다. 성서에 대한 특별한 이해를 강요하는 권력이 없기에 다양한 그룹이 그들이 동의하지 않는 다른 그룹을 한꺼번에 제명하기도 했다.

윌리엄 키니는 초기에, 지도자들 간의 개인적인 접촉이 기대되었고, 그런 문제를 해결할 수 있었으나, 그룹들이 많아짐에 따라 이것이 점점 불가능해졌다고 결론을 내렸다. 특별히 더크 필립스는 이 문제해결을 위해 노력했으나 이 운동 안에서 발생하는 끊임없는 갈등은 만족스러운 결론을 찾기 어렵다는 것을 보여주었다. 키니는 더크도 메노도 궁극적인 호소가 말씀의 문제에 대한 것만이 아니라, 교회 안에서의 성령의 목소리에 대한 것일 때, 해석을 위한 객관적인 검사의 수단을 찾는 어려움을 충분히 경험했다고 말한다.[65] 로트만은 해석이 그리스도인을 적합한 삶의 행동으로 이끈다면 그 해석은 믿을 만하다고 주장했다.[66] 그러나 그의 뮌스터 일화에서 그리스도를 닮지 않은 그의 행동은 이 윤리적 여과의 한계를 보여주었다.

그들의 동시대 사람 중 일부는 이 분열을 아나뱁티스트가 틀렸다는 증거로 사용했다.[67] 성서해석은 훈련된 신학자들이 가장 잘할 수 있다고 믿는 사람들은 자신들의 결론을 지지해 줄 많은 증거를 찾으려고 노력했다. 계시와 연합을 가져오고자 성령에 의지하는 것은 가끔 헛된 바램처럼 보였다. 그러나 이런 심각한 문제에도, 주목할 만한 연합과 일관성이 이 운동 전반에 나타났다. 강조의 차이, 강하고 성급한 지도자들, 문화적 다양성 그리고 심한 박해의 압력, 이 모든 것이 아나뱁티즘이 나누어지도록 위협했지만, 이 운동은 아나뱁티스트의 합법적 비전으로 묘사될 수 있는 유산을 남기고자 박해 속에서 지쳐 초라해진 모습으로 피를 흘리면서 존속되었다. 많은 그룹과 개인들의 확신은 루터파와 종교개혁주의자들이 하였던 것처럼 성문화되고, 체계화되지 않았다. 그러나 신학과 윤리와 교회론에 대한 눈부신 공헌은 아나뱁티스트의 해석하는 공동체에서 나타났던 것이다.

피할 수 없는 비현실적인 낙관주의의 결과이거나 성서를 해석하는데 있어 타고난 인간의 약점을 피할 수 없다는 결론으로 이어지는 그들의 실수, 불일치, 그리고 조잡한 해석을 가끔은 볼 수 있다. 아나뱁티스트 지도자들은 나타나는 문제들을 소홀히 했을지도 모른다. 하지만, 그들은 그것들을 그 당시 유용했던 다른 체계와 연합된 것들보다는 심각하지 않은 것으로 간주했다. 어떤 아나뱁티스트들은 교회를 위한 길잡이를 제공해 줄 필요가 있다는 것을 심각하게 인식했고, 주요 주제에 대한 동의에 이르도록 다른 지도자들을 만날 필요도 절감했다. 그들의 영향력은 아마 공식적이지는 않았지만 상당했다. 뜨겁고 설득력 있는 선각자visionaries뿐만 아니라 지혜롭고 경험 많은 지도자들이 회중에게 일반적인 안내와 해석을 위한 자료를 제공했다는 것은 의심할 여지가 없다. 시간이 지남에 따라, 이 영향력은 회중의 역할을 무의미하게 축소해 나간 듯 하다. 비록 동의하지 않을 자유가 있었으나, 교회회의는 지역교회의 해석을 측정하는 척도였으며, 궁극적으로 교회가 성령의 음성으로 믿은 것에 대하여 중재하는 자는 없었다. 이런 권위를 가진 교회를 능가하는 어떤 개인적이거나 조직적인 해석자를 의도적으로 가지고 있지 않았기에, 아나뱁티스트들은 융통성과 다양성의 정도의 차가 있음을 인정했다. 그들은 그것을 외부통제와 구속하는 교리와 전통의 영향력에서 획득한 자유에 대한 대가로서 가치 있는 것으로 간주했다.

공동체적 해석은 단순히 무지ignorance의 집합체인가? 많은 문맹의 신자들은 뛰어난 개인의 해석자들보다 더 효과적인 존재가 아니라고 주장되었다. 이것에 대한 아나뱁티스트들의 반응은 해석은 성령의 음성을 듣는 것이며, 적어도 부분적으로나마 모든 사람이 이해할 수 있도록 아주 쉬운 성서를 읽는 것혹은 듣는 것이 관건이라고 했다. 함께 생각을 나누는 것은 각 사람이 모든 신자에게 성령이 주신 통찰력을 공유하도록 도와준다. 이런 통찰을 함께 토론하고 합의에 다다르도록 하는 것은 그들로 하여금 도움이 되고 믿을 만한 것은 확신하며, 신뢰할 수 없고 틀린 해석은 버리게 도와주었다. 더 나아가, 성령의 임재는 그 회중이 함께 모였을 때, 특별한 방법으로 약속되었다.

실제에서, 회중들은 공헌하는 정도가 사람에 따라 다양함을 발견했고, 어떤 사람은 함께 나눌 것이 적다는 것도 깨달았다. 해석공동체도 다른 그룹에서 그렇듯이, 강하고 말을 잘하는 사람들과 경험이 많고 교육을 많이 받은 사람들에 의해 지배당하는 경향이 확실히 있었다. 그러나 그들은 가장 약한 구성원이라도 제외하는 것을 거절했다. 왜냐하면, 성령은 모든 사람 속에서 일하시기 때문이다. 밭 가는 소년도 때때로 신학자들보다 성서를 더 잘 이해할 수도 있기 때문이다.

실제에서 가장 약한 구성원들은 제외되지 않았지만, 학문은 제외되었을 것이다. 우리가 전에 살폈듯이, 후브마이어는 전문가들의 공헌을 환영했다. 그러나 아나뱁티스트운동에 헌신한 신학자는 거의 없었다. 그래서 많은 회중, 특히 시골의 교회들은 학자들의 자료들을 사용하는 것이 어려웠다. 학자들이 있는 곳이라 할지라도 이 운동에 널리 퍼진 학문에 대한 불신 때문에 그들의 전문성이 사용되는 것을 절제시켰다. 교육은 무지보다도 성서를 이해하는 데 더 큰 방해거리로 이해되었다. 불가피하게인지, 편견에 의해서인지, 초기 아나뱁티즘은 회중들의 능력을 좀 더 효과적인 해석으로 향상시킬 수 있는 신학적이고 지적인 자료들을 모아놓는 데 실패했다. 그들의 관례는 훈련되지 않은 신자들의 역량에 대한 교육적인 예들과 교회 환경에서 학자들의 전문성이 점검되지 않은 채 그저 그들에게만 의존하는 위험성에 대한 경고를 제공해 주었다. 그렇지만, 역으로 해석하는 과정에서 완전하고 신뢰할 만한 요소로서 학자들과 함께 연구하는 교회의 가능성은 적절하게 연구되지 않았다.

아나뱁티스트의 공동체적 해석의 모형에 또 다른 한계는 지난 세기에 있던 교회에 대한 사실상의 배제이다. 그들의 초점은 과거의 합의에는 주의를 기울이지 않고, 현재의 합의에 너무 첨예하게 맞추어졌다. 이점이 칼뱅의 주요한 비판 중의 하나였다.[68] 그리고 그들은 교회가 콘스탄틴 시대부터 타락했다고 믿었기에, 그 타락이 더 이전이 아니라면 구속하는 전통으로부터의 자유를 향한 바램 속에서 아나뱁티스트들은 이전 시대 교회의 지혜를 충분히 끌어 오지 못했다. 비록 교회가 개혁이 필요하다는 것을 종교개혁자들도 인정했지만, 그들은 교회의 타락을 아나뱁티스트들만큼 이른 시기에 두지 않았다. 또한, 그 타락이 회복을 요구할 만큼 정도가 심한 것으로 간주하지도 않았다. 인간의 타락에 대한 아나뱁티스트들의 관점은 일반적으로 종교개혁자들의 것보다 더 급진적이지는 않았다. 그러나 교회의 타락에 대한 그들의 관점은 훨씬 급진적이었기에 전 시대의 글을 연구하는 것을 장려하지도 않았다.

그러나 전통에 대한 경시는 아나뱁티스트들을 과거의 권위에 의존하지 않고 신선한 발견들을 하도록 했지만, 성서해석을 풍성하게 하고, 그들에게서 학문적이고 영적인 조언들을 받을 기회를 앗아갔다. 특별히 콘스탄틴 전 시대의 작가들에 대한 무지는 얼마나 많은 저자가 아나뱁티스트들과 비슷하게 성서를 해석했는지를 발견할 기회를 막았다. 또한, 실제로 당대의 그리스도인을 제외하고 모든 사람의 권리를 박탈하는 교회론을 채택한 그들의 입장은 정당하지 않고 거만한 것으로 보인다.

과거 해석자들과 권위를 무시하는 아나뱁티스트들의 태도는 중요한 경고를 내포한다. 그러나 기독교 초기 세대의 공헌을 버리는 것은 전적으로 불필요한 것이었다. 현대학자들이 모든 토론을 주도하지 않고도 환영받듯이, 과거 해석자들도 그들의 결론이 도전을 받거나, 극도의 존경심으로 대우받지 않아도 유익한 참고자료가 될 수 있다. 아나뱁티스트들의 급진성은 신실하고 성서적인 해석에 주요한 장애물들을 없애버렸지만, 좋고 도움이 되는 것을 보전하는 데는 실패하고 말았다. 역설적으로 그들의 교회론은 현시대에 있는 것이 아닌, 역사 속에 있는 하나님의 사람들이 가졌던 과거 자료의 가벼운 이용만을 명령했음을 내포했다.

다른 비판은 이 해석하는 공동체의 교회중심성에 대한 염려이다. 초점이 신실한 회중들을 세우고 성서해석이 이 목적으로 이끌어지는 교회에서는 정부, 정의, 그리고 사회와의 관계와 관련된 주제와 더불어, 더 넓은 공동체를 다루는 성서의 본문을 평가절하하거나, 잘못 이해할 수 있는 위험성이 있다. 많은 아나뱁티스트들은 성서의 어떤 부분은, 특히 구약성서는 그리스도의 완전함 바깥에 있는 사람들에게 적용했고, 본질적으로 이런 본문의 내용을 연구하는 것을 권장하지 않는 부정적인 인식을 했다.[69] 그들은 좀 더 직접적으로 지역교회를 세우는 것과 관련이 있는 사람들에게 집중하는 경향이 있었다. 사회에서 힘이 없는 아나뱁티스트들은 사회에 직접적으로 영향을 줄 수 없었기에 사회에 대한 성서적인 관점을 개발하는 관점이 충분히 개발되지 않았다. 그리고 그 때문에 그들은 대안적인 사회를 세우는데 도움을 주는 본문에 더 관심을 두었다.

아나뱁티스트들은 신자들과 제자가 될 사람들을 중요시했기에, 모든 시민사회를 위한 해석을 계발하려고 노력했던 종교개혁자들과는 다르게 어떤 본문의 급진적인 도전에 반응하도록 훈련되었다. 비록 아나뱁티스트들은 성서가 시민사회에 적용되도록 해석학을 발전시키는 데는 실패했지만 그들의 교회중심성은 그런 본문이 적어도 교회공동체 안에서 말하고 적용되도록 허락했다. 종교개혁자들은 성서의 범위를 넓히려는 접근법을 선택했지만, 그 메시지를 희석시키는 경향이 있었다. 대부분 아나뱁티스트들은 제한된 범위를 선택했지만, 그 내용을 왜곡되지 않게 적용하려고 노력했다. 해석하는 공동체에게는 교회가 그들의 성서해석과 이행의 장소이자 초점이었다.

해석을 위한 이 공동체적 접근법은 중요한 약점을 나타내지만 동시에 중요한 강점도 드러냈다. 이것이 당대에 비교적 참신한 것이었다는 사실은 아나뱁티스트들에게 자신들을 지도할 수 있는 어떤 장치도 없었다는 말이다. 그들이 실수하고 어떤 문제를 적절하게 다루지 못한 것은 당연한 일이다. 그러나 이것은 우리가 본 것처럼 확실히 많은 가치가 있는 불완전한 체계였다.

이런 요소 중 두 개는 우리가 이 장을 마무리하면서 반드시 강조되어야 한다. 하나는 교회의 모든 회원이 성서를 이해하고 적용하는 일에 이바지할 수 있다는 확신이다. 다른 하나는 교정에 대한 그들의 열린 마음이다. 진리를 발견하고자 하는 그들의 열정과 성서의 권위 아래 있는 누구의 말이든지 들을 수 있는 준비, 그리고 이미 세워진 교리에 맞추려고 본문을 짜내기보다는 신선한 방식으로 생각하는 자발성은 한정적인 실천에 개방성을 촉구하며, 희생시키려는 어떤 해석시스템에 대해서도 계속되는 도전을 던져 주었다.

"해석공동체의 개념은 인식론적 차원 또한 포함한다"[70]라고 밀라드 린드Millard Lind는 기록했다. 해석학을 공동체적 환경에 두는 것은 개인보다는 공동체를 위해 기록된 공동의 책으로서 성서를 확증하는 것이다. 성서해석은 단지 개인적인 신자들을 위한 필요나 영성에 대한 것뿐 아니라 신자들 간의 관계와 그들의 공동체적 삶과 사회 속에서 증거가 되는 삶에서 신자들을 위한 성서의 의미에 관심이 많았다. 지역교회는 초대교회에 일치한다는 주장과 그렇기에 성서와 현대의 차이가 없어지는 곳에서 적절한 해석이 가능하다고 믿었다. 그것은 성서대로 정의를 실천하지 못하고, 현 상황에 맞물리어 연대하는 데 실패하는, 뿌리가 없는 얕은 영성과는 확연히 다른 것이었다.

해석학적 공동체가 단지 어떤 아나뱁티스트 그룹에 의해 이행되었을 것이며, 제한된 교회 안에서 초기에만 생존했을 수도 있었지만, 이것은 아마도 아나뱁티스트 해석학에서 가장 급진적이고 가치 있는 양상이었다. 또한, 해석학적 공동체는 성서적 해석과 당대의 많은 해석가나 그전부터 지금까지 사람들이 사용한 해석에 대한 평가를 위한 다른 기초를 제공해 준다. 아나뱁티스트의 또 다른 특징-모든 사람이 성서를 해석하도록 격려하며, 성령을 의지하며, 교육보다는 순종을 강조하고, 신약성서에 초점을 맞추는 것-은 이 공동체의 틀 안에 있을 때 더 이해가 잘 되는 것이다. 우리가 앞으로 살펴볼 아나뱁티스트의 현대적 가치는 이 대안에 대한 평가와 이 공동체가 제공한 결과와 상당히 관계가 있다.

1) Ens, in Huebner, *Church*, 69를 보고 Klaassen' s "congregation-theology", Klaassen(Neither, 42)과 비교해 보라. John Driver는 "해석하는 공동체"에 대해 언급했다: Driver, *Becoming God' s community* (Elgin, IL: The Brethren Press, 1981), 90을 보라.

2) Goertz, *Anabaptists*, 44-8에서 토론되었다.

3) Bird, *Bible*, 45. 그래서 설교가들조차 엘리트의 학문적 독점을 의지했다.

4) John Oyer: "Early Forms of Anabaptist *Zeugnis* after Sermons", *MQR* 72:(1998), 454을 보라. 재판에서 나온 Chance 논평은 그런 정보의 가장 그럴듯한 출처이었다.

5) Ens, in Huebner, *Church*, 85.

6) 앞의 책, 69.

7) Clasen, *Anabaptism*, 91을 보라.

8) Paul Peachey, "Answer of Some who are called (Ana)Baptists why they do not attend the Churches: A Swiss Brethren Tract", *MQR* 45:5.

9) Ervin Schlabach, *The Rule of Christ among the Early Swiss Anabaptists* (Chicago: Centre for Reformation and Free Church Studies, D.Th. Dissertation, 1977), 70-4에 예들이 있다.

10) Goertz, *Anabaptists*, 144.

11) Peachey, "Answer", 7.

12) Donald Durnbaugh, *Every Need Supplied* (Philadelphia: Temple University Press, 1974), 6

13) Dyck, *Introduction*, 137-38; Van der Zijpp, "The Early Dutch Anabaptists", in Hershberger, *Recovery*, 71.

14) Yoder, *Legacy*, 44. 이 문서를 위한 토론과 다른 아나뱁티스트 교회 질서에 대한 그것의 관계를 위해, Packull, *Hutterite*, 33-53을 보라.

15) AIO, 124.

16) Packull, *Hutterite*, 303-15

17) RR, 795.

18) Klassen and Klaassen, *Marpeck*, 77-8.

19) Steinmetz, *Reformers*, 228-29을 보라.

20) Philips, in Baylor, *Radical*, 224-25.

21) John Wenger, ed., "A letter from Wilhelm Reublin to Pligram Marpeck, 1531", *MQR* 23:73 에 인용됨.

22) 앞의 책, 70.

23) Riedeman, *Confession*, 129.

24) 앞의 책, 80.

25) Klaassen and Klassen, *Marpeck*, 56.

26) Franklin Littell, *The Anabaptist View of the Church*(Boston: Starr King Press, 1958), 91.

27) Deppermann, *Hoffman*, 67, 250.

28) Deppermann, in Lienhard, *Origins*, 218. Goertz, *Anabaptists*, 94 for a similar conclusion을 보라.

29) Dyck et al., *Philips*, 219.

30) John Oyer and Keith Graber Miller, "Worshiping with the Early Anabaptists" in *Gospel Herald* (2 September, 1997), 8의 논문에 설명이 제공됨. Oyer, "Early", 453을 보라.

31) Oyer and Miller, "Worshiping", 1-8.

32) Klassen and Klaassen, *Marpeck*, 204. 뒤이은 참고는 pp. 177, 260, 261에 있음.

33) 예를 들어 Klassen and Klaassen, *Marpeck*, 285, 286, 301을 보라.

34) Klassen and Klaassen, *Markpeck*, 313. 뒤이은 참고는 pp. 149, 560, 562, 565에 있음.

35) Menno, *Works*, 452.

36) 앞의 책, 468.

37) Ens, in Huebner, *Church*, 80.

38) Pipkin and Yoder, *Hubmaier*, 33.

39) Klassen and Klaassen, *Marpeck*, 374.

40) Oyer, "Early", 451. 와 Schlabach, *Rule*, 75.을 보라

41) Perry Yoder, "Bible Study", *ME*, Vol. 5, 79; Menno, *Works*, 643; Van der Zijpp, in Hershberger, *Recovery*, 71; Marion Kobelt-Groch, "Why did Petronella leave her husband? Reflections on Marital Avoidance among the Halberstadt Anabaptists", *MQR* 62: 40; xxx, 507; Wolfgang Schaufele, "The Missionary Vision and Activity of the Anabaptist Laity", in Shenk, *Anabaptism*, 79; MM, 516; Barrett, "Women's", 7-10, but cf. Clasen, *Anabaptism*, 207; Joyce Irwin, *Womanhood in Radical Protestanism 1525-1675* (Lampeter: The Edwin Mellen Press, 1979), xv. 여성의 사역에 대한 해석공동체의 중요성에 대해서는, Lydia Harder, "Discipleship Reexamined: Women in the Hermeneutical Community", in Huebner, *Church*, 203; 와 Lydia Harder, "Hermaneutic Community - A Feminist Challenge" in Gayle Koontz and Willard Swartley, *Perspectives on Feminist Hermeneutics* (Elkhart, IN: Institute of Mennonite Studies, 1987), 46ff을 보라.

42) 이것은 신앙고백, "Brotherly Union of a Number of Children of God concerning Seven Articles"의 자제된 부제를 보아도 명백한 내용이다.

43) Goertz, *Anabaptists*, 45.

44) 후터, *Brotherly*, 146.

45) 앞의 책, 147.

46) Oyer and Miller, "Worshiping", 8.

47) C. Arnold Snyder: "Orality, Literacy and the Study of Anabaptism", *MQR* 65: 371-92 and "Word and Power in Reformation Zurich", *Archiv für Reformationsgeschichte*(1990), 263-65 을 보라.

48) 특히 Goertz, *Anabaptists and James Stayer*, *The German Peasants' War and Anabaptist Community of Goods* (Montreal and Kingston: McGill-Queen's University Press, 1991).

49) Leonard Verduin는 *The Reformers and their Stepchildren* (Grand Rapids: Eerdmans, 1964), 127에서 만약 루터가 이 초기 통찰력을 교회의 본질에 맞춰 행동했다면 아나뱁티스트 운동은 있지 않았을 것이라고 말했다.

50) Carter, *Reformers*, 67. On Zwingli's influence in this area, see Schlabach, *Rule*, 42에 인용됨.

51) Pipkin and Yoder, Hubmaier, 51-2, 성서해석에 있어 회합된 공동체에 대한 강조는 스

위스 아나뱁티스의 일부였던 Zwinglian 종교개혁에는 일반적인 것이었다. 루터는 '예언자들'이 설교자로 인정되는 것을 제한하면서 성서를 다르게 해석했다: Ens, in Huebner, *Church* ,77을 보라.

52) Packull, *Hutterite*, 16(Snyder를 인용하면서). Snyder, "Word" , *Passim*을 보라.

53) Pipkin and Yoder, *Hubmaier*, 51.

54) Pipkin, *Zwingli*, 160, 170-71, 181; Stephens, *Theology*, 40, 138; Packull, *Hutterites*, 23을 보라.

55) Harder, *Hermeneutic*, 20.

56) Schlabach, *Rule*, 126.

57) Nelson Springer, "The Testimony of a Bernese Anabaptist" , *MQR* 60: 301.

58) Riedeman, *Confession*, 67.

59) Waite, *Anabaptist*, 110.

60) 앞의 책, 145.

61) AIO, 112.

62) Cornelius Krahn, *Dutch Anabaptism* (The Hague: Martinus Nijhoff, 1968), 198.

63) Douglas Shantz, "The Ecclesiological Focus of Dirk Philips' Hermeneutical Thought in 1559: A Contextual Study" , *MQR*(1986): 117.

64) Klassen and Klaassen, *Marpeck*, 442.

65) Keeney, *Dutch*, 41.

66) AIO, 141.

67) Harry Loewen, *Luther and the Radicals* (Waterloo, ON: Wilfrid Laurier University Publications, 1974), 22.을 보라.

68) Balke, *Calvin*, 327.

69) 그가 "계속하여 순전한 교회의 교리와 분리의 원리를 과장하여 묘사했다" 고 주장하면서, Holland (*Hermeneutics*, 129)는 이런 근거로 Riedeman을 비난했다.

70) *EBI*, 153.

8장. 순종의 해석

앞의 장들에서, 우리는 성서해석의 실제적인 결과에 대한 아나뱁티스트들의 우려를 접해 왔다. 만약 그들이 그런 결과를 만들었다면 자연스럽게 이 원리들 자체가 불완전하다는 결론에 이르게 되겠지만, 종교개혁자들에게서 그들이 떨어져 나온 것은 종종 그들이 강조하는 원리와 원칙들보다는 성서해석에 대한 영향과 완성도에 대한 불만족에 기인하는 것으로 본다. 우리는 아나뱁티스트들의 초점이 해석을 위한 필요조건과 성서해석의 정확성을 평가하는 수단으로서 윤리적인 요소에 맞추어져 있다는 것을 반드시 고려해야 한다. 또한, 이 윤리적 초점과 관계하여 아나뱁티스트들 해석의 제안된 설명들을 살펴볼 것이다.

해석과 적용

아나뱁티스트들은 성서해석이 적용과 분리되는 것에 대한 우려를 자주 표현했다. 그들의 신학과 신학자에 대한 의심은 교육과 지적인 접근이 해석을 왜곡하는 경향에 대한 두려움뿐 아니라, 성서에 대한 이론적 이해에 지나치게 무게를 두는 점과 그것을 실천하지 않는 모습에 기인한다. 신학적 우수성이 신실한 순종을 대신할 수는 없다.

아나뱁티스트들과 종교개혁자들의 논쟁, 체포된 아나뱁티스트들의 심문은 모두 종교개혁이 윤리적으로 실패했다는 비난을 내포한다. 아나뱁티스트들은 국가교회의 삶의 질과 많은 윤리적 주제에 대한 그들의 견해에 감동하지 못했다. 아나뱁티스트들은 삶 속에서 나쁜 열매들이 맺힌다면 성서를 사용한 부분에서 석연치 못한 점이 틀림없이 있다고 결론을 내렸다. 종교개혁자들은 건전한 교리가 그리스도인의 삶[1]에 근간이 된다고 주장했으나, 많은 아나뱁티스트들은 종교개혁자들의 가르침이 진정한 제자도를 만들어낼 수 있을지에 대한 확신이 없었다. 시간이 너무나 많이 걸리는 과정이라든지, 주장된 것과는 달리 교리가 그렇게 건전하지 않다든지, 삶보다는 교리를 강조하는 모습이 틀린 것일 수 있다는 말이다.

이런 우려는 신학적으로 성서의 단순성과 명확성을 강조하던 초기 아나뱁티스트 지도자들에게 영향을 주었을 것이다. 그들은 성서해석과 연관된 문제들이 있음을 알았고, 그들의 구성원들을 돕고자 길라잡이들을 제공했다. 그러나 성서의 명확성에 대한 강조는 의도적이었고 그들이 믿기에는, 현실적이며, 아주 중요한 것이었다. 성서해석에 관련된 어려움에 대한 강조는 순종에 대한 의욕을 잃게 했다. 왜냐하면, 이것은 적용 대신에 이해에 초점을 두었기 때문이었다. 성서 본문의 의미에 대한 불확신은 주저함과 조심성을 조장했으나, 담대함과 급진적인 행동을 격려하지 못했다. 대조적으로 아나뱁티스트들은 끊임없이 논쟁되고, 타협과 보류와 정지를 위한 변명으로 처리되는 것보다 성서가 이해하기 쉽고 단순하게 순종할 수 있는 것이라고 강조했다.

의미가 확실한 본문에서도 성서의 더 급진적인 도전에서 멀리 도망가 버리는 종교개혁자들에 대해 실망한 아나뱁티스트들의 관점을 이해하고 글을 읽어야 한다. "성서는 해석이 필요하지 않다. 단지 순종해야 한다"라고 메노가 말했다.[2] 그 밖에도, 그는 성서해석의 주제를 토론했는데 이 논평은 극단적인 성서 문자주의의 예가 아니라 성서에 대한 순종을 피하려는 사람들을 겨냥한 논쟁적인 진술이었다.

우리는 아나뱁티스트들이 해석의 권위를 교회 안에 둔 결정을 이와 같은 관점에서 이해해야 한다. 학문적 차원으로만 해석을 머물게 하는 것의 문제는 학문이 성서해석에 대한 결론의 타당성을 점검하는 위치에 잘 못 놓이게 된다는 점이다. 비록 그들이 언어, 신학, 교회 역사에 대해 전문가였을지라도, 그들의 해석적 문맥은 실제적이기보다는 이론적이었다. 교회는 공동체의 삶, 예배, 그리고 세상을 향한 증거 속에서 해석의 정확성을 점검할 수 있는 더 좋은 위치에 있었다. 신학자들은 이런 과정에서 단지 이런 해석하는 공동체의 일원으로 역할을 할 뿐이었다.

아나뱁티스트들은 공동체적 해석이 실천되면서 해석 자체보다는 적용에 강조를 두었다. 아나뱁티스트들의 설교[3]는 윤리적 주제와 성서의 적용을 교리보다 더 강조했다. 예를 들어 마펙은 해석과 적용의 어떤 분열도 거절했다. 해석자들은 성서의 의미를 설명하려고 해서는 안 되고, 그것을 적용해야 하는 책임을 포기해서도 안 된다. 해석과 적용 사이의 받아들이기 어려운 분열로 몰아가는 것 자체가 세속적인 권위에 대한 경외심이거나, 진정한 개혁과 교회의 갱신에 대한 비성서적이거나 위험한 발상이 된다. 마펙은 그의 『훈계』에 이렇게 썼다: "현재, 인간적이고 세속적인 힘이 진리 안에서 말씀의 힘을 대신하고 있다. 말씀은 더는 세워지지 않고, 힘을 쓰지 못하며 다스리지 못하고 있다. 비록 문자로서의 말씀은 대부분 세상에서 설교 되고, 가르쳐지고 있지만, 육체에 속한 허무의 자식들은 사람들이 이끄는 힘과 훈련에 끌려 다닐 뿐이다."[4]

마펙은 잠재적 해석자들에게 "누구든지 진리를 행하기를 간절히 원한다면… 하나님은 그가 진실로 찾는 그것을 발견하도록 돌봐주실 것이다"[5]라고 확언했다. 요점은 지적인 능력이 아니라, 말씀을 자신의 삶에 적용하겠다는 자세이다. "삶은 한 단원이고, 말씀은 오직 그것을 적용하기 위해 연구되어야 한다"라고 윌리엄 클라센이 말했다.[6] 의심할 여지 없이 종교개혁자들은 이에 동의했지만 마펙은 그들이 해석할 때, 그것을 꾸준하게 적용하지 않았다고 반박했다. 해석과 적용의 분리는 개인이든[7], 세속적인 권위이든 간에, 성서 본문의 의미를 설명할 수 있는 학자와 설교가들과 그것을 적용할 책임이 있는 사람들 사이에 존재했던 것으로 보인다.

전통적으로는 자틀러가 쓴 책이라고 하지만 아마도 마펙이나 샨스라저Scharnschlager에 의해 쓰였을 익명의 소책자 『성서가 어떻게 통찰력있게 나뉘고 설명되어야 하는가How the Scripture is to be Discerningly Divided and Explained』에 비슷한 우려가 쓰여있다.[8] 이 소책자에서는 해석에 대한 3가지 명확한 원리 중 첫째가 "성서의 명백한 명령에 대한 단순한 순종이다."[9] 이 소책자는 다른 중요한 요소들도 제공하지만, 순종에 가장 중요한 우선순위를 두는 것은 아나뱁티스트들의 전형적인 모습이었다. 이것은 스위스 형제단들이 결국 츠빙글리를 떠난 이유이기도 했다. 다수의 다른 주제에 관한 성서의 해석에서 츠빙글리와 이 형제단은 기본적으로 동의했다. 그러나 그들은 어떻게 적용하느냐에 대한 부분에서 심각하게 달랐다. 츠빙글리는 적용은 취리히 공의회에 넘기기로 했지만, 스위스 형제단은 이것을 순종이라고 하는 삶의 목표에 못 미치게 함으로 전체 해석학적 과정에 손상을 입히는 정당하지 않은 타협으로 보았다.

우리는 메노와 더크 필립스의 글 속에서 비슷한 대조를 볼 수 있다.[10] 그들의 해석학은 서로에게 영향을 주는 양쪽 측면에서, 그들의 경험과 지역교회의 활동과 상호연관이 되어 있었다. 성서의 임시가설적인 이해는 교회 안에서 그들의 실제적인 영향과 성서해석에 대한 새로운 질문과 관점에 도전받는 교회의 필요와 관심을 통해서 점검되고 정제됐다. 당연히 이것은 종교개혁자들도 비슷하게 실행한 것이었지만 아나뱁티스트들은 경험과 실제적인 적용이 그들의 해석학을 계발해 주었음을 확신했다.

일반 아나뱁티스트들도 해석보다는 적용에 강조를 두었다. 존 클래스는 그의 아이들을 다음과 같이 양육했다: "사람들이 말한 것을 믿지 마라, 신약성서의 명령에 순종하며 하나님께 그분의 뜻을 너희에게 가르쳐달라고 기도해라. 무엇이든지 그 안에 있지 않은 것은 믿지 마라. 그러나 그 안에 있는 모든 것에는 순종해라."[11] 그는 자녀가 성서에 순종하는 것전형적으로 초점은 신약성서에 맞춰져 있다을 다른 영향에 의해 순종을 강조하지 않는 해석에 의존하는 것보다 더 원했다.

해석의 필수요건으로서의 순종

많은 아나뱁티스트들은 순종을 해석학의 목표로서 뿐만 아니라 그것의 중요한 필수요건으로서도 이해한다. 그들의 인식론은 한스 뎅크에 의해 강력하게 표현되었다: "삶 속에서 예수를 따르지 않고는 어떤 누구도 그리스도를 알 수 없다." 그리스도그리고 성서의 이해에 대한 진정한 지식의 근본은 제자도의 삶이다.[12] 뎅크의 두 번째 진술인, "예수를 먼저 알지 않고는 아무도 그를 따를 수 없다"[13]는 해석학의 또 다른 필수요건을 강조했다.[14] 즉, 그리스도와 성령에 대한 살아있는 경험을 말하는 것이다. 종교개혁자들이 윤리적 행동과 영적인 삶을 무시하는 것은 아닐지라도[15] 아나뱁티스트들은 종교개혁자들의 강조점이 교리적 기준에 맞추려는 것과 교사들의 공적인 신임과 같은 다른 것에 있다고 느꼈다.

아나뱁티스트 그룹에게 있어서 윤리적 자질은 지적인 자질이나 공적인 위치보다 더 앞서는 일이었다. 그리스도에게 순종하면서 제대로 살아가고, 자신이 해석하기를 원했던 성서에 순종하는 것은 높은 교육이나, 언어적 기술이나 교리적 정확성보다 훨씬 더 중요한 것이었다.

한스 키스쿠퍼Hans Keeskooper는 1550년 감옥에서 다음과 같이 썼다: "하나님을 향한 온전한 마음으로 성서를 찾으라, 그러면 주께서 너에게 지혜를 주실 것이다."[16] 성서를 해석하는 능력은 온전한 삶과 하나님을 향한 바른 태도의 결과로 일어나는 영적인 선물이다. 비슷하게, 후트는 진리를 발견하는 것은 비텐베르크Wittenberg나 파리에 있는 대학에서 공부한다고 성취되는 것이 아니라, 그리스도를 따르고 순종하는 과정의 일부로서 얻게 된다고 강조했다.[17] 호프만은 글의 초기 사역에서 성서를 푸는 다윗의 집의 열쇠는 오직 "하나님을 향한 순전한 경외심"[18] 속에서 살아가는 사람에게만 유효하다고 가르쳤다. 교육이 아닌 순종이 성서에 대한 바른 이해에 다다르는 길이다. 로트만은 그 열쇠가 하나님을 온 마음을 다해 경외하는 자에게, 하나님의 뜻을 행하고, 항상 하나님께 향해 있는 사람에게 주어졌다는데 동의했다.[19] 해석학적 기능을 하는 아나뱁티스트의 회중들 사이에서뿐 아니라, 아나뱁티스트 지도자들과 교사들 사이에서 하나님을 추구하는 사람들은 도덕적 자질도 우월했다. 어떤 학문적이거나 교리적인 훈련이라 할지라도 만약 이것이 성령을 의존하고 다른 사람들의 해석적 공헌에 열려 있지 않는다면, 그것은 그저 보너스로서 간주하였다.

메노는 교회에서의 교사의 필요를 인정했지만, 교사들은 성서에 대한 순종으로 분별되며 오직 그들이 회심했고, 가르칠 자격을 삶으로 보여주는 자만을 해석자로 신뢰해야 한다고 주장했다. 설사 그런 사람이라 할지라도 그들이 틀리지 않았어야 하며, 교회의 권위 밖에 있으면 안 된다. "하나님의 순전한 말씀과 성령의 가르침은 깨끗하지 않고 육적인 종들에 의해 지적되고 가르쳐질 수 없다"[20]라고 그의 책, 『성육신에 관한 짧은 신앙고백Brief Confession on the Incarnation』에서 썼다. 아나뱁티스트들이 해석을 본질적으로 성령의 사역으로 보았고 성령의 활동에 대한 강조가 현상적이기보다는 윤리적이기 때문에, 효과적인 해석은 온전한 사람에 의해서만 행해질 수 있었다. 왜냐하면 성령은 필요한 통찰력을 온전하지 않은 사람들에게 주시지 않기 때문이다.[21] 그러므로 "설교자의 파송"에서 더크 필립스는 성령의 경험과 온전한 삶에 대해 주장했다: "주의 영을 가지지 못한 사람은 주님의 말씀을 이해할수 없고 영적인 것을 경험할 수 없다. 그가 어떻게 하나님의 말씀을 정확하게 가르치고 성령의 은사를 정확하게 나누어 줄 수 있겠는가…? 진실한 교사가 보여주는 또 다른 열매는 복음대로 살아가는 흠 없는 삶이다."[22] 아나뱁티스트들에 의하면 국가교회 지도자들이 온전한 삶을살아가는 데 실패한다는 의미는 해석자로서 자격 미달이라는 뜻이다.

아나뱁티스트인 클래스 데 프라에트Claes de Praet와 그의 심문자 론즈의 학장the Dean of Ronse 사이의 대화는 공적인 신임을 의지하는 자들과 거룩한 삶의 증거를 찾는 자들 사이의 논쟁을 보여 준다. 대화는아래와 같다.[23]

학장: "당신이 성서를 읽을 때, 당신은 가난하고 무식한 상인에 의해 가르침을 받았소. 그는 자기 이상에 의해 똑같은 것을 당신에게 가르쳤소. 그러므로 당신은 지금 속았소. 당신은 진실한 교리를 가진 사람들이 당신을 가르치도록 해야하오. 그들은 거룩한 교회의 사역자들이고 목사요."

클래스: 그들이 진실한 교리를 받은 사람들입니까?

학장: "그렇소"

클래스: "그렇다면 왜 그들은 보는 것처럼 악마의 삶을 살고 있습니까?

학장: "무엇이 당신을 그렇게 걱정하게 하오? 마태복음 23장에 쓰인 대로 그들이 말하는 바는 행하고 지키되, 그들의 행위는 본받지 말라 하지 않았소."

클래스: "그렇다면 당신도 마태가 말한 서기관과 바리새인이요

학장: "그렇소."

클래스: "이 장에서 쓰인 대로 모든 화가 당신에게 있을 것이고 당신을 따를 것

이오."

학장: "아니야, 그렇지 않소."

　이 대화는 많은 심문자가 그들의 성서적인 논쟁이 아나뱁티스트의 저항 앞에서 경험되는 좌절을 보여준다. 이것은 또한 국가교회의 교사들의 도덕적 결함에 관계없이 그들에게 신뢰를 둔 국가교회의 옳지 않은 관점과 많은 관심이 해석자들의 삶의 질에 있었던 아나뱁티스트들의 관점의 극명한 차이를 보여준다.

　당연히 국가교회의 설교자들을 제외한, 교사들의 이런 도덕적 자질에 대한 한 측면은 성서를 해석하는 자들은 반드시 세속적인 힘과 기득권의 영향에서 자유 해야만 한다는 뜻이다. 세속적인 권위와 현상유지에만 급급한 태도에 도전할 필요를 느끼지 못하는 사람은 신실하게 성서를 해석할 자유가 없다. 성서의 날카로운 도전에 반응하는 능력을 심각하게 제한받는 사람들이다. 마펙이 『훈계』에 썼듯이 "어리석은 교사들은 말씀의 예리함을 잃고, 성령의 검을 도둑맞고, 인간적인 힘에 다 넘겨주고 말았다."[24]

　생활의 재정문제와 안전을 지켜주는 안락한 삶에 대한 이슈는 때때로 결정적인 것으로 보인다. 이런 주제들은 아나뱁티스트 운동의 가장 중요한 4개의 분파에서 제기되었다. 세 명의 스위스 지도자들, 한스 쿠엔지Hans Kuenzi, 발스후트의 스테파Steffa of Waldshut 그리고 콘래드 윙클러Konrad Winckler는 다음과 같이 가르쳤다고 보고되었다. "설교가들은 보통사람들을 잘못 인도하는 죄인이다. 그들은 가르침을 통해 어떤 좋은 열매도 맺지 않고 있으며, 돈을 받는 유급 성직자들이기 때문에 진리를 설교할 수 없는 자들이다."[25] 이것이 보통의 평범한 주장이었다는 것은 츠빙글리가 아나뱁티스트의 이런 비난에서 유급성직제를 변호해야 함을 느꼈다는 사실에 의해 알 수 있다.[26] 남독일 아나뱁티스트들 사이에서, 후트는 이 문제에 대해 직설적으로 말했다. "세속적이고, 쾌락을 추구하는 서기관들은 주님의 심판을 알 수 없다…. 나는 이윤을 좇고, 쾌락을 추구하고, 야망이 있고, 위선적인 돈을 위해 설교하는 모든 사람에 맞서서 열정적으로 자신을 지키려고 정의를 사랑하는 모든 믿는 자들에게 주의를 주며 그들을 피하도록 돕는다. 그들은 당신들의 윤택한 삶을 원하지 않고 단지 그들의 배를 위할 뿐이다."[27] "먹고 살려고 자신들의 설교를 파는"[28] "배육신의 안일를 위하는 설교자"를 언급했고, 그의 동료, 레온하르트 쉬머도 이 말을 반복했다. 비슷한 불평이 네덜란드 아나뱁티스트에 의해, 더크 필립스와 함께 터져 나왔다. 그들은 "국가교회 설교자들이 돈을 위해 설교했기"[29]에 그들을 거부했다. 후터라이트의 지도자, 피터 리드만Peter Riedeman은 결론을 내리길, "그렇기에, 그들은 자신들의 즐거움과 배를 위해 하나님의 말씀을 왜곡시켰다."[30]

성직자들의 재정적 관심에 대한 이런 회의는 일부 아나뱁티스트 지도자들을 현대의 자유주의 신학자들의 입장과 유사하게 선택하도록 이끌었다. 이것은 가끔 "가난한 사람들의 해석학적 특권"이라고 묘사되기도 한다. 후트는 『세례의 신비On the Mystery of Baptism』의 독자들에게 만약 그들이 진실로 하나님의 심판과 진리에 대한 성서의 증거에 대해 정확하게 배우길 원한다면, 돈을 위해 설교하는 사람들의 외침을 듣지 마라. 오히려, 세상에 의해 무시당하고, 광신자들과 악마라고 비난받는 가난한 자들을 보라. 그리스도와 사도들처럼, 가난한 자들에게 귀기울여라."[31] 조리스의 말은 또한 겸손하고 가난한 사람들이 성서적 가르침에 대한 통찰력을 받은 것처럼 보인다.[32]

진리의 적은 무지가 아니라 거짓이다. 아나뱁티스트들은 빛과 어둠의 전쟁을 잘 인식했다. 이 분명한 구별을 흐리게 하는 것들과 믿는 이들을 넘어지게 하는 원인을 의심스러워했다. 교육, 신학, 전통 그리고 세속적인 영향 모두가 의심의 대상이었다. 종교개혁자들은, 무지를 아주 위험한 것으로 간주했으나, 아나뱁티스트들은 지식처럼 보이지만 실제로는 진리로 위장한 거짓을 훨씬 더 염려했다. 순종에 대한 아나뱁티스트들의 강조는 윤리의 문제를 간과하지 않을 때 살금살금 거짓이 들어오는 것에서 해석을 보호하는 시도가 되었다. 오직 진정한 제자도에 적극적으로 헌신한 사람만이 성서를 해석할 수 있었다. 그들은 학문적으로 덜 준비될 수 있겠지만 그들의 무지는 그리스도를 온전히 따르지 않는 학자들에게서 배우는 거짓보다 덜 위험한 것으로 생각했다.

만약 아나뱁티스트들이 제자도의 삶과 해석학을 위한 필수요건인 순종에 헌신한다면 그들은 연구된 구체적인 본문에 순종할 준비가 된 사람들이며, 이것은 효과적인 해석의 가장 중요한 자세로 간주하였다. 교정에 대한 열린 마음과 성서에서 배운 것에 순종하려는 자세 없이, 성령의 도우심을 기대할 수 없고, 결과적으로 성서를 제대로 이해할 수도 없다. 초기 아나뱁티스트의 소책자는 "하나님이 만약 그 사람이 하나님의 뜻을 행하길 바라지 않는다면 왜 자신의 뜻을 알려주셔야 하는가"[33]라고 질문했다. 교육은 어떤 수준까지는 이해할 수 있도록 해 줄 수 있으나 진정한 해석자이신 성령은 '오직 성서'의 가르침에 마음으로 반응하고, 그것을 행할 준비가 된 사람에게만 진리를 비추어 주신다: "만약 독자들과 해석자들이 삶 속에서 그리스도의 말씀에 순종할 준비가 되어 있지 않다면 해석하는 방법론에 관한 모든 세련된 이론은 소용이 없다."[34] 해석자들이 교회론적 혹은 세속적 권위 아래에 있는 범위에서 성서에 단순하게 순종하도록 반응하는 그들의 자유는 가식적이었다.

아나뱁티스트들은 다양한 방법으로 성서에 순종하겠다는 준비된 자세를 표현했고 이것은 다른 필요한 자질과 연결되었다. 『훈계』에서 성실한 마음으로 진리를 찾는 자는 반드시 얻을 것이라는 약속을 주면서,

마펙은 해석자들이 "철저하게 성서를 탐구하고" "성서와 사도적 가르침을 통해 성실하고 부지런한 자세로 연구하도록"[35] 강하게 말했다. 성령을 의지하고 성서의 명료성을 강조하는 것은 열심히 공부해야 하며, 집중하고 인내해야 할 필요가 없다고 말하는 것이 아니다. 진리를 알고 순종하는 마음의 소원은 사람이 받을 수 있는 계시의 정도에 영향을 주었다는 것이다- 더 주관적인 기준이라 측정하기 불가능하나.

그 밖에, 그의 책 『신구약 해설Explanation of the Testaments』의 독자들에게 마펙은 만약 성서의 단순한 본문을 이해하고자 하는 욕구가 강하다면 본문들은 분명해질 것이라고 확신했다: "진리에 대해 배고프고 목마른 자 그러나 완전하지 않은 이해에 갇혀 있는 모든 사람은 하나님의 은혜를 통해서, 변하지 않는 확실한 판단력, 이해 그리고 순전하고 명쾌한 본문에서 분별력을 끌어내고 찾을 수 있을 것이다."[36] 문자주의의 진영에 있는 사람들은 신령주의 진영에 있는 사람들보다 이 측면을 더 강조할 것이다. 그러나 성령을 가장 많이 강조하는 사람들이라할지라도 성서를 알고자 하는 사람들에게 모든 성실함으로 그 의미를 찾으라고 격려하고뎅크 [37], "하나님께 기도하고 그를 너무 재촉하지 말라고 부탁하며"호프만 [38], 지혜와 이해를 금을 찾듯이 "부르고 울부짖고, 찾는 자들에게 반드시 그렇게 되리라고 약속했다."조리스 [39]

믿음 또한 중요하다. 성서의 있음 직한 의미에 무게를 두는 것은 지성을 홀로 남겨 두는 뭔가가 아니다. 마펙은 그의 『훈계』에서 이 부분을 명확하게 했다. "우리는 성서를 연구할 것이며, 모든 선한 의도를 가진 사람의 연구에 대한 결과를 칭찬할 것이다. 그의 믿음의 능력에 따라 각 사람은 그것이 그런지 아닌지를 보게 해야 한다."[40] 그는 성서 해석을 선한 의도를 가진 사람들, 순전하게 성서의 메시지에 열려 있고 그것을 삶에 적용할 준비가 된 사람들에게로 제한했다. 그리고 그런 사람을 자신의 가르침을 점검하기 위해 믿음으로 행하도록 초대했다. 후브마이어 또한 해석자들은 바람직한 태도로 성서에 다가가야 한다고 주장했다. 그는 해석에 대해 논쟁하는 것은 사람들로 하여금 그리스도께 복종하지 못하도록 빗나가게 하는 것이라고 두려워했다. "성서의 진리를 찾는 것은 새 기틀에 대한 영적이지 않은 잡담이나 한 명의 목소리가 쉴 때까지 하는 말싸움을 통해서 생기는 것이 아니다"라고 존 에크John Eck에게 선포했다.[41] 해석자의 윤리적 입장은 그의 성서 능력에 영향을 준다. 싸움에 대한 경고는 호프만Hoffman[42]과 오베 필립[43]의 글에서도 발견된다.

아나뱁티스트들은 해석자들이 그들이 성서를 이해할 수 있기 전에 완벽해야 한다고 말하는 것은 아니었다. 비록 반대자들은 그들이 완벽주의를 가르친다고 비난했을지언정 그들은 해석자들의 자격을 박탈할 수밖에 없는 우발적인 죄와 자격을 박탈케 하는 죄에 매여 살아가는 생활방식을 구별했다. 특별히 메노는 해석자들이 자신의 죄 된 삶을 합리화하고 하나님의 방법을 이해하지 못한 채 그의 뜻에 순종하지 않았기에 소경처럼 되었음을 가르치면서 이 부분을 확실하게 했다.[44] 비슷하게 뎅크도 "아무리 성서를 배운다고 할지라도, 성서는 사악한 마음을 바꿀 수 없다"[45]라고 썼다. 마음의 경향과 성서를 다루는 동기는 사람들이 거기서 무엇을 발견하게 되고, 또 어떤 영향을 받을지를 결정하게 된다. 아나뱁티스트들은 삶을 변화시키는 데 실패하는 성서적 지식의 축적은 온전한 것이 되지 못한다고 생각했다. 정보를 얻으려고 하기보다는 삶을 변화시키려는 태도가 성서해석의 열쇠였다.

아나뱁티스트들은 성서에 대해 현재의 이해에 순종하고 새로운 이해에 순종하려고 열려 있는 마음믿음과 뜨거운 열정과 부지런한 연구에 의해 결정된을 필수요소로 간주했다. 그들은 이런 순종이 모든 진정한 해석에서부터 나오는 것이며, 하나님의 마음에 있는 반응을 발견한다고 믿었다. "만약 우리가 꾸준히 신실하게 우리가 이해한 것을 행한다면, 하나님은 매일매일 더 깊은 가르침을 우리에게 주실 것이다"[46]라고 로트만은 썼다. 이 확신은 코넬리우스 딕Cornelius Dyck이 "이해와 순종, 순종과 이해의 상호관계"[47]라고 부른 데까지 나아가게 된다.

해석 점검수단으로서의 순종

순종은 아나뱁티스트 해석학에서 3번째로 중요한 역할을 했다. 단지 순종의 태도를 보인 사람이 이해하게 된다는 기대를 한다든가, 단순하게 적용이 해석과정의 없어서는 안 될 부분이라서가 아니었다. 새로이 제안된 모든 해석은 합법적인 것으로 수용되기 전에 윤리적인 점검을 받아야 하기 때문이다. 아나뱁티스트들은 성서의 목적 중의 하나가 하나님을 기쁘시게 하려면 어떻게 살아야 하는지를 가르치는 것이라고 했다. 그러므로 진실한 해석의 한 표시는 그리스도가 부르시고 모델로 보여주신 삶으로 나타나는 것이다.

로트만에게 있어서, 신뢰할 만한 해석은 "그리스도에게 적합한 행동"으로 이끄는 것이다. 만약 그런 삶의 증거가 없다면, 성서는 제대로 이해될 수가 없다.[48] 슬프게도 이 원리의 적용은 그를 뮌스터사건에 휘말리는 것을 막지 못했고, 그리스도의 모범과 가르침과 조화를 이루기 어려운 많은 것을 정당화하는 그의 실수를 막지 못했다. 이 실패는 해석에 윤리적인 시험을 적용하는 데 있어서 내재적인 주관성의 위험을 지적한다. 그러나 많은 다른 아나뱁티스트들은, 뮌스터파의 행동을 거절하면서도 로트만의 강조점을 그대로 보유했다. 뮌스터파와 자신들과 거리를 두고자 했던 메노와 더크 필립스 또한 성서해석의 윤리적인 결과에 상당한 무게를 두었으면서도 수용하기 어려운 결과로 이끄는 것은 거절했다. 그러나 메노와 더크는 다른 해석학적 지침들과 균형을 맞추어야 하는 필요를 로트만보다 더 잘 인식했기에 그들의 해석은 쉽사리 주관적이고 손상당하기 쉬운 접근이 되지 않았던 것이다. 유익한 것으로 보이는 어떤 결과가 옳은 해석을 보장해 주는 것이 아니었다. 주관적인 이성과는 다른 성서적인 근거 아래에 윤리적으로 불충분한 해석은 자동으로 의심을 받는 것이었다. 점검수단으로서의 순종은 옳은 해석을 확증해 주는 것보다 틀린 이해를 걸러주는 정도의 주로 소극적인 역할을 했다.

이 윤리적 필터는 맹세에 대한 아나뱁티스트의 가르침에서 명백했다. 비록 많은 아나뱁티스트들이 이 주제에 대한 그리스도의 단순한 말씀에 의지하는 것을 만족했지만, 어떤 이들은 윤리적 근거에 의해 맹세에 대해 반대하기도 했다. 한스 마큐어트Hans Marquart는 "그리스도는 모든 불결한 것을 버리는 순수한 사람들을 원한다. 그것은 그가 맹세에 대해 명료한 명령을 주신 이유이다…. 그들은 순수한 마음에 어떤 것을 부가하지 않고 진리를 고백하고 진리대로 산다."[49] 그의 가르침에서 맹세는 인간적인 자만심과 뻔뻔스러움이 전제로 되어 있다는 슐라이트하임 고백의 경고가 덧붙여져야 한다. "우리는 맹세에 약속된 것을 행할 수 없다. 왜냐하면, 우리는 가장 작은 것이라도 스스로 바꿀 수 없기 때문이다."[50] 그리고 메노는 마틴 마크론Martin Micron에게 물었다, "진리를 맹세 없이 들을 수 있는가? 모든 사람이 맹세해야만 진리를 확증하는가?[51] 아나뱁티스트들은 맹세가 훌륭한 윤리에 이바지한다고 확신하지 않았다. 이 확신은 맹세에 대한 예수의 확실한 가르침에 순종하기로 한 그들의 결정을 지지했다.[52]

해석가들이 성서의 윤리적 기준에 맞지 않는 어떤 해석의 결과도 수용하지 않는다는 원리를 적용시킬 때, 우리는 이것을 아나뱁티스트의 그리스도중심성과 밀접하게 연결하여 생각해 본다. 모든 해석은 그것들이 어떻게 그리스도의 삶과 가르침에 관계가 있는지에 의해 판단된다. 추상적인 윤리기준에 대한 적합성이 아니라, 그리스도께 대한 순종이 아나뱁티스트들이 제공된 해석에 대해 평가하는 다림줄기준선-옮긴이 주이었다. 비록 이것그리스도께 대한 순종이라는 말은 무슨 의미인가에 대한이 주관성의 위험을 본질적으로 제거하지는 않았지만, 이런 다림줄을 사용하는 것은 윤리적 점검이 성서의 유일한 권위에 대한 아나뱁티스트들의 헌신 안에서 굳건하게 지속되었다는 것을 확실하게 해 주었다. 어떤 외부적인 윤리의 규범이 성서적 해석을 도전하도록 허락되지 않았다. 그러므로 그리스도의 생애와 가르침의 내적인 규범이 모든 해석 위에 우위를 차지했고, 그들의 정확도를 판단했다.

우리가 전에 말한 것처럼, 종교개혁자들이 그들 해석의 윤리적 영향을 무시하지는 않았지만, 윤리적 적합성보다 교리적인 것이 그들의 머릿속에서 가장 중요한 것이 되었다. 어떤 해석도 그들의 중심 신학적 헌신을 허물거나, 그것과 일치하지 않으면 인정받을 수 없었다. 그러나 비록 그들의 결론이 아나뱁티스트들의 것과 달랐지만, 그들은 그들의 윤리적 결과에 따라 해석을 평가하기를 원했다. 종교개혁자들이 사회 질서를 도전하기보다는 보존하려는 해석을 선호하는 경향을 이미 우리는 관찰했다. 사랑과 믿음과 같은 개념을 이용하면서, 그들은 혼란이나 다른 해로운 결과를 가져오는 근거가 되는 아나뱁티스트의 해석을 거절했다. 예를 들어서, 블링거Bullinger는 어떤 본문이 "말씀 자체에 의해 사람이 굴복하기보다는 평화와 질서를 지킬 수 있게 하려는 의미로 주어졌을" 수도 있다고 주장했다.53)

종교개혁자들이나 아나뱁티스트들 둘 다 윤리적 결과에 관심이 있었지만, 적용되어야 하는 기준에 대해 일치하지 않았다. 종교개혁자들에게 있어서 사회적 안정은 매우 중요했다. 아나뱁티스트들에게 있어서는 그리스도의 구체적인 가르침과 그의 삶에 대한 순종이 종교개혁자들의 관심, 사회적 안정보다 중요했다. 기존의 질서를 유지하려고 하지 않고, 그들이 새로운 사회 질서를 세우려고 헌신했다. 적어도 사회 전체 안에서는 아니더라도 교회에서 오히려 그들은 그들 자신의 공동체를 넘어서 더 넓은 사회와 정치적 이슈에 성서를 적용하지 못한 것에 대해 비판을 받을 수 있다. 그러나 기존 질서를 유지해야 하는 사회와 교회에 대한 염려에서 자유로운 아나뱁티스트들이 사람들이 위험하고 불안정하다고 제외한 성서해석을 고려하고 포용할 수 있게 해 주었다.

은혜, 고난, 왕국 그리고 선교

아나뱁티스트 해석학에서 윤리적 고찰은 많은 학자가 이들의 해석 접근법을 정의하고 체계화하도록 하는 많은 시도에 영감을 주었다. 이 것들은 '은혜의 해석학', '금욕의 해석학' '왕국의 해석학' 그리고 '실천주의자의 해석학'을 포함한다. 이런 용어들 일부가 아나뱁티스트들의 해석학의 또 다른 면을 언급하고 있을지라도 모두 일차적으로 순종 혹은 성서의 적용에 관련되어 있다.

'은혜의 해석학'은 성서해석의 열쇠와 목적으로서 순종을 강조하는 변화된 삶을 살도록 신적인 힘을 주신다는 뜻이다. 은혜를 이해하는 아나뱁티스트는 과도한 율법주의를 포함할 필요가 없었다는 것을 의미한다. 어떤 아나뱁티스트 교회는, 특별히 두 번째, 세 번째 세대들은 성서를 다루는 데 있어서 어느 정도 율법주의적이었다. 그러나 이 운동의 초기에는 율법과 제자도는 회심, 은혜, 그리고 성령의 변화시키는 사역과 긴밀하게 연결되어 있었다. '은혜의 해석학'은 아나뱁티스트 해석학의 이 측면이 행위중심적이 될 법한 느낌과 서로 균형을 갖도록 했다. 이것은 적어도 초기 아나뱁티스트들 사이에서, 성서를 적용하는 결정이 율법주의적 압박보다는 '그리스도 안에서 새로운 삶'에 대한 활기 있는 결정에 따라 동기부여가 되었다고 말한다.

비록 '금욕'이라는 것이 아나뱁티스트들이 경험한 전형적인 핍박과 구분이 되는 것으로 자신이 스스로 선택한 고통을 말하고 있을지라도, "금욕의 해석학"은 고통의 측면을 소개한다. 아나뱁티스트들은 전통적인 수도원 차원에서의 금욕적인 사람들은 아니다.[54] 그러나 말씀을 순종한 결과로서 고통을 예상했고 그들은 그들의 성서해석이 이것을 피하도록 하는 시도에 의해 영향을 받지 말아야 한다고 주장했다. 한 예가 아나뱁티스트들이 맹세에 대해 성서적인 가르침을 다루는 법이다. 그들은 맹세를 거절함으로 생기는 결과가 주는 고난에 대해 분명히 알고 있었다. 모든 사람이 이것을 도전할 만한 가치가 있는 주제로 본 것도 아니다. 어떤 사람은 성서가 일부 맹세는 허락한다고 해석하기도 했다.

그러나 예수에 의해 맹세가 금지되었다고 믿는 다른 이들에게 이것은 인간의 권위보다 하나님의 권위에 순종해야 하는 문제였다. 메노는 『출교에 대한 설명*Account of Excommunication*』에서 "양심적인 그리스도인은 무엇을 해야 하느냐고 질문했다. 만약 그가 맹세하면, 그는 주님의 손에서 빠져나가는 것이고 맹세하지 않으면, 그는 행정관의 미움과 벌을 인내해야만 한다."[55] 고통의 가능성은 설득적이지도 않고 맹세를 거절하는 것이 성례 상태의 근본을 무너뜨리는 것도 아니었다.

고통을 수용하는 것은 또 다른 식으로 그들의 해석학에 영향을 주었다. 첫째로, 누가 성서를 해석할 것인가에 대해 정의하면서, 강조할 점은 단지 도덕적 삶이 아니라, 고통을 받을 준비가 된 자이었다. 순종은 치러야 할 헌신으로서 이해되었다. 메노는 질문했다. "내게 말해 달라, 그리스도의 말씀이 십자가의 말씀으로 불리지 않았는가? 믿음에 대한 명령은 자기를 부인하고, 십자가를 지고 예수를 따르는 이것일 뿐이다."[56] 더크 필립스는 "진실한 교사는 십자가에 의해 시련을 받아야 한다. 왜냐하면, 말과 행동에서 그들은 세상과는 다르고 싶어하는 소망이 있기 때문이다."[57]

많은 지도자 중에서, 한스 후트는 고통과 해석학의 사이를 가장 가깝게 연결했다. 그는 쾌락을 좇는 서기관의 해석자로서의 자격을 박탈했으며 결론을 내리길 "만약 그가 그리스도의 발자국을 좇지 않고, 모든 슬픔의 학교에서 하나님이 선택한 사람을 따르지 않거나 부분적으로라도 이에 동의하지 않으면 그는 진리를 얻을 수가 없다"[58]라고 말했다. 독일의 신비주의에서 이 배경을 반영했고, 뎅크의 영향을 받은 후트는 윤리적 행동이 그리스도에 대한 순종이며, 그 다음으로 그리스도의 몸의 고통에 참여를 요구한다고 강조했다. 오직 '순종과 포기' Gelassenheit:순종이나 포기에 가까운 평정상태—옮긴이주를 통해서 사람은 그리스도의 십자가를 경험할 수 있다. 고로 오직 그렇게 함으로 사람은 성서에 대한 이해를 얻게 될 수 있다.[59]

두 번째로, 알렌 크라이더Alan Kreider가 교육받지 못한 아나뱁티스트들에 대해 말했듯이, "그들의 가난과 고통은 그들로 하여금 성서의 진리를 전체적인 차원에서 볼 수 있게 해 주었다. 모든 신자를 고난과 십자가를 지라고 부르셨으나, 더 많이 배운 신학자들이 이 사실을 간과하거나 쉽게 잊어버렸다."[60] 아나뱁티스트들은 자신들을 핍박받은 초대교회의 진실한 후손으로 보았고 이것은 그들에게 국가교회의 편안한 신학자들이 볼 수 없는 통찰력을 준다고 믿었다. 그 신학자들은 기득권을 가졌으며 박해를 받기보다는 박해를 가하는 사람들이었다. 예를 들어 메노는 고통을 진실한 교회의 한 증표와 동일시했다.[61] 이 고통은 신자들로 하여금 그리스도와 깊은 교제에 들어가게 하며, 이 교제는 성서를 이해하는 열쇠가 되었다. 고통과 더불어, 순종과 성령 체험의 가까운 관계를 성서해석의 촉매로 보았다. 만약 쉬머Schiemer가 가르친 대로 "성령이 십자가를 지는 사람에게만 주어진다면"[62], 고통을 받을 준비가 된다는 것은 해석자가 될 사람들을 위한 필수적인 자격요소이다.

고통의 주제와 관계있는 성서해석의 또 다른 열쇠는 "모든 피조물을 위한 복음"에 대한 개념이다. 주로 한스 후트와 연관되어 생각된 모든 피조물을 위한 이 복음 혹은 "피조물의 복음"은 남독일 아나뱁티스트의 운동의 사람들, 마펙, 슈레퍼Schlaffer 그리고 쉬머Schiemer같은 사람들에 의해 가르쳐졌다. 비록 후트의 용어 기원이 확실하지 않지만, 이것은 지상대명령에 대한 마가 버전Marcan version의 오역일 가능성이 있다. 그의 동료, 한스 슈레퍼는 "그리스도가 그의 제자들에게 모든 피조물의 복음을 설교하라고 명령하신 사실에 자신의 가르침의 기초를 두고 있다"[63]고 말했다.

그러나 후트는 토마스 뮌쩌를 통해서 전달된 신비주의적 전통에 가까워지고 있었다.[64] 그리고 '순종과 포기'는 그의 목회적 윤리적 강조점을 위한 신학적 기초를 제공하는 문구로 이용했다. 후트와 다른 사람들은 하나님은 자연세계를 통해서 그의 성품, 목적과 일하시는 방법을 계시하신다고 가르쳤다: 창조의 사역 위에 근원적인 '복음'이 있었다. 마펙의 말에 의하면, "피조물의 복음은 창조주가 알게 하신 것을 따라 신적인 창조의 본질을 분별하는 일을 통해 설교 되는 복음이다"[65]라고 했다.

후트는 그리스도의 고통은 창조물의 고통 안에서 반영되었다고 가르쳤다: "'모든 피조물을 위한 복음'은 단순히 그리스도가 십자가에 못 박히신 것 이외의 것을 의미하거나 설교 되게 하지 않는다. 그러나 머리로서 그리스도 홀로만이 아니라, 모든 피조물과 함께 온전한 그리스도, 바로 이분이 모든 피조물이 설교하고 가르치는 그리스도이시다."[66] 그렇기에, 인류는 자연이 어떤 역할을 하는가를 고려함을 통하여 그리스도의 복음을 위해 준비된 것이었다. 아마도 복음을 선포하기 위한 준비로서 율법에 대한 루터의 설교에 후트는 일치했을 것이다 자연세계는 열등한 피조물이 우등한 피조물의 손에 굴복하는 고통 받는 창조 속 질서를 설명한다. 고로 이처럼 인간은 하나님의 손에 굴복하고 고통을 당한다. 그리고 필요한 반응은 하나님께 항복하고 고통을 끌어안는 순종과 포기

Gelassehheit이다.

후트에게, 이것은 성서를 해석하는 것이 자연세계와 특히 그 안에서 발견되는 고통을 반영하는 것을 의미하였다: "모든 피조세계와 함께 전 세계는 성서 안에서 읽히는 모든 것을 실제로 보게 하는 책이기 때문이다."[67] 특별히 자연세계는 문맹과 배우지 못한 사람을 위한 하나님의 책[68]이었다. 슈레퍼는 "자연만물은 모든 사람에 의해 읽히고 이해될 수 있는 책이며 살아있는 편지이며 성서다"[69]라고 말했다. 이 책의 유용성은 "아무도 마지막 심판의 날에 주님 앞에서 핑계치 못하게 만드는 것에 있다." 좀 더 적극적으로 말한다면, 피조물의 고통을 생각하고, 고통의 시간에 하나님께 순복하는 것은 신자들로 하여금 성서적 가르침을 해석할 수 있도록 해준다. 특히 슈레퍼는 그리스도 중심의 성서적인 틀 안에서 이 개념을 세웠다. 신자들에게는 세 명의 증인이 있다: "선한 마음을 가진 사람들은 진리 안에서 모든 피조물을 통해서, 성서를 통해서 그리고 그리스도의 가르침과 삶과 모범을 통해서 교육된다"[70]라고 주장했다.

이 부분에서, "왕국의 해석학"은 아나뱁티스트들이 빛의 왕국과 어둠의 왕국 사이를 조심스럽게 구별하듯이 윤리적 이중구조의 중요성을 확인케 한다. 그들은 종교개혁자들과는 다른 이중구조로 움직였다. 루터의 율법/은혜의 이중구조는 그리스도/세상이라는 이중구조로 대치되었다.[71] 이런 관점은 그들로 하여금 "그리스도의 완전성 안에서" 수용할 수 있는 것과 그 바깥에서 적절한 것 사이를 구별할 수 있도록 해주었다. 이 구별은 슐라이트하임에서 확정된 결론이 보여주었듯이, 위대한 해석학적 중요성을 가지고 있다.[72] 네덜란드 아나뱁티스트들은 이 왕국 용어를 함께 사용했다. 메노는 『잘못된 비난에 대한 대답*Reply to False Accusations*』에 "성서는 두 개의 반대되는 왕자와 반대되는 왕국이 있다고 가르친다"[73]고 썼다. 이것에 기초하여, 그는 자기의 글 "모든 신학자에 대한 간단한 방어Brief Defense to All Theologians"에서 질문했다: "성서가 어디서 그리스도의 왕국과 교회에서 한 분 하나님께 순복해야 할 인간의 양심과 신앙이 행정관들과 검과 육체적 힘과 독재와 함께 나아가라고 가르치고 있는가?"[74] 같은 접근법이 더크 필립스의 글에도 나타난다. 온전한 삶을 살아가는 성서적 해석자들에 대한 중요성을 강조하는 그의 가르침은 하나님왕국의 이해에서 세워진 것이다.[75]

이 왕국개념은 그리스도중심성과 종말론적 어조 모두를 가지고 있다. 왜냐하면, 복음 안에서 그리스도가 현재의 실제로서 그리고 미래의 소망으로서 두 종류의 왕국을 분명하게 말하고 있기 때문이다. 무엇보다 중요한 이 비전이 없다면, 아나뱁티스트 해석학의 윤리적 초점은 쉽게 율법주의로 전락하였을 것이다. 그러나 율법에 순종하기보다는 예수를 따르는 순종과 왕국을 궁극적인 제자도의 목표로서 동일시하는 태도는 그런 율법주의에서 보호해 준다.

"실천주의자의 해석학"은 초기 아나뱁티스트 운동 안에서 선교에 대한 강조와 연결됐다.[76] 선교는 복음을 선포하고, 남자와 여자들이 그리스도를 따르도록 설득하는 엄청난 책임감을 보여준다. 이것은 이 땅 안의 교회 조직과 일관된 종교개혁자들의 목회적인 접근법과 극명하게 대조된다. 하나님의 나라와 세상 사이의 이중구조에 강한 개념을 가진 아나뱁티스트들은 장거리 여행이 준비되어 있었고, 그들의 신앙을 전달하고 사람들을 하나님의 왕국으로 부르기 위해 체포되고 벌 받는 위험에 처할 준비가 되어 있었다. 이것은 해석학을 포함해서 그들의 모든 행동에 대한 긴급성을 준다. 아나뱁티스트들의 적용에 대한 강조는 어려운 해석학적인 주제를 무시하려는 순진한 노력이 아니었다. 그리스도를 따르려는 소망과 현재와 다가오는 하나님의 왕국의 관점에서 다른 사람들을 그곳으로 부르고자 하는 소망의 반영이다. 해석의 좀 더 세밀한 내용을 논쟁하는 것은 그들을 충족시키고자 준비된 사치품이 아니었다. 그들의 선교에 대한 감각과 그들의 이해와 대조되는 종말론적 배경은 해석의 구체적인 내용을 크게 도와주지는 않았을 것이지만 그들을 그리스도를 섬기는 실제적인 실천과 분리된 이론적인 토론에 허우적대지 않도록 구해주었다.

평가

앞으로 논의하겠지만, 아나뱁티스트의 접근법에 대한 분명한 비판들은 제기될 수 있다.

(1) 이해와 적용 사이를 그렇게 큰 간격이 나게 몰아붙일 이유가 없다. 비록 적용의 손상에 연관하여 이해에 대한 지루한 토론이 수용할 가치가 없다 할지라도, 이 둘 모두를 깎아내리지 않는 균형이 바람직하다. 성서의 단순성에 대한 강조와 성서에 대한 순종 사이에는 필요한 상관관계가 없다. 좀 더 학문중심의 접근법이 적용에 덜 집중한다고 말하는 것은 어불성설이다.

(2) 성서의 적절한 이해를 얻을 수 있을 때까지, 행동주의와 피상적인 적용은 유익하기보다는 해로운 것일 수 있다.

(3) 이해와 순종을 증진하기 위해 행동과 반성reflection이 함께 일하는 해석학의 나선형spiral 구조는 이 두 요소의 실제적인 반대라기보다는 더 나은 모델이다.

(4) 아나뱁티스트들은 아마도 충분히 죄의 미묘함과 인간의지의 연약함을 느끼지 못했다. 그들의 윤리적 기대는 그들이 해석자들과 해석을 선택적인 기준에 의해 판단했다는 결과와 함께, 불가피하게 선택

적이었다.

(5) 무지보다는 거짓을 주요한 적으로 삼은 그들의 정체성은 잠재적인 제자들이 비진리와 성서를 틀리게 해석할 가능성을 고려하는 데 실패했다.

(6) 그들의 윤리적 결과로 해석을 평가하는 것은 먼저 있어야 할 헌신과 가치를 전제로 한다. 그렇게 함으로 성서를 인간의 견해에 복종케 하는 결과를 가져왔다. 규범으로서 예수에게 맞춘 초점은 이런 전제들이 독립적이기보다는 성서적이고 그리스도중심적일 때 어떤 보호장치를 제공해 주지만 예수 자체가 이와 같은 전제들의 관점에서 해석된다면, 악순환이 생겨나게 된다.

(7) 성서를 이해하는 능력과 그들이 신약시대의 삶의 자리를 함께 나누는 것을 가능하게 하는 믿음의 주요 요소로서 고통스러운 박해와 자신을 동일시하는 것에 대해 질문이 제기된다. 어느 정도까지 박해의 경험이 해석학에 중요한 것인가? 신약의 많은 부분이 핍박받는 그리스도인을 위해 쓰였다는 것이 얼마나 중요한가? 아나뱁티스트가 유대인이나 이교도들이 아닌, 다른 그리스도인들에게 이단으로서 박해를 받았다는 것에 어떤 차이가 있는가? 불의한 정치적 정권 아래에 있는 고난인가? 아니면 이런 상황과 유사한 가난한 상황 속에서의 삶인가? 다원론적이며, 관용적인 나라에서 심각한 박해를 경험하기는 쉬운 일이 아니다. 이것은 이런 나라에 사는 그리스도인들이 성서를 진정으로 해석할 수 있는 자격을 박탈하게 하는가?

(8) 윤리에 초점을 두는 것은 성서가 가르치는 그리스도를 만나는데 방

해가 될 수 있다. 아나뱁티스트들의 그리스도중심성과 그들의 성서에 대한 경험은 이런 가능성에 대해 보호장치를 제공해 줄 수 있으나, 윤리적 원리그리스도중심의 원리라 할지라도가 그리스도를 불명료하게 한다는 위험성은 그대로이다.[77]

그럼에도, 순종의 역할에 대한 아나뱁티스트들의 강조는 그들의 해석학의 특징을 환기시키면서 중요한 부분이 되었다. 적용을 해석의 불가결한 부분으로 보고, 따로 분리된 업무로 보지 않는 주장, 지적이고 제도적인 신임보다 윤리적인 자질에 대한 강조, 그리스도인은 전통적인 개념과 실천에 대해 끊임없는 도전을 제공하는 순종의 인식론과 함께 움직여야 한다는 확신. 이런 요소들이 행동 혹은 실천을 반영하도록 강조하는 현대적인 운동을 평가하는 유용한 역사적 기초를 제공하고 있다.

1) 어떤 종교개혁자들은 상당한 환멸감을 느끼고 그들 교회의 낮은 도덕적 상태의 심각성을 인정했고 그것이 나아질 것인가에 대해 비관적이었다. Shiels and Wood, *Voluntary*, 141을 보라. 츠빙글리는 가끔 공식적으로 아나뱁티스트의 높은 도덕적 수준을 국가교회에는 비현실적인 것으로 처리했으나, 적어도 한 번 그는 다소 슬픈 듯이 썼다, "우리가 그런 교회를 가졌어야 했을 텐데!" Stephen's, *Theology*, 298을 보라.

2) Howard Loewen, *One Lord, One Church, One Hope and One God* (Elkhart, IN: Institute of Mennonite Studies, 1985), 16에 인용됨.

3) Peter Klassen, *The Economics of Anabaptism* (The Hague: Mouton & Co., 1964), 90; AIO, 141을 보라.

4) Klassen and Klaassen, *Marpeck*, 299.

5) 앞의 책, 179.

6) Klassen, *Covenant*, 75.

7) 본문의 기본 의미를 설명하는 해석자들은 성령이 각 개인을 적용을 위해 인도하시도록 허락해야만 하고 이 책임을 버리는 것은 틀린 것이라는 것이 논쟁 되었을 것이다. 모든 신자는 성서를 해석하고 적용하는 통합된 과정에 포함되어야 한다. 그들은 책임을 버리지도 말고 성령을 소멸하지도 않지만, 성서에 개인과 전체의 책임을 결합시켰다.

8) 본문이 Yoder, *Legacy*, 153에 나타난다. 저작권에 관해, Werner Packull, "Uncovering of the Babylonian Whore and other Anonymous Anabaptist Tracts", *MQR* 67: 351-55을 보라.

9) Davis, in Stayer and Packull, *Anabaptists*, 59.

10) Keeney, *Dutch*, 32을 보라.

11) MM, 469.

12) AIO, 87.

13) John Yoder(EBI, 27)는 "헌신과 지식의 상관관계에 대한 중요한 것은 그것이 헌신과 순종에 놓여 있다는 강조점이 아니라, 지식에 놓여 있는 한계이다"라는 Denck의 진술에 관해 말했다. 아나뱁티스트들은 종교개혁자들이 교리에 대한 강조에 순종에 대한 강조를 덧붙이도록 간청하지 않았다. 그들은 종교개혁자들이 건전한 교리로 구성했다고 주장하는 기초에 도전하고 있었다.

14) AIO, 87.

15) Bucer와 Strasbourg의 종교개혁자들은 다른 종교개혁자들보다 제자도에 더 많은 강조를 됬다.(see EBI, 27), Bucer가 다른 종교개혁가들보다 아나뱁티스트의 정신에 더 가까웠다는 또 다른 표시가 있다.

16) MM, 494.

17) See Klaassen, in *EBI*, 6.

18) Deppermann, *Hoffman*, 243.

19) Waite, *Joris*, 91에 인용됨.

20) Menno, *Works*, 445.

21) Menno는 "번역(해석의 양을 필연적으로 포함한)이 회심 없는 육적인 마음을 가진

사람들에게 성취될 수 있다"라는 것을 인정했다.(Works, 653), 그러나 그는 그런 사람을 교회에서 가르칠 자격이 있는 사람으로 간주하지 않았다.

22) Dyck, et al., *Philips*, 206-09.

23) MM, 556.

24) Klassen and Klaassen, *Marpeck*, 299.

25) C. Arnold Snyder, "Konrad Winckler: An Early Swiss Anabaptist Missionary, Pastor and Martyr", *MQR* 64: 358에 인용됨.

26) Pipkin, *Zwingli*, 163.

27) Baylor, *Radical*, 153.

28) Schiemer, in Liechty, *Early*, 83.

29) Dyck, et al., *Philips*, 206.

30) Riedeman, *Confession*, 77.

31) Baylor, *Radical*, 154.

32) 예로, Waite, *Anabaptist*, 193, 207-08, 232을 보라.

33) EBI, 41.

34) EBI, 6. Klassen, *Consultation*, 108을 보라.

35) Klassen and Klaassen, *Marpeck*, 179.

36) 앞의 책, 558-59.

37) Baylor, *Radical*, 148.

38) Williams, *Spiritual*, 203.

39) Waite, *Anabaptist*, 232.

40) Klassen and Klaassen, *Marpeck*, 204.

41) Pipkin and Yoder, *Hubmaier*, 53.

42) Williams, *Spiritual*, 202.

43) 앞의 책, 224-25.

44) EBI, 65를 보라.

45) Furcha and Battles, *Denck*, 124.

46) EBI, 30.

47) 앞의 책, 37.

48) AIO, 141.

49) 앞의 책, 286.

50) Yoder, *Schleitheim*, 16.

51) Menno, *Works*, 924.

52) 예수의 분명한 가르침과 바람직한 윤리에 대한 조장 사이에 있을 법한 갈등의 가능성은 이 주제나 다른 주제에 관계하여 아나뱁티스트들에 의해 고려된 것처럼 보이지는 않았다. 그들의 가정은 예수의 가르침은 당연히 그 밖의 다른 것에도 윤리적으로 바람직할 것이라는 것이다.

53) RR, 593. Oecolampadisu와 츠빙글리도 비슷한 언급을 했다.

54) Hutterites의 재산의 공동체에 대한 강조가 금욕적인 접근을 반영한 지도 모른다: Holland, *Hermeneutics*, 131을 보라.

55) Menno, *Works*, 519.

56) 앞의 책, 1004.

57) Philips, *Enchiridion*, 192.

58) Baylor, *Radical*, 154.

59) Hut에 관해, EBI, 41, 55를 보라; Deppermann, *Hoffman*, 201. 이 개념에 대한 Denck의 용법에 대해, 예를 들어, Bauman, *Spiritual*, 93을 보라. *Gelassenheit*, 아이디어는 David Joris의 해석학에서도 중요하다: Waite, *Joris*, 93을 보라; 그리고 Karlstadt의 글에서: J. Edward Furcha, *The Essential Karlstadt*(Scottdale, PA: Herald Press, 1995), 27-39를 보라.

60) Kreider, "Servant", 12.

61) EBI, 41. 똑같은 확신이 *Martyrs' Mirror*의 근거가 된다.

62) Schiemer, in Liechty, *Early*, 90.

63) 앞의 책, 100.

64) Gordon Rupp, *Patterns of Reformation*(London: Epworth Press, 1969) 325-53을 보라.

65) Klassen and Klaassen, *Marpeck*, 352. 이 개념에 대한 그의 사용이 다른 남독일 작가들과 같은 선상에 있지만, 마펙은 그의 글에서 단지 두 번만 언급한다: Stephen Boyd, *Pilgram Marpeck: His Life and Social Theology*(Durham, SC: Duke University Press, 1992), 77을 보라.

66) AIO, 49.

67) Baylor, *Radical*, 160.

68) "모든 창조물에 대한 Hut의 복음을 보통 사람을 위한 복음으로 간주할 수 있다." - Packull을 보라: "In Search of the Common Man in Early German Anabaptist Ideology", *Sixteenth Century Journal*(1986): 54.

69) Schlaffer, in Liechty, *Early*, 101.

70) 앞의 책, 105. 월터 클라센, *Anabaptism Revisited*(Scottdale, PA: Herald, 1992), 50-64에 있는 Stephen Boyd에 의한 Schlaffer에 관한 장을 보라.

71) Friedmann, *Theology*, 41. See also Holland, *Hermeneutics*, 131을 보라.

72) Schleitheim, in *Schipani, Freedom*, 119에 있는 "왕국"에 대한 Snyder의 논의를 보라.

73) Menno, *Works*, 554.

74) 앞의 책, 537.

75) Philips, *Enchiridion*, 187.

76) John Oyer, "The Influence of Jacob Strauss on the Anabaptists. A Problem in Historical Methodlogy", in Lienhard, *Origins*, 71을 보라.

77) Myron Augsburger의 경고는 유익한 것이다: "말씀의 궁극적인 의미는 사람이다…. 성서에서 의심할 바 없이 윤리적 삶을 위한 도덕적 원리를 건져 올린 사람들은 더 뛰어난 윤리를 가졌지만, 그는 의롭게 살 힘이 형제들과 교제 안에 있다는 것을 놓칠 수 있다." Augsburger, *Principles*, 29를 보라.

9장. 일관성과 다양성

아나뱁티스트 해석학은 존재하는가?

비록 아나뱁티스트의 운동에서 통일성 있게 하나로 나타낼 만한 특징이 없다 할지라도 우리는 지금 특징적이고 일관성있는 아나뱁티스트 해석학이 있는지에 대한 논쟁을 다시 점검할 필요가 있다. 존 로스John Roth는 "분명한 특색이 있는 아나뱁티스트 해석학은 있는가?"[1]라고 질문한다. 그리고 다른 틀 속에서 연구된 6가지 측면 혹은 원리들이 함께 움직이는 답을 제안했다. 아놀드 스나이더Arnold Snyder는 "아나뱁티스트 해석학이 있었는가?" 질문특별히 성서해석을 위한 '아나뱁티스트적' 접근법했다. 그리고 그의 아나뱁티스트 기원에 대한 연구에 기초하여 "대답은 '예'와 '아니오' 둘 다"라고 결론을 내렸다.[2]

성서적 해석에 대한 아나뱁티스트 접근을 규정하는 40년간의 학문적 일치와 아나뱁티스트 운동의 다양한 분파에서 각각의 원리가 표현된 주요한 자료 속에서 우리가 정리한 6가지 원리를 찾을 수 있음에도, 이런 원리를 아나뱁티스트 해석학의 구성 요소로서 규정하는 것은 어렵다고 결론을 내릴 수 있다.

첫째, 이런 원리의 실재를 지지하기 위한 다양한 아나뱁티스트 글부터 인용문들을 모아 정리하는 것은 설득력이 없는 일이며 '증거-본문식' proof-texting 방식을 닮은 것 같이 보일 수 있다. 꾸준하게 토론이 자주 열렸다면, 확실히 다른 주제를 다루는 본문 속에서 해석학적 이슈나 주석을 비교적 간단하게 다루는 것은 아주 좋은 것이었다. 잠깐 보는 주석이라고 해서 가치가 없는 것은 아니었다. 실제로 그들은 이성적인 토론보다 아나뱁티스트 저자들의 반사행동과 직관적인 접근법을 더 신뢰할 만한 것으로 가리킨다.

게다가, 모인 인용문들은 널리 공유된 방법론을 단순히 드러내는 것이 아니라, 비록 중요한 변화 혹은 다양성이 있었음에도, 공유된 관점을 보여주었다. 이 운동의 다양한 분파와 다른 강조점을 가진 해석학적 원리의 글들에서 다양한 신학적, 영적 그리고 윤리적 요소들이 발견될지라도, 아나뱁티스트들이 성서를 해석하는 데 이용한 서로 공유하는 틀이 있었던 듯하다. 그 인용문들은 공유하는 틀을 설명하기 위해 사용된 방법론이나 심상의 통일성을 주장하지 않았다. 두 성서의 관계를 설명하려던 시도는 좋은 예가 된다 그러나 그들은 신학적, 영적인 관점을 공유한 공통 가치와 본질적으로 일관성이 있는 해석학을 보여준다. 이 해석학은 일반 아나뱁티스트들의 진술 기록에서 가장 분명하게 보이는 듯하다. 비록 덜 명확하게 설명되었지만, 한스-위르겐 괴르츠hans-Jurgen Goertz가 말했듯이, "신학적 용어로, 아나뱁티스트 운동은 서로 이질적이었으나, 그 신자들의 말에 의하면, 서로 비슷한 동질적인 것이었다." 3)

둘째, 언급된 원리들이 실제로 실천이 되었는지에 대한 주의 깊은 관심이 필요하다. 이상과 현실 사이의 차이는 기본적으로 이해할 만하다. 그러나 그 차이가 어느 정도 까지어야 하는지에 대한 질문은 제기될 수 있다. 이것은 아나뱁티스트 해석학이 동시대의 성서적 해석에 어떤 역할을 했는지에 대한 질문을 포함한다. 그뿐만 아니라, 아나뱁티스트 운동은 정적이지 않고 계속 발전하였기에, 우리는 실제로 폐기될 수도 개조될 수도 혹은 채택될 수도 있는 가능성에 따라 적용된 원리를 평가해야 한다. 여기서, 증거는 그리 결정적이지 않았고 그저 넌지시 비추는 실례들을 한번 훑어 보는 정도의 불완전한 것이다. 우리가 연구한 6가지 원리는 아나뱁티스트의 교회 안에서 당연히 실천된 것이었으나, 다른 부분에 대해서는 우리가 확신할 수 없다. 그러나 다양한 아나뱁티스트 저자들의 간단한 주석들은 해석학적 원리의 토론들이 없었다는 증거를 제공하는지도 모른다. 아마 어떤 문장들은 실제로 정착된 실례가 아닌 이상적인 표현으로 쓴 것일 수도 있지만, 많은 글은 아나뱁티스트 교회가 익숙한 관습에 대해 깊은 생각 없이 쓰인 논평으로 보아도 무난하다. 또 다른 증거들은 실천된 이런 원리들을 관찰하고 그들에 대해 반대하면서도 어떻게 그들이 적용했는지 관심이 있었던 동시대 사람들에게서 나왔다.

츠빙글리의 『설교 직분에 관한 소책자*Tract Concerning the Office of Preaching 1525*』에서 그는 초기 스위스 그룹들이 행하는 행동들practices을 점검하고 혹평했는데, 그 혹평에 나타난 행동들은 새롭게 떠오르는 이 운동의 특징을 잘 나타내 주었다는 점을 고려해 보라. 츠빙글리는 아나뱁티스트들이 배우지 못한 사람에게도 성서해석을 허락하는 헌신과 성서의 원어에 대한 지식을 경시하는 태도를 지적했다: "여기 아나뱁티스트들은 성서 원어의 지식을 감히 훼손함으로 큰 실수를 하는 것이며 '우리는 성서 원어의 지식이 필요 없다. 우리는 성서언어를 많이 아는 사람들과 마찬가지로 성서를 이해하고 있다'라고 감히 말하고 있다고 비난했다." 그는 "이것은 성령의 문제이지, 기술의 문제가 아니다"[4]라는 그들의 주장을 "자신들의 생각을 마치 성령에게서 온 것인 양 말하는" 위선이라고 간주했다.

공동체적 해석학의 실천은 또한 츠빙글리의 신랄한 비평을 받았다: "예루살렘에서 수천 명의 신자가 있었다. 그러나 12명의 사도보다 더 중요하다고 할 수 없다. 여기 성서에 있는 저자들 모두는 사도들이었다. 나는 신자들보다 사도들이 더 중요함을 믿는다. 만약 어떤 사람이 독일학교에 다니고 독일글자를 배웠다면, 그는 공개적으로 나타나며, 회중에게 그것을 분명하게 말할 것이다." 츠빙글리는 그가 일반적인 험담을 되풀이하는 것이 아니라고 말했다. 그리고 여러 소리를 담은 성서해석의 예를 제시했다. "성서를 가르치는 것은 순진한 회중들에 헌신하는 것이 아니라, 선지자들, 해석자들, 그리고 성서 원어를 아는 사람들에게 헌신하는 것이다"라고 결론을 내렸다. 츠빙글리에게 분명한 것은 공동체적 해석은 이상적인 것이 아니며, 초기 스위스 교회들의 현실이었을 뿐이다.

2년 뒤에, "그레벨 망령과의 대화*Dialogue with Grebel's Ghost*"에서 츠빙글리는 다른 아나뱁티스트의 해석학적 원리로 그의 관심을 돌렸다. 그들의 그리스도중심적 해석은 구약을 거부하고 신약을 더욱 강조하는 원리였다. 그는 "유아세례가 구약성서에 의해 변호되고 있지만, 당신들은 구약을 거부한다…. 당신들은 구약 일부와 신약 일부도 신뢰하고 있지 않다." 이런 짧은 인용은 여섯 가지 원리 중에 다섯 가지가 초기 아나뱁티스트의 운동에서, 적어도 한 분파에서는 실천되고 있었음을 보여주고 있다. 이런 문서들에서 알 수 없는 내용은 얼마나 오랫동안 이런 것들이 실행되었으며, 얼마나 정제되고 발전하여 갔느냐 하는 것이었다.

셋째로, 어떤 설명은 성서해석의 원리와 도달된 결론에 근거하여 이 운동의 명백한 다양성들을 보여준다. 해석학적 동의가 성서가 가르치는 특정한 중요주제에 대한 만장일치로 귀결되는 것은 아니었다. 아나뱁티스트들은 주제에 따라 서로 동의하지는 않았고 해석학적 근거에 대한 열띤 토론들이 있었다. 어떤 논쟁은 우호적이며 건설적이었지만, 어떤 것은 혈기를 내면서, 서로 멸시하기도 했다.

이런 다양성과 분열은 공유된 해석학적 접근이 불일치의 가능성에 대해 열려 있다는 것을 보여준다. 모든 성서의 독자들이 성서가 가르치는 단순한 내용까지 다 동의하지는 않았으므로 그 독자들이 성서의 단순성에 의해 인도된다는 널리 퍼진 아나뱁티스트의 확신에 대해 의문을 제기할 수 있다. 비록 그렇다 해도, 일관된 해석학이 이 그룹들 사이에서 영향을 주고 있었다. 분명한 것은 불일치는 다양한 해석학적 접근을 지지하는 사람들 사이의 토론에 대해 열려 있음을 보여준다.

분명한 특색이 있는 아나뱁티스트들의 해석학이 있었느냐는 질문에 대한 답은 중심원리들인 여섯 가지 특징 안에서 서로 다르게 나타난다. 그 중심원리들은 널리 퍼져서 지지받기도 했고반드시 만장일치의 필요성은 없지만 어떤 경우는 단지 몇 사람들에 의해서만 채택되기도 했다. 이런 기초 위에서 아나뱁티스트 해석학의 핵심은 4가지 구성요소로 이루어져 있다: 1) 모든 그리스도인이 성서의 해석에 참여할 수 있다는 확신, 2) 성령이 친히 그리스도인들을 성서를 이해하고 적용할 수 있도록 돕는다는 신뢰, 3) 성서해석의 열쇠 및 목표로서 순종에 대한 강조, 그리고 4) 신약성서, 특별히 예수의 가르침은 최고로 중요하다는 확신. 공동체적 해석학의 기대와 경험이 이런 핵심사상 가운데 있었을 것이다. 그뿐만 아니라, 해석하는 데 있어서, 문자와 성령 사이의 관계에 대한 인식과 그러나 다른 강조점, 예수의 가르침과 구약을 연결하려는 노력 등이 있었다.

또 다른 반응은 생존하는 그룹 사이에서 해석학 주제에 대한 합의를 확인하는 것이다. 여섯 가지 원리는 초기 이 운동의 모든 분파에서 명백했다. 그러나 아나뱁티즘과 연관되어 온 해석학적 전통은 선택적이었다. 어떤 선택과 강조는 여러 이유 때문에 나머지 원리를 희생하면서까지 지배적이 되었다. 종말론적이고 신령주의적 그룹의 소멸은 그들의 해석학적 접근조차 신뢰를 잃고 버려지는 결과를 가져왔다.

그렇기에, 문자와 성령 사이의 균형은 문자가 더 영향력이 있는 것으로 바뀌었다. 이 변화는 마펙과 샨스라저Scharnschlager와 함께 관계된 그룹들의 점진적인 소멸에 의해 더 심해졌다. 그들은 문자와 성령에 관한 문제와 다른 주제에 대해 중간적인 태도를 유지했었다. 교회 안에서 해석학적 원리의 점검은 어떤 원리들을 폐기하거나 다시 조정하게 하였다. 모든 운동에서처럼, 유동적이고, 은사주의적인 국면은 새로운 원리들이 발전하지 않는 정착된 전통으로 변하는 경향이 있었다. 그래서 성서를 해석하기 위해 모든 사람에게 권리를 부여한 것과 해석학의 공동체적 경험이 어떤 그룹에서는 점차 교사들과 기존해석의 해석학적 권위에 의해 빠르게 대체되어 갔다.

이것에 근거하여, 아나뱁티스트 해석학의 오래된 유산은 3가지 요소로 구성되어 있다고 말할 수 있다: 1) 성서의 문자를 진지하게 받아들이는 중요성, 2) 성서에 대한 예수 그리스도의 중심성, 3) 인식론과 순종, 해석학과 윤리 사이의 관계. 이 유산은 가르쳐지고 어느 정도 실천된 또 다른 원리들의 기억 속에 여전히 남아 있다: 성서의 본문을 보는 통찰력을 주시는 성령에 대한 의존, 교회의 지도자로 공식 승인되지 않은 사람들의 해석학적 권리, 분별력을 위한 공동체적 처리과정 등.

그러나 또 다른 반응은 아나뱁티스트 해석학을 6개의 규범적인 원리로 구성된 것이 아니라, 서로 창의적인 긴장 속에서 경쟁하는 경향을 지닌 6가지의 영역으로 구성되어 있다고 제시한다. 그렇기에 성서의 문자에 대한 충실함과 해석을 위한 성령에 의존함 사이의 긴장은 모든 운동에서 나타나는 전형적인 것이었다. 어떤 그룹은 둘 중 어느 한 쪽을 더 강조하는 경향이 있었다. 그것은 해석학적 다양성을 가져오게 되었다. 그러나 이 운동을 통하여서, 이 긴장은 아나뱁티스트 해석학을 다른 대안과 차별되게 해주었으며, 일관성의 정도를 보장해 주었다. 비슷하게, 모든 성도가 성서를 해석할 수 있는 권리와 신뢰를 받는 교사들의 가치 사이의 긴장은 다양한 방법으로 해결되었다. 그러나 그런 권리가 중요하며 공동체적 차원에서 연구되어야 한다는 데 대한 의견일치는 아나뱁티즘을 종교개혁자들이 가졌던 설교자와 학자 중심적 태도와 구분하는 것은 물론 신령주의자들이 가졌던 개인주의와 구별되도록 도와주었다.

통합된 아나뱁티스트 해석학이 있는가?

아나뱁티스트 해석학이 여섯 가지의 주요 원리들에 의해 특징지어진다고 정리하는 것만으로는 충분하지가 않다. 만약 이 유산이 현대의 성서해석을 위한 유용한 자료가 된다면, 우리는 이런 원리들이 통합된 해석학적 접근으로 통합되어 있는지를 물어야 한다. 아나뱁티스트 저자들이나 교사들에 의한 신학적인 레벨에서, 혹은 실제로 아나뱁티스트의 교회 안의 실제적인 레벨에서 이 여섯 가지 원리가 해석학적 접근으로 통합되었는지는 역사적인 질문이다. 그런 통합을 성취할 가능성이 있었는지에 대한 것은 철학적이고 실제적인 질문이 된다.

여기서 우리가 느끼는 유혹은 아나뱁티스트들이 이 6가지의 특징이 충분히 종합된 통합적 해석학을 계발했다고 상상하는 것이다. 그 반대는 아나뱁티스트들이 개별적이고 서로 연관되지 않은 원리를 가지고 움직였다는 것과 그 6가지 특징들을 따로 개별적으로 다루었다고 상상하는 것이다. 이 여섯 원리를 구분하고 각각 따로따로 연구하는 것은 우리의 이해와 비판적인 평가를 위해 도움이 된다. 하지만, 우리는 아나뱁티스트들이 의식적으로 이 6가지의 원리를 함께 적용했다거나 실제로는 그 원리들이 분리되었었다고 추론을 해서는 안 된다. 그러나 그런 분리가 이론적인 공부를 위해 매우 도움이 된다.

그러므로 여기서 우리의 관심은 이런 종합된 혹은 통합된 접근법이 어떤 것인가를 연구하는 것이지, 16세기 아나뱁티스트 운동의 한 분파의 특징이 되는 것을 제안하는 것은 아니다. 우리의 앞으로의 시도는 어떻게 이 원리들 사이의 상호작용이 인지되었는가에 대한 16세기의 자료에서 증거를 끌어낼 것이나, 또한 통합이라고 하는 또 다른 영역을 제안하기도 할 것이다. 다소 인위적인 면이 있지만, 그 결과는 아나뱁티스트 해석학의 현대적 중요성을 살펴보는 마지막 장을 위한 유익한 기초를 제공할 것이다.

(1) 스스로 해석하는 성서

일반신자들도 교육의 조력과 철학적인 혹은 신학적인 전문가나, 사제들의 인도나 교회론적인 전통 없이도 성서를 이해할 수 있고 적용할 수 있을 만큼 명백하다는 것은 아나뱁티스트들의 널리 퍼진 확신이었다. 이 확신은 어려운 본문은 단순한 본문에 의해 설명될 수 있다는 기대와 더불어 실제 적용에서는 다른 확신과 함께 제한적인 것이었다. 성서는 성령의 인도로 읽을 때, 아주 명확하다. 그렇지만, 그런 명확성은 성령의 도우심을 무시하는 자들에게는 기대될 수 없다. 많은 아나뱁티스트들은 신자들을 진리로 이끌며, 자신들의 가르침이 교육이나 신학적 전문가들보다 더 도움이 되는 해석자인 성령을 의지한다고 주장했다. 어떤 사람들은 해석을 일차적으로 공동체적 상황 안에 두었다. 그 안에서는 모든 사람이 성서를 해석할 기회가 보장되었고 그런 해석의 결과가 도전과 교정에 대해서도 열린 곳이었다. 더군다나, 이런 공동체적인 상황은 제자도에 헌신한 사람들로 구성되어야만 했다. 성서는 호기심이나 단순히 지적 질문이 아닌, 오직 옳은 태도를 보이고, 헌신하여 순종하는 마음으로 다가가는 사람들에게만 명확한 것이었다.

이런 위치적교회이고 태도적순종인 자질에다가 또 다른 실질적인 자질이 있었다. 대부분의 아나뱁티스트들은 예수의 말과 모범을 가장 명백하고 접근이 쉬운 내용으로 다루면서 성서를 그리스도중심적으로 다루었다. 모든 다른 본문은 이런 관점에서 해석되었다. 그들은 구약성서가 해석하기에 쉽지 않다는 것을 인정했고, 예수의 중심성과 신약성서의 급진적인 새로움에서 벗어나지 않도록 신중하게 다루어야 함을 알았다. 그러나 그리스도인들이 더는 옛 언약 아래 있지 않기에 많은 사람은 신약에 집중할 수 있고, 구약을 설명하기 위해 신약을 이용한다고 주장했다. 그러므로 실제로 성서 대부분은 명확하지 않다. 그러나 일반 신자들이 그리스도중심성의 원리에 따라 인도될 때, 자신 있게 성서를 이용할 수 있었다.

(2) 그리스도 중심성

성서 안에서 그리스도의 중심성은 기본이다. 그는 모든 성서가 가르치며 증언하는 분이다. 그리고 그의 말과 행동은 권위가 있으며 규범적이다. 성서의 이 부분이 모든 것 중에서 가장 명확하다는 확신비록 가장 지나치게 요구하는 것이지만은 그리스도중심성과 성서의 명확성이 서로 겹치며, 서로 강화해 주는 원리들임을 의미한다. 그리고 다른 원리들에 의해 정당화되기보다는 다른 원리들을 정당화하는 그리스도 중심성의 원리가 가장 기초가 된다. 그러나 예수의 삶과 가르침의 의미를 정확하게 분별하는 것은 필수적이었다.

그렇기에, 해석자로서의 성령을 강조하는 것과 말씀과 성령 사이의 균형을 맞추는 일은 예수가 한 말의 문자적인 해석보다 예수의 생각과 의도를 더 찾고자 노력하는 것이 되어야 한다. 비록 아나뱁티스트들이 예수의 실제 말씀을 희석할까 봐 혹은 그의 중추적인 위치에 어떤 침해가 있을까 봐 많이 경계하긴 했지만, 실제로 이 말은 성서의 다른 부분에서는 예수의 의도와 관심에 대한 그들의 이해 안에서 해석자들의 지도를 받을 수 있었다는 뜻이다.

(3) 두 개의 언약

아나뱁티스트들이 신약성서에 만장일치로 부여한 우선순위의 위치는 예수 그리스도가 성서 계시의 중심축이라는 확신에서 흘러나왔다. 대부분은 예수가 소개한 새 언약이 구약을 신약과 같은 선상에 두는 것을 불가능하게 했다고 확신했다. 비록 많은 사람이 성서의 본질적인 통일성을 인정하면서도, 아나뱁티스트에게 성서는 평면적이지 않았다. 아나뱁티스트 중 많은 사람이 두 성서의 불연속성을 강조했다. 그러나 두 가지 다른 확신은 신약에 대한 이 강조를 정당화해 주었고, 구약을 버리는 것을 막는 데 도움이 되었다. 첫째, 성서의 명확성과 스스로 해석하는 성서의 특성에 대한 강조는 두 성서의 불연속성을 더 강하게 강조하는 것을 막을 수 있었다. 만약 성서가 스스로 해석하는 책이라면 이것은 반드시 기본적으로 통일성과 일관성이 있어야 한다. 만약 두 성서가 혼동되지 않았다면, 영적 생활을 위한 본질적인 특징 외에도 많은 영적인 유익을 구약성서에서 얻을 수 있었을 것이다. 둘째로 성령에 의지하는 것은 어떤 아나뱁티스트들이 그것을 알레고리적인 방법으로 사용하면서 구약성서를 사용하도록 격려했다.

(4) 성령과 말씀

신령주의적 극단에서 문자주의의 또 다른 극단으로 이어지는 연결점 속에서 많은 아나뱁티스트들은 종교개혁자들보다는 신령주의자들에게 더 가까이 자리 잡고 있었다. 문자주의와 신령주의 둘 다를 비난하면서, 대부분의 아나뱁티스트들은 성서의 표준적인 역할과 해석하는 과정 속의 성령의 적극적인 개입 둘 다에 헌신했다. 성령의 역할에 대한 강조는 다른 확신에 의해서 다소 완화되었다. 첫째, 성서는 본질적으로 단순하며 스스로 해석하는 책이라는 믿음은 그들이 성령의 조명이라고 예상되는 영향 아래에서 사변적인 해석을 취하지 못하도록 해

주었다. 일반상식과 본문의 명백한 의미는 비밀스럽고 그럴듯한 영적인 의미에 의해 희미해 지지 않았다. 둘째로 그리스도중심성은 성령의 인도와 예수의 가르침과 삶이 조화되어야 한다고 믿었다. 성령은 예수의 영이시고 그는 예수가 가르치신 것과 조화되지 않는 것을 가르치시지 않는다. 셋째로 해석의 권위를 신자들의 공동체에 두는 사람들은 정밀한 연구에 대해 닫혀 있는 개인주의적 성격해석을 채택하는 것을 원하지 않았다. 성령은 은사를 받은 개인이 은사주의적으로 일하게 하실 뿐만 아니라 공동체의 동의를 얻게 하시는 분이시다.

(5) 공동체가 함께하는 해석학

교회가 대학이나, 설교자의 연구나, 개인적인 지성보다 성서가 해석되어야 하는 곳이라는 확신은 어떤 아나뱁티스트 그룹에서는 아주 중요한 것이었다. 그러나 이것은 또한 다른 확신의 문맥 속에서 이해되어야 한다. 이런 확신들은 일차적으로 해석공동체의 본질에 중심을 두고있다. 그것은 은사주의적 공동체와 제자도의 공동체 둘 다로서 이해되어야 한다. 아나뱁티스트의 성령의 역할에 대한 강조는 개인을 인도하고 말씀을 둘러싼 공동체를 하나로 묶어주는 성령을 향한 자유로움이있는 공동체만이 해석공동체로서 알맞게 운영될 수 있었다는 것을 뜻했다. 성서를 이해하는 필수조건으로서 순종은 제자공동체만이 성령의조명을 기대할 수 있었다는 것을 뜻했다. 그래서 신실하지 못함은 교회를 해석공동체로서 제대로 된 기능을 하지 못하게 하는 것이었다.

비록 처음 것이 주변부적이기는 하지만, 이 두 가지의 다른 한계설정은 교회의 해석학의 자유를 제한했을 수도 있다. 성서가 보통 단순하며, 스스로 해석한다는 믿음은 이론적으로는 교회의 역할을 제한했다. 하지만, 실제로는 뜻이 명확하지 않은 본문이 서로 도움이 필요하고, 공동체 지도자의 지도도 필요하다는 것을 보여주었다. 비록 예수의 삶과 가르침의 의미가 제대로 세워져 있는 공동체 안에서 있어야만 했지만, 성서의 공동체적 이해가 근본적인 그리스도 중심성과 연결되어 예수에 대한 강조는 더 중요한 것이 되었다.

(6) 순종의 해석학

해석자들을 인정하고 그들의 결론을 점검하는 과정에서 성서 해석에 윤리적인 고려가 결부되어야 하는 중요성은 아나뱁티스트들의 글에서 명백하다. 그러나 이 원리는 그것을 정당화하는 과정에서 어느 정도 다른 원리들과 겹쳐진다. 첫째, 아나뱁티스트들이 해석자들과 해석들을 시험하는 기준이 되는 윤리적 전제는 적어도 이론적으로는[5] 그리스도중심성에서 유래한 것이지 혼자 독립된 것이 아니었다. 만약 '오직 성서'에 대한 헌신이 성서보다 더 윤리적인 규범을 수용함으로 타협되는 것이 아니라면 윤리적 전제는 필요한 것이었다. 둘째로, 성서의 명료성에 대한 헌신은 비록 그들의 윤리적 내용이 주의 깊게 평가되지 않았다 할지라도 명확한 해석은 수용되는 경향이 있었을 것이다. 이것은 모든 이슈를 자세하게 생각할 충분한 시간이 없었던 이 운동의 초기시대에 피할 수 없었다. 그러나 원리에서 본문의 명확한 의미와 윤리적으로 점검된 해석 사이의 예상되는 불일치는 없었다. 종종 이야기되는 것과 같이 아나뱁티스트가 바라는 바는 윤리적인 문제를 제기하게 하는 애매한 해석을 피하는 것이었다. 윤리적으로 해석을 평가하고 본문의 명백한plain 의미를 주장하는 것은 애매한 해석을 피하고자 하는 노력이었다.

윤리적인 기준을 그토록 강조하는 해석학이 어떻게 뮌스터의 사건을 정당화하는 데 사용될 수 있었겠는가? 뮌스터에서 성서적인 해석은 윤리적으로도, 상식으로도 점검되지 않았다. 구약성서의 가르침은 신약성서 위에 있었고, 그리스도중심적 원리는 부재상태였다. 윤리적 기준은 '영적'인 계시를 지지함으로 무시되었다. 상식을 무시하지 않는 해석은 이상과 천년왕국에 대한 열심에 의해 대체되었다. 그리고 해석학적 공동체가 아닌, 스스로 임명된 지도자들이 성서 본문의 의미를 결정했다. 주관적이고, 개인적인 해석의 수용과 신약성서의 윤리적 기준에 대한 경시는 서로 함께 움직였다.

뮌스터파의 해석학이 아나뱁티스트적이지 않았다. 실제로 뮌스터파의 번성으로 말미암아 더 큰 공포에 휩싸인 종교개혁자들의 접근이 전형적인 아나뱁티스트의 접근보다 뮌스터파의 해석학과 더 많은 공통점이 있다는 사실은 논의해 볼 여지가 있는 것이다. 더크 필립스는 종교개혁자들과 뮌스터의 사람들이 구약성서를 사용하는 방법이 똑같이 부적절하다고 생각했다. 뮌스터사건은 종교개혁자들의 해석학적 원리 중 일부가 사악한 지도자들에 의해 사용되었을 때 어떤 일이 가능한지에 대한 예를 잘 보여주고 있다. 뮌스터사건은 아나뱁티스트들의 해석학과 관계없는 것이었다. 대부분의 아나뱁티스트들은 뮌스터의 대실패를 전적으로 불법적인 것으로 거절했다.

그러나 이런 주장은 설득력이 약하다. 뮌스터파들은 아나뱁티스트였다. 그리고 그들의 성서적 해석은 호프만의 전통에서 온 원리와 실천에 많은 부분을 빚지고 있었다. 그들이 아나뱁티즘의 주류에서 일탈한 것은 아나뱁티스트의 또 다른 분파에서 나온 요소에 의해 형성된 대안적인 해석학을 채택한 것에 근거하고 있다. 하지만, 다른 분파들에서는 그렇게 처참한 결과를 낳은 것은 아니었다. 아마도 이 사건은 몇몇 아나뱁티스트 해석학 원리들이 고립된 방식으로 적용된다면 그것이 얼마나 부적절하고 심지어 위험하기까지 한 것인지, 그리고 그 원리들이 효과적인 균형을 통해 하나의 시스템을 이루면서 통합되는 것이 얼마나 중요한 지를 보여준다고 할 수 있다.

(7) 통합을 향하여

아나뱁티스트 해석학은 통일되었거나, 충분히 통합되지는 않았다. 그것은 박해받는 환경과 다양한 그룹들 사이에서 단편적인 열정으로 발전하였다. 그럼에도, 많은 공통된 확신은 다양한 원리들이 견제와 균형으로서 활동하는 접근법을 실제로 창출하기 위해 서로 상호 작용을 했다는 것이다. 모든 원리가 아나뱁티스트의 전체그룹 내에서 작용하고 있었던 것도 아니고, 그들 사이에 균형도 통일성 있게 확립된 것도 아니며, 그들의 통합성도 가끔은 불분명했다. 그러나 일반적으로 16세기 교회들이 인식한 것보다 더 수준이 높고 미묘한 차이가 있는 틀을 제공하는 성서해석에 대한 새로운 패러다임이 이 운동에서부터 인지되었다. 그러나 그럼에도 불구하고, 성령과 아나뱁티스트 해석학 방향에 성실하게 반응하였다.

아나뱁티스트 해석의 원리와 실천에서 추출한 통합된 모델은, 제자들의 공동체 안에서 성서를 자신 있게 해석하고, 예수 그리스도를 성서의 나머지 전부를 해석하는 중심으로 인지하는 성령 충만한 제자들의 것이었다. 이런 접근법은 우리가 계속 살펴보았듯이, 약점이 없었던 것이 아니었다. 그러나 그러한 부적절함 조차도 가치있는 충고들을 주고 있다. 더 수준 높고 미묘한 차이가 있는 방법론의 계발은 역사적으로 희석과 왜곡에 대한 아나뱁티스트들의 우려가 옳았다는 것을 역사적으로 보여주었다. 구약성서해석의 역사와 신약성서의 기초에 의해 지지를 받지 못하는 여러 의식을 정당화하기 위해 수준있는 방법론을 이용하는 것은 종교개혁자들이 성서를 오용하는 모습에 대한 염려를 가중시킬 뿐이었다. 그리고 학자와 교회 사이의 상호연관성은 아직도 만족스럽게 확립되지 못하였다.

이용가치가 있는 아나뱁티스트 해석학은 있는가?

이 연구의 마지막 장에서 우리는 아나뱁티스트 해석학의 현대적 중요성에 대한 제안들을 고려해 볼 것이다. 우리는 아나뱁티스트 해석학이 이룬 특징적인 공헌에 관하여 논의할 것이다. 수 세기 동안 일반적으로 무시되었지만, 종교개혁자들의 원리와 실제에서 발전한 해석학적 시스템과 몇 세기 전에 있었던 아나뱁티스트들의 도전을 함께 공유하면서, 또다시 이 시스템을 향해 가해지는 현대의 도전은 창의적으로, 유용하게 함께 상호작용한다.

페리 부시Perry Bush는 "아나뱁티즘의 거듭남: 메노나이트, 신복음주의, 이용가치 있는 과거 연구Anabaptism Born Again: Mennonites, New Evangelicals, and the Search for a Usable Past, 1950-1980"[6]라는 글을 썼다. "이용가치 있는 과거"라는 개념은 해럴드 벤더Harold Bender의 획기적인 발표 이래로 아나뱁티즘의 비전을 확인하고 토의하는 중요 구성요소가 되었다. 이 운동은 다원발생의 기원을 다루는 데 실패한 관념론적인 표현으로서 비난받았고, 아나뱁티스트 운동을 동질화하면서, 개개인의 사정을 무시하면서, 맞지 않는 사람을 제외해 나갔음에도, 이 비전은 20세기 중반의 메노나이트들에게 그들이 출발했고 현대교회의 삶을 위한 자원들을 끌어내는 데 이용가치 있는 과거의 유산을 제공해 주었다.[7] 아나뱁티스트 해석학에 대한 전통적인 표현은 아나뱁티즘 내부의 훨씬 더 많은 다양성을 보여주는 역사적 연구에 의해 영향을 많이 받지는 않았다. 그 결과 "이용가치 있는" 해석학의 계속되는 유용성이 이어져 온 것이다. 그러나 아나뱁티스트의 윤리와 교회론을 대표하는 벤더의 비전보다 더 신뢰할 수 있는 성서해석에 대한 아나뱁티스트의 접근법은 없다.

리더 중의 한 명인 베르너 팩쿨이 아래와 같이 인지함에 따라 또 다른 문제는 다원발생적 접근을 차단하는 경향이었다: "아나뱁티스트의 다양성에 대한 인식과 결합한 재역사화rehistorize와 비신학화detheolo-gize의 경향은 이용할 가치가 있는 기준으로서의 과거를 확인하는 것을 더욱 어렵게 만들었다."[8] 만약 어떤 사람이 주장하는 것처럼 아나뱁티스트 운동이 산발적이었다면 아나뱁티스트 운동도, 그들의 해석학도 우리에게 이용 가능한 과거를 제공하지 못한다. 모두 서로 다른 해석학적 기준에 의해 움직이면서 당연하게 그들이 언급한 주제에 대해 갈라지고 일치되지 않은 채, 여러 다른 그룹들이 생긴다. 우리는 아마 나머지 그룹들보다 어떤 한 그룹을 더 선호하게 될 수도 있다. 그러나 여기에 우리를 위한 너무나 적은 양의 자료만 있을 뿐이다. 해석학에 대해 현존하는 가치는 매우 제한되어 있다. 실제로 가능한 결론은 성서해석이 훈련되지 못하고, 승인받지 못한 해석자들의 손에 들어가도록 허락한 것은 필연적으로 불일치와 나누어짐을 가져왔다는 것이다.

최근 학문은 일원 발생과 다원발생의 접근법 사이를 중재하는 위치를 지정해 주면서 이런 막다른 곤경을 피하여 움직이기 시작했다. 그것은 아나뱁티스트 운동 내의 순전한 다양성을 인정하면서도 동의하는 영역과 널리 공유된 중심 원리에 대한 관심을 새롭게 집중하는 것이다.[9] 옹호할 수 없는 것으로 간주한 단일 기원설을 회복하려고 하는 시도가 없었던 것에 반해, '아나뱁티즘'은 의미 없는 용어이며 이것은 하나의 운동이라기보다는 종교개혁의 분열된 조각이라는 다원발생설에 반대하는 반응은 있었다. 다원발생설을 이끄는 어떤 지도자들은 벤더학파를 통합하려는 사람들과 다원발생설의 탈구조주의 경향을 피하면서, 이 패러다임을 초월하여 움직여 왔다.[10] 예를 들어 아놀드 스나이더는 세 가지의 공통된 영역을 기록했다:

1) 농민운동의 이상과 열망이 많은 아나뱁티스트 그룹에 미친 영향은 그들에게 사회정의에 관한 공동의 관심사를 제공했고 2) 다양한 그룹으로 발전한 확신 속에서비록 그 틀이 초기 16세기 다른 많은 사람에 의해 공유

되기도 했지만 공유된 묵시적이고 종말론적인 틀 3) 다양한 아나뱁티스트 그룹과 함께 공유한 확신에 근거한 공동체적 아나뱁티즘운동의 발전.[11]

비록 많은 다른 주장들과 선명하지 않은 면들이 있지만, 떠오르는 결론은 일관성 있는 운동으로서 아나뱁티스트 운동이 해석될 수 있다는 것이다. 서로 다른 분파들 사이의 상호작용이 이론과 실제의 더 많은 일치를 가져왔다. 어떤 요소들은 버려지고, 어떤 초기의 다양성은 동질화되었다. 그러나 다른 점은 여전히 남아 있고, 박해 가운데 살아남은, 혹은 그것에서 도망한 그룹들의 힘은 지속하는 아나뱁티스트 운동에 영향을 주었다. 아나뱁티스트 운동에 대한 재발견은 부당하게 제외된 그룹과 요소들을 포함하기 위해, 그리고 아나뱁티스트는 이용가치 있는 비전으로서 좀 더 신뢰할 만한 근간을 회복하기 위해 일관성과 다양성을 모두 허락한다. 존 로스John Roth는 아나뱁티스트들을 "함께 하는 대화"에 참여하는 사람들로 묘사하고 이것은 해석학적 규범보다는 성서해석을 이해하기 위한 더 나은 관점을 제공한다고 주장했다.[12] 아놀드 슈나이더는 대화 상대로서 16세기 아나뱁티스트들과 함께 하는 것을 제안했다. 단지 그들만의 대화를 듣는 것이 아니라, 이미 받아들여진 전통과 그것에서 나온 다양한 변조 속에서 경험되는 대화로서 말이다.[13]

아나뱁티스트 해석학의 현대적 중요성을 연구하면서, 다음으로 우리는 대화상대로서 아나뱁티스트들을 환영한다. 우리는 그들이 널리 수용한 해석학의 원리와 해석학적 질문에 관한 대화에서 생기는 의의 있는 긴장감에서 무엇인가를 배우게 될 것이다.

1) Roth, in Bowman and Longenecker, *Anabaptist*, 59.

2) Snyder, *Anabaptist*,159.

3) Goertz, *Anabaptist*,114.

4) Harder, *Sources*, 402. 츠빙글리에 관한 연이은 논문은 Harder에게서 나왔다, 402-05 , 486.

5) 윤리적인 확신이 단지 그리스도 중심적인 성서적 해석에서 나왔을 뿐 아니라 떠오르는 그리스도의 초상에서 윤곽이 잡히게 되었다.

6) Bush, "Anabaptism", 26ff.

7) *The Conrad Grebel Review*, especially J. Denny Weaver, "The Anabaptist Vision: a Historical or Theological Future?" *CGR* 13:1 (Winter 1995): 69ff에 발간된 컨퍼런스 "Whither the Anabaptist Vision?" 에 나온 논문들에 있는 토론을 보라.

8) Packull, *Hutterite*, 5. 한 점에서 시작된 동일한 비전의 분열과 더불어, 우리는 무엇을 회복할 것인가에 대한 질문뿐아니라 신뢰받지 못하고 버려진 회복의 동기에도 당황하고 있다" - Weaver, "Anabaptist", 69.

9) C. Arnold Snyder, "Beyond Polygenesis: Recovering the Unity and Diversity of Anabaptist Theology", in H. Wayne Pipkin, ed. *Essays in Anabaptist Theology* (Elkhart:Institute of Mennonite Studies, 1994), 1-33을 보라.

10) 후터라이트 기원에 대한 그의 연구에서 한 예가 Werner Packull이다: Packull, *Hutterite*,10-11을 보라. 이런 발전에 대한 토론은 "A Review of Anabaptist Historiography", an appendix in Snyder, *Anabaptist*, 397-408에서 발견된다.

11) Snyder, *Anabaptist*, 404. 이 분야는 Goertz, *Anabaptists*의 연구에서 명백하다, Packull, *Hutterite, and Klaassen,Living*.

12) Roth, in Bowman and Longenecker, *Anabaptist*, 62.

13) Snyder, *Anabaptist*, 379.

10장. 대화 상대로서의 아나뱁티즘

아나뱁티즘이 현대 해석학에 끼친 가장 중요한 기여는 대화상대로서의 역할이다. 그 이유는 16세기에 격렬하게 토론되었으나 수세기 후까지도 풀리지 않은 채 남아 있던 주제에 대하여 신선한 역사적 관점을 제공하기 때문이고, 놀랍게도 최근 몇십 년 사이에 떠오르는 주제와 관련된 것을 아나뱁티즘이 제안하기 때문이다. 아나뱁티스트의 관점은 전통의 특별한 범위 전역에서 인식되고 있기에, 아나뱁티스트 해석학은 보통 대화 상대로서 함께하기 어려울 수 있는 사람들과도 함께 대화하도록, 또한 서로에게서 배울 수 있도록, 격려하면서 상호교류를 위한 촉매 역할을 하기도 하였다.

많은 운동이 아나뱁티스트 해석학과 상호교류하는 것이 도움된다는 것을 발견하고 있지만,[1] 우리는 여기서 오직 두 가지만 시험하고자 한다: 라틴 아메리카의 해방신학과 은사주의 운동이다. 현대의 해석학적 몇 가지 주제들은 아나뱁티스트의 공헌에서 유익을 얻을 수 있지만, 우리는 단 한 가지 주제인 해석의 장소로서 해석학적 공동체를 임명des-ignation하는 부분만을 연구할 것이다. 우리는 오랜 세기 동안 유럽에서 시행되었던 해석학 안에서의 정황과 현대 해석학적 토론이 열리는 곳의 변화된 환경을 먼저 살펴보면서 시작한다.

크리스텐덤Christendom:기독교제국(주의)과 해석학

'크리스텐덤Christendom' 이라는 용어는 역사적으로 기독교적 문명화가 중세와 초기 근대 유럽을 지배하던 것을 언급하는 말이다. 이 문명화는 4세기경 로마황제 콘스탄틴 대제가 기독교를 국교로 채택함으로 인해 로마제국의 특혜를 누리게 된 종교가 됨으로 생긴 사회적, 제도적, 지적, 문화적 그리고 영적 결과이다. 4세기 말의 황제 디오디니우스가 기독교가 아닌 다른 종교를 불법화하기 위해 채택한 강제적인 조치를 일컫기도 한다. 개념론적으로 말하자면, 이 용어는 부분적으로 콘스탄틴 대제이전의 기독교에 대한 이해가 그의 후계자에 의해 승인된 것을 가리키며, 서구교회역사를 지배했던 사고방식을 가리키는 말이기도 하다. 이 시기대략 2세기 후반에서 5세기까지에 발생한 "콘스탄틴적 변환Constantinian shift"에 대한 평가는 열광적인 지지를 보내는 대환영에서부터, 마지못해 하는 수용의 이해차원을 지나, 완전히 거부하는 혐오 단계에 이르기까지 다양하게 분포되어 있다. 그러나 그 변화는 급진적이었고, 1,500여 년 이상 지속된 기독교 유럽을 낳았다는 사실에는 일반적으로 의견을 같이한다.

기독교 제국주의의 익숙하고, 근본적인 특징은 도시와 국가와 제국의 공식적인 종교로서 기독교를 내포한다는 점이다.

- 모든 시민유대인 제외이 태어나면서 기독교인이 된다는 가정을 한다.
- 종교와 정치가 함께 엮어진 성과 속의 뚜렷한 구분이 없는 성례적 사회의 발전을 도모한다.
- 국가에 의해 지지를 받아 사회적으로 힘을 가진 사제들이 결정한 공통의 신앙을 정통성 있는 것으로 정의한다.
- 모든 사람들에게 필연적인 기독교적 도덕의 의무를 부과한다.
- 지상의 정치적, 종교적 분리를 기독교 제국과 이교도제국으로 나누

어 대결구도로 본다.

- 부도덕, 이단, 분파를 제어하기 위해 법적 제재를 사용하고, 기독교 제국을 보호하고 확장하기 위해 전쟁을 사용하여 기독교를 방어한다.
- 국가 위계질서와 유사하게 국가의 지원에 의해 교구와 지역교회 동의에 기초를 둔 위계적인 교회 시스템을 운영한다.
- 사제와 평신도 사이의 일반적인 차별을 두며, 대체로 평신도를 수동적인 역할로 좌천시킨다.
- 복종하지 않는 자에게 벌금을 부과하는 벌금제와 의무적인 교회출석을 강조한다.
- 전체 기독체[2]corpus Christianum의 통합을 상징하기 위해 유아세례를 시행한다단지 1세대 성인회심자만이 신자로서 세례를 받았다
- 이 시스템을 위한 의무적인 십일조를 부과한다.

콘스탄틴의 통합synthesis의 기초는 교회와 국가의 상징적인 관계였다. 이것의 형태는, 이 둘에서 우위를 차지하는 쪽에 있든지, 힘의 균형을 유지함으로든지 다양했다. 그러나 교회는 현상유지와 연관되어 있었고, 이 체제유지 안에서 기득권을 가졌다.

비평가들은 기독교 제국의 틀을 신약과 초기 3세기 기독교의 주요 요소에 맞추어 넣기가 어렵다고 주장한다. 신자들의 교회는 오직 헌신한 제자들로 구성됨에 따라 이런 신약사상과 콘스탄틴주의적 사고방식은 마찰을 빚는다.

- 교회와 세상의 명확한 구분,
- 전도와 선교군사적 침략을 통한 것이나, 이교도 나라에 대한 선교 제외,
- 전체 그리스도의 몸corpus Christi으로 통합되기 위한 절차로 신자의

세례침례,

- 기독교 나라의 국가개념을 초월한 새로운 비전,
- 다원주의환경 속에서 자유로운 선택으로서의 신앙.

다른 요소들도 재정의redefinition 되었다. 교회는 지역적으로 정의되었고, 신약에서 교회라 불린 자발적인 공동체는 지금은 분파sects로 불리게 되었다. 영혼의 영원성에 대한 관심사는 하나님나라를 대신했고, 하나님나라의 개념은 국가교회와 경계를 같이하는, 순전히 역사적 실체로 축소되었다. 일반적으로 교회는 국가기관에 속한 사제 역할을 하여 사회적 사건과 국가의 정책을 신성화시키면서, 사회 속에서 예언자적 역할을 포기했다. 박해는 그리스도인이라고 자칭하는 사람들에게 가해지는 것이 아니라 그리스도인들에 의해 행하여졌다.

크리스텐덤에 대한 지지자들은 기독교 제국이 그리스도의 주되심이 사회 전반에 걸쳐 행사되도록 했으며, 복음의 승리를 보여주었다고 주장한다. 반대자들은 이 외견만의 승리는 중요한 이슈에 대해 타협함으로 이루어진 것이기에, 실제로는 기독교가 정복되고 길들여진 것으로 생각한다: 사회가 성화 되었다기보다는 교회가 세속화된 것이었다.[3] 중간적인 입장은 4세기 교회는 선택의 여지가 없었던 것으로 본다. 고로 단지 제국의 승인을 받아들이는 것만 가능했기에, 이런 월권에도 불구하고, 기독교 제국은 문화를 기독교화하고 하나님의 나라를 진보케 하는 신의 섭리의 수단이었다.[4]

그러나 콘스탄틴이 평가된 이래로, 평가들의 증거자료는 크리스텐덤 시대부터 후기기독교 제국의 상황까지 시대적 변천들을 축적하고 있다.[5] 지금은 국가교회에 출석하는 인구의 백분율이 대부분 유럽국가에서 굉장히 낮다.[6] 국가교회 안에서도 국교제도폐지와 교구제도와 유아세례에 대한 변화와 새로운 시대의 도래에 대한 적응을 위한 끊임없는 요청이 제기되고 있다. 현재는 어떤 선교학자들도 세계를 기독교 국가와 이교도 국가로 나누지 않으며, 유럽 안에서 비그리스도인의 증가는 교회로 하여금 다원주의 사회 안에서의 증인의 의미를 연구하도록 촉구하고 있다. 유럽은 유구한 기독교 역사를 가졌고 기독교가 유럽 전역에 퍼져 있기 때문에, 기독교 제국의 소멸은 갑작스럽거나 총체적일 수 없다. 교회와 국가의 공식적인 관계가 없어진 때조차, 교회 안에서 사회 안에서도 콘스탄틴적 사고방식은 지속될 것이며, 많은 사람은 더 기독교적인 사회로 돌아가려고 애쓸 것이다. 이 사고방식은 정치적인 합의가 아니라, 기독교 제국의 심장이었다.

그리고 이 사고방식은 해석학에도 깊은 영향을 주었다. 역사의 4분의 3 정도의 기간에 유럽교회는 기독교 제국의 틀 안에서 움직여왔다. 오직 첫 3세기 동안과 4세기와 9세기 사이의 다른 견해로 말미암아 박해받은 운동에서, 그리고 마지막 세기에 와서야 이 기독교 제국적 사고방식이 도전을 받았던 것이다. 이 사고방식에 감히 도전했던 사람들은 다른 렌즈를 통해서 성서를 보기 시작했다. 이런 그룹들 사이에서 작용했던 해석학적 원리와 초기 아나뱁티스트 사이에는 주목할 만한 유사점이 있었다. 그러나 유럽 기독교의 대세는 차례로 유럽을 지배했던 콘스탄틴적 가설들에 따라 지배되어 왔다.

콘스탄틴의 초기 시대부터 성서는 새로운 현실에 비추어 해석되어야 했다. 전체 인구가 신약의 윤리를 따르는 것이 현실적으로 어려웠다. 그래서 구약의 기준이 수도원의 질서를 제외하고, 모든 사람에게 적용되어야 했다.[7) 또한 교회 지도자들은 새롭게 떠오른 '성례와 같은 사회' the kind of sacral society와 위계질서의 교회를 조직하는 지침을 신약성서가 제공하지 못한다는 것을 발견함에 따라 구약에서 많은 도움이 되는 구조를 발견했다. 결과적으로, 구약의 권위가 자라고, 신약의 가르침은 단지 종교적인 질서 안에서와 종말론적인 왕국 안에서 적용되는, 혹은 닿을 수 없는 이상향으로 보는 경향이 생겼다.

특별히, 예수의 삶과 많은 교회지도자의 삶 사이의 멀어져만 가는 간격은 예수의 인간성을 제외해야 할 필요를 느꼈다. 적어도 시민으로서, 그리스도인들이 따라야 할 모델로서의 예수가 더는 없었다. 나사렛 예수는 국가기독교에 동화되기 어려웠다. 그는 애국적인 시민의식 대신 급진적인 제자도만를 가르쳤고, 뿐만 아니라 심시어 국가에 의해 처형을 당하기까지 했다. 결과적으로 4세기에 예수는 천상의 모습으로 다시 개조되어야 했다. 그의 신성은 강조되었고, 나사렛인의 위험스런 기억은 점점 희미해지도록 조장되었다.[8]

이 예수론의 변화는 4세기 교리, 찬양, 교회달력, 그리고 교리 문답서에서 확실히 나타난다.[9] 설교와 글들은 그리스도중심적인 성서적 해석을 포기했음을 보여준다. 그리스도의 삶이 윤리적으로가 아니라, 그저 종교적으로 사용되었다. 이런 비슷한 설교들은 교회와 세상의 구별이 사라진 성서해석에 대한 영향을 드러냈다. 하나님나라와 같은 주요 신약성서의 주제는 더는 중요한 것으로 보이지 않았다. 지상명령The Great Commission은 마치 성취된 것처럼 보였다.

초대 그리스도인들의 '삶의 자리Sitz im Leben'는 기독교 제국에 의해 사라졌기에 많은 이슈에서 신약성서의 가르침을 이해하는 것이 어려웠다. 월터 클라센은 그 좋은 예로 교회 훈련에 대한 가르침에 주목했다: "교회와 세상의 근본적인 차이에 대해 인정하지 않는다는 것은 콘스탄틴의 기독교 제국이 교회에서 제외된 사람을 추방할 곳이 없었다는 뜻이다. 유일한 선택들은 16세기의 많은 기독교 제국들의 다른 지방으로 보내는 것이었고, 그들을 투옥함으로 사회에서 제거하거나 죽이는 것이었다."[10]

교회와 세상의 차이가 불명확해지자 로마서 13장과 같은 신약성서의 본문들이 기독교 제국의 요구를 반영하기 위해 해석되는 결과가 생겼다. 국가의 입장에서 이 본문과 신약의 다른 본문들에 대한 이런 식의 계속된 접근법은 정치적 문제의 해결사로서 기독교 제국을 오랫동안 유지해 주는 콘스탄틴 사고방식의 주요 구성요소가 되었다. 정치적 권위를 지지기반으로 삼으면서, 교회는 자연스럽게 새로운 현상유지를 위해 해석학을 조정하기 시작했다. 그러므로 성서는 교회와 국가 모두에게 유익한 기존의 질서를 유지하는 방식으로 해석되었다. 더구나 사회 안에서 교회의 지배적인 위치는 성서에 접근하는 전제presupposition에 상당한 영향을 미쳤다.[11] 어떤 다른 해석학적 원리가 작용하고 있든지 간에, 정치적 해석학이 높게 영향을 끼쳤던 것이다.

이것은 종교개혁자들과 아나뱁티스트들이 16세기에 대면했던 정치적이고 해석학적인 정황이다. 종교개혁자들은 가톨릭제도에 대한 그들의 반대 관점에서 3가지 단계를 통과하여 움직여 나갔다. 처음에 그들은 힘든 분열 없이도, 뻔뻔스런 악습과 교리적 실수 그리고 부도덕을 비난했었다. 그 다음, 그들은 불가피한 분리를 수용하고 교회 본질에 대한 급진적인 생각을 막연하게 했던 것 같다. 결국은 정치적 권위의 지지를 구축하면서 그들은 기독교 제국의 가장 바람직하지 못한 부분을 철폐하는 대안적인 주장을 외쳤으나 기본적인 콘스탄틴적 틀을 유지했다.

해석학적으로 그들은 변화를 소개했지만 콘스탄틴식의 사고방식에 대항하지는 않았다. 비록 루터가 개인적이고 공적인 도덕성을 위해 다른 기준을 인정하는 "두 왕국"의 개념을 통하여 변화된 방식으로 그것을 다시 소개하긴 했지만 수도원과 같은 금욕적 선택을 거절함으로 그들은 제자도에 대한 이중적 접근을 없애 버리고 말았다. 그러나 그들은 기준으로서 신약성서의 도덕성을 반복하여 주장하지 않았다. 대신 이신칭의를 강조함으로, 신약의 내용과 구원주로서 오신 예수에게 집중했다. 종교개혁자들은 예수가 구원론뿐 아니라 윤리를 위한 기준이 되도록 허락하지 않았다. 비록 교회적이고 정치적인 권위의 감독에게서 성서해석의 원리가 자유 해야 한다고 주장했지만 실제로 그들은 종종 이런 권위들에게 결정을 맡겼다. 그들은 "질서의 해석학"과 함께 계속 움직였다.

이 용어는 해방신학자들에 의해 사용되었고, "정의의 해석학"과 불리한 입장에서 대조되었다. "만약 우리가 신학적 결정을 위한 우선순위를 이해하려는 해석학적 열쇠로 '정의의 해석학'을 받아들인다면, 콘스탄틴식 교회의 질문은 완전히 바뀌게 될 것이다"라고 호세 미구에즈 보니노Jose Miguez Bonino가 말했다. "진짜 질문은 '어느 정도의 정의가 기존질서와 조화를 이루는가' 아니라, '어떤 종류의 질서가 정의의 실천과 조화가 되는가?'"[12]이었다. 종교개혁자들이 성서를 전체 삶에 적용하려고 한 시도는 칭찬받을 만한 시도였지만 현상유지라는 명목 때문에 급진적인 해석은 위협받을 수밖에 없었고, 그 해석은 종교개혁자들의 경계심 때문에 훼손을 입게 되었다. 그리고 신약이 아닌 구약에서 그들이 건설한 새로운 크리스텐덤을 위한 기준을 찾았다.

아나뱁티스트들은 국가교회시스템을 개혁하여 재편성하는 것보다, 신자들의 교회를 구축하는 것이 본질이라는 것을 깨닫게 되었다. 비록 초기 아나뱁티스트들에게는 국가교회가 철저한 개혁 성취를 소원하는 것처럼 보였지만, 그들은 곧 실망하며 환멸을 느꼈다. 이 현실을 깨달음에 따라, 그들은 빠르게 콘스탄틴 시대 교회의 '타락'이 그것의 상징인 유아세례와 함께 가장 중요한 이슈라고 결론을 지었다. 비록 후브마이어가 국가교회를 배경으로 한동안 일을 계속 했지만, 이것은 아나뱁티스트들에게는 일반적인 것은 아니었다. 뮌스터에서의 신콘스탄틴적 시도는 아나뱁티스트들 사이에서 더는 그러한 선택을 하지 않도록 확실히 못 박는 사건이 되었다.

그때까지, 아나뱁티스트들은 철저하게 기독교 제국과 그 상징을 거부했다. 이 급진적인 입장은 그들로 하여금 성서를 새로운 방식으로 해석하도록 이끌었다.[13] 그들은 또한 다른 기준과 다른 소명의 이원적인 기독교를 거부했다. 그들은 예수가 구원뿐 아니라 윤리에서도 그리스도인의 기준이었다고 주장했다. 구약성서는 사회에 여전히 관련이 있으나, 신자들의 교회 안에서 신약성서는 교회론과 윤리를 결정하며, 신약의 가르침은 그들의 사회에 끼치는 영향이 어떠하든지 간에 순종해야 하는 것이었다. 많은 아나뱁티스트들은 정치적 권위에 과도한 무게를 두는 것처럼 보이는 로마서 13장의 해석법을 거절하고, 질서의 해석학이 아닌, "순종의 해석학"과 함께 움직여 나갔다. 종교개혁자들과는 달리, 그들은 지배적인 위치에 있지 않았다. 그들의 삶의 자리는 처음 3세기 동안의 박해 받던 교회와 유사해 보였다. 비록 그리스도인이라고 주장하는 이들에게 박해를 받은 것이지, 명백한 이교도 나라에서 박해를 받은 것은 아닐지라도, 아나뱁티스트들은 그들의 경험을 초대 그리스도인들의 경험과 유사한 것으로 보았다: 박해자들이 누구인지에 관계없이, 진실한 교회는 언제나 그렇게 고난을 당할 수밖에 없다. 그들의 성서에 대한 접근은 전前콘스탄틴시대pre-Constantinian의 신자들과 닮았으며, 종교개혁자들이나, 콘스탄틴 이후의 해석자들보다는 박해받은 중세시대의 비국교도의 해석자들과 더 닮았다.

특별히 후기기독교 제국의 환경에서 아나뱁티스트 해석학의 중요한 요소는 모든 신자가 가진 해석자로서의 권리이다. 성서는 스스로 해석한다는 확실한 주장은 학문적, 교회적 권위에 의해 위협당하였다. 그러나 위계적이지 않은 환경에서는 새로운 자유를 위해 투쟁하는 사람들에게 영감을 불러 일으켰을 것이다. 학문과 학자들을 의지하는 것은 부적합한 것이며, 심지어 불법이라고 간주한 사람들은 교회론과 성령의 체험을 통해 성서해석의 권위를 지역 교회에 부여하였다. 그리고 성서를 함께 이해하고자 애쓰는 사람들을 친히 가르치시는 성령을 신뢰하는 교회의 생각을 격려했다. 그뿐만 아니라, 관념적인 영향에 대한 아나뱁티스트들의 널리 퍼진 의심은 제재되지 않았으며, 전통적인 해석을 비평과 재검토하는 것에도 또한 자유로웠다.

후기 크리스텐덤post-Christendom:후기기독교제국에 적절한 아나뱁티스트 해석학의 또 다른 측면은 그리스도 중심론에 대한 헌신과, 해석의 목표로서 제자도를 강조한 것과, 그리고 해석학의 열쇠로서 하나님나라에 대한 주제를 포함한 것이다. 예수를 성서의 중심으로 보고, 신약성서를 윤리와 교회론을 위한 기준으로 선택하는 아나뱁티스트들의 소신은 오늘날의 그리스도인들이 기독교 제국이 소외시킨 예수를 재발견하고 기독교 제국하에서 어떻게 구약성서가 해석되었는지를 질문하도록 돕는다. 순종의 해석학에 대한 강조와 해석과정에서 적용을 포함하기로 한 결정은 그들의 주요 관심이 지적인 이해가 아닌 제자도에 있었다는 의미이며, 성서를 해석하는 장소가 신자들의 교회이었다는 사실을 지지한다. 그리고 하나님나라에 대한 주제는 아나뱁티스트 해석학의 중심이며, 많은 현대 운동에 의해 재발견된 것이다.[14] 하나님나라에 대한 주제는 사회에 대한 책임을 포기하지 않으면서 교회와 세상 사이의 구별을 유지하려는 분투에서 매우 중요한 것이다.아나뱁티스트들이 덜 성공적이었던 분투- 이 부분에서 해석학적 통찰력이 적용을 빗겨 나갔다

아나뱁티스트 해석학은 "숨은 콘스탄틴주의crypto-Constantinianism"라고 불릴 수 있는 것과도 연관이 있다. 기독교 국가에 대한 개념은 여전히 그리스도인의 생각, 설교, 글, 그리고 예전의 영광을 상실한 크리스텐덤의 재건을 향한 유혹 안에서 여전히 인기가 있다. '기독교의 유산'을 회복하기 위한 향수에 젖은 욕망, 그리고 '왕국'이라는 말의 부활과 승리주의는 콘스탄틴식 사고방식의 지속성을 보여주고 있다. 이 사고방식은 예상되는 해석학적 사고방식의 결론으로 이끄는 "콘스탄틴식의 반사행동"이라고 불리는 것에 대한 기초이다.[15] 크리스텐덤이 역사적 혹은 정치적 실체였을 뿐 아니라, 사고방식이기도 했기에, 만약

콘스탄틴식이 아닌 해석학아나뱁티스트들의 제안한이 채택되는 결정이 없었다면, 성서는 전통적인 콘스탄틴의 방식으로 여전히 해석되고 있었을 것이다. 만약 교회가 그들의 후기 크리스텐덤의 상황에 창의적으로, 반응한다면 아나뱁티즘같은 대안적인 접근법은 매우 중요한 것이 된다.

널리 퍼진 콘스탄틴식 사고는 서로 대립하는 형태의 '신콘스탄틴주의'의 등장으로 말미암아 더 확증되고 있다.[16] 비서구의 예는 라틴아메리카의 해방신학에서 발견된다. 비록 전통적인 유럽 크리스텐덤의 정치적 확신과 많이 다르지만, 해방 신학의 어떤 목표는 놀랍게도 콘스탄틴주의와 근접해 있는 것처럼 보인다.[17] 마음에 그려진 이상적인 사회의 종류가 매우 다르지만, 사회적 조건에서 시작하여 하나님나라를 이해하려는 경향은 유사하다.

위르겐 몰트만Jurgen Moltmann은 다음과 같이 관찰했다: "정체성을 찾으려고는 하나, 교회의 차별성을 두지 않는 교회는 사회적, 정치적 운동에 뛰어들게 된다. 그리고 다시 한번 '사회의 종교'가 된다. 당연히 더는 사회의 보수적인 종교가 아니라, 더 나은 미래 사회를 위한 진보적인 종교가 될 것이다." 그는 이어서, "그러나 기독교 공동체와 교회가 십자가에 죽으신 나사렛 사람을 잊지 않고, 그의 십자가의 정체성을 잃지 않으면서, 현재나 미래의 사회를 위한 '정치적 종교'가 될 수 있는가?"[18]라고 질문한다. 해방신학은 역사적 콘스탄틴주의와 유사하다: 1) 세상에서는 강제성이 하나님나라의 진보를 위해 필요하다. 2) 교회와 세상 사이의 구분은 언제나 명확하지 않다. 3) 예수에 대한 재정의redefinition는 복음서에서 그가 제시한 것과 상당히 다르게 제안된다. 4) 선택된 구약성서의 본문을 의지하는 것은 원리와 프로그램을 든든하게 붙잡아준다. 5) 신약성서의 윤리는 소외되었다.

최근에 열린 심포지엄[19]은 라틴 아메리카의 해방신학자, 급진적인 개신교도들, 그리고 메노나이트들을 함께 끌어들였다. 그들은 서로 동의하는 많은 관심 분야의 이야기를 나누었다. 그러나 신콘스탄틴주의는 우려의 초점이 되었다. 급진적인 신크리스텐덤을 건설하려던 초기 아나뱁티스트들의 역사의 한 예를 언급하면서 윌라드 스와틀리Willard Swartley는 같은 과정을 밟아가는 해방신학의 위험을 경고했다.[20] 3명의 참석자호세 미구에즈 보니온(Jose Miguez Bonion), 조지 픽슬리(George Pixley), 그리고 리차드 샤울(Richard Shaull)는 이 염려가 근거가 없는 것이라고 주장했으나, 존 요더는 이들의 주장에 도전했다. 그는 말하기를 "응답자들은 콘스탄틴주의식 현안의 무게감을 과소평가한 것을 비난하지 않도록 되어있다. 결국, 그것은 그들의 언어가 아니었다. 그것은 적어도 왈도Waldo 이래의 급진적인 종교개혁자들의 언어이며 그것은 우리의 응답자들이 일어나지 않을 것이라고 확신한 것보다 더 깊은 심층부의 복음의 특징들에 대한 위협을 가리킨다."[21]

해방신학자들은 그들이 신콘스탄틴주의자가 아니라고 항변한다. 예를 들면, 호세 미구에즈 보니노는 5세기를 질서의 해석학이 바람직한 정의의 해석학의 자리를 대신한 시기로 생각했고, "콘스탄틴주의교회의 문제는 완전히 바뀌어야 한다"[22]고 주장했다. 그러나 적어도 아나뱁티스트 해석학을 아는 사람들의 관점에서 보면 그 질문은 해방주의자들이 콘스탄틴주의를 정확하게 정의하느냐 혹은 이 변화하는 형식 속에서 다시 등장하는 그것의 힘을 의식하고 있느냐이다. 다시 한 번 사고방식으로서, 혹은 반사행동으로서 콘스탄틴주의는 단지 그것에 대한 역사적 표현이 아니라 진짜 논의의 쟁점이다.

아나뱁티즘과 라틴아메리카의 해방신학 해석학[23]

1960년대에, "기초 교회 공동체base ecclesial communities"[24]가 라틴아메리카에 나타나기 시작했다. 이것들은 지역 모임이었으며, 가톨릭

교구와 느슨하게 연결되었고, 성서공부, 공동체 활동, 그리고 억압받는 사람들과의 연대에 헌신했다. 동시에, 어떤 신학자들과 사제들은 억압에 반대하는 투쟁과 의기투합하기 시작했고, '가난한 자들을 우대하는 조치'를 취하라고 가톨릭교회에 요청했다. 해방신학은 공적으로 1968년 메들린Medellin의 감독수련회에서 표면화되었다. 그렇기에 해방신학의 해석학을 위한 두 가지 출처가 있다: 1) 구스타보 쿠티에레즈Gustavo Gutiérrez, 클로도비스Clodovis와 레오나르드 보프Leonard Boff, 호세 미구에즈 보니노Jose Miguez Bonino, 후안 루이스 세군도Juan Luis Segundo, 휴고 아스만Hugo Assmann, 루벰 알베스Rubem Alves, 로날도 무노즈 Ronaldo Munoz, 이그나시오 엘라큐리아Ignacio Ellacuria, 호세 콤블린Jose Comblin, 그리고 존 소브리노John Sobrino와 같은 신학자들의 글들, 그리고 2) 다양한 저자들에 의해 묘사된 기초 공동체 해석학의 실천이다.

아나뱁티스트 해석학을 이해하기 위해서, 우리는 공인된 지도자들의 글뿐만 아니라, 아나뱁티스트 회중들의 실제 활동을 고려해야만 한다는 점을 일찍이 발견했다. 비슷하게, 해방신학의 해석학을 이해하기 위해, 우리는 해방신학자들의 글뿐만 아니라, 기초 공동체의 활동도 살펴볼 필요가 있다. 아마도 기초 공동체의 해석활동을 가장 잘 묘사한 글은 어네스토 카데날Ernesto Cardenal의 "쏠렌티나메에서의 복음The Gospel in Solentiname"[25])이다. 가장 광범위한 조사는 칼로스 메스터스 Carlos Mesters에 의해 착수되었고, 『무방비의 꽃Defenseless Flower』[26])에 기록되어 있다. 이런 학문적이고 공동체적 출처들로부터, 아나뱁티스트와 해방신학 해석학의 공통분모에 해당하는 영역들을 발견할 수 있다. 아나뱁티즘에서 했듯이, 우리는 해방신학에서도 이 운동 안에서 발견되는 다양성과 일관성 모두를 인지해야만 한다. 그러나 아나뱁티스트의 다양성이 30년 안에서 정착된 전통으로 발전한 것처럼, 비슷한 일들이 해방신학의 30년 속에서 발생했다. 해방신학의 해석학은 일관되고 차별적인 성서해석의 접근을 제공한다. 이는 아나뱁티스트 해석학과 일치하는 인상적인 모습이다.

(1) 이 두 운동은 보통의, 교육받지 않은 신자들에게 권리를 주었고, 전문적인 해석가들의 독점을 반대했다. 해방신학을 이해하기 위해, 단순히 유럽의 학술적인 해석학을 라틴아메리카의 학술적인 해석학으로 대체하는 것은 성서해석에 있어 기초 공동체와 일치하는 역할을 올바르게 다루는 데 실패한 것이다. 해방신학자들은 성서해석을 전문가들에게만 제한하는 것을 반대했다. 구티에레즈Gutierrez는 다음과 같이 썼다: "우리 역시 하나님의 백성이다. 이것이 우리가 왜 성서의 의미를 이해하기 그토록 쉬운가에 대한 이유이다…. 그리고 아직 우리는 불안정한 마음으로 성서에 접근하는 경향이 있다. 우리의 능력을 충분히 발휘하지 못하는 것 같다. 우리는 익숙하지 않은 기초 위에 있다. 우리는 우리가 말하는 것에 대해 알지 못할까 봐 두렵다. 진지한 성서읽기가 우리 대부분이 갖고 있지 않은 역사적, 철학적, 신학적 그리고 지리적 지식을 요구한다는 것을 안다. 그래서 우리는 전문가들과 주석가들에게 시선을 돌린다. 성서가 의미하는 바를 우리에게 말하도록 "본문의 과학적 해석"에 의존한다."[27] 구티에레즈는 그런 과학적 해석을 거부하지 않았다. 하지만, 그것은 너무 과대평가되었고, 가난하고 교육받지 못한 사람의 권리를 박탈했다고 느꼈다. 성서의 명확성에 대한 그의 강조와 전문가에 대한 의존으로부터의 자유는 아나뱁티스트의 주장을 생각나게 한다.

해방신학자들은 종종 "가난한 자들의 해석의 특권"에 대해 말해왔고, 힘없는 그리스도인들이 읽고 토론하고 해석하고 성서를 적용하도록 격려했다. 그들은 "가난하고 교육받지 못한 사람들이 기술적으로 잘 갖춰진 주석가들이 좀처럼 생각해 낼 수 없는 의미를 발견할 수 있다"[28]라고 확신했다. 해석에 있어서의 학문적 독점에 대한 거부와 일반 사람들을 위한 해석학적 특권이 이 두 운동의 공통점이었다.

(2) 이 두 운동에서, 해석은 개인적인 활동일 뿐 아니라 해석공동체로서 역할을 하는 지역교회와 함께 공동체적인 활동으로도 보여 왔다. 이런 공동체적 접근이 꽃피워진 아나뱁티스트 운동의 분파들에서는 세례를 받은 신자들의 회중이 이와 같은 해석공동체를 구성했다. 라틴 아메리카에서, 기초 공동체가 이런 식으로 활동하도록 격려됐다. "기독교 해석학은 순전히 개인적인 일로서만 생각할 수 없다. 필연적으로 '해석공동체'가 전제되어야 한다"[29]라고 보니노는 썼다. 그리고 로날도 무노즈Ronaldo Munoz는 아나뱁티스트적인 언어를 사용했다: "성서를 읽는 장소는 예수의 발자취를 좇고자 하는 진지하고 정직한 사람들과 함께하는 교회 공동체 안이어야 한다."[30]
라틴 아메리카에서의 기초공동체는 삶과 공동체의 의미를 깨닫고자 작은 그룹 안에 있는 수천 명의 사람이 성서 주변으로 모여들었다. 이렇게 성서를 함께 공부하는 그룹의 존재는 많은 전통 속에서 일반적이었으나, 보통 그들은 그룹 자체를 넘어서는 해석학적 왕래가 없었다. 더군다나, 그룹 대부분에서 강조점은 개인적인 교화를 위한 성서해석에 있었지, 함께 그룹으로 공부하면서 삶의 의미를 발견하기 위해 헌신했었던 것은 아니었다. 해석공동체로서 지역교회가 공동체의 삶을 위한 성서 본문을 연구하는 관심과, 이런 그룹들과 이 운동들의 지도자들이나 대변인들 사이의 공생 관계에 대한 인지는 아나뱁티즘 운동과 해방신학 둘 다 뚜렷이 구별되는 특징이었다.

(3) 두 운동 모두 지적인 해석에 비해 적용을 강조했다. 예수를 알려고

그리스도를 따르는 것에 대한 뎅크의 유명한 명언에 대한 무의식적인 메아리는 존 소브리노Jon Sobrino의 논평에 나타난다. "단지 그리스도인의 삶, 실천praxis을 통해서, 우리는 예수께 더 가까이 갈 수가 있다. 예수를 따르는 것은 예수를 아는 것의 필수조건이다."31) 클로도비스 보프Clodovis Boff는 해방신학의 해석학을 "설명의 순간보다 적용의 순간에 우선순위를 두는 것"32)으로 정의했다. 해방주의 신학자들은 '실천'이라는 용어를 마르크스주의자와 인본주의 작가들에게서 빌려왔고 학문적 고립에 반대하면서, 성서적 해석에 그 용어를 적용해 왔다.

해방신학의 해석학적 접근은 먼저 억압받는 사람들에게 연루된 그들의 현실에 대한 사회적 분석에서부터 시작한다. 그리고 이 상황을 성서적으로 반영하는 데까지 나아가고 있으며, 행동으로 헌신하게 이끈다.33) 성서 본문에 대한 현대적 적용은 본문 자체를 이해하는 것보다 중요하다. 아나뱁티스트들과 더불어서, 해석학적 공동체의 과업이라는 측면은 이미 제시된 해석의 결과를 숙고하고 그것과 성서의 중심부인 해방에 관한 본문을 대조하는 것이다. 적용은 성서해석의 목표이기도 하면서, 동시에 제안된 해석을 점검하는 수단이기도 하다. 해석과 적용 사이의 분리는 부당한 것으로 간주하며, 적용보다 해석이 우선순위가 되는 것은 실천과 사고reflection의 협력관계를 지지하는 차원에서 피해야 한다.

(4) 이 운동 모두 "질서의 해석학"보다는 "정의의 해석학"과 함께 했다. 아나뱁티스트들은 사회의 질서와 안정을 위협하지 않도록 성서를 해석해야 한다는 종교개혁자들의 제안에 동감하지 못하였다. 비슷하게, 해방신학도 사회적 안정보다는 사회의 정의에 더 많은 관심을 두어왔고 이런 관점으로 성서에 접근했다. 실제로 사회의 질서를 위

협하지 않도록 성서를 해석하는 방식과 거리가 먼 해방신학은 사회현상유지의 적합성을 보장하기 위해 성서를 해석하는 방법에 대해 회의적이었다.[34] 일반적으로 이것해방신학은 이런 제도권 질서의 억압적인 성질을 전제로 하며, 성서가 급진적인 변화를 요청한다는 것을 예상한다. "해방신학의 해석학은 변화를 추구하는 성서 본문의 에너지를 발견하고 그것을 활성화 시키는 것을 찾아왔다. 그러므로 이것은 개인의 변화회심와 역사 안에서의 변화개혁를 추구하는 해석을 찾고자 하는 요청이다"[35]라고 레오나르도와 클로도비스 보프가 주장했다.

호세 컴블린Jose Comblin은 "신학자들은 신학을 하기 전에 반드시 먹어야 했다. 그들에게 일용할 양식을 보장해 주는 사람들의 눈을 통해서 세상을 보았다"[36]라고 말하면서 유급 신학자들에 대한 아나뱁티스트들의 염려를 반영했다. 그리고 보니노는 사회질서의 전통에 관한 글을 쓰면서 그의 마음 속에 아나뱁티즘다른 그룹 사이에서을 품고 있었는지도 모른다. "성서를 해석하면서 다른 방향으로도 해석되는 또 다른 전통이 동시에 있었음을 강조할 필요가 있다. 하나님나라의 정의와 평화에 초점을 둔 예언자적이며 메시아적인 관점에 의해 영감을 받은, 급진적인 변화에로의 부르심으로서"[37] 비록 해방신학과 아나뱁티즘은 정의로운 사회의 정확한 모습에 대해 일치하지 않을 수 있고, 그것을 성취하는 수단도 다를 수 있으나, 그들은 성서해석이 반드시 기존사회의 기득권의 통치하에 순종해서는 안된다는 사실에 동의했다.

(5) 이 두 운동 모두 복음서와 역사적 예수에게 매료되었다.[38] 해방주의 신학자들에 의해 많은 집중이 기독론에 모아졌다.[39] 비록 해방주의 해석학이 아나뱁티스트 해석학이 했던 대로 그리스도 중심론적

인 것은 아니지만, 그 때문에 많은 영감이 떠올랐고, 출애굽기의 이야기와 다른 구약성서의 본문에서 중요한 성서해석의 패러다임을 담을 수 있었다. 클로도비스 보프는 "성서의 어떤 책도 기독론적 열쇠로 읽어야 한다. 즉 복음서에서 발견된 계시의 중요한 관점으로 성서가 읽혀야 한다."40)라고 말했다. 그리고 아나뱁티스트들의 말과 비슷하게 다시 언급하면서 무노즈Munoz는 "열쇠는 예수 그리스도이다: 그는 지금도 계시고 역사 하신다…. 성서에 대한 다른 해석들이 많이 있을 수 있다…. 그러나 우리는 예수가 그것을 이해한대로, 예수의 관점에서 성서를 읽어야 한다"41)라고 했다. 가난한 자의 친구이며 억압하는 제도의 예언자적 비평가이신 예수는 해방신학의 해석학에 영향을 끼쳐오셨다.42) 보프Leonard Boff는 "가난하고, 약하며, 힘이 없으시고, 그 당대의 사회와 종교의 현상유지에 비판적이셨던 역사적 예수"를 재발견해야 한다고 촉구했다. 그러나 그의 "실제 모습이 제도에 의해 신성하고 영적인 것으로 이해되었으므로 그의 가장 중요한 모습"43)은 제거 되었던 것이다.

이 두 운동에서 제기된 예수의 이미지는 서로 전혀 다르며 아나뱁티즘이 예수 중심적이었던 것처럼 해방신학도 그랬던 것은 아니다. 그러나 해방신학은 예수 이야기에 대한 매력과 예수의 인간성을 희생하면서 그리스도의 신성을 강조하며, 또한 복음서를 희생하면서 서신서를 강조하고, 제자도의 모델로서의 예수를 희생하면서 기독론이 구원론적 교리의 진술이 되게 한 가톨릭과 종교개혁주의의 지나친 강조에 대한 불만을 아나뱁티즘과 함께 공유했다.44) 소브리노는 복음서들이 이야기체로 되어 있기에, 복음서는 역사적인 예수와 연결되어야 함을 강조했고, 그의 인간성을 무시하는 것과 이론적인 신학화를 통해서 그의 기억을 조작하려는 것에서 해석자들을 보호하려고 했다.45)

아나뱁티스트 해석학과 해방신학의 해석학 사이의 유사점은 방대하며 아나뱁티스트적 해석학이 해방신학해석학의 많은 중심적인 특징에 대해 역사적인 전례를 제공했다. 이 두 가지를 비교하는 공부는 해방주의 신학적 사고로 해석하는 것과 그것의 해석학적 공헌을 이해하는데 있어서 도움이 된다. 라틴아메리카의 해방신학은 어떤 특별한 상황 안에서 형성되었던 것이다. 비록 다른 사회적이고 역사적 배경에서 발전하였지만, 단지 해방신학을 특별한 상황과 관계있는 것만으로 보고 이것을 버리려는 사람의 비판적인 태도는 매우 비슷한 확신을 한 아나뱁티스트들의 관점에서 볼 때 적절하지 않다는 것을 알게 된다.

그러나 아나뱁티스트와 해방신학의 해석학이 상호작용을 통해 누가 더 이익을 보는가의 문제가 남아있다. 비록 해방신학의 해석학이 아나뱁티스트들이 무시했던 성서적 주제에 대한 어떤 이슈나 그에 대한 처리를 좀 더 세련된 방법론으로 제공하고 있다면, 또다른 면에서 아나뱁티스트 해석학도 해방신학의 해석학을 더 세련되게 계발하도록 돕는 통찰력을 제공하고 있다. 첫째, 학자들과 기초 공동체 사이의 관계는 더 연구돼야 한다. 대부분 해방신학자는 유럽 교육기관에서 많은 공부를 한 고등 교육을 받은 사람들이다. 그들의 역할은 지역 기초 공동체를 섬기는 사람으로, 광의적 의미의 교회 안에서 해방주의 신학의 관점을 정확하게 설명해주는 사람으로 인지되었다. 해석학자이자, 학자로서 그들은 기초 공동체에 성서의 역사와 문화에 대한 지식과 현대 문화의 사회정치적 분석력을 제공해 줄 수 있었다. 가난한 자들의 해석학적 권리를 존중하는 결정과 더불어, 그들은 그렇게 기초 공동체가 아나뱁티스트들이 부족했던평범한 사람들의 특권을 박탈하려는 목적이 없는 학문적 전문성46) 자료를 기초 공동체가 갖출 수 있도록 도와주었다.

그러나 이런 학자들의 영향이 얼마나 넓었으며, 그들이 비록 무의식적이기는 했지만 모든 성서해석에 특별한 사회정치적 관념을 부과함으로 순수한 평신도의 해방에 얼마나 많은 편견을 갖게 하였겠는가? 어떤 호의적인 관찰자는 이 영향은 최소한이었다고 말하며[47] 일부 해방신학의 저자들이 서로 공생공존하게 하는 대중적인 해석학과 학문적인 해석학의 두 갈래의 해방신학의 해석학이 있다고 주장했다. 그들은 또한 자신들의 편견을 인식하는 데 실패한 반대자들을 비난해왔다. 그들은 유럽학자들의 객관적인 해석학을 도전하며, 그들의 비평을 그대로 수용하는 것에 대해 경계했다.[48]

그러나 이런 영향력에 대한 비평과 질문들은 타당한 것이다. 해방신학자들은 그들이 억압받는 사람들과 연대한다고 생각하는 만큼 자신들의 이데올로기적인 회의를 제대로 실천에 옮기지는 못한 듯하다. 재미있게도, 비슷한 사안이 진실로 억압받는 사람을 위해 말한다고 주장하는 해방신학의 다른 글들에서도 나타난다.[49]

16세기의 아나뱁티스트의 경험은 놀라운 균형감을 보여준다. 해방주의 신학자들이 유럽해석학의 구속에서 자유로워지고자 성서를 읽은 것처럼 아나뱁티스트들은 개신교신학자들이 가톨릭의 해석학을 통렬하게 비난하는 것과 교황과 의회에서 성서해석의 자유를 부르짖는 것을 들었다. 그러나 종교개혁자들의 해결방안이 그들이 반대했던 시스템과 전혀 다르지 않았고, 지난 수 세기 동안 가톨릭 크리스텐덤 안에서 계발된 방법에 오히려 많이 의존하는 것처럼 보였다. 비슷하게, 비록 많은 사람이 강하게 부정하지만, 라틴아메리카의 해방신학이 적어도 해석학에서만큼은 가난한 사람들과 함께 동일시하려는 깊은 일체감과 대중운동으로 촉매 역할을 하고자 하는 마음은 있었다. 그러나 그럼에도 주로 학문적이고 유럽적인 현상을 여전히 유지한다는 사실은 논쟁의 여지가 있는 부분이다. 계속 라틴 아메리카에서 소외계층이 되는 여자들과 원주민들, 그리고 매우 가난한 사람들은 이 기초 공동체가 아

니라 부흥되고 있는 오순절교회에서 대부분 발견되고 있기 때문이다.[50]

　대조적으로 아나뱁티스트 해석학은, 비록 부분적으로 교육받은 일세대의 지도자들에게 의존하는 경향이 있지만, 어떻게 일반 그리스도인이 성서를 해석했는지를 보여주는 대표적인 사례이다. 교회 지도자들과 순회하는 교사들이 이끌어 가는 영향은 주목할 만하지만, 박해로 말미암아 그들의 부재가 잦았다는 것과 대부분 지도자가 평신도들보다 훨씬 더 나은 교육을 받은 것이 아니었다는 사실은 해방신학이 분명하게 나타내는 특징보다 지도자들과 회중들 사이의 더 큰 상호관계를 보여주는 것이다. 그러나 이것은 과장되게 부풀려 말해져서는 안 된다. 아나뱁티스트의 성서해석에서 가장 창의적인 기간은 가장 교육을 잘 받은 지도자들이 영향을 미칠 때였던 첫 세대라는 점이다. 첫세대의 제한된 자료와 별개로, 후대 교회는비록 많이는 아닐지라도 공동체적으로 계속하여 활동해 온 것으로 보이나, 그들은 주로 기존의 수용된 해석을 의존했을 뿐, 그렇게 많은 신선한 통찰력을 제공하지는 않았다.

　아마도, 각 전통은 서로 다른 전통이 얼마나 해석학적 특권과 자유를 행사했는가를 살피는 렌즈를 통하여 좀 더 정확하게 볼 수 있다. 기초 공동체에 대한 해방신학의 영향을 인지하는 것은 평신도의 아나뱁티스트 해석학이 그들 지도자의 말과 관계없이 해석학적으로 얼마나 공헌했는지에 대한 이상화된과장된 평가를 견제하는 데 도움이 된다. 한편으로는, 아나뱁티스트 해석학은 일반 신자들의 순수한 특권의 필요와 어떤 정치적, 사회학적 관점에서 성서에 가해진 틀에 대한 관념론적 의심의 필요를 지적했다. 아마도 해방신학자들은 지배적인 유럽 학풍의 대표되는 공동체로서 이해되는 것보다 아나뱁티즘 운동처럼 가난한 그리스도인의 소외된 운동과 비교되어 설명되는 것을 더 감사할 것이다.

두 번째로, 이 두 운동 모두에서 지역 교회가 해석학적으로 역할을 감당했지만 각 공동체의 본질은 상당히 달랐다. 아나뱁티스트 사이에서 성서는 신자들의 교회 안에서 해석되었으며, 모든 사람은 예수 그리스도에 헌신해야 했고, 신자로서 세례를 받아야만 했다. 성서해석의 강조점은 교회중심적이었고, 제자도를 지향하는 데 있었다. 교회가 어떻게 예배하고 서로서로에게 그리고 세상에 대해 어떻게 행동해야 하는가를 발견하기 위해 서로를 향해서 성서를 읽었다. 실제로는 교회와 세상과의 구분은 해방의 해석학만큼 명확하지는 않다. 교회가 사회와 분리되도록 부름을 받았다는 생각은 지지를 받지 못한다.[51] 신약성서가 말하는 '세상의of the world' 교회 대신에 '세상 속에 있는in the world' 교회로 부름 받았다는 사실이 주는 긴장 속에서, 아나뱁티스트는 후자세상 속에 있는를 강조하는 쪽이며, 해방신학은 전자세상의를 강조한다. 기초 공동체도 아나뱁티스트 교회가 그러했듯이, 유아세례가 크리스텐덤으로 들어가는 관문인 사회에서 등장한 운동이었다. 그런데 아나뱁티스트의 교회와는 달리, 그들은 성례 사회sacral society의 개념을 거부하지 않았다. 기초 공동체는 신자들의 교회가 아니다. 아나뱁티스트와 해방신학자들의 공동체적 해석학에 대한 공통의 헌신 때문에 두 그룹에 속한 공동체들의 뚜렷한 차이점이 간과되어서는 안 된다.

가난한 사람의 해석학적 권리에 대한 해방신학의 신념은 해석자의 영적인 경험이 어떠 하든지 간에 가난과 억압 자체가 성서해석을 위한 기초 공동체를 구비시킨다는 것을 포함한다.[52] 아나뱁티스트들 사이에서, 회심과 성령에 대한 개인적인 경험은 필수요건이었다.[53] 비록 고통과 무력함의 경험이 중요했지만, 제자들로서 그리스도의 고통을 따르는 것은 핍박과 관계된 것이었지, 정치적인 억압에 관한 것은 아니었다. 이것은 해석학자들에게 유리한 관점과 신약의 '삶의 자리'[54]가 서로 연결되도록 구비시켜 주었다. 억압, 불의, 가난, 혹은 다른 고통은 그것 자체가 해석학적으로 중요한 것은 아니었다. 그런 의미에서 볼 때, 비록 성서는 억압받고 박해받는 공동체를 위한 자료를 제공하고 있을지라도, 아나뱁티스트 해석학 관점에서 볼 때 해방신학의 해석학은 해석학적 공동체의 영적인 차원을 무시하고 그것의 사회학적 차원을 과도하게 강조하는 것처럼 보인다.

해방신학 해석학은 교회와 세상의 뚜렷한 구분 없이 전체 사회와 지역 사회 상황에 대해서 성서적 가르침을 적용하려고 노력했다. 이것은 아나뱁티스트들에게는 거의 의미가 없는(예를 들어, 해방, 사회 정의, 그리고 희년과 같은 어떤 성서의 주제를 연구하고, 아나뱁티스트들과 거의 관계가 없었던 성서적인 본문을 찾는 결과를 낳았다. 이런 주제와 연관된 본문을 연구하는 것은 해방신학자들에게 아나뱁티스트들이 부족했던 성서에 대한 통찰력을 주어왔다. 그러나 이 주제들과 본문들이 교회와 세상 사이의 구별에 대한 해석학적 중요성과 조화되는 틀 안에서 연구되지 않았을 이유가 없다. 이것은 중요한 교회와 세상의 차이를 희미하게 만드는 것이 아니라, 오히려 사회적 이슈 안에서 해석학과 그리스도인의 제자도에 관한 모든 측면을 연구할 준비완료를 뜻한다. 해방신학 해석학의 사회 전반의 범위는 아나뱁티스트 해석학의 교회중심적 초점과 결합하여야 할 필요가 있을 것이다.

셋째, 아나뱁티스트의 그리스도중심성은 해방신학의 해석학이 성서의 해석과 그것의 우선순위에 대해 좀 더 중요한 요소가 되기위해 복음서 안의 예수에 관심을 더 많이 두도록 도전한다. 신약성서가 거의 동의하지 않는 행동과 프로그램을 동의해 줄 본문을 위해 구약을 파헤친 종교개혁자들의 행동에 종종 아나뱁티스트들이 반대의견을 표현했는데, 이 모습이 해방신학과 똑같이 관계되어 있다는 것이다.[55] 더 나아가, 예수의 가르침에서 어떤 요소, 예를 들어 비폭력과 원수사랑 같은 것이 무시되는 경향이 다분히 있는 종교개혁자들의 삶에 대한 아나뱁티스트들의 비판은 해방신학 해석학의 어떤 경향에도 유사하게 적용될 수 있다.[56] 그럼에도 불구하고 "개인주의적이며 정신적이며 종말론적이며 비정치적인 용어로 예수의 사역을 제시하는 복음서의 거짓 해석학"[57]을 수용하는 사람을 향한 해방신학자들의 비판의식에 비해 아나뱁티스트 해석학은 취약하다.

아나뱁티스트 운동과 해방신학의 결정적인 차이점은 '오직 성서'라는 신념에 놓여 있다. 아나뱁티스트 해석학은 성서의 권위에 대한 종교개혁의 헌신에 그 뿌리를 두고 있다. 아나뱁티스트 운동과 해방신학의 공통점은 해방신학적 해석의 성서적 권위의 침해에 대해 대한 아나뱁티스트의 비평을 해방신학자들이 더 쉽게 받아들일 수 있게 하는 지도 모르겠다. 아나뱁티스트들이 비록 '오직 성서'에 대한 헌신적 태도를 견지했지만, 그때문에 종교개혁자들이 자기들의 교리적, 사회적 확신을 성경의 교훈과 동일시 하는 경향이 있음을, 그리하여 성경의 원리를 약화시키고 있다는 것을 보지 못하지는 않았다. 이점은 해방신학자들이 보기에 여전히 유럽 신학의 해석학이 그러고 있다고 의심하는 부분이다. 아나뱁티스트 해석학 안에서 '오직 성서'에 헌신하는 관점과 성서를 손상하는 성서 외적 요소를 거절했던 관점으로 볼 때, 종교개혁주의자들의 교리적 강조에서 그러했듯이 성서가 해방신학의 이념에 굴복하게 되는 많은 위험성에 노출되어 있다.

해방신학 해석학이 성서를 권위가 있는 것으로 간주하는가 아니면 성서를 선택적으로 사용하고 있는가?[58] 성서가 계시의 가장 중요한 자료로서 사용되며, 해방주의 사상과 실천의 중재자로서 일하고 있는가? 아니면 이념적이고 상황적 자료에서 나온 원리의 실례가 되는 이야기와 본문을 발견하는 데만 도움을 주고 있는가? 파블로 리차드Pablo Richard [59]는 해방의 해석학을 "역전의 해석학"으로서 묘사했고, 이것은 "기대하지 못한 생동감의 신학"이 되게 하였다고 말한다. 그러나 이 과정에 대한 그의 설명성서를 읽기 시작하기 전에 경험을 통해 본문을 이미 해석한다은 성서의 표준적인 권위와 일치하기 어려운 주관적이고 상황적 요소를 소개한다. 이 접근은 한스 뎅크와 같은 신령주의 아나뱁티스트들과 유사한 부분이 있지만 아나뱁티스트 전통은 성서의 권위를 축소하는 것을 거절했다.

그러나 해방신학의 해석학적 관점에서 보면 아나뱁티스트들은 역사적이고 문맥적인 요소를 무시하고 성서의 배경을 거의 인식하지 않고 성서해석을 했다는 점에 대해 책임이 있을 수 있다. 르네 빠딜라Rene Padila는 해방신학의 해석학을 역사와 성서라는 두 '본문' 사이의 "역동적인 상호작용"이 이루어지는 "해석학적 순환"을 수반하는 것으로 묘사했다.[60] 아마도 이 개념은 성서의 권위와 해석적 문맥의 중요성을 보호하는 듯하다. 마치 아나뱁티스트들이 역사적 차원의 이해를 무시한 것처럼 보이듯, 실제에서 해방신학 해석학은 성서의 권위를 침해하는 방식으로 비성서적 요소를 권위적인 것으로 다루는 것처럼 보인다. 다른 면에서도 그러하듯이 이 주제에 대한 대화는 양쪽 전통 모두에게 유용한 것이 될 것이다.

해방신학과 대화 상대로서의 아나뱁티스트 해석학의 기여는 3가지 측면이 있다: 1) 이것은 단지 해방신학을 발전시킨 상황에만 국한된 것이 아닌, 다른 역사적 상황과도 일치한다는 차원 속에서 해방신학 해석학의 중요성을 지지했다. 2) 이것은 해방신학자들에 의해 설명될 필요가 있는 해방신학 해석학의 한 측면을 날카롭게 분석하는 중요한 기초를 제공했다. 3) 이것은 유럽해석자들이 충분한 이해와 감상으로 해방신학을 볼 수 있도록 하는 렌즈를 제공했다. 왜냐하면, 아나뱁티스트의 관점이 유럽 해석학이 형성되고 발전하는 과정에 함께 했기 때문이다.

제3세계 작가들의 글을 모은 『소외된 곳으로부터의 소리Voices from the Margin』에 보면 뛰어난 학자들의 작품으로서 자신 있게 제안하는 표준이 되는 작품인 『성서해석사전A Dictionary of Biblical Interpretation』에 아시아인이나 남미인 또는 흑인 해석학자들이 쓴 글을 전혀 싣지 않은 것을 보고 편집자 라시아 슈거샤라자Rasia Sugirtharajah가 신랄한 비난을 했다. 좀 더 심한 것은 유럽-아메리칸 학자가 아닌 학자의 작품에 대한 언급은 딱 한 번이었다는 점이다."[61] 이것은 비록 제3세계 신학자들, 특히 라틴 아메리카의 해방신학에 관련된 학자들이 현재 유럽과 북미에 잘 알려져있음에도 불구하고 그들의 해석학적 중요성에 대한 인정이 제대로 이루어지지 않았다는 것을 증명하는 불편한 진실을 보여준다. 대신 몇 가지 새로운 유럽 해석학적 접근은 제3세계 해석학이 "소외된 곳으로부터의 소리voices from the margins"라는 글을 냄으로써 최근 몇 년 사이에 해석학자들의 이목을 사로잡았다.

아나뱁티스트 해석학 자체는 거의 5세기 동안 가장자리로 강등됐다. 『성서해석사전』은 아나뱁티즘을 단지 3번 언급한다. 16세기 변방의 작은 운동으로서 제3세계의 해석학과 비슷하다는 점이 명확해진다. 소외된 한 유럽인의 관점에서 보면, 아나뱁티스트 해석학은 오늘날 소외된 제3세계 운동예를 들면, 해방신학을 통해 발전한 실천과 원리를 더욱 강화하고 지지하고 있는 셈이다. 동시에 이것은 이런 운동에 대한 중요한 분석의 자료를 제공하며, 해석학적 순화와 정제를 제안한다.

아마도, 소외층에서 시작된 이런 두 가지의 매우 다른 통찰력을 가진 해석학은 지배적인 영향력을 가진 전통이 수용할 수 있는 아주 폭넓은 기초를 제공하기에 충분한 공헌을 하고 있다. 만약 이런 일들이 생기지 않았다면, 있었을 법한 결과는 점점 제3세계로 그 무게중심을 옮겨가는 기독교의 관점에서 볼 때, 우세했던 유럽-아메리칸 해석적 전통 자체가 가장자리로 가게 되는 것이다. 아마도 회복된 아나뱁티스트 해석학이 현재의 역사적 과정에서 긍정적인 촉매기능을 할 수 있을 것이다.

아나뱁티즘과 은사주의 해석학

제3세계로의 무게중심의 이동은 또 다른 중요한 변화를 동반했다: 기독교 안에서 세계적으로 퍼진 새로운 힘은 오순절/은사주의 전통이다. 이것은 이미 정통파, 가톨릭 그리고 개신교와 함께 발생했었던 것이며,[62] 꾸준히 그 크기와 영향력을 넓혀왔다. 제3세계에 급속도로 성장하는 교회가 주로 은사주의 성향을 띤 이래로, 이 두 변화는 서로를 강화시켜 주었다. 여기에서 우리의 주요 초점은 은사주의적 운동과 교회의 이런 부분을 위해 적절한 해석학을 계발하는 데 있어, 아나뱁티스트 해석학의 역할에 대한 것이다.[63]

비록 은사주의 운동의 중요성이 교단의 지도자들과 선교학자들에 의해 인정되어왔다 할지라도 해석학적인 영향은 거의 집중을 받지 못했다. 이 운동 내부의 해석학적 반영이 부재했기 때문에 당연한 일일 것이다. 은사주의는 정확성에 대한 다양한 기준을 가지고 근본주의적인 성서문자주의와 신령주의적 조명을 찬성하므로 성서의 권위를 손상한 부분에 대한 책임이 있다. 어떤 때는 독자반응비평과 다른 포스트모더니즘의 생각과 일치하는 성서의 주관적인 접근을 수용하는 것처럼 보인다. 그러나 많은 은사주의는 그들의 교단 전통에 따라 과거에 해왔듯이, 성서를 계속 단순하게 해석하고 있다.[64] 최근 떠오르는 은사주의적 교단도 기존 해석 틀의 전제들과 방법론을 그대로 사용하는 경향이 있다. 더 발전한 성령론조차도 해석학에 영향을 거의 주지 않았다. 성서를 더 살아있게 하는 성령의 역사와 말씀과 성령을 균형 잡는 데 대한 관심이 있었던 것이다. 그러나 해석자로서 성령의 역할이 거의 반영되지는 않았다.[65]

어떤 신학자들도 은사주의 운동에서 괄목할 만한 해석학적 공헌을 발견하지 못했다. 이 운동은 신학적 테두리에서 일반적으로 무시되어

왔다. 은사주의 교회는 열정적이고 실리적이며 성령이 회복시키며 새롭게 하시고 관계를 세우시는 것에 관심이 많은 것으로 비쳤다. 그들의 신학적 헌신은 주로 성령론, 교회론, 종말론과 관계가 있었다. 비록 몇몇 신학자들이 이 은사주의적 강조를 지지하며 신학적 연구가 안팎에서 진행되어 왔지만,[66] 이것은 주로 세련되지 못하고 해석학과 관련이 없는 것으로 이해되어 잊혀졌다. 그러나 이 운동은 적절하게 성령론을 반영하고 영성의 다른 측면을 보여줄 수 있는 해석학이 필요하다. 그런 해석학은 성령의 역사를 무시하는 체계를 교정하고 개선하는 일에 크게 이바지 할 것이다.

비록 오순절과 은사주의의 해석학적 토론과 발전은 지금까지는 제한적이었다 할지라도, 아나뱁티스트의 확신을 반영하는 차원에서 최근 수 년간 몇 가지 중요한 주제가 그들에게 확인되기 시작했다: 1) 성서를 연구하는 데 있어서 개인적이고 연합적인 참여에 대한 성령의 역할 2) 성서해석에 대한 공동체의 중요성 3) 단순한 이해보다는 적용을 강조하는 점 4) 성령의 인도와 예수의 가르침 사이의 관계. 그러나 이런 발전은 은사주의 교회에 실제로 영향을 주지 못했거나, 특징적인 강조를 반영하는 해석학을 지속적으로 계발하는 대부분의 은사주의적 학자들의 접근법에도 영향을 주지 못했다. 상대적으로 은사주의는 이 문제를 인지하거나 영향을 미치는데 준비되어 있지 않았다. 그리고 많은 사람은 특징적인 은사주의적 해석학의 필요성을 부인하기도 한다.[67]

그러나 점점 증가하는 우려와 위기감이 보이기 시작하고 있다.[68] 은사주의는 "우리의 정체성과 일치하지 않는, 혹은 우리의 정체성과 반대되는 입장에 있는 해석학에서 움직이고 있다"[69]라는 경고에 대해 반응하기 시작했다. 반응하기 시작한 최근의 예는 마크 스티베Mark Stibbe의 글과 다른 학자들에서 받은 답신에서도 발견된다. 은사주의는 전통적인 해석학 방법을 사용하는 사람과 포스트모던과 주관적인 접근을 선택하는 사람들과 객관적이고 주관적인 요소를 균형 잡고자 하는 사람들로 구분되어 있다. 그의 입장을 제3의 것으로 확인하면서 그는 경험적이고, 유추적이며, 공동체적이고, 기독론적이며, 종말론적이고, 감정적이며 실제적인 성서읽기에 헌신한 접근을 옹호해왔다.[70] 비록 이것은 다른 은사주의적 학자들 사이에서 얼마나 설득력이 있으며, 다른 은사주의적 교회에 얼마나 영향력이 있는지는 살펴보아야 할 과제로 남아있지만, 중요한 시작이 될 수는 있다. 아나뱁티스트 해석학은 이 연구를 도우려고 지식적인 유사성과 중요한 비교와 유익한 자극을 제공해 왔다. 스티베Stibbe가 말한 구성성분과 아나뱁티스트 확신 사이에는 공통된 점이 있었다. 특별히 말씀과 성령을 함께 잡을 수 있는 그의 노력과 경험, 그리고 공동체와 적용의 강조와 연관되어 있다. 그리고 그리스도 중심적인 접근보다 기독론적인 접근, 그리고 어떻게 공동체적 해석이 실제로 이루어졌는가에 대한 아직 덜 계발된 이해를 포함한 다른 점들도 있다.

　　이 두 운동의 유사점은 그들만의 실천만큼이나, 그들의 해석학적 환경에도 많은 관계가 되어 있다. 모두 비슷한 약점 때문에 비난받아 왔다. 한쪽 편에서는 성서주의와 문자주의에 대해서, 다른 한편에서는 신령주의, 주관성 그리고 알레고리화에 대해서- 그리고 둘 다 소외되었었다는 점이다. 다른 전통의 해석자들과 신학자들에게 어느 정도 의존하지만, 학문에 대해 깊은 관심을 드러내지 않았다는 점도 서로 비슷하다. 둘 다 학문적 영역에서 인간의 이성과 철학을 의심해 왔고, 둘 다 다른 전통들이 성령을 무시하는 것에 대해 심한 우려를 표현해 왔다. 이 두 운동 내의 성서공부에서는 성령의 개입에 대한 기대, 학문적인 역량이나 제도적인 신임보다 영적인은사주의적인 표준에 근거한 교사에 대한 평가, 공동체에 대한 높아진 기대와 경험, 그리고 지적인 이해보다 제자도에 대한 강조가 있었다.

이 운동은 성서해석에서 성령의 역할을 충만한 성령론의 해석학적 영향을 인지하는 통일된 "은사주의 해석학"으로 발전시키지 못했다. 은사주의 운동에서 성령의 역할은 신중했던 아나뱁티스트들보다 종종 더 깊게 연구됐다. 아나뱁티스트들은 성령의 역사의 경험에서 나온 해석학적 영향을 더 중요시 하였다. 그들의 접근은 "원시 은사주의"로 지정되었다. 적절하지 않고 시험적인, 그러나 은사주의적 해석학을 계발하는 데 도움을 주는

종교개혁의 유산에서 온 전통의 지배적인 해석학은 해석자로서 성령의 역할에 크게 집중하지 않았다. 종교개혁 이후 개신교는 성서를 이해하는 것은 성령의 도움이 필요하다고 가르쳤던 것은 사실이다. 왜냐하면, "세속적 해석학 hermeneutica profana"이 아닌 "성스런 해석학 hermeneutica sacra"에 의해 해석된 특별한 본문이기 때문이었다. 그뿐만 아니라, 경건주의는 성령에 대한 강조를 더욱 강화했고, 이것은 본문보다는 해석자와 관계가 있는 것이었다.[71] 그러나 해석학에 관한 더 오래된 교과서조차도 해석자로서의 성령을 언급하지 않았다. 종교개혁자들처럼 많은 사람이 성서해석에 있어서 성령의 필요를 인정하지만 다른 측면에 더 집중했다. 성스런 해석학과 세속적 해석학의 구분을 거절하는 역사비평의 출현은 더욱 심하게 성령의 역할을 축소시켰다.[72]

역사비평을 지지하는 일부 사람들은 성령의 해석학적 중요성을 인정해 왔다.[73] 일부 근본주의자들과 복음주의 해석자들은 성령에 대한 더 큰 의존성을 강조해 왔다.[74] 조금 더 진지하게 다루어지고 새로이 연구된 성령의 해석학적 역할에 대한 일시적인 예들이 있었다.[75] 그러나 그런 진술들은 보통 알레고리화와 신령주의화에 대한 경고와 성령이 역사·문법적 공부를 무시하도록 이끈다는 염려를 느끼게 하였다.[76] 이 염려에 대해 몇 가지 이유를 설명할 수 있다: 1) 서구 합리주의의 영향 2) 명제적인 범주에 대한 선호 3) 주관성에 대한 두려움, 4)

해석상의 혼돈 5) 성서에 대한 인간적인 간섭, 규정. [77] 종교개혁자들이 한 것처럼 성령이 어떻게 실제로 해석학적으로 역할을 했는지에 대한 예가 거의 없기에, 이런 언급들은 공식적인 것처럼 보이지 않는다.[78]

그렇다고, 제3세계 해석자들도 이 주제에 대해서 적절하게 설명했던 것은 아니다. 일반적으로 성령의 역할에 대한 인정은 유럽 학자들만큼이나 거부하는 쪽이었다. 최근의 예외는 이 부족한 부분을 보강하려고 노력한 호세 콤블린Jose Comblin라는 사람이다. 그의 논평은 아나뱁티스트 해석학의 주제였다: "성령의 깨닫게 하심으로 말미암아, 교회는 성서 말씀의 현재적 의미와 적용을 발견한다…. 성령은 가난한 사람이 성서 말씀의 구체적인 범위를 발견할 수 있게 해준다."[79]

이런 배경과 은사주의적 기독교의 급격한 성장 때문에 적합한 은사주의적 해석학을 계발하는 임무는 매우 시급한 과제가 되었다. 이것이 없다면, 은사주의 기독교가 해석학을 불필요한 것으로 여기고, 주관성에 굴복하고 성령론도 성령의 경험도 반영하지 않는 해석학으로 정신분열적schizophrenically으로 살 수밖에 없게 된다. 게다가, 은사주의적 경험과 해석학적 방법론 사이의 상호작용이 없다면, 많은 해석학적 토론에서 성령이 소외되는 현상은 있을 수밖에 없다. 고로 은사주의는 영적이지 않은 활동으로 학문을 의심할 것이고, 그들이 의미 있게 이바지한 것을 무시하고, 성서학자들은 성서에 대한 그들만의 이해를 주장하는 차원에서 말로만 성령의 역할을 이야기하게 될 것이다.

아나뱁티즘이 현대적 은사주의 해석학을 계발하기 위한, 완벽한 모습의 역사적 모델을 제공해 준 것은 아니다. 아나뱁티스트들은 성서해석에서 성령의 역할을 인지했지만, 은사주의적 요소를 충분히 계발하지 못했다.[80] 더군다나, 그들은 계속 진행하는 운동의 손상 원인에 대하여 학문을 효과적으로 그들의 해석학에 통합시키는 데 실패했다. 그러나 아나뱁티스트 해석학은 유용한 역사적 참관 포인트와 성령의 해석학적 활동의 여지를 주는 해석학을 찾는 실마리를 제공한다. 16세기의 무미건조한 지성주의와 개인적인 주관성의 위험에서 탈출하고자 했고, 말씀과 성령 사이의 긴장을 놓치지 않았던 그들의 분투는 유용한 역사적 유사점, 경고 그리고 격려를 제공한다.

함께 모인 교회에서 성령의 역사에 대한 중요 본문으로 고린도전서 14장을 확인한 아나뱁티스트들의 노력은 은사주의 해석학에 대한 아나뱁티스트 해석의 공헌에 윤곽을 잡는 데 도움이 된다. 이 장은 성령이 은사를 어떻게 사용하는지에 대한 지침을 공부하는 은사주의자들에게도 인기가 많다. 그들은 예언된 말이 성서적인 지침으로 평가되는 것을 요구하면서 예언하는 예언자들과 점검된 그들의 말을 고려해 왔다.[81] 어떤 아나뱁티스트들에게, 이 고린도전서 14장은 그들의 참여하는 공동체적 해석에 대한 헌신을 더욱 굳건하게 했다. 이것은 그들이 이미 경험한, 예언적 말을 점검하는 것에 대한 중요성을 가르칠 뿐 아니라, 모든 교인이 성서를 해석하고 그 해석을 점검할 수 있도록 격려하는 더 넓은 의미가 있는 것처럼 보인다. 이것은 또한 아나뱁티스트 지도자들이 성서의 본문을 해석함으로 '예언'하고, 회중적인 해석학 공동체의 상황에서 이 해석을 고려함으로 예언을 '점검'하라고 강하게 요구할 수 있는 기초를 제공했다. 예언의 범위와 예언자의 역할은 아나뱁티즘에서 좀 더 확대된 것처럼 보인다. 이것은 권고의 메시지와 계시, 격려를 전달하는 은사주의적 실행을 포함할 뿐 아니라, 성서적 가르침의 해석과 적용도 포함하고 있다.

우리는 가톨릭과 개신교 전통 안에서의 중요한 사역들은 목사와 교사들의 것이었음을 기억해야 한다. 수세기를 통해서 성서해석학자들과 연관된 주요 은사는 가르침이었다: 신학자, 학자, 그리고 설교자들은 선생으로 인지되었으며, 공부와 훈련을 통해서 획득한 정보와 이해를 나누었다. 그러나 예언적인 사역은 대개 무시되었고, 해석학에서 어떤 역할도 없었다. 은사주의자 사이에서, 예언자의 역할은 가톨릭교회나 개신교교회보다 더 위대한 탁월성을 받은 것이다. 그러나 이것은 해석학과는 거의 관계가 없는 것이었다. 비록 보통 성서의 기준으로 점검이 필요할지라도, 예언은 단지 성서에 기초를 둔 권고로 제한되어 있었다.

그러나 성서적인 근거는 예언과 해석학 사이의 연결을 정립하는 것을 지지한다. 많은 구약성서 예언자들의 사역은 훈계와 격려와 더불어 율법과 역사의 해석과 적용을 포함한다. 비슷하게 신약에서 요한계시록은적어도 부분적으로라도0 많은 구약 본문의 재해석이나 예언자적 적용으로 비추어진다. 오늘날 해석학에 이런 연결을 회복하기 위해 요구되는 일은 예언자의 사역에 대한 재발견과 해석학적 중요성이 있는 예언에 대한 이해를 회복하는 것이다. 예언적 은사와 사역의 은사주의적 회복은 전자예언자 사역에 대한 재발견—옮긴이주를 제공한다. 반면 고린도전서 14장 아나뱁티스트의 해석은 후자해석학적 중요성이 있는 예언에 대한 인지—옮긴이주를 더해준다. 아나뱁티스트 해석학은 예언적 사역의 해석학적 잠재성을 인식하면서 현대 은사주의적 교회를 도울 수 있다.

고린도전서 14장의 또 다른 모습은 하나님의 말씀을 듣는 가운데 작용하는 인간 심리의 양 측면인, 이성과 영성 사이의 균형감이다. 명백히 교사들의 '말씀'을 예언자들의 '영성'으로 동일시하는 것은 극도로 단순화한 것이며, 하나님의 말씀을 대신하는 자로서 예언자들의 역할과 성령의 인도를 경험해야 하는 교사들의 필요를 무시한 것이다. 그러나 이 장은 지성과 영성의 좀 더 외적인 파트너쉽에 대한 기초를 제공하는 듯이 보인다.

역사비평은 교사로서 해석자의 기능과 더불어, 해석학의 지적인 구성요소에 특권을 부여해 주었다. 이 패러다임이 가치가 있었듯이, 이것의 한계점 또한 지적이지 않은 구성요소의 재발견을 주장하는 은사주의자들과 다른 사람들에게 점점 확실해진다.[82] 해방신학자들도 성서에 접근하는 대안의 방법을 계발했다. "역사비평 방법은 성서를 읽고 적용된 많은 도구 중의 하나이다. 이것의 한계는 문서로 잘 만들어져 있다…"라고 클로도비스 보프가 기록했다. "드바니Dhvani 방법론은 '환기시키는' 본문의 '아름다움' 그리고 청자와 독자에 대한 감정적인 이해를 강조한다."[83] 어떤 부류의 사람들은 지적으로는 만족스럽지 않았지만, 영적으로 더 만족스러웠던 중세의 방법론을 재평가하라고 강하게 말하기도 한다.[84] 그리고 알레고리, 상징, 한때 널리 알려졌던 '다양한 의미sensus plenior'가 지금은 더 많은 공감대를 받고 있다.[85] 그렇다고 이런 방법론들 때문에 자동으로 은사주의적 해석자들을 칭찬할 필요는 없다.[86] 그럼에도, 은사주의는 성서의 영적인 감각을 통해 그들의 감각이 엄밀한 역사비평 기준에 맞는지 맞지 않는지에 크게 개의치 않고도 하나님께서 그리스도인들에게 말씀하시는 가능성에 대해 매우 열려 있다. 니겔 라이트Nigel Wright는 은사주의적 경험이 역사적 비평의 통찰력을 인정하지만, 그들이 직접적인 방법으로 본문을 통해 독자들과 관계를 맺으시는 하나님에 대해 열려있는 "새로 얻은 순진함 second naivete"으로 어떤 사람들이 움직일 수 있게 해준다.[87]

예언자의 해석학적 역할의 재발견과 교사들과 예언자들[88] 그리고 지적이고 이성적인 요소들과 상상적, 영적, 감정적 요소들 사이의 진정한 동반자 관계의 발전은 역사비평의 강점들을 유지하면서 보다 넓은 관점에 대한 필요를 충족시키고 은사주의적 경험에 적절한 해석학적 방법론을 개발하는 데에 도움을 줄 수 있는 새롭고 총체적인 패러다임을 제시한다.

해석학자로서 예언자는 독특하지는 않지만 몇 가지 분명한 공헌을 하고 있다. 첫째, 예언자는 지적인 이해보다 적용에 강조를 두었다. 그렇게 함으로 적용이 해석학적 과정에서 분리되지 않도록 도움을 준다.

아나뱁티스트의 강조, 적용은 많은 제3세계 해석자들에 의해 지지되었고, 성서를 읽는 많은 그리스도인의 가장 큰 관심거리가 된다. 두 번째, 예언자들은 특별히 역사비평 방법을 사용하거나, 교회의 상황과 동떨어진 채 일하는 교사들이 놓칠 수 있는 성서의 다른 측면에 집중하도록 이끌었다. 해석을 본문의 지적인 이해를 얻는 것으로 제한하는 것은 성서를 교과서나, 안내서 정도의 수준으로 낮추는 위험성이 다분하다. 예언적 해석학은 성서를 연애편지나, 성명서처럼 다루면서 하나님의 계시의 또 다른 부분에 헌신했다. 이 사실은 성서를 알레고리화한다든지, 영해靈解하는 것을 포함시킬 필요도 없으며, 단지 말씀의 지적 이해는 단지 하나님의 말씀을 이해하는 한 부분일 뿐이라는 것을 인지하고 있다. 해석과정에서 이런 부분을 별도로 하는 것은 수 세기 동안 지적 해석학의 속박을 드러내는 것이다.

세 번째로, 예언은 '성서가 스스로 해석한다Scriptura sui ipsius inter-pres'는 원리와 성서의 통일성에 신선한 통찰력을 주었다. 예언자는 지적이고 언어적인 수준보다 성령이 함께 연결해 놓은, 보기에는 연관이 없어 보이는 본문을 끌어냄으로 학자들이 제공하는 것과는 또 다른 차원의 것을 더할 수 있었다.[89] 이것은 "은사중심의 주해"[90]로 불린 방법인데, 신약성서의 저자들이 어떻게 구약본문을 종종 이용했는지를 보면 알 수 있다. 이 과정은 부당한 주관주의로 혹평을 받아왔지만, 성서의 저자이신 성령이 그렇게 연결하지 못할 이유가 전혀 없으며, 성령께서 그렇게 하고 계시다는 신약성서의 확실한 증거가 있다.[91]

네 번째, 신구약 모두가 충분히 보여주듯이, 예언은 성서를 구체적인 문화, 사회, 교회의 상황에 적용하면서 상황화를 이끌어 가는 역할을 할 수 있다. 성령에 귀 기울이는 예언적 해석자들은 문화적 관점에 대해 예민하나, 성서의 규범적인 권위에 종속된 채 남아 있다. 클락 피녹Clark Pinnock은 이것이 어떻게 작용하는지 설명하기 위해 노력했다:

"보통 우리는 의도를 가지고 본문을 선택하려고 노력하고 그것을 적용한다. 그러나 가끔 우리는 그 의도와는 다른 의미를 가진 본문에서 하나님이 달리 말씀하시는 것을 듣는다. 그런 시간에, 한 상황에서 쓰인 본문은 새로운 상황에서 또다른 영향력을 가지고 하나님의 말씀으로 기능하게 된다…. 이 방법론은 역사적 석의가 성령에 대해 예언적 개방성과 상호작용하게 도와준다."[92] 이것은 많은 아나뱁티스트들이 성서의 영을 분별하면서 보여주었던 것보다 더 많은 융통성을 요구한다. 그들은 제안된 일반적인 성서의 흐름이 본문의 도전을 피하는 일을 초래할까봐 두려워했다. 이 위험성은 여전히 남아있으나, 성서의 영과 방향, 혹은 상황에 맞는 적용을 추구하는 것은 성서의 전적인 도전과 의미를 발견하려는 결심의 표현일 수 있다. 예언적인 상황화prophetic contextualization는 은사주의 영역에서 지금까지 인지된 것보다 예언은사의 더 넓은 이해와 더 세심한 문화적 예민성을 요구한다.

예언자들이 해석학적 역할을 할 수 있도록 허락하는 것은 성령의 역할이 말뿐인 차원이 되지 않도록 하는 은사주의 해석학의 한 부분이다. 예언자들은 지적인 성취가 아닌, 영적인 예민성에 의존한다. 이 방법론이 영적조명과 주관성에 치우치는 경향이 있다는 비판은 예언자들이 교사들과 같이 움직이고 있음을 강조함으로 해결될 수 있다. 또 이 비판은 주관성 자체에 대한 두려움이 객관성, 지성주의와 이성이 영적인 인지보다 더 신뢰할 만하다는 보장되지 않은 믿음을 향한 편견이라는 사실로 어느정도 잠재워진다.

은사주의 해석학은 해석을 독점하는 또 다른 형식을 소개하고 있는가? 교황, 학자 혹은 설교를 대신하는 은사주의 예언자는 신뢰할 만한 해석의 점검 과정을 거쳐야 한다. 그러나 고린도전서 14장과 더불어 아나뱁티스트들과 은사주의자들이 가르쳐 왔듯이, 모든 교회 구성원들은 예언하기를 배워야 한다. 예언적 해석학은 하나님의 음성을 듣기를 원하는 모든 사람에게 열려 있다 이것은 일종의 해석의 양식이지, 임무 office는 아니다. 비록 어떤 개인이 예언에 특별히 은사가 있는 것으로 인지된다 할지라도마치 어떤 사람은 가르치는데 은사가 있듯이, 모든 사람은 예 언할 수 있고 모든 사람은 공동체 안에서 점검하는데 복종해야 한다. 성서해석의 공동체적 본질이 보호되지 않는다면 교사나 예언자의 영향 은 회중들의 권리를 박탈하게 된다. 하지만, 예언자들은 가르치는 교사 보다 그 영향에 책임을 덜 지게 된다. '모든 신자의 예언자화'에 헌신 하는 것은 중요한 제어력control이다.

또 다른 보호장치는 한 아나뱁티스트에 의해 채택된 공동체 모델에 대한 이해이다. 예언적 해석은 개인적으로나, 권위적인 방식으로 행해 져서는 안 되는 은사주의를 떠올리게 하면서, 회중이 성령의 역사를 위 한 가장 주요한 장소라는 아나뱁티스트적 기대는 해석을 점검하는 데 있어서 성령을 의존하도록 격려한다. 아나뱁티스트의 종말론적이며 신 령주의적 그룹에서는 예언을 점검하는 일이 명확하지 않았고, 지도자 들의 은사주의적 권위가 훨씬 컸다. 그렇지만, 비록 회중을 통한 점검 은 아니었으나, 예언에 무게를 두는 시도가 데이비드 조리스와 스트라 스부르 멜키오르파 지도자들 사이의 만남 같은 데서 이루어졌다.[93] 어 거스틴 베이더Augustin Bader는 쇤베르크Schonberg와 토이픈Teufen에서 예언자로서 점검되다가 거절당했다.[94] 예언적 권위가 공동체의 점검 없이 행사되던 뮌스터에서 발생한 비극적인 사건은 이런 공동체적 차 원을 무시한 결과에 대해 경고하고 있다. 적절한 책임감 없이 예언적 사역을 감 당한 지도자들의 최근의 예들로 말미암아 더 강화된 경고이다 해석자로서 성령의 활동은 예언자들을 통해서 말하실 때뿐 아니라, 아마도 더 중요한 것으 로, 성서 해석을 점검하는 공동체가 연합할 때에 기대되고 예상되는 것 이다. 만약 은사주의가 전통적인 가톨릭과 개신교의 해석학을 흉내 내 지 않고, 사제나 설교자보다 예언자를 지지하면서도 교회의 해석학적 역할을 얕보지 않는다면 이 요소는 매우 중요한 것이 된다.

은사주의 해석학에 대한 아나뱁티스트의 공헌은 은사주의자들이 주관적인 개인주의에 굴복하거나 그들의 성령론을 무시하기보다는 말씀과 성령을 함께 붙잡는 해석학을 계발하라고 격려하는 점이다. 예언자의 해석학적 역할의 좀 더 나은 발달을 촉구하며, 구체적인 본문을 희생하면서 성서의 영에 집중하는 위험에 대해 경고하고, 성령의 해석학적 활동의 공동체적 환경을 강조했다.

아나뱁티스트의 그리스도 중심론은 성령에 대한 은사주의적 강조에 평형추를 제공한다. 비록 은사주의가 어느 정도 복음서의 예수를 재발견했으나, 그들의 관심은 주로 그의 치유사역과 성령의 경험과 고뇌하는 신자와 동일시되는 분으로서 그의 인간성에 대한 것이다. 은사주의적 경험은 하나님과의 좀 더 친밀한 관계의 계발을 격려했고 인간 예수는 이것을 위한 통로가 되었다. 예수의 영적 생활과 권능의 사역에서 예수를 닮고자 하는 소망은 주목할 만한 것이다. 그러나 아나뱁티스트 해석학은 복음서를 선택적으로 읽는 경향이 특별히 예수의 윤리적 가르침에 대한 관심의 부족의 결과를 가져왔다고 생각했다. 여기서 상호간의 작용은 유익할 수 있다. 왜냐하면, 대부분의 아나뱁티스트들은 예수를 치유자나 기적을 베푸는 자로서의 모습에는 거의 집중하지 않고, 이 부분에서 그의 삶을 닮고자 하는 마음의 결정도 없었기 때문이다. 대부분 은사주의자는 그리스도 중심론의 약한 전통적인 가톨릭과 개신교로의 해석적인 방법을 널리 사용했다. 예수의 재발견은 부분적이었으나 좀 더 깊은 그리스도중심적인 해석학의 연구를 정당화하는 데는 충분한 것이었다. 고로 아나뱁티스트의 경험은 그들에게 아주 유용하다.

아나뱁티스트의 그리스도중심적 강조는 은사주의 해석자들에게 그들이 의지하는 성령이 예수의 영과 다르지 않음을 상기시켜 주었다. 이것은 주관주의에 대한 더 심층적인 점검으로서 기능했다. 왜냐하면, 성령이 성서의 의미를 가르쳐 주시는 것처럼 보이는 것은 성서에 기록된 예수가 말한 것과 행동한 것과 일치해야 했기 때문이다. 이런 말씀과 행동을 해석할 필요는 주관적인 요소가 남아 있음에도 어떤 객관적인 특성이 소개되고 있음을 의미한다. 신약 성서는 성령이 제자에게 예수가 가르치신 내용을 상기시키는 분이라고 말했고, "예수의 말씀은 예언의 영"[95]이라는 의미는 예언적 해석학이 본질적으로 그리스도 중심적이라는 것이다. 해석자로서 성령을 의지할 뿐 아니라, 예언적 해석학은 성령께서 친히 예수의 가르침과 모범을 통해 하나님의 뜻과 성서 본문의 의미를 드러내시는 탁월한 방법이다.

은사주의 해석학의 잠재적 가치는 세계교회의 자라나는 은사주의 공동체들을 위해 적절한 해석학적 방법론을 공급하는 것과 성서해석의 본질을 붙잡는 데 실패하고 성령을 무시하고, 성령보다 지식을 찬양하던 해석학적 정통을 도전하는 데에 엄청난 것이다. 더 적절한 해석학은 제3세계의 은사주의자들로 하여금 자유신학자들과 은사주의자들의 해석학의 빈곤과 순응주의에 회의적인 사람들과 더불어 좀 더 결실 있는 상호작용을 할 수 있게 도와준다. 은사주의 해석학은 아나뱁티스트 해석학의 도움이 있든 없든 곧 발전할 것이다. 그러나 대화의 파트너로서의 아나뱁티즘이 없다면 은사주의 해석학은 그리스도 중심론이나 해석학적 공동체에 대해서는 덜 강조하게 될 것이다.[96]

해석의 장소

아나뱁티스트 해석학의 공동체적 차원은 해석학의 현대적 중요성의 연구에 대한 마지막 부분에 해당한다. 우리가 살펴보았듯이, 아나뱁티스트 해석학은 항상 제외될 위험소지가 있는 상호연관된 두 개의 요소에 집중했다: 하나님의 전체 백성에게 성서해석자로서 권리를 주는 일과 해석의 장소로서 해석학적 공동체를 선택한 일!

기초공동체의 해방신학자들과 은사주의 그룹의 권위 있는 예언자들의 관념론적인 영향으로 성서해석에 대한 일반 신자의 특권을 박탈하는 경향은 아나뱁티스트 해석학과의 비교를 통해서 눈에 확연히 보이는 것이다. 아나뱁티즘은 이 두 그룹과 공통점을 많이 가지고 있으나, 이들에 비해 일반신자들의 진정한 운동이었다. 해석의 장소로서 교회를 지목하는 것은 16세기의 아나뱁티스트 그룹들 모두 똑같이 실천했었던 것은 아닐 수 있다. 하지만, 그 제안 자체는 아나뱁티스트 해석학의 가장 급진적이며 자극적인 구성요소 중의 하나로 남아있게 되었다. 우리는 해석하는 공동체를 아나뱁티스트 해석학의 주안점으로, 모든 신자의 해석학적 특권을 부여하는 장소로, 해석자로서 성령을 의지하는 배경으로, 성서의 현대적 적용에 대한 헌신으로 간주한다. 이 강조점을 유지하려고 노력할 때 만나게 되는 이런 운동들의 어려움은 특별히 다른 패러다임이 이미 지배적인 곳에서 이 모델을 효과적으로 적용할 때 따르는 여러 고군분투를 증언하고 있다.

오늘날 해석학적 토론은 이 강조점을 회복하기 시작했고,[97] 정화와 발전을 제안해 왔다. 공동체적 모습을 회복하기 위하여 해석의 장소를 요구하는 일은 다양한 근원에서 나왔다. 학문적 해석학의 지배, 해석학적 공동체의 소외화, 학문적 해석자와 공동체의 차이는 많은 사람에게 인정된 부분이다.[98] 공동체적 해석학을 위한 현대의 논쟁은 가끔 아나뱁티스트들이 고려하지 않은 문제들과 관계있다. 예를 들어, 어떤 사람들은 성서 본문의 본질은 공동체적 배경에서 해석되어야 한다고 주장하는[99] 반면, 다른 사람들은 해석은 해석학적 공동체를 요구하는 변증법적인dialectical 과정을 거쳐야만 한다고 주장해 왔다.[100] 이런 논쟁들은 아나뱁티스트들의 관심을 반영한다: 개인주의의 거부,[101] 콘스탄티니안의 영향에서의 자유로운 결정,[102] 전신자제사장주의의 해석학적 중요성 인지,[103] 그리고 성서를 이해하기 위한 적절한 "삶의 자리"로서 지역교회를 인정.[104] 그뿐만 아니라, 공동체적 해석학의 채택은 종종 또 다른 아나뱁티스트의 확신을 선택하는 결과를 낳았다- 훈련받지 않은 신자들도 성서해석[105]에 이바지할 수 있으며 적용은 이해와 분리되어서는 안 된다.[106]

그러나 그것이 연관된 만큼 아나뱁티스트 모델은 공동체적 해석학의 많은 잠재력을 충분히 실현했는지를 설명해야 하는 취약점을 가지고 있다. 공동체의 해석학을 지지하는 일부 사람은 아나뱁티스트가 알았던 것보다 더 정교한 해석학 공동체의 계발을 낳는 새로운 요소를 소개했다.

첫째, 현대적 해석학의 공동체적 접근법은 학자를 무시했던 아나뱁티즘을 모방할 필요는 없다. 대신 학문적 은사를 포함한 모든 신자의 은사와 공헌을 환영할 수 있다. 학자와 지역 교회와의 관계는 조심스럽게 움직여져야 한다. 왜냐하면, 학자도 지역교회도 이 동반관계에 익숙하지 않고, 학자도 다른 사람들처럼 공동체적 점검의 동일한 과정을 받아야 하기 때문이다. 하지만, 학자의 참여는 엄청난 유익을 제공할 것이다.

둘째, 해석학 공동체는 이전 세대에 성서를 연구한 사람들을 제외할 필요가 없다. 존경받는 해석자들을 의지하는 것을 주저하는 아나뱁티스트들의 태도는 가볍게 간과되어서는 안 되겠지만, 기독교 초기의 해석자들은 해석학적 공동체에서 인정되어야만 한다.[107] 비록 이것이 16세기에는 허락이 되지 않았지만, 실제로 해석학 공동체에 대한 아나뱁티스트의 개념은 그들을 포함하기 위해 적절한 모델을 제시한다. 해석학적 공동체는 초대교회까지 포함하는, 시간을 초월한 공동체이다. 기독교 초기 저자들의 통찰력은 특별한 관점이 아닌 평범한 방법으로 점검된 현대학자들의 통찰력과 조화를 이룬다.

콘스탄틴적 편견에 대한 아나뱁티스트들의 회의로 말미암아 그들의 기독교 초기 해석학자들에 대한 불신은 4세기와 16세기 사이에 글을 쓴 사람들에 대해서는 이해가 될 만하다. 그러나 크리스텐덤 이전 해석자들에게도 비슷한 취급을 한 것은 불행한 일이다. 이것은 부분적으로 교부들의 글이 16세기에 읽혀지기 힘들었던 한계 때문이기도 하고, 그것을 이용할 만한 학자들이 부재했기 때문이기도 하다. 만약 성서해석에 있어 크리스텐덤의 영향을 회의적으로 보는 아나뱁티스트들이 옳다면, 아나뱁티스트 해석과 크리스텐덤을 거절한 중세운동의 해석은 상당한 일치가 발견될 뿐 아니라, 아나뱁티스트 해석학과 첫 3세기 해석자들의 해석학 사이에서도 상당한 공통점이 발견될 가능성이 있다.

셋째, 해석학 공동체는 다양한 사회, 정치, 문화적 배경에서 온 여러 다양한 해석자들을 포함할 수 있다. 해석학적 공동체로 움직이는 지역 교회는 이 전제를 인지하는 데 실패할 수도 있고 이미 존재하는 신념을 단순히 확증하는 정도로 성서를 해석할 수도 있다. 아나뱁티스트의 이런 편협성에 대한 유일한 보호장치는 그들의 교회의회였다. 그러나 이런 모임들 또한 참석자들의 배경이 다양하다는 점에서 한계가 있었다. 이 한계점에 대한 한 반응은 해석이 널리 일반적으로 적용 가능하지 않다는 것을 인정하고 더 넓은 통찰력에 대해 열어놓는 것이다. 비록 그들이 그들의 문화적 영향력그들의 동시대 사람들과의 공통점을 거의 인식하지 못했음을 보여주기는 하나, 이런 개방성에 대한 태도는 아나뱁티스트들을 규정한다. 어떤 현대적 접근법은 그 한계를 장점으로 삼고, 보편적으로 타당한 해석학의 가능성을 질문한다.

그러나 해석학 공동체의 세계적인 확장과 많은 문화적 관점의 통찰력에 대한 환영은 흥분할 만한 일이다. 4개의 복음서가 예수의 삶에 대한 보완적인 측면을 보여주긴 하나, 서로 다르듯이, 다양한 문화적 관점에서 온 해석학자들에 의해 친밀하거나 모호한 성서적 가르침에 대한 신선한 광명이 비추어진다. 그러나 그런 전세계적인 해석학의 공동체의 기능은 세심한 연구를 필요로 한다. 비록 세계 간의 통신과 교통이 상대적으로 쉬우나, 그런 전세계의 해석학의 공동체가 그들의 구성원에 대해 책임을 지고, 서로에게 귀를 기울이며, 제안된 해석을 점검하는 것은 한계가 있다. 게다가 전세계적인 해석학의 공동체는 주로 다른 다양성을 희생하면서 학자들의 모임으로 끝날 수 있다.[108]

마지막으로, 해석학을 위한 장소로서 신자들의 공동체에 대한 강조는 불신자들의 신앙을 창조하는 성서의 역할을 제외하는 위험이 있다. 이 강조와 더불어 해석자로서 성령이 공동체에 구속될 수 없으며, 믿지 않는 다른 이들을 이해시키는 데 있어서 자유로우시다.[109] 초기 아나뱁티스트들 중에서 오직 한스 뎅크가 하나님의 은혜만이 모든 인간이 하나님의 말씀을 이해할 수 있게 한다고 말하면서 이 가능성을 인지했다. 아마도, 우리는 해석학적 공동체를 배타적이지 않으면서 해석의 정상적이고 주요한 장소로 간주할 수 있다.

16세기 아나뱁티즘은 해석학적 공동체와 성서해석을 위한 공동체의 중요성에 대한 몇 가지 예들을 제공하고, 종합적인 접근을 유지하려는 노력에 대한 증언들을 제공한다. 비록 제한적이나 이런 예들은 현대적 경험이 영감과 안내를 얻을 수 있는 역사적 표시이다.

또한, 아나뱁티스트 해석학은 만약 이 공동체적 해석학이 평범한 것이 된다면 쉽게 간과될 수 있는 또 다른 가치 있는 요소를 강조했다: 제자도와 신자들의 교회에 대한 강조, 해석학적 공동체의 은사주의적 본질, 그리고 이 공동체의 활동에 참여하는 모든 신자의 계속되는 특권.

결론: 성령, 제자도, 공동체

아나뱁티스트 해석학은 놀라운 잠재력과 후기 크리스텐덤 시대와 관계가 있었지만, 오랫동안 무시된 자료이다. 아나뱁티스트 해석학을

16세기에 나타난 파생적이고, 세련되지 못하고 중요하지 않은 것으로 무시한 일반사람들의 통념과 대조적으로, 아나뱁티즘은 일관적이고 비록 한목소리는 아니라도 개별적이며, 세련된 해석학을 소유했다. 그것은 그들의 세대에서도 영향력이 있었고, 오늘날에는 더 많은 공헌을 하고 있다.

해방신학과 은사주의 운동이 16세기 성서해석에 대한 접근법의 범위와 활력을 증언하듯이 아나뱁티스트 해석학은 이런 다양한 그룹들에게 유용한 공헌을 할 수 있다. 아나뱁티즘의 특별한 유산은 이런 그룹들에게 공헌할 뿐 아니라 그들에게서 아나뱁티즘과 서로 공통된 점을 발견하게 한다. 은사주의적이며, 성서적 기초를 두며, 소외된 가난한 자들의 유럽 운동으로서 제3세계와 은사주의와 학문중심적인 유럽의 해석학 사이에 다리역할을 할 수 있는 능력이 있다. 역설적으로 오랜 시간 동안 편협한 분파로 여겨진 아나뱁티스트 해석학은 놀랍게도 에큐메니칼의 잠재력을 소유하고 있다. 이것은 가톨릭도 아니요, 개신교도 아니요, 근본주의나 자유주의도 아니다. 이것은 해방신학과 함께 대화 파트너가 되었을 뿐 아니라, 은사주의자들과 같이 성령에 강조를 두기도 한다. 이것은 확신을 희석함으로 에큐메니칼의 입장을 취한 것이 아니라, 엄격하고 급진적인 제자도를 낳은 신실한 적용에 대한 모든 기대와 더불어 그리스도중심적인 성서해석을 통하여 가능한 것이었다.

아나뱁티스트 해석학은 완전한 것도 아니고 충분한 것도 아니다. 그러나 이를 재건하는 것은 학문적인 해석학의 역할을 재평가하는데 도움을 주고 현대 해석학 토론에서 무시된 통찰력을 제공하고, 다수의 일반 그리스도인들의 해석학적 특권을 주장하며 성서해석에서 콘스탄틴식 해석학의 영향이 왜곡시킨 부분을 끊임없이 경고하며, 오늘날 '소외된' 그룹이 자신들의 해석학을 발전시키고 정제하도록 도우며, 성서의 그리스도중심적 성격을 확증하고, 성령을 적극적으로 의지하며, 제자도를 단호하게 지향하는 공동체적 해석학의 현대적인 등장을 가능하게 한다.

1) 일부 상호작용은 여기서 점검되지 않은 운동, 예를 들어 복음주의와 British House church운동 안에 있는 급진적인 제자도 운동과 함께 이미 일어났다.

2) 월터 클라센은 유아세례가 단순한 상징이 아닌 Constantinianism의 "동인"이었다고 주장한다. Klaassen, "The Anabaptist Critique of Constantinian Christendom", *MQR* 55:223을 보라. 나는 역사적으로나 신학적으로 그것이 그런 중요성을 띤다고 확신하지 않는다.

3) 그러므로 Jürgen Moltmann이 승리를 위해 "교회가 비싼 대가를 치러야 한다고 썼다: 정치적 영역의 역할을 이어받아야만 한다 …. 그때 교회는 모든 사람을 위한 것이었다. 그것의 사명은 모든 곳에 닿는 것이었다. 그러나 무엇으로서? 교회는 정치적 질서의 구성요소만으로 모든 사람에게 닿았다.- 정치적 정부의 국가종교로서": Jürgen Moltman, *The Power of the Powerless* (London:SCM Press, 1983), 158.비슷하게, Vinoth Ramachandra는 주장했다: "은혜를 선포하고 정의를 실천하는 운동, 인간과 우주적 변화의 소망으로서 십자가에 달린 자를 중심에 두는 믿음은 바로 그 본질에 심각한 상처 없이, 그 밖의 다른 것처럼 종교적 문명화(civilization)로 개종될 수 없다": Ramachandra, *Gods That Fail* (Carlisle: Paternoster, 1997), 214. Klaassen, "Anabaptist", 229; Moltmann, *Crucified*, 250; Alistair Kee, *Constantine Versus Christ*(London:SCM Press, 1982), 154을 보라.

4) "어떻게 역사의 그 순간에 교회가 하나님의 우주적 통치에 대한 메시지인 복음에 대해 신실함을 표현할 수 있었겠는가? 그 순간에 다른 가능성을 볼 수 있는 것은 어렵다. 기독교의 정치적 질서에 대한 것은 실험되어야만 한다.": Lessile Newbigin, *The Other Side of 1984*(Geneva:WCC, 1983),34.또한 그의 *Foolishness to the Greeks* (London:SPCK, 1986), 100-101을 보라.

5) 이 증거는 유용하게 Dale Brown, "The Radical Reformation: Then and Now", *MQR*(1971),252-53에 요약되었다.

6) Peter Brierley, "The Changing Church Scene in Western Europe", *Church Growth Digest*(Spring 1992), 3을 보라.

7) 교회에서의 십일조하는 모범의 소개에 대한 Augustine의 변호는 이것에 대한 좋은 예이다: Justo Gonzales, *Faith and Wealth*(New York:Harper & Row, 1990),219,227을 보라. Verduin은 크리스텐덤 안에서의 도덕적 기대를 묘사하기 위해 "현실주의적 타협주의(conductual-averagism)"라는 용어를 제안했다: Verduin, *Reformers*, 96ff.

8) 그리스도의 통치가 기독교라는 종교의 설립 안에서 이 지구 위에서 이미 인정되었음이 선언됐다. 가장 은혜로운 왕, 콘스탄틴은 지구 위에 있는 그리스도의 대리인으로 여겨졌다. 예수를 우주적 말씀의 성육신으로 간주한 우주적 신학은 정치적 영역과 우주적 영역을 통합하기 위해 사용될 수 있었다…. 니케아 신학의 제왕이신 그리스도는 기독교 신학의 두 쌍둥이 유산에서 나온 기본적인 상징들의 융합 때문에 만들어졌다: "히브리의 메시아 사상과 그리스 철학": Rosemary Radford Ruether, "Augustine and Christian Political Thought", *Interpretation* 29(1975): 256.

9) 예를 들어 Ambrose의 교리문답 지침서는 구약적 도덕성에 기초하는(Ambrose, *De*

Mysteriis,1.1을 보라). 반면 초신자 입문은 예수의 가르침을 적용하기 위해 가르쳐지
곤 했다(Justin, *Apology*,1:14-16;or the Didache,Ch.1-6). 교리에 대한 논평은 A. James
Reimer, "The Authority of the Scriptures", *CGR* (Spring 1986): 139-40을 보라.

10) Klaassen, "Anabaptist", 229. Stuart Murray, *Explaining Church Discipline* (Tonbridge:
Sovereign World, 1995)을 또한 보라.

11) Constantinian 해석학에 대한 비평은 해방 신학자들이 반복해서 확신해 왔다. 예를
들어: Leonardo Boff, *Church- Charism and Power* (London:*SCM* Press, 1985), 59;
Gustavo Gutiérrez, *The Power of the Poor in History* (London:SCM Press, 1983), 18을 보
라.

12) José Miguez Bonino, *Towards a Christian Political Ethics* (Philadelphia: Fortress Press,
1983), 82ff.

13) 성서를 읽던 그들의 방식 또한 Constantinianism에 대한 그들의 거절에 공헌했다. 이
것에 관해, Rutschman, "Anabaptism and Liberation Theology", in Schipani, *Freedom*,60
을 보라. 그 밖에, Rutschman은 해석학적 그룹은 이 과정에서 작용했다고 주장한다:
Rutschman, "Anabaptism" 264을 보라.

14) "제자도의 성서적 해석학은 하나님의 사람을 순종할 성직자들과 그렇지 않을 평
신도로 나누는 두 가지 기준을 허락하지 않는다. 또한, 천 년간 순종의 약속을 현재
불순종하는 것을 관용하는 시간의 분리도 인정하지 않는다. 이것은 그리스도에 대
한 충성의 이름으로 가이사(Caesar)의 신전에 절하는 위선을 노출하는 것이다": A. J.
Klassen, *Consultation*,120-21.

15) "마치 결과주의(consequentialism:비용과 이익이 정량화될 수 있고, 옳은 행동은 유
용가치에 따라 정당화된다)가 윤리에 있어 Constantinian의 반작용이듯이, 분리주의
에 대한 비난은 교회론에 있어서 Constantinian 반작용이다." John Yoder, "Orientation
in Midstream: A Response to the Response", in Schipani, *Freedom*, 163을 보라.

16) Lesslie Newbigin, *Foolishness*: Newbigin, 1984; *The Gospel in a Pluralist Society*
(London: SPCK, 1989)을 보라. "신콘스탄틴니즘(neo-Constantinianism)"의 다른 버전
은 북미 협회 우파에서 떠오른 '기독교 문명화의 재건설'을 위한 상세한 규정인 듯
보인다. 예를 들어, the Chalced on Foundation, the *Institute for Christian Economics* and
the *Foundation for Christian Self-Government*. Influential writers include Rousas J.
Rushdoony, Greg Bahnsen, Gary North and David Chilton. The *Foundation for Christian
Reconstruction,founded by Stephen Perks, is the British equivalent*을 보라.

17) Willard Swartley는 "아나뱁티스트 운동이 post-Constantinian적 대안이라고 부르지
만, 해방신학은 사회를 위해 Constantinian식으로 구조된 비전 안에서 계속하여 움직
이고 있다고 결론을 내렸다." Swartley, "Liberation Theology, Anabaptist Pacifism and
Münsterite Violence: Hermeneutical Comparisons and Evaluation", in Schipani, *Freedom*,
70을 보라.

18) Moltmann, *Crucified*, 17.

19) 이 토론에서 나온 논문들은 Schipani, *Freedom*에 수록되어 있음.

20) Swartley, in Schipani, *Freedom*, 70.La Verne Rutschman의 논평을 같은 volume, 58에서
또한 보라.

21) Yoder, in Schipani, *Freedom*, 163.

22) Bonino, *Toward*, 82-4.Jon Sobrino, *Christology at the Crossroads: A Latin American Approach* (London: SCM, 1976), 294-98에서 Constantinianism에 관한 확대된 토론을 보라.

23) 비슷한 주제들이 해방 신학의 다른 형식과 함께 등장한다. 대부분은 아나뱁티스트의 관점과 거의 상호관련이 없으나 하나의 예외가 있는데 페미니스트 해석학이다. Harder, in Koontz, *Perspectives*, 46-8; and Harder, in Huebner, *Church*, 203을 보라.

24) 이들 그룹에 관해, Leonardo Boff: *Ecclesiogenisis* (London: Collins, 1986)와 Margaret Hebblethwaite: *Base Communites* (London: Geoffery Chapman, 1993)을 보라.

25) Ernesto Cardenal, ed., *Love in Practice: The Gospel in Solentiname* (Maryknoll: Orbis, 1977-1982), a work in four volumes. Christopher Rowland and Mark Corner, *Liberating Exegesis* (London: SPCK, 1990), 9-19을 보라.

26) Carlos Mesters, *Defenseless Flower* (Maryknoll: Orbis, 1989).

27) Gutiérrez, *Power*, 3-4.

28) Rowland and Corner, *Liberating*, 39.

29) José Miguez Bonino, *Doing Theology in a Revolutionary Situation* (Philadelphia: Fortress Press, 1985), 154.

30) Ronaldo Muñoz, *The God of Christians* (Tunbridge Wells:Burns & Oates, 1991), 80.

31) Sobrino, *Christology*,xiii."성서에 대한 아나뱁티스트와 해방주의자 양쪽진영에서, 강한 관계가 공동체에 관한 행동에 대한 헌신과 성서적 점검에 관한 연구 사이에 존재한다.": Willard Swartley, in Schipani, *Freedom*, 69.

32) Clodovis Boff, "Methodology of the Theology of Liberation", in Jon Sobrino and Ignacio Ellacuria, eds., *Systematic Theology: Perspectives from Liberation Theology* (London:SCM Press, 996), 16.

33) Levision and Pope-Levision, "Global", 331. Clodovis Boff는 "사회분석적 묵상 (socioanalytic meditation)", "해석학적 묵상(hermeneutic mediation)", "실천적 묵상 (practical mediation)"이란 용어를 사용하면서 이 과정에 대해 글을 썼다: Boff, in Sobrino and Ellacuria, *Systematic*,11을 보라. Daniel Schipani는 아나뱁티스트의 용어에 있는 **praxis**를 순종의 인식론을 가르키는것으로 재구성하려고 했다. Schipani, *Religious Education*(Birmingham,AL: Religious Education Press, 1988), 125보라.

34) Severino Croatto는 "사회의 지배적인 계층(교회의 계급, 전문적인 신학자와 해석자들, 학식자)의 대표격인 사람들에 의해서만 너무나 오랫동안 소유되고, 조절되고, 설명되고, 해석되었다는 많은 해방신학자의 염려"를 표현했다. J. Serverino Croatto, *Biblical Hermeneutics* (Maryknoll,New York: Orbis, 1987), 63.

35) Leonardo Boff and Clodovis Boff, *Introducing Liberation Theology* (Maryknoll: Orbis, 1987), 34.

36) José Comblin, "What sort of service might Theology render?" in Rosino Gibellini, ed., *Frontiers of Theology in Latin America*(London:SCM Press, 1980), 61.

37) Bonino, *Toward*, 84. Boff, Sobrino와 Ellacuria, *Systematic*, 18와 José Comblin, *The Holy Spirit and Liberation*(Tunbridge Wells: Burns & Oates, 1989), 52에 있는 중세 급진주의

자들에 관한 참고문헌들을 보라.

38) Rowland and Corner, *Liberating*, 51-2을 보라. 그들은 해방 신학자들이 우리에게 그 리스도인의 제자도에 대한 반응의 중심을 이해하는데 공관복음을 중요한 해석학의 열쇠라는 것을 상기시킨다." See also Boff and Boff, *Introducing*, 35.

39) 이 주제의 중요성에 대한 초기 평가를 위해, see Hugo Assmann: "The power of Christ in History: Conflicting Christologies and Discernment." In *Gibellini*, Frontiers, 133ff. 또한 Jon Sobrino의 *Christology at the Crossroads*를 보라.

40) Boff, in Sobrino and Ellacuria, *Systematic*, 18.

41) Muñoz, *God*, 86.

42) Gutiérrez, *Power*, 4,15,61 John Yoder는 해방신학이 출애굽 사건의 이야기에 과하게 의존하는 것에 대해 비판했다. 이 비판은 Christine Gudorf, "Liberation Theology's Use of Scripture: A Response to First World Critics", *Interpretation* (January 1987): 16-17에 의 해 도전받았다. 그러나 출애굽 이야기의 실제적인 사용의 예에 대해, Boff, in Sobrino 와 Ellacuria, *Systematic*, 17; José Comblin, "The Holy Spirit", in Sobrino와 Ellacuria, *Systematic*, 149; and Muñoz, *God*, 61을 보라. 또한, John Goldingay, *Models for Interpretation of Scripture* (Carlisle:Paternoster, 1995), 66-70을 보라.

43) Boff, *Church*, 59.

44) Ronaldo Muñoz는 "라틴 아메리카에서 보통사람들은 복음서를 읽는데 헌신한다고 보고했다", 이것은 라틴 아메리카의 가톨릭에서는 새로운 일이라는 것을 주목했다. Muñoz, *God*, 131;30-2.The Gospels are preferred over the Epistles according to Boff, in Sobrino와 Ellacuria, *Systematic*, 17을 보라.

45) Sobrino, in Sobrino and Ellacuria, *Systematic*, 130-31. 38을 보라: 하나님의 통치나 하나 님의 나라는 아나뱁티스트의 성서해석에 있어서 해석학의 열쇠였을 것이다. Sobrino는 해방 신학을 하나님의 통치 신학으로서 묘사했고, 구체적인 역사적 사회 정치적 용어로 이해되는 이 주제는 분명하게 해방주의 해석학에서도 근본적이다

46) Gutierrez는 그런 자원의 사람을 "유기적 지식인(organic intellectual)", "인기있는 해 방주의 과업과 연관된 유기적 사변가(a thinker with organic links to the popular liberation undertaking)" 라고 묘사했다: Gutiérrez, *Power*, 103. Carlos Mesters, "'Listening to what the Spirit is Saying to the Churches.' Popular Interpretation of the Bible in Brazil", *Concilium* (1991/1): 102.

47) 예를 들어, Rowland and Corner, *Liberating*, 39.

48) Vinay Samuel and Christopher Sugden, *Evangelism and the Poor*(Bangalore: Partnership in Mission Asia, 1982), 22-3을 보라. 또한 Gerald Sheppard, "An Overview of the Hermeneutical Situation of Biblical and Theological studies in the United States", in Branson and Padilla, *Conflict*, 15; Croatto, *Biblical*, 80을 보라. 좀더 효과가 없고, 방어 적인 이 토론의 이유는 David Watson에 의해 "Salt to the World: An Ecclesiology of Liberation", in Branson and Padilla, *Conflict*, 116에서 연구되었다.

49) 예를 들어, Elisabeth Schüssler, "Towards a Feminist Biblical Hermeneutics: Biblical Interpretation and Liberation Theology", in Brian Mahan and Dale Richesin: *The Challenge of Liberation Theology: A First World response* (Maryknoll:Orbis, 1981), 92. 또한

Itumeleng Mosala, *Biblical Hermeneutics and Black Theology in South Africa* (Grand Rapids: Eerdmans, 1989), 3을 보라.

50) Comblin, *Holy*,xii,9; Harvey Cox, *Fire From Heaven* (London: Cassell, 1996), 161-84을 보라. Cox는 최근의 오순절주의와 해방주의 강조점의 수렴경향을 인지했다. 그는 이것을 잠재적으로 매우 중요한 것으로 간주한다: *Fire*,319을 보라.

51) José Comblin는 "가난이 교회의 거대한 부피를 차지한다"라고 주장해 왔다. 그들은 어떤 공식적인 교회 활동에 참여하지 않고, 신앙의 교리도 모르며, 성례도 자주 행하지 않고 교구나 가정 공동체와 접촉되지 않은 채 살고 있다": Comblin, *Holy*,95.

52) 예를 들어, Muñoz, *God*, 32. Cf. Mesters, "Listening", 104을 보라.

53) 해방주의자 사이에서, "소외계층과 동일시하는 것은 기독교 성서를 이해하는 첫 번째 단계이다": Rasiah Sugirtharajah, *Voices from the Margin* (London: SPCK, 1991), 437.

54) Sugirtharajah에게 "대중과 그들의 억압과의 결속은 본문과 상황 사이의 역사적 거리를 좁히는 결과를 가져온다.": Sugirtharajah, *Voices*, 436. 아나뱁티스트들은 사회적 요소를 무시하지 않았다. 그러나 제자들의 공동체를 신약과의 주된 연결점이라고 간주했다.

55) Severino Croatto는 해방신학 안에서 구약의 사용을 강하게 옹호했다. 비록 그런 관심이 여기서 드러나지 않았지만: Croatto, *Biblical*, 81-2을 보라.

56) Swartley, in Schipani, *Freedom*, 66-7을 보라.

57) Kirk, *Liberation*, 129.

58) 일부 해방주의자들이 주장하는 어떤 성서의 본문들은 억압하도록 오용되어질 수 있는 것이 아니라 본질적으로 압제적이라는 것이 관심거리가 되었다.

59) Pablo Richard, *Death of Christendoms, Birth of the Church* (Maryknoll, New York: Orbis, 1987), 143.

60) C. René Padilla, "Liberation Theology: An Appraisal", in Schipani, *Freedom*,36을 보라. 또한 Gutierrez의 성서 사용법에 대한 Stephen Knapp의 토론은Carl Amerding, *Evangelicals and Liberation* (Nutley, NJ:Presbyterian & Reformed Publishers, 1977), 21ff 을 보라.

61) Sugirtharajah, *Voices*, 2.

62) 1953년 만큼이나 오래전에, Lesslie Newbigin은 오순절주의를 카톨릭, 개신교와 더불어 기독교의 3대 주류라고 분류했다. Newbigin, *The Household of God* (London: SCM Press, 1953)을 보라. 그 이후로 현상적인 성장은 그의 분석을 단지 정당화한다. 어떤 장소에서는, 오순절주의나 은사주의 교단이 부상되었다. 그 밖에, 은사주의적 차원은 개인과 교회와 교단에 영향을 주었다. 최근 연구조사를 위해 Cox, *Fire*.passim을 보라.

63) 많은 주제가 오순절주의에 대해 토론되었으나, 부분적으로 불필요한 복잡함을 피하기 위해서, 또한 부분적으로 은사주의 운동의 해석학의 성장에 아나뱁티스트 해석학의 도움이 오순절 운동보다 더 커 보였기 때문에 그 관심은 좀 더 최근 운동에 집중되었다. 그러나 중요한 해석학의 발전은 오순절운동에서 일어나고 있다. 몇몇 오순절계열의 학자들은 오순절 영성은 적절한 해석학을 요구한다고 주장한다. 특

히 1990년 이후의 *Pneuma* and the *Journal of Pentecostal Theology*에 있는 논문들을 보라. 확대된 문헌목록은 John Thomas, "Women, Pentecostals and the Bible: An Experiment in Pentecostal Hermeneutics", *Journal of Pentecostal Theology* 5(1994): 43의 각주에 있다.

64) Kilian McDonnell는 은사주의 경향이 무비판적으로 성서해석의 다른 모델을 채택하고 있다는 것을 주목했다. Arnold Bittlinger. *Gift and Ministries* (London:Hodder & Stoughton, 1974): 5의 서문을 보라. 또한 James Packer, *Keep in Step with the Spirit* (Leicester:IVP, 1984), 219을 보라.

65) 하나의 예외는 Francis Martin이 쓴 가톨릭 은사주의 논문이다: Francis Martin, "The Charismatic Renewal and Biblical Hermeneutics", in Haughey, John, ed., *Theological Reflections on the Charismatic Renewal* (Ann Arbor: Servant Books, 1978).

66) 그 밖에도, the publication *Theological Renewal* see Arnold Bibblinger, ed.,*The church is Charismatic* (Geneva: WCC, 1981); Tom Smail, *Reflected Glory* (London:Hodder & Stoughton, 1975); Richard Quebedeaux, *The New Charismatics* (NewYork:Doubleday, 1976); Dennis Martin and Peter Mullen, eds., *Strange Gifts? A Guide to Charismatic Renewal*(Oxford:Blackwell, 1984); Kilian McDonnell, ed., *Presence, power, Praise: Documents on the Charismatic Renewal* (Collegeville, Minnesota: Liturgical Press, 1980); John Goldingay, *The Church and the Gifts of the Spirit* (Bramcote: Grove, 1972); Tom Smail, Andrew Walker, and Nigel Wright, *Charismatic Renewal: The Search for a Theology* (London: SPCK, 1993).

67) 한 예가 "유일한 오순절계통의 해석학에 대한 요청은 나에게는 잘못 인도된 것으로 보인다"라고 주장한 Richard Israel이다. 그는 이것은 관념론적인 능력의 위험을 무릅쓰는 것이라고 주장한다. Richard Israel, Daniel Albrecht, and Randal McNally, "Pentecostals and Hermeneutics: Texts, Rituals and Community", *Pneuma 15*.2(1993):144 보라.

68) Murray Dempster은 *Pneuma*의 사설에서, 다음과 같이 썼다: "해석학은 최근에 오순절 계열에 가장 주요 주제가 되었다. 지난 10년 동안 오순절 연구협회의 연차 모임에서 어떤 주제도 해석학보다 더 자주, 더 집중력 있게 연구된 것이 없다." Murray Dempster, "Paradigm Shifts and Hermeneutics: Confronting issues Old and New", *Pneuma* 15.2(1993):129을 보라.

69) Jackie and Cheryl Johns, "Yielding to the Spirit: A Pentecostal Approach to Group Bible Study", *Journal Of Pentecostal Theology* 1 (1992): 110.

70) Mark stibbe, *Times of Refreshing (*London: Marshall Pickering, 1995)을 보라. Cf. Mark Smith, *Testing the Fire. A Biblical Analysis of the Toronto Blessing* (Cambridge: St. Matthew Publishing, 1996); Lloyd Pietersen, ed., *The Mark of the Spirit?* (Carlisle: Paternoster, 1998); John Lyons,"The Fourth Wave and the Approaching Millennium: Some Problems with Charismatic Hermeneutics", *Anvil* 15.3(1998): 169ff. See Mark stibbe, "This is That: Some Thoughts concerning Charismatic Hermeneutics", *Anvil* 15. 3 (1998): 181ff. And his" Interpreting the Word in the Power of the Spirit: The Emergence of Pentecostal Hermeneutics", *Skepsis* (Autumn 1996), 1-8.

71) Jan Veenhof, "The Holy Spirit and Hermeneutics", *Scottish Bulletin of Evangelical Theology* Special Study (1987): 111-12을 보라.

72) 최근의 예를 들면, William Klein, Craig Blomberg, and Robert Hubbard, *Introduction to Biblical Interpretation* (Dallas:Word, 1993), 425-26을 보라. 해석학에 관련된 토론이 400쪽 넘게 있은 후에야, 마지막 한 페이지와 반 페이지가 성령의 역할에 대해 다루고 성서를 잘못 해석하지 말라는 경고로 구성되어 있다!

73) Baker, Two, 113-14; Smart, *Interpretation*, 190; John Goldingay,"Expounding the New Testament", in Howard Marshall, ed., *New Testament Interpretation* (Exeter:Paternoster Press, 1977), 356을 보라.

74) James Packer는 "대부분의 성서해석에 관련된 복음주의 교과서들이 성령에 대해 거의 이야기하지 않은 것"을 개탄했다. 그는 다소 불확실하게 주장하길, 복음주의는 사실 성령을 위대한 해석자로 영광을 돌린다고 했으며 이것이 명확해지도록 간청했다. Packer, "Infallible Scripture and the Role of Hermeneutics", in Donald Carson and John Woodbridge, eds., *Scripture and Truth* (Leiscester: IVP, 1983), 347을 보라. Russell Shedd, "Social Justice: Underlying Hermeneutical Issues", in Carson, *Biblical,* 195을 보라.

75) 몇몇 학자들은 칼 바르트의 구 "성령론적 해석"과 그의 해석의 정수로서 성령에 대한 강조에 주목했다: 예를 들어, Smart, *Interpretation*, 50. Cf. Thiselton, *Two*, 88; Peter Stuhlmacher, *Historical Criticism and Theological Interpretation of Scripture* (Philadelphia:Fortress Press,1977),51을 보라. 해석학에서 성령에 대한 긍정적인 문헌들이 Edgar Krentz, *The Historical-Critical Method* (Philadelphia: Fortress Press, 1975), 70; Keegan, *Interpreting*, 162-63; Smart, *Interpretation*, 52; Kraft, *Christianity*, 224-25; and Veenhof, "Holy", 105ff에 있다.

76) 고전적인 예는 성령이 하지 않는 것에 대해 구별 지으면서 14개의 기본적으로 부정적인 것을 담은 논문이다. Roy Zuck, "The Role of the Holy Spirit in Hermeneutics", *Bibliotheca Sacra* 141(1984):120-30을 보라. 또한, Daniel Fuller, "The Holy Spirit's Role in Biblical Interpretation", in Gasque and LaSor, *Scripture*, 189-92; John Frame,"The Spirit and the scpriture", in Carson and Woodbridge, *Hermeneutics*, 228-34; Packer, "Infallible Scripture and the Role of Hermeneutics", in Carson and Woodbridge, *Scripture*, 337; Smart, *Interpretation*, 121; Donald Bloesch,"A Christological hermeneutic: Crisis and Conflicts in Hermeneutics", in Robert Johnston, ed.,*The Use of the Bible in Theology*(Atlanta: JohnKnox Press, 1985), 100-01을 보라. 또한, Charles Kraft's critique of the marginalizing of the Spirit's hermeneutical role within "evangelical orthodoxy": Kraft, *Christianity*, 224을 보라. 복음주의적 메노나이트 관점은 Perry Yoder, *From Word to Life* (Scottdale, PA: Herald Press, 1982), 73-4이다.

77) Pinnock, "Work", 8-9을 보라.

78) Thiselton, *Two*, 85, 88-92에 있는 경멸적인 논평에 주목하라. "성령은 사람들의 이해를 통해서 일하신다고 말하여질 수도 있으며, 그렇다면 일상적인 것은 아니지만, 해석학의 주제 아래에서 토론된 고찰들을 무시하는 과정을 통해서일 것이다", 92. 다른 것에 관해서는, 성령의 해석 역할은 Norman Kraus가 관찰한 대로 신조 안에 말하여진 것 이상을 의미하는 것은 아니다: Kraus, *God*, 158을 보라.

79) Comblin, in Sobrino and Ellacuria, *Systematic*, 161.또한 Comblin, *Holy*, 108을 보라.

80) 많은 현대 메노나이트 해석가들은 성령의 활동을 위한 여지를 주기보다는 전통적인 개신교의 원리 위에서 활동하는 것처럼 보인다. Perry Yoder는 "진정한 이해로 이끄는 엄밀한 성서공부는 성령이 우리를 인도하도록 허락하는 가장 최선의 방법이다"라고 결론지었다. Yoder, *From*,vi.그러나 Philip Wood는 "현대 메노나이트 해석학은 성서의 해석자로서 해석하는 공동체라는 아나뱁티스트의 오래된 이해를 재확인하기 위해 강한 근본주의적인 영향에서 떠오르고 있다고 말했다": Philip Wood, *Decision Making in the Hermeneutic Community* (Leeds:Unpublished M.A. Thesis, University of Leeds, 1991), 9. 좀 더 은사주의적 해석학의 회복은 더 나아간 회복이며 아나뱁티스트 유산의 진정한 계발이다.

81) 특별히, 성서에 대한 동의, 예수를 성육신한 주로 인정, 교회를 가르치는 능력, 그리고 삶의 태도가 그리스도인다운 삶을 통한 전달.

82) 오순절 계열의 학자 Robert Baker는 "신약성서학문이 감성이 부족하며···. 정서적 효과를 경험하고 반영하는 것을 추구하지 않은 채, 이성적이고 합리적인 본문 내용의 이해를 추구하는 것은 본문의 메시지를 빗나가는 것이다 ···. 비평적인 시각에서 성서를 객관적으로 읽는데 헌신함으로 전문적인 성서독자는 본문이 불러 일으키는 능력을 쇠퇴시킨다." Robert Baker, "Pentecostal Bible Reading: Toward a Model of Reading for the Formation of Christian Affections", *Journal Of Pentecostal Theology* 7(1995): 34-35. 또한 Stibbe, "This", 189-91을 보라.

83) Clodovis Boff, "Hermeneutics: Constitution of Theological pertinency", in Sugirtharajah, *Voices*, 117. **Dhvani** 방법은 어떤 아시아의 해석자들이 사용했던 Sanskristic 방법이다.José Comblin는 "영적인" 해석(예를 들어, Alexandrian 학파에서 시행되었으나 역사적 읽을거리에 대한 엄청난 강조와 함께하는 해석)에 새로워진 관심을 불러 일으켰다. 그는 "라틴 아메리카의 그리스도인들이 영적인 해석의 영으로 성서를 한 번 더 읽고 있다. 그러나 이번 영적 독서는 역사적인 것이다"라고 썼다: Comblin, *Holy*, 11. 이것은 현대의 해방 투쟁을 위한 사람을 준비시키는 영적독서를 의미한다.

84) David Steinmetz, "The Superiority of Precritical Exegesis", in Donald McKim, *A Guide to Contemporary Hermeneutics* (Grand Rapids: Eerdmans, 1986), 77.또한 Mercadante, in Branson and Padilla, *Conflict*, 58을 보라.

85) 예를 들어, William LaSor, "The *Sensus Plenior* and Biblical Interpretation", in Gasque and LaSor, *Scripture*, 266-75; Stacey, *Interpreting*, 71; Douglas Moo, "The Problem of *Sensus Plenior*", in Carson and Woodbridge, *Hermeneutics*, 183ff; and Frances Young, "Spiritual Meaning", in R. J. Coggins and J. L. Houlden, *A Dictionary of Biblical Interpretation* (London: SCM Press, 1990), 649을 보라.

86) "은사주의는 또한 생소한 것보다는 그런 오래된 방법을 찾을 것이다. 왜냐하면, 그들은 다른 이들만큼 훨씬 동시대적이기 때문이다 ···그들은 본문의 문자적 의미부터 시작할 것이다": John McKay, "When the Veil is Taken Away: The Impact of Prophetic Experience on Biblical Interpretation", *Journal Of Pentecostal Theology* 5 (1994): 24.

87) Wright, in Smail, Walker and Wright, *Charismatic*, 32.

88) 여기서 "예언자"는 예언사역이 가리키는 해석을 위한 틀이나 접근보다 교회 내에서의 공식적인 자리를 가리키는 것은 아니다. "예언자"는 이성과 인간 지성의 사용보다 성령의 역할과 인간의 영 관련 모두를(단절 없이) 강조하는 접근을 나타내는 것이다.

89) James Packer는 그것의 작용에 대한 설명 없이 "통합의 사역"을 성서를 해석하는 역할 차원으로 동일시했다: Packer, in Carson and Woodbridge, *Scirpture*, 347.

90) "초기 기독교 예언자들(sic)과 교사들은 은사주의적 해석이라 불리는 것으로 구약성서를 설명한다…. 그들은 구약성서의 의미는 인간의 이성에 의해서가 아니라 오직 성령에 의해 주어진 '해석' 속의 '신비'에 의해서이다. 성령에게서 온 계시에 기초하여, 그들은 성서를 제대로 해석하는 능력에 대해 확신이 있었다.": Earle Ellis, "How the New Testament Uses the Old." In Marshall, *New*, 214. John Goldingay는 "은사주의적 해석은 여전히 영적인 은사"라고 인정한다. 그러나 그것을 점검하는 것으로 역사적 비평의 도구를 버리는 것에 대해 경고했다. 그의, "Expounding the New Testament", in Marshall, *New*, 356을 보라. 또한, Earle Ellis, *Prophecy and Hermeneutic* (Tubingen:Mohr ,1978); and Stibbe, *Times*, 4-5을 보라. Cf. David Hill, *New Testament Prophecy* (London: Marshalls, 1979), 118ff. 아나뱁티스트 관점은 Dyck, *Witness*, 372에 있는 Klassen의 관점이다.

91) 영감을 받은 신약의 저자들의 훈련은 비슷한 해석학적 자격을 위한 기반을 현대 해석가들에게 주지 않는다는 말이나, 신약성서저자들이 결정적인 그리스도 사건-오늘날과 직접적으로 일치하지 않는 어떤 것-의 전조를 반영하거나 분별하였다는 말은 반대되었을 것이다. 그러나 이런 식으로 성령의 조명하심(illumination)과 영감을 구별하는 것은 불필요하며 그리스도 중심적 접근이 그리스도 사건에서 성서의 궁극적인 통일성을 계속 찾을 것이라는 것은 토론의 여지가 있다. 신약성서의 예들은 비록 역사비평방법론이 인정하는 것보다 덜 정확할지라도 일관성있는 원리가 이런 과정에서 작용하고 있음을 주장한다.

92) Pinnock, "Work", 22.

93) Snyder, *Anabaptist*, 265-66을 보라.

94) Klaassen, *Living*, 43을 보라.

95) 요14:25-27, 계19:10.

96) 아나뱁티스트와 은사주의자들 사이의 해석학적 상호작용의 잠재력은 인정되기 시작한다. Stephen Knapp은 "성령의 사역과 다양한 문화를 가진 공동체의 해석에 대한 올바른 영향력"에 대해 더 큰 강조를 주창했다. 그는 "전자를 강조하는 은사주의 운동과 후자를 강조하는 아나뱁티즘이 이 새로운 도전에 직면하여 방향 감각을 찾고 지킬 수 있는 해석학에 대한 복음주의적 접근의 계발에 공헌할 수 있겠는가? 라고 질문한다.: Knapp, in Amerding, *Evangelicals*, 37-8.

97) John Yoder는 "해석하는 공동체"를 "급진적 개혁의 전통의 정당성을 다시 찾는 현대적 연구 속에서 작용하는 인기있는 슬로건"으로 언급한다: Yoder, *The Priestly Kingdom: Social Ethics as Gospel* (NotreDame. IN:University of Notre Dame Press, 1985), 117.

98) "오늘날 실제로 모든 개신교는… 그 존재가 공동체의 믿음에서 분리된 식으로 성

서를 본다. 믿음의 공동체는 성서적 학문에서 따로 분리된다…. 역사비평방법을 따
르는 가톨릭은 기본적으로 같은 것을 해왔다": Terence Keegan, *Interpreting the Bible*
(New York:Paulist Press, 1985), 20. 또한 Walter Wink, *The Bible in Human
Transformation* (Philadelphia:Fortress Press, 1973), 10; Krentz, *Historical-Critical*, 3;
Norman Gottwald, ed., *The Bible and Liberation* (Maryknoll, New York:Orbis, 1983), 2;
Smart, *Strange*, 27; Newbigin, 1984, 46-7; Goldingay, *Models*, 233ff; Branson, in Branson
and Padilla, *Conflict*, 9; Boff, in Sugirtharajah, *Voices*, 434-35을 보라.

99) "성서는 모든 교회 소장품의 으뜸이다…. 성서는 성서로 공동체에 의해 인정된다.
그러므로 해석하는 행위(해석학적 과정)는 반드시 공동체를 포함해야 한다.": Luke
Johnson, ed., *Decision Making in the Church: A Biblical Model* (Philadelphia:Fortress Press,
1983), 35. Stanley Hauerwas and William Willimon, *Resident Aliens* (Nashville, TN:
Abingdon Press, 1989), 128-29; Keegan, *Interpreting*, 161; Harder, *Hermeneutic*, 44; Smart,
Strange, 23; Walter Brueggemann, "The Social Nature of the Biblical Text for Preaching",
in Arthur van Seters, ed., *Preaching as a Social Act* (Nashville, Tennessee:Abingdon Press,
1988), 128; James Barr, "The Bible as a Document of Believing Communities", in Betz,
Bible, 25을 보라.

100) Lydia Harder는 해석하는 공동체를 위한 증가하는 필요를 지지하는 해석학에 관
한 몇몇 현대 작가들에게서 증거를 모았다: Harder, *Hermeneutic*, 68, 102-108, 126, 139
을 보라.

101) Marpeck의 해석학이 현대 교회의 상황에 대해 직접적으로 말한 요점은 만연하는
개인주의에 대한 반대 안에 있다": William Klassen, *Covenant*,182. Marlin Jeschke은 개
인주의를 가톨릭과 개신교 해석학 모두의 지배적인 특징으로 동일시했다. Jeschke,
"How Mennonites have Done And Should Do Theology", in Willard Swartley, ed.,
Explorations of Systematic Theology (Elkhart,IN: Institute of Mennonite Studies, 1984), 13
을 보라.

102) Jeschke, in Swartley, *Explorations*, 13.

103) Bruce Nichols, in Hesselgrave and Rommen, *Contextualization*,57에 인용됨. 또한,
Gabriel Fackre, "The Use of Scripture in my Work in Systematics", in Johnston, *Use*, 211을
보라.

104) Elizabeth Fiorenza는, 비록 언어학적으로 전문성이 부족하다는 한계가 있었음에
도, "보통" 그리스도인의 해석을 주장했다. 그리고 다른 제자들은 "아마 종종 해석
자들보다 더 정확했을 것이다. 왜냐하면, 그나 그녀가 아닌, 그들은 성황상의 종교
적이고 사회적인 "삶의 자리"를 공유했다": Fiorenza, *Bread*,134. 또한, Kirk,
Liberation,182-84을 보라.

105) Fiorenza, Bread,134; Carlos mesters,"The Use of the Bible in Christian Communities of
the Common People", in Gottwald, *Bible*, 125, 131; Harder, *Hermeneutic*, 108;
Higginbotham and Patton, *Searching Together*(Winter 1984), 4-6을 보라.

106) 예를 들어, Joe Higginbotham and Paul Patton, in *Searching Together* (Winter 1984), 5-6
을 보라. 또한, Fiorenza, *Bread*, 31-2, 119; Harder, *Hermeneutic*, 29, 68; Tremper
Longman III, *Literary Approaches to Biblical Interpretation* (Leicester:Apollos, 1987), 61-

7; Kraft; Supracultural Meanings via cultural Forms", in McKim, *Guide*, 342; Barr, in Betz, *Bible*, 43; and William Dyrness, "How Does the Bible Function in the Christian Life?" In Johnston, *Use*, 173을 보라.

107) 그러나, 아나뱁티스트의 전통은 비학문적인 해석자들과 교회역사 안에서 소외된 운동으로서 고려되고 가치 있다는 것을 확신하고 싶어 한다.

108) 이것은 WCC와 로잔 운동 같은 것에 의해 후원된 세계적인 협의회의 경향이 되어 왔다.

109) Stanton, "Presuppositions in New Testament Criticism", in Marshall, *New*, 69에서 대화의 과정으로서 해석의 관점에 대한 이 주제를 가지고 열린 Graham Stanton의 토론을 보라. 그는 해석자의 출발점은 해석자의 태도보다 덜 중요하다고 결론을 지었다. "구경꾼 해석(Spectator exegesis)"은 불가능하다. 하지만, 설득과정에 대해 열려 있는 불신자들의 자격을 박탈하는 것은 아니다. Barr, in Betz, *Bible*, 36-7; Keegan, *Interpreting*, 161; and Smart, *Interpretation*, 50, 58을 보라.

참고문헌

A. Anabaptism

1. Primary Sources

Bauman, Clarence: *The Spiritual Legacy of Hans Denck* (Leiden: E J Brill, 1991)

Baylor, Michael (ed.): T*he Radical Reformation* (Cambridge: CUP, 1991) *Chronicle of the Hutterian Brethren* (Rifton, NY: Plough Publishing House, 1987)

Dumbaugh, Donald F: *Every Need Supplied* (Philadelphia: Temple University Press,1974)

Dyck, Cornelius J, Keeney, William E & Beachy, Alvin J: *The Writings of Dirk Philips* (Scottdale, PA: Herald Press, 1992)

Ehrenpreis, Andreas & Felbinger, Claus: *Brotherly Community* (Rifton, NY: Plough Publishing House, 1978)

Estep, WilliamR: *Anabaptist Beginning 1523-1533* (Nieuwkoop: B De Graaf, 1976)

Farley, Benjamin W: John Calvin: *Treatises Against the Anabaptists and Against the Libertines* (Grand Rapids: Baker Book House, 1982)

Fretz, Clarence Y: *Anabaptist Hymnal* (Hagerstown, Maryland: Deutsche Buchandlung, 1987)

Furcha, Edward J: *The Essential Karlstadt* (Scottdale, PA: Herald Press, 1995)

Furcha, Edward J & Battles, Ford L: *Selected Writings of Hans Denck* (Pittsburgh: The Pickwick Press, 1975)

Haas, J Craig: *Readings from Mennonite Writings Old and New* (Intercourse, PA: Good Books, 1992)

Harder, Leland: *The Sources of Swiss Anabaptism* (Scottdale, PA: Herald Press, 1985)

Hillerbrand, Hans J: *The Reformation in its Own Words* (London: SCM Press, 1964)

Hutter, Jacob: *Brotherly Faithfulness* (Rifton, NY: Plough Publishing House, 1979)

Irwin, Joyce: *Womanhood in Radical Protestantism 1525-1675* (Lampeter: The Edwin Mellen Press, 1979)

Klaassen, Walter: *Anabaptism in Outline* (Scottdale, PA: Herald Press, 1981)

Klaassen, Walter: *Sixteenth Century Anabaptism - Defences, Confessions and Refutations* (Waterloo, Ontario: Conrad Grebel College, 1981)

Klassen, William & Klaassen, Walter: *The Writings of Pilgram Marpeck* (Scottdale, PA: Herald

Press, 1978)

Liechty, Daniel (ed.): *Early Anabaptist Spirituality: Selected Writings* (New York: Paulist Press,1994)

Overholt, Joseph: *Theological Themes in the Hymns of the Ausbund* (Uniontown, PA: Private Publication, 1980)

Philips, Dirk: *Enchiridion* (Aylmer: Pathway Publishing, 1966)

Pipkin, H Wayne: *Huldrych Zwingli Writings Vol. II* (Pennsylvania: Pickwick Publications, 1984)

Pipkin, H Wayne & Yoder, John H: *Balthasar Hubmaier* (Scottdale, PA: Herald Press, 1989)

Riedeman, Peter: *Confession of Faith 1545* (Rifton, NY: Plough Publishing House, 1970)

Sider, Ronald J: *Karlstadt's Battle with Luther* (Philadelphia: Fortress Press, 1978)

Simons, Menno: *Complete Works* 1496-1561 (Scottdate, PA: Herald Press, 1956)

Underhill, Edward: *A Martyrology of the Churches of Christ* (London: The Hansard Knollys Society, 1850)

Van Braght, Thieleman J: *Martyrs' Mirror* (Scottdale, PA: Herald Press, 1950)

Waite, Gary: *The Anabaptist Writings of David Joris* (Scottdale, PA: Herald Press, 1994)

Williams, George H: *Spiritual and Anabaptist Writers* (Philadelphia: The Westminster Press, 1957)

Yoder E T & Hochstetler M D: *Biblical References in Anabaptist Writings* (Aylmer, Ontario: Pathway Publishers, 1969)

Yoder, John H: T*he Schleitheim Confession* (Scottdale, PA: Herald Press, 1977)

Zuck, Lowell H: *Christianity and Revolution* (Philadelphia: Temple University Press, 1975)

2. Books About Individual Anabaptists

Bender, Harold S: *Conrad Grebel* (Scottdale, PA: Herald Press, 1950)

Bender, Harold S: *Menno Simons' Life and Writings* (Scottdale, PA: Mennonite Publishing House, 1936)

Bergsten, Torsten: *Balthasar Hubmaier* (Valley Forge, PA: Judson Press, 1978)

Boyd, Stephen: *Pilgram Marpeck: His Life and Social Theory* (Durham, CA: Duke University Press, 1992)

Coutts, Alfred: *Hans Denck* (Edinburgh: Macniven & Wallace, 1927)

Deppermann, Klaus: *Melchior Hoffman* (Edinburgh: T & T Clark, 1987)

Goertz, Hans-Jürgen: *Profiles of Radical Reformers* (Scottdale, PA: Herald Press, 1982)

Holland, Robert C: *The Hermeneutics of Peter Riedeman 1506-1556* (Basel: Friedrich Reinhart Kommissionsverlag, 1970)

Liechty, Daniel: *Andreas Fischer and the Sabbatarian Anabaptists* (Scottdale, PA: Herald Press, 1988)

Littell, Franklin H: *A Tribute to Menno Simons* (Scottdale, PA: Herald Press, 1961)

Magry, Eddie: *Balthasar Hubmaier's Doctrine of the Church* (Lanham: University Press of America, 1994)

Moore, John A: *Anabaptist Portraits* (Scottdale, PA: Herald Press, 1984)

Ruth, John L: *Conrad Grebel, Son or Zurich* (Scottdale, PA: Herald Press, 1975)

Snyder, C Arnold: *The Life and Thought of Michael Sattler* (Scottdale, PA: Herald Press,1984)

Vedder, Henry C: *Balthasar Hubmaier* (New York: The Knickerbocker Press, 1905)

Waite, Gary K: *David Joris and Dutch Anabaptism 1524-1543* (Waterloo, Ontario: Wilfrid Laurier University Press, 1990)

Yoder, John H: *The Legacy of Michael Sattler* (Scottdale, PA: Herald Press, 1973)

3. The History of Anabaptism

Arnold, Eberhard: *The Early Anabaptists* (Rifton, NY: Plough Publishing House, 1984)

Balke, Willem: *Calvin and the Anabaptist Radicals* (Grand Rapids: Eerdmans, 1981)

Bax, E Belfort: *Rise and Fall of the Anabaptists* (London: Swan Sonnenschein & Co., 1903)

Bender, Harold S & Smith, C Henry (eds.): *The Mennonite Encyclopedia Volumes I-IV* (Scottdale, PA: Mennonite Publishing House, 1955)

Blanke, Fritz: *Brothers in Christ* (Scottdale, PA: Herald Press, 1961)

Burrage, Henry: *A History of the Anabaptists in Switzerland* (Philadelphia: American Baptist Publication Society, 1882)

Clasen, Claus-Peter: *Anabaptism - A Social History 1525-1618* (Ithaca & London: Cornell University Press, 1972)

Davis, Kenneth R: *Anabaptism and Asceticism* (Scottdale, PA: Herald Press, 1974)

Dosker, Henry: *The Dutch Anabaptists* (Philadelphia: Judson Press, 1921)

Dyck, Cornelius J & Martin, Dennis D (eds.): *The Mennonite Encyclopedia Volume V* (Scottdale, PA: Herald Press, 1990)

Estep, William R: *The Anabaptist Story* (Grand Rapids: Eerdmans, 1975)

Friedmann, Robert: *Hutterite Studies* (Goshen, IN: Mennonite Historical Society, 1961)

Friesen, Abraham: *Erasmus, the Anabaptists, and the Great Commission* (Grand Rapids: Eerdmans, 1998)

Goertz, Hans-Jürgen: *The Anabaptists* (London: Routledge, 1996)

Goertz, Hans-Jürgen (ed.): *Umstrittenes Täfertum 1525-1975* (Gottingen: Vandenhoeck & Ruprecht, 1975)

Gratz, Delbert L: *Bernese Anabaptists* (Scottdale, PA: Herald Press, 1953)

Heath, Richard: *Anabaptism* (London: Alexander & Shepheard, 1895)

Horsch, John: *Mennonites in Europe* (Scottdale, PA: Herald Press, 1950)

Horst, Irvin B: *The Radical Brethren* (Nieuwkoop: B De Graaf, 1972)

Jackson, Dave & Neta: *On Fire for Christ* (Scottdale, PA: Herald Press, 1989)

Krahn, Cornelius: *Dutch Anabaptism* (The Hague: Martinus Nijhoff, 1968)

Kreider, Alan: *God's Left Wing* (London: London Mennonite Centre, 1984)

Lienhard, Marc (ed.): *The Origins and Characteristics of Anabaptism* (The Hague: Martinus Nijhoff,1977)

Oyer, John S: *Lutheran Reformers Against Anabaptists* (The Hague: Martinus Nijhoff, 1964)

Packull, Werner O: *Hutterite Beginnings* (Baltimore: The John Hopkins University Press, 1995)

Packull, Werner O; *Mysticism and the Early South German-Austrian Anabaptist Movement* (Scottdale, PA: Herald Press, 1977)

Payne, Ernest A: T*he Anabaptists of the Sixteenth Century* (London: Carey Kingsgate Press,

1949)

Pike, E C: *The Story of the Anabaptists* (London: National Council of Evangelical Free Churches, 1907)

Smithson, R J: *The Anabaptists* (London: James Clarke & Co. Ltd, 1935)

Snyder, C Arnold: *Anabaptist History and Theology: An Introduction* (Kitchener, Ontario: Pandora Press, 1995)

Snyder, C Arnold & Hecht, Linda A Huebert (eds.): *Profiles of Anabaptist Women* (Waterloo, Ontario: Wilfrid Laurier University Press, 1996)

Stayer, James: *The German Peasants' War and Anabaptist Community of Goods* (Montreal & Kingston: McGill-Queen's University Press, 1991)

Stayer, James M & Packull, Werner O (eds.): *The Anabaptists and Thomas Müntzer* (Dubuque, Iowa: Kendall/Hunt Publishing Co., 1980)

Stoll, Joseph: *Fire in the Zurich Hills* (Aylmer, Ontario: Pathway Publishing Co., 1973)

Verduin, Leonard: *The Reformers and their Stepchildren* (Grand Rapids: Eerdmans, 1964)

Verheyden, A L E: *Anabaptism in Flanders 1530-1650* (Scottdale, PA: Herald Press, 1961)

Wenger, John C: *Even Unto Death* (Richmond, VA: John Knox Press, 1961)

Williams, George H: *The Radical Reformation* (Kirksville: Sixteenth Century Journal Publishers, 1992)

4. Anabaptist Theology and Practice

Armour, Rollin S: *Anabaptist Baptism* (Scottdale, PA: Herald Press 1966)

Beachey, Alvin J: *The Concept of Grace in the Radical Reformation* (Nieuwkoop: B De Graaf, 1977)

Blough, Neal: *Christologie Anabaptiste* (Geneve: Editions Labor et Fides, 1984)

Bowman, Carl & Longenecker, Stephen (eds.): *Anabaptist Currents* (Bridgewater: Penobscot Press, 1995)

Durnbaugh, Donald F: *The Believers' Church* (Scottdale, PA: Herald Press, 1985)

Dyck, Cornelius J: *The Witness of the Holy Spirit* (Elkhart, IN: Mennonite World Conference, 1967)

Friedmann, Robert: *Mennonite Piety through the Centuries* (Goshen, IN: Mennonite Historical Society, 1949)

Friedmann, Robert: *The Theology of Anabaptism* (Scottdale, PA: Herald Press, 1973)

Harder, Lydia M: *Hermeneutic Community* (Edmonton: Unpublished MTh Thesis, Newman Theological College, 1984)

Hershberger, Guy F (ed.): *The Recovery of the Anabaptist Vision* (Scottdale, PA: Herald Press, 1957)

Keeney, William E: *Dutch Anabaptist Thought and Practice 1539-1564* (Nieuwkoop: B De Graaf, 1968)

Klaassen, Walter: *Anabaptism - Both Positive and Negative* (Waterloo, Ontario: Conrad Press, 1975)

Klaassen, Walter: *Anabaptism - Neither Catholic nor Protestant* (Waterloo, Ontario: Conrad Press, 1973)

Klaassen, Walter: *Anabaptism Revisited* (Scottdale, PA: Herald Press, 1992)

Klaassen, Walter: *Living at the End of the Ages* (New York: University Press of Amehca, 1992)

Klassen, A J: *Consultation on Anabaptism Mennonite Theology* (Fresno, CA: Council of Mennonite Seminaries, 1970)

Klassen, Peter J: *The Economics of Anabaptism* (The Hague: Mouton & Co., 1964)

Klassen, William: *Covenant and Community* (Grand Rapids: Eerdmans, 1968)

Littell, Franklin H: *The Anabaptist View of the Church* (Boston: Starr King Press, 1958)

Loewen, Harry: *Luther and the Radicals* (Waterloo, Ontario: Wilfrid Laurier University Publications, 1974)

Loewen, Howard J: *One Lord, One Church, One Hope and One God* (Elkhart, IN: Institute of Mennonite Studies, 1985)

Pipkin, H Wayne: *Essays in Anabaptist Theology* (Elkhart, IN: Institute of Mennonite Studies, 1994)

Rempel, John: *The Lord's Supper in Anabaptism* (Scottdale, PA: Herald Press, 1993)

Schlabach, Ervin: *The Rule of Christ among the Early Swiss Anabaptists* (Chicago: Centre for Reformation and Free Church Studies DTh Dissertation, 1977)

Stayer, James M: *Anabaptists and the Sword* (Lawrence: Coronado Press, 1973)

Swartley, Willard (ed.): *Essays on Biblical Interpretation* (Elkhart, IN: Institute of Mennonite Studies, 1984)

Swartley, Willard (ed.): *Explorations of Systematic Theology* (Elkhart, IN: Institute of Mennonite Studies, 1984)

Voolstra, Sjouke: *Het Woord is Vlees Geworden* (Kampen: Uitgeversmaatschappij J H Kok, 1982)

Weaver, J Denny: *Becoming Anabaptist* (Scottdale, PA: Herald Press, 1987)

Wood, Philip: *Decision Making in the Hermeneutic Community* (Leeds: Unpublished MA Thesis, University of Leeds, 1991)

5. Historical Background

Aston, Margaret: *Lollards and Reformers* (London: The Hambledon Press, 1984)

Avis, Paul: *The Church in the Theology of the Reformers* (London: Marshalls, 1981)

Bainton, Roland H: *Erasmus of Christendom* (London: Collins, 1969)

Bainton, Roland H: *Women of the Reformation* (Boston: Beacon Press 1971)

Bauckham, Richard: *The Bible in Politics* (London: SPCK, 1989)

Blickle, Peter: *Communal Reformation: The Quest for Salvation in Sixteenth-Century Germany* (Highlands, NJ: Humanities Press, 1992)

Broadbent, E H: *The Pilgrim Church* (London: Pickering & Inglis, 1931)

Cameron, Euan: *The Reformation of the Heretics* (Oxford: Clarendon Press, 1984)

Cohn, Norman: *The Pursuit of the Millennium* (London: Mercury Books, 1962)

Ebeling, Gerhard: *Luther* (London: Collins, 1972)

Evans, G R: "Wyclif on Literal and Metaphorical" in Hudson, Anne & Wilks, Michael: *Studies in Church History Subsidia 5: From Ockham to Wyclif* (Oxford: Blackwell, 1987)

George, Timothy: Theology of the Reformers (Nashville, TN: Broadman Press, 1987)

Groh, Dennis: "Utterance and Exegesis: Biblical Interpretation in the Montanist Crisis" in Groh, Dennis & Jewett, Robert (eds.): *The Living Text* (Lanham, NY: University Press of America, 1985)

Hillerbrand, Hans (ed.): Radical Tendencies in the Reformation: *Divergent Perspectives* (Kirksville: Sixteenth Century Journal Publishers, 1988)

Hudson, Anne: "'Springing cockel in our clene corn': Lollard Preaching in England around 1400" in Waugh, Scott & Diehl, Peter (eds.): *Christendom and its Discontents* (Cambridge: CUP, 1996)

Hudson, Anne: *The Premature Reformation* (Oxford: Clarendon Press, 1988)

Kee, Alistair: *Constantine Versus Christ* (London: SCM, 1982)

Knox, R A: *Enthusiasm* (Oxford: Clarendon Press, 1950)

Kraus, C Norman: *Evangelicalism and Anabaptism* (Scottdale, PA: Herald Press, 1979)

Lambert, Malcolm: *Medieval Heresy* (Oxford: Blackwell, 1992)

Littell, Franklin H: *From State Church to Pluralism* (New York: Macmillan, 1971)

Littell, Franklin H: *Reformation Studies* (Richmond, VA: John Knox Press, 1962)

McGrath, Alister E: *The Intellectual Origins of the European Reformation* (Oxford: Basil Blackwell, 1987)

Melia, Pius: The Origin, *Persecutions and Doctrines of the Waldenses* (London: J Toovey, 1870)

Moore, R L: *The Birth of Popular Heresy* (London: Edward Arnold 1975)

Moore, R L: *The Origins of European Dissent* (London: Allen Lane, 1977)

Mullett, Michael: *Radical Religious Movements in Early Modern Europe* (London: George Allen & Unwin 1980)

Pearse, Meic: *Between Known Men and Visible Saints* (London: Associated University Presses, 1994)

Pearse, Meic: *The Great Restoration* (Carlisle: Paternoster, 1998)

Peters, Edward: *Heresy and Authority in Medieval Europe* (London: Scolar Press, 1980)

Potter, George R: *Zwingli* (Cambridge: CUP, 1976)

Reardon, Bernard M G: *Religious Thought in the Reformation* (London: Longman, 1981)

Ruether, Rosemary R: *The Radical Kingdom* (New York: Harper & Row, 1970)

Rupp, Gordon: *Patterns of Reformation* (London: Epworth Press, 1969)

Russell Paul A: *Lay Theology in the Reformation* (Cambridge: CUP, 1986)

Scott, Tom & Scribner, Bob (eds.): *The German Peasants' War* (New Jersey: Humanities Press, 1991)

Sheils, William J & Wood, Diana: *Studies in Church History Volume 23: Voluntary Religion* (Oxford: Basil Blackwell, 1986)

Skiimer, Quentin: *The Foundations of Modern Political thought* (Cambridge: CUP, 1978)

Smith, Preserved: *The Age of the Reformation* (New York: Henry Holt & Co., 1920)

Steinmetz, David C: *Reformers in the Wings* (Grand Rapids: Baker, 1981)

Stephens, W Peter: *The Theology of Huldrych Zwingli* (Oxford: Clarendon Press, 1986)

Swanson, R N: *Religion and Devotion in Europe, c. 1215-1515* (Cambridge: CUP 1995)

Trevett, Christine: *Montanism: Gender, Authority and the New Prophecy* (Cambridge CUP,

1996)

Wagner, Murray: Petr Chelcicky (Scottdale, PA: Herald Press, 1983)

6. Contemporary Writings in the Anabaptist Tradition

Clapp, Rodney: A Peculiar People (Downers Grove: IVP, 1996)

Coggins, James R & Hiebert, Paul G (ed.): *Wonders and the Word* (Winnipeg: Kindred Press, 1990)

Driver, John: *Becoming God's Community* (Elgin, ILL: The Brethren Press, 1981)

Gish, Arthur G: *The New Left and Christian Radicalism* (Grand Rapids: Eerdmans, 1970)

Hauerwas, Stanley: *The Peaceable Kingdom* (London: SCM Press, 1983)

Hauerwas, Stanley & Willimon, William H: *Resident Aliens* (Nashville, TN: Abingdon Press, 1989)

Huebner, Harry: *The Church as Theological Community* (Winnipeg: CMBC Publications, 1990)

Jackson, Dave: *Dial 911* (Scottdale, PA: Herald Press, 1981)

Jackson, Dave & Neta: *Glimpses of Glory* (Elgin, ILL: The Brethren Press, 1987)

Kauffman, Richard A (ed.): A Disciple's Christology: *Appraisals of Kraus' Jesus Christ Our Lord* (Elkhart, IN: Institute of Mennonite Studies, 1989)

Kraus, C Norman: *God Our Saviour* (Scottdale, PA: Herald Press, 1991)

Kraus, C Norman: *Jesus Christ Our Lord* (Scottdale, PA: Herald Press, 1987)

Kraybill Donald B: *The Upside-Down Kingdom* (Basingstoke: Marshalls, 1978)

Kreider, Alan: *Journey Towards Holiness* (Basingstoke: Marshalls, 1986)

Kropf, Marlene & Hall, Eddy: *Praying with the Anabaptists: The Secret of Bearing Fruit* (Newton, KS: Faith and Life press, 1994)

Murray, Stuart: Church Planting: *Laying Foundations* (Carlisle: Paternoster, 1998)

Murray, Stuart: *Explaining Church Discipline* (Tonbridge: Sovereign World, 1995)

Ramseyer, Robert L: *Mission and the Peace Witness* (Scottdale, PA: Herald Press, 1979)

Ruth-Heffelbower, Duane: *The Anabaptists are Back!* (Scottdale, PA: Herald Press, 1991)

Scriven, Charles: *The Transformation of Culture* (Scottdale, PA: Herald Press, 1988)

Shenk, Wilbert R (ed.): Anabaptism and Mission (Scottdale, PA: Herald Press, 1984)

Stassen, Glen, Yeager, D M & Yoder, John H: *Authentic Transformation* (Nashville, TN: Abingdon, 1996)

Wenger, John C: *God's Word Written* (Scottdale, PA: Herald Press, 1966)

Wright, Nigel: *Challenge to Change* (Eastbourne: Kingsway, 1991)

Yoder, John H: 『국가에 대한 기독교의 증언』*The Christian Witness to the State* (대장간역간, 2013)

Yoder, John H: 『근원적 혁명』*The Original Revolution*(대장간역간, 2012)

Yoder, John H: 『예수의 정치학』*The Politics of Jesus*(IVP역간)

7. Articles

Augsburger, Myron S: "Conversion m Anabaptist Thought" *MQR* (1962)

Augustijn, Cornelis: "Anabaptism m the Netherlands: Another Look" *MQR* (1988)

Bainton, Roland H: "The left Wing of the Reformation" *The Journal of Religion* (1941) No2

Barrett, Lois: "Women's History/Women's Theology: Theological and Methodological Issues in the Writing of the History of Anabaptist-Mennonite Women" *CGR Vol.* 10 No 1

Bauman, Clarence: "The Theology of the 'Two Kingdoms': A Comparison of Luther and the Anabaptists" *MQR* (1963)

Beachey, Alvin: "The Theology and Practice of Anabaptist Worship" *MQR* (1965)

Bender, Harold: "The Anabaptist Vision" *Church History (*March 1944) No. 13

Bender, Ross: "Seminary and Congregation" ^*MQR* (1965)

Brown, Dale W: "The Radical Reformation: Then and Now" *MQR* (1971)

Bush, Perry: "Anabaptism Born Again: Mennonites, New Evangelicals, and the Search for a Useable Past, 1950-1980" *Fides et Historia* 25/1 (1993)

Chatfield, Adrian: "Zealous for the Lord: Enthusiasm and Dissent, Lovers and the Beloved: Brides of Christ" *Journal of Pentecostal Theology* 11 (1997)

Dalzell, Timothy W: "The Anabaptist Purity of Life Ethic" *MQR* (1986)

Davis, Kenneth: "Anabaptism as a Charismatic Movement" *MQR* (1979)

Dyck, Cornelius J: "The Christology of Dirk Phillips" *MQR* (1957)

Estep, William: "The Ecumenical Implications of Menno Simons' View of the Church" *MQR* (1988)

Fast, Heinold: "Michael Sattler's Baptism: Some Comments *MQR* (1986)

Finger, Thomas: "The Way to Nicea: Reflections from a Mennonite Perspective" *CGR* (Fall 1985)

Friedmann, Robert: "The Essence of Anabaptist Faith" *MQR* (1967)

Gardner, Richard B: "Menno Simons: A Study in Anabaptist Theological Self-understanding and Methodology" *MQR* (1965)

George, Timothy: "Early Anabaptist Spirituality in the Low Countries" *MQR* (1988)

Harder, Lydia: "Biblical Interpretation: A Praxis of Discipleship?" *CGR* Vol. 10, No. 1

Hillerbrand, Hans J: "Anabaptism and History" *MQR* (1971)

Kaelber, Louis: "Other- and Inner-Worldly Asceticism in Medieval Waldensianism" *Sociology of Religion Vol. 56* (1995)

Kauffman, Howard: "Mennonite Charismatics: Are they any Different?" *MQR* (1996)

Klaassen, Walter: "Sixteenth-Century Anabaptism: A Vision Valid for the twentieth Century?" *CGR* (Fall 1989)

Klaassen, Walter: "Some Anabaptist Views on the Doctrine of the Holy Spirit" *MQR* (1961)

Klaassen, Walter: "Speaking in Simplicity: Balthasar Hubmaier" *MQR* (1966)

Klaassen, Walter: "The Anabaptist Critique of Constantinian Christendom" *MQR* (1981)

Klassen, John: "Women and the Family Among Dutch Anabaptist Martyrs" *MQR* (1986)

Klassen William: "The Limits of Political Authority as seen by Pilgram Marpeck" *MQR* (1982)

Kobelt-Groch, Marion: "Why did Petronella Leave her Husband? Reflections on Marital Avoidance among the Halberstadt Anabaptists" *MQR* (1988)

Krajewski, Ekkehard: "The Theology of Felix Manz" *MQR* (1962)

Kreider, Alan: "The Servant is not Greater than his Master: Anabaptists and the Suffering Church" *MQR* (1984)

Littell, Franklin H: "The Anabaptists and Christian tradition" *The Journal of Religious Thought*

(1947) Vol. IV No 2

Lochman, Jan: "Not just one Reformation: the Waldensian and Hussite Heritage" *Reformed World* (1975) Vol. 33

Marr, M Lucille: "Anabaptist Women of the North: Peers in the Faith, Subordinates in Marriage" *MQR* (1987)

Martin, Dennis: "Catholic Spirituality and Anabaptist and Mennonite Discipleship" *MQR* (1988)

Martin, Dennis: "Monks, Mendicants and Anabaptists: Michael Sattler and the Benedictines Reconsidered" *MQR* (1986)

Mellink, Albert F: "The Beginnings of Dutch Anabaptism in the light of Recent Research" *MQR* (1988)

Michaelson, Wes: "What Nurtures us?" *Sojourners* (May 1978)

Murray, Stuart: "A Sectarian Vision in an Ecumenical Context: The United Kingdom" *CGR* (Winter 1995)

Nienkirchen, Charles: "Reviewing the Case for a Non-separatist Ecclesiology in Early Swiss Anabaptism" *MQR* (1982)

Nthamburi, Zablon: "The Donatist Controversy as a Paradigm for Church and State" *Africa Theological Journal Vol. 17* No. 3 (1988)

Oyer, John: "Early Forms of Anabaptist Zeugnis after Sermons" *MQR* (1998)

Oyer, John & Miller, Keith Graber: "Worshiping with the Early Anabaptists" *Gospel Herald* (September 2nd, 1997)

Packull, Werner: "In Search of the 'Common Man' in Early German Anabaptist Ideology" *Sixteenth Century Journal* (1986)

Peachey, Paul: "Answer of Some who are called (Ana)baptists why they do not attend the Churches: A Swiss Brethren Tract" *MQR* (1971)

Powell, Douglas: "Tertullianists and Cataphrygians" *Vigiliae Christianae* 29 (1975)

Redekop, Calvin: "Anabaptism and the Ethnic Ghost" *MQR* (1984)

Reimer, A James: "The Authority of the Scriptures" *CGR* (Spring 1986)

Rutschman, LaVerne: "Anabaptism and Liberation Theology" *MQR* (1981)

Sawatsky, Rodney: "The Quest for a Mennonite Hermeneutic" *CGR* (Winter 1993)

Schaufele, Wolfgang: "The Missionary Vision and Activity of the Anabaptist Laity" *MQR* (1962)

Scriven, Charles: "The Reformation Radicals Ride Again" *Christianity Today* (5 March, 1990)

Sellars, Ian: "Edwardians, Anabaptists and the Problem of Baptist Origins" *The Baptist Quarterly* (1955)

Shantz, Douglas H: "The Ecclesiological Focus of Dirk Philips' Hermeneutical Thought in 1559: A Contextual Study" *MQR* (1986)

Snyder, C Arnold: "Konrad Winckler: An Early Swiss Anabaptist Missionary, Pastor *and* Martyr" *MQR* (1990)

Snyder, C Arnold: "Orality, Literacy and the Study of Anabaptism" *MQR* (1991)

Snyder, C Arnold: "The Monastic Origins of Swiss Anabaptist Sectarianism" *MQR* (1983)

Snyder, C Arnold: "Word and Power in Reformation Zurich" *Archiv für Reformationsgeschichte* 1990

Snyder-Penner, Russel: "The Ten Commandments, The Lord's Prayer, and The Apostles' Creed as Early Anabaptist Texts" *MQR* (1994)

Springer, Nelson P: "The Testimony of a Bernese Anabaptist" *MQR* (1986)

Stackhouse, Ian: 'The Native Roots of Early English Reformation Theology' *Evangelical Quarterly* 66:1 (1994)

Stayer, James: "Anabaptists and Future Anabaptists in the Peasants' War" *MQR* (1988)

Stayer, James M, Packull, Werner O & Deppermann, Klaus: "From Monogenesis to Polygenesis: The Historical Discussion of Anabaptist origins" *MQR* (1995)

Tabernee, William: "Revelation 21 and the Montanist 'New Jerusalem'" *Australian Biblical Review* (1989) Vol. 37

Waite, Gary: "The Anabaptist Movement in Amsterdam and the Netherlands, 1531-1535: An Initial Investigation into its Genesis and Social Dynamics" *Sixteenth Century Journal* (1987)

Weaver, J Denny: "Discipleship Redefined - Four Sixteenth Century Anabaptists" *MQR* (1980)

Weaver, J Denny: "The Anabaptist Vision: a Historical or a Theological Future?" *CGR* (Winter 1995)

Wenger, John C (ed.): "A Letter from Wilhelm Reublin to Pilgram Marpeck, 1531" *MQR* (1949)

Wenger, John C: "An Early Anabaptist Tract on Hermeneutics" *MQR* (1973)

Wenger, John C: "Letter and a Note; Allow the Children to Come to Me" *MQR* (1947)

Wenger, John C: "Two Early Anabaptist Tracts" *MQR* (1948)

Zeman, J: "Restitution and Dissent in the Late Medieval Renewal Movements" *Journal of the American Academy of Religion* (1976) Vol. 44

B. Hermeneutics

1. History of Interpretation

Bray, Gerald: *Biblical Interpretation Past and Present* (Leicester: Apollos, 1996)

Carter, Charles S: *The Reformers and Holy Scripture* (London: Thynne & Jarvis, 1928)

Farrar, Frederic: *History of Interpretation* (Grand Rapids: Baker Book House, 1961)

Grant, Robert M: *A Short History of the Interpretation of the Bible* (London: A & C Black, 1965)

Krentz, Edgar: *The Historical-Critical Method* (Philadelphia: Fortress Press, 1975)

Muller, Richard & Thompson, John (eds.): *Biblical Interpretation in the Era of the Reformation* (Grand Rapids: Eerdmans, 1996)

Smalley, Beryl: *The Study of the Bible in the Middle Ages* (Indiana: University of Notre Dame Press, 1964)

Wood, James D: *The Interpretation of the Bible* (London: Duckworth & Co., 1958)

2. Contemporary Hermeneutics

Anderson, Gerald H & Stransky, Thomas F: *Christ's Lordship and Religious Pluralism* (Maryknoll, NY: Orbis, 1981)

Baker, David L: *Two Testaments, One Bible* (Leicester: IVP, 1976)

Barth, Karl: *Church Dogmatics Volume 1 Part 1* (Edinburgh: T & T Clark, 1975)

Barth, Karl: *Dogmatics in Outline* (London: SCM Press, 1960)

Berkhof, Louis: *Principles of Biblical Interpretation* (London: Evangelical Press, 1950)

Betz, Hans D: *The Bible as a Document of the University* (Chico, CA: Scholars Press, 1981)

Bird, Phyllis A: *The Bible as the Church's Book* (Philadelphia: Westminster Press, 1982)

Boff, Leonardo: *Jesus Christ Liberator* (Maryknoll, NY: Orbis, 1978)

Boff, Leonardo & Boff, *Clodovis: Introducing Liberation Theology* (Maryknoll, NY: Orbis, 1987)

Bonino, José Miguez (ed.): Faces of Jesus: *Latin American Christologies* (Maryknoll, NY: Orbis, 1984)

Braaten, Carl E: New Directions in Theology Today Volume 11: *History and Hermeneutics* (London: Lutterworth Press, 1968)

Branson, Mark L & Padilla, C René: *Conflict and Context* (Grand Rapids: Eerdmans,1986)

Brueggemann, Walter: *Interpretation and Obedience* (Minneapolis: Fortress, 1991)

Carson, Donald A: *Biblical Interpretation and the Church* (Exeter: Paternoster Press, 1984)

Carson, Donald A: *The Church in the Bible and the World* (Exeter: Paternoster Press, 1987)

Carson, Donald A & W Woodbridge, John D (eds.): Hermeneutics, Authority and Canon (Leicester: IVP, 1976)

Carson, Donald A & Woodbridge, John D (eds.): *Scripture and Truth* (Leicester: IVP, 1983)

Coggins, R J & Houlden, J L: *A Dictionary of Biblical Interpretation* (London: SCM Press, 1990)

Comblin, José: *The Holy Spirit and Liberation* (Tunbridge Wells: Burns & Oates, 1989)

Corley, Bruce, Lemke, Steve & Lovejoy, Grant (eds.): *Biblical Hermeneutics* (Nashville, TN: Broadman & Holman, 1996)

Cotterell. Peter & Turner, Max: *Linguistics and Biblical Interpretation* (London: SPCK, 1989)

Croatto, J Severino: *Biblical Hermeneutics* (Maryknoll, NY: Orbis, 1987)

Dunnett, Walter: The *Interpretation of Holy Scripture* (Nashville, TN: Thomas Nelson, 1984)

Fee, Gordon: *Gospel and Spirit: Issues in New Testament Hermeneutics* (Peabody, MA: Hendrickson, 1991)

Ferguson, Duncan: *Biblical Hermeneutics* (London: SCM, 1987)

Fiorenza. Elizabeth S: *Bread not Stone* (Boston: Beacon Press, 1984)

Gasque, W Ward & LaSor, William S: *Scripture, Tradition and Interpretation* (Grand Rapids: Eerdmans, 1978)

Gibellini, Rosino (ed.): *Frontiers of Theology in Latin America* (London: SCM Press, 1980)

Goldingay, John: *Models for Interpretation of Scripture* (Carlisle: Paternoster, 1995)

Gottwald, Norman K (ed.): *The Bible and Liberation* (Maryknoll, NY: Orbis Books, 1983)

Green, Joel: *Hearing the New Testament* (Grand Rapids: Eerdmans, 1995)

Green, Laurie: *Let's Do Theology* (London: Mowbrays, 1990)

Hagen, Kenneth: *The Bible in the Churches* (New York: Paulist Press, 1985)

Harris, James: *Preaching Liberation* (Minneapolis: Fortress Press, 1995)

Hesselgrave, David J & Rommen, Edward: *Contextualization* (Leicester: Apollos, 1989)

Jeanrond, Werner: *Theological Hermeneutics* (London: SCM Press, 1991)

Johnson, Alfred M Jnr: *Structuralism and Biblical Hermeneutics* (Pittsburgh: Pickwick Press, 1979)

Johnson, Luke T (ed.): *Decision Making in the Church: A Biblical Model* (Philadelphia: Fortress Press, 1983)

Johnston, Robert K (ed.): *The Use of the Bible in Theology* (Atlanta: John Knox Press, 1985)

Keegan, Terence J: *Interpreting the Bible* (New York: Paulist Press, 1985)

Klein, William, Blomberg, Craig & Hubbard, Robert: *Introduction to Biblical Interpretation* (Dallas: Word, 1993)

Larkin, William: *Culture and Biblical Hermeneutics* (Lanham: University Press of America, 1993)

Levison, John & Pope-Levison, Priscilla: *Jesus in Global Contexts* (Louisville: Westminster/John Knox, 1992)

Longman, Tremper Ⅲ: *Literary Approaches to Biblical Interpretation* (Leicester Apollos, 1987)

Mahan, Brian & Richesin, L Dale (eds.): The Challenge of Liberation Theology: *A First World Response* (Maryknoll, NY: Orbis, 1981)

Maier, Gerhard: *The End of the Historical-Critical Method* (St Louis: Concordia, 1977)

Marshall, I Howard (ed.): *New Testament Interpretation* (Exeter: Paternoster Press, 1977)

Martin, Francis: "The Charismatic Renewal and Biblical Hermeneutics," in Haughey, John (ed.): *Theological Reflections on the Charismatic Renewal* (Ann Arbor: Servant Books, 1978)

McKim, Donald: *A Guide to Contemporary Hermeneutics* (Grand Rapids: Eerdmans, 1986)

McKnight, Edgar: *Post-Modern Use of the Bible* (Nashville, TN: Abingdon Press, 1988)

Morgan, Robert & Barton, John: *Biblical Interpretation* (Oxford: OUP, 1988)

Mosala, Itumeleng: *Biblical Hermeneutics and Black Theology in South Africa* (Grand Rapids: Eerdmans, 1989)

Muñoz, Ronaldo: *The God of Christians* (Tunbridge Wells: Burns & Oates, 1991)

Osborne, Grant: The Hermeneutical Spiral: *A Comprehensive Introduction to Biblical Interpretation* (Downers Grove, ILL: IVP, 1991)

Ramm, Bernard: *Protestant Biblical Interpretation* (Grand Rapids: Baker, 1970)

Robinson, James & Cobb, John B Jnr: *The New Hermeneutic* (New York: Harper & Row, 1964)

Rogers, Jack & McKim, Donald: *The Authority and Interpretation of the Bible* (NewYork: Harper & Row, 1979)

Roland, Christopher & Corner, Mark: *Liberating Exegesis* (London: SPCK, 1990)

Schipani, Daniel (ed.): *Freedom and Discipleship* (Maryknoll, NY: Orbis, 1989)

Segundo, Juan Luis: *The Liberation of Theology* (Maryknoll, NY: Orbis, 1976)

Sider, Ronald J: *The Chicago Declaration* (Carol Stream, ILL: Creation House, 1974)

Smart, James D: *The Interpretation of Scripture* (London: SCM Press, 1961)

Smart, James D: *The Strange Silence of the Bible in the Church* (Philadelphia: The Westminster Press, 1970)

Sobrino, Jon & Ellacuria, Ignacio (eds.): Systematic Theology: *Perspectives from liberation Theology* (London: SCM Press, 1996)

Stacey, David: *Interpreting the Bible* (London: Sheldon Press, 1976)

Stuhlmacher, Peter: *Historical Criticism and Theological Interpretation of Scripture* (Philadelphia: Fortress Press, 1977)

Sugirtharajah, Rasiah S: *Voices from the Margins* (London: SPCK, 1991)

Thiselton, Anthony: New Horizons in Hermeneutics: *The Theory and Practice of transforming Biblical Reading* (Grand Rapids: Zondervan, 1992)

Thiselton, Anthony: *New Horizons in Hermeneutics* (Grand Rapids: Zondervan, 1992)

Thiselton, Anthony: *The Two Horizons* (Exeter: Paternoster, 1980)

Wainwright, Arthur: *Beyond Biblical Criticism* (London: SPCK, 1982)

Watson, Francis: *Text, Church and World* (Edinburgh: T&T Clark, 1994)

Wink, Walter: *The Bible in Human Transformation* (Philadelphia: Fortress Press, 1973)

3. Contemporary Hermeneutics in the Anabaptist Tradition

Augsburger, Myron S: *Principles of Biblical Interpretation* (Scottdale, PA: Herald Press, 1967)

Koontz, Gayle G & Swartley, Willard: *Perspectives on Feminist Hermeneutics* (Elkhart, IN: Institute of Mennonite Studies, 1987)

Lind, Millard: *Monotheism, Power, Justice* (Elkhart, IN: Institute of Mennonite Studies, 1990)

Swartley, Willard M: *Slavery, Sabbath, War and Women* (Scottdale, PA: Herald Press, 1983)

Yoder, Perry B: *From Word of Life* (Scottdale, PA: Herald Press, 1982)

Yoder, Perry B: *Toward Understanding the Bible* (Newton, KS: Faith and Life Press, 1978)

4. Articles

Archer. Kenneth: "Pentecostal Hermeneutics: Retrospect and Prospect" *Journal Of Pentecostal Theology* Vol. 8 (1996)

Arrington, French: "The Use of the Bible by Pentecostals" *Pneuma* Vol. 16.1 (1994)

Autry, Arden: "Dimensions of Hermeneutics in Pentecostal Focus" *Journal Of Pentecostal Theology* Vol. 3 (1993)

Baker, Robert: "Pentecostal Bible Reading: Toward a Model of Reading for the Formation of Christian Affections" *Journal Of Pentecostal Theology* Vol. 7 (1995)

Cady, L E: "Hermeneutics and Tradition: The Role of the Past in Jurisprudence and Theology" *Harvard Theological Review* 79:4 (1986)

Cargal, Timothy: "Beyond the Fundamentalist-Modernist Controversy: Pentecostals and Hermeneutics in a Postmodern Age" *Pneuma* Vol, 15:2 (1993)

Cartledge, Mark: "Empirical Theology: Towards an Evangelical-Charismatic Hermeneutic" *Journal Of Pentecostal Theology* Vol. 9 (1996)

Clines, David: "Possibilities and Priorities of Biblical Interpretation in an International Perspective" *Biblical Interpretation* 1, 1 (1993)

Dempster, Murray: "Paradigm Shifts and Hermeneutics: Confronting Issues Old and New" *Pneuma* Vol. 15:2 (1993)

Ervin, Howard: "Hermeneutics: A Pentecostal Option" *Pneuma* Vol. 3:2 (1981)

Gudorf, Christines "liberation theology' s Use of Scripture: A response to First World Critics" *Interpretation* (January 1987)

Hanson, Paul: "Scripture, Community and Spirit: Biblical Theology's Contribution to a Contextualized Christian Theology" *Journal Of Pentecostal Theology* Vol. 6(1995)

Israel, Richard, Albrecht, Daniel & McNally, Randal: "Pentecostals and Hermeneutics: Texts, Rituals and Community" *Pneuma* Vol. 15:2 (1993)

Jobling, David: "Globalization in Biblical Studies/Biblical Studies in Globalization" *Biblical Interpretation* 1,1 (1993)

Johns, Jackie & Cheryl: "Yielding to the Spirit: A Pentecostal Approach to Group Bible Study" *Journal Of Pentecostal Theology* Vol. 1 (1992)

Lyons, John: "The Fourth Wave and the Approaching Millennium: Some Problems with Charismatic Hermeneutics" *Anvil* Vol. 15 No. 3 (1998)

McKay, John: "When the Veil is taken away: The Impact of Prophetic Experience on Biblical Interpretation" *Journal Of Pentecostal Theology* Vol. 5 (1994)

McLean, Mark: "Toward a Pentecostal Hermeneutic" *Pneuma* Vol. 6:2 (1984)

Menzies, Robert: "Jumping Off the Postmodern Bandwagon" *Pneuma* Vol. 16:1 (1993)

Mesters, Carlos: "'Listening to what the Spirit is saying to the Churches'. Popular Interpretation of the Bible in Brazil" *Concilium* (1991/1)

Meyer, Ben: "The Challenge of Text and Reader to the Historical-Critical Method" *Concilium* (1991)

Penn, C Ray: "Competing Hermeneutical Foundations and Religious Communication: Why Protestants Can't Understand Each Other" in Packer, James: *The Best of Theology* Vol. Ⅲ (Carol Stream, Ill: Christianity Today Inc., 1989)

Pinnock, Clark: "The Work of The Holy Spirit in Hermeneutics" *Journal Of Pentecostal Theology* Vol. 2 (1993)

Ruether, R: "Augustine and Christian Political Thought" *Interpretation* Vol. 29 (1975)

Scholer, David: "Issues in Biblical Interpretation" *Evangelical Quarterly* (1986)

Mark Stibbe: "Interpreting the Word in the Power of the Spirit: *The Emergence of Pentecostal Hermeneutics*" Skepsis (Autumn 1996)

Stibbe, Mark: "This is That: Some Thoughts Concerning Charismatic Hermeneutics" *Anvil* Vol. 15 No. 3 (1998)

Thomas, John: "Women, Pentecostals and the Bible: An Experiment in Pentecostal Hermeneutics" *Journal Of Pentecostal Theology* Vol. 5 (1994)

Trembath, Kern: "Biblical Inspiration and the Believing Community" *Evangelical Quarterly* (1984)

Veenhof, Jan: "The Holy Spirit and Hermeneutics" *Scottish Bulletin of Evangelical Theology Special Study* (1987)

Roy Zuck: "The Role of the Holy Spirit in Hermeneutics" *Bibliotheca Sacra* 141 (1984)